미국의
한국 정치
개입사 연구
5
**전두환
제거 구상 편**

미국의 한국 정치 개입사 연구 5
전두환 제거 구상 편

지은이 | 이완범

제1판 1쇄 발행일 | 2022년 12월 30일

발행인 | 안병우
발행처 | 한국학중앙연구원 출판부

출판등록 | 제1979-000002호 (1979년 3월 31일)
주소 | 경기도 성남시 분당구 하오개로 323
전화 | 031-730-8773   **팩스** | 031-730-8775
전자우편 | akspress@aks.ac.kr   **홈페이지** | www.aks.ac.kr

ⓒ 한국학중앙연구원 2022

ISBN 979-11-5866-708-5   03340

이 책의 저작권은 한국학중앙연구원에 있습니다.
이 책 내용의 전부 또는 일부를 재사용하려면 반드시 저자와 발행처의 서면 동의를 받아야 합니다.
값은 뒤표지에 있습니다. 잘못된 책은 바꿔드립니다.
이 책은 2018년 한국학중앙연구원 연구사업 모노그래프과제로 수행된 연구임 (AKSR2018-M03)

미국의 한국 정치 개입사 연구 5

전두환 제거 구상 편

이완범 지음

한국학중앙연구원출판부

일러두기

1. 인터넷 자료를 인용한 경우, 자료명을 「 」 안에, 웹사이트명을 〈 〉 안에, 자료 업로드 일자를 ( ) 안에 밝힌다. 해당 인터넷 페이지 URL과 검색일 정보는 위의 정보가 불분명한 경우에만 밝힌다.

2. 『월간조선』, 『신동아』 등 월간지의 경우 통권 번호를 적지 않고 발간 연월을 ( ) 안에 표시한다.

3. 카터 라이브러리 원격 아카이브 캡처(Remote Archives Capture) 프로젝트에 의한 자체 문서 검색 시스템을 RAC로 약칭한다. RAC는 인터넷으로 연결되어 있지 않고 내부 인트라넷에서만 볼 수 있다.

4. 대한민국 외교부 공개 외교문서 자료의 출처는 "「문서명」(작성일자), 『문서철명』(담당과, 생산년도), 대한민국 외교부 공개 외교문서(공개연도)"의 형식으로 표시한다. 해당 자료의 상세 정보는 〈외교부 외교사료관〉 https://diplomaticarchives.mofa.go.kr/new/main/ 에서 문서철명으로 검색할 수 있다.

미국의 한국 정치 개입사 연구 1~6
전체 목차

박정희 제거 공작 편 (1~3)

전두환 제거 구상 편 (4~6)

1부   12·12 쿠데타적 사건과 미국의 대응
2부   미국의 전두환 암살 공작과 역쿠데타 검토
3부   1980년 서울의 봄, 신군부의 부상
4부   광주민주화운동과 미국의 대응
5부   쿠데타를 완성한 전두환
6부   김대중 구명을 위한 전두환 제거 구상
7부   6월민주항쟁 이후 한미 관계

5권 목차

3부 1980년 서울의 봄, 신군부의 부상

1장 한반도 문제를 논의한 미국과 중국   11
   1. 중국의 대북 압박 능력을 활용하고 싶은 미국   12
   2. 한반도 문제 개입에 신중한 중국   26

2장 1980년 4월, 통치권 장악에 나선 전두환   36
   1. 전두환을 묵인하며 정치 안정을 꾀한 미국   36
   2. 보안사령관 전두환의 중앙정보부장 겸직   45
   3. 신현확 대안론을 검토한 미국   52
   4. 미국의 견제와 신군부의 민족주의적 반발   68

3장 5·17 비상계엄 전국 확대   76
   1. 미국의 우려와 관망   76
   2. 서울역 회군으로 힘을 잃은 서울의 봄   83
   3. 신군부의 군대 투입에 반대하지 않은 미국   93
   4. 비상계엄 확대 조치의 근거가 된 북한 남침설   100
   5. 5월 18일 새벽, 글라이스틴 대사의 보고서   108
   6. 예비검속과 김대중 내란음모사건   119
   7. 성명서 발표에 그친 미국의 소극적 개입   131

4부 광주민주화운동과 미국의 대응

1장 광주항쟁 진압에 대한 미국의 입장   147
  1. 광주민주화운동의 시작과 미국의 초기 대응   147
  2. 미국의 성명 발표와 신군부의 보도 통제   169
  3. 군병력 투입을 사전 승인한 미국   178
  4. 미국의 딜레마, 시민군과 신군부 사이에서   190

2장 5·18민주화운동 지도부의 대미 인식 변화   206
  1. 광주 시민군의 중재 요청을 거부한 글라이스틴 대사   207
  2. 미국이 윤상원의 중재 요청을 알게 된 경위   216
  3. 친미·반공·자유민주주의 정향의 광주 시민   222
  4. 5월 26일 '미군이 도와주러 온다'는 소문   242
  5. 도청에 남은 윤상원과 민주시민투쟁위원회   252

3장 광주항쟁에서 촉발된 반미 감정   273
  1. 광주 책임론에 대한 미국의 변명   273
  2. 한미연합사 사령관의 작전통제권 묵인   285
  3. 미국의 국가이익에 밀린 한국의 민주화   299
  4. 중국에 북한 압박을 요청한 미국   311
  5. 전두환의 국보위체제에 대한 미국의 묵인   319

5부 쿠데타를 완성한 전두환

1장 5·18 이후 미국의 전두환 제거 구상   339
   1. 광주항쟁 이후 미국의 고민   339
   2. CIA의 전두환 제거 계획에 반대한 NSC   346
   3. 카터의 대안 모색을 인지했던 한국 정부   360
   4. 전두환 외에 대안이 없는 현실   367

2장 전두환의 대통령직 탈취를 인정한 미국   373
   1. 위컴의 인터뷰 기사 보도 파문   373
   2. 미국은 전두환을 지지하지 않았다   380
   3. 이미 예견되었던 최규하의 사임   391
   4. 전두환 대통령 선출자에게 보낸 카터의 메시지   397
   5. 한국의 언론 보도와 전두환의 비공개 답장   415
   6. 전두환 정부를 부정하지 못한 카터의 기자회견   426

November 25, 1980

3부

THE SECRETARY OF STATE
WASHINGTON

1980년 서울의 봄, 신군부의 부상

SECRET

MEMORANDUM FOR: THE PRESIDENT

FROM: Edmund S. Muskie

GDS 11/25/86

DECLASSIFIED
E.O.12958, Sec.3.6

◀
서울역 광장에 모인 시위 학생들(1980.5.15). ⓒ경향신문사

1장

한반도 문제를 논의한 미국과 중국

1980년 2월 29일 김대중과 윤보선을 포함한 688명의 정치인·종교인 등에 대한 정치적 해금·복권 조치에 대해 밴스 미 국무장관은 1977년부터 미국이 요구해 온 것이라며 공개적으로 환영했다. 다만 김지하가 아직 교도소에 수감되어 있으며 해야 할 일이 많이 남아 있다는 말을 덧붙였다. 그러나 군부의 동의 없이는 이런 정치적 조치가 가능하지 않았을 것이라며[1] 자유화를 향한 전반적인 상황 진전을 긍정적으로 평가했다. 그런데 신군부가 잠재적 경쟁자가 될 수도 있는 인사들의 사면에 동의했다는 것은 역설적으로 아직 군부가 전권을 장악하지 못했음을 확인시켜 준다.

---

1 "Memorandum of Cyrus Vance to the President[: Evening Report]," February 29, 1980, p. 2, Plains File, Subject File, Box 40, Folder: State Department Evening Reports, 2/80, Jimmy Carter Library.

1. 중국의 대북 압박 능력을 활용하고 싶은 미국

미 국무부 동아시아·태평양 담당 차관보 리처드 홀브룩(Richard Holbrooke)은 1980년 3월 19일 아침(미국 시간) 워싱턴에서 중국 외교부 부부장 장웬진(章文晋, Zhang Wenjin)을 만났다. 미 국무부는 장웬진과의 대화가 워싱턴에서 열리는 미중 외교 담당 고위급 회담으로는 첫 회담이라고 1980년 3월 17일 평가했다.[2] 1979년 1월 말에 중국의 실권자 덩샤오핑이 미국을 방문해 카터와 정상회담을 가지기는 했지만 외교장관은 방미하지 않았으므로 최초라고 평가했던 것이다. 장웬진에 대해 사전 조사한 미국은 그가 정책 결정자가 아니라 존경받는 고위 미국 전문가에 불과하다고 평가절하하기도 했다.[3] 장웬진의 직명은 영어로 Vice Foreign Minister였다. 부장관 혹은 차관으로 번역될 수 있지만 실질적으로는 차관보급으로 여겨진다. 따라서 미국은 장웬진의 카운터파트가 홀브룩 차관보라고 판단해 장웬진과 실무에 관한 심층적이고 실질적인 대화를 나누게 했다. 장웬진은 브레진스키, 크리스토퍼, 먼데일 부통령 등도 만났으나 대통령과의 면담

---

[2] "Memorandum of Cyrus Vance to the President," March 17, 1980, Secret, p. 1, National Security Affairs, Collection # 7: Brzezinski Material, Subject File, Folder: Evening Reports (State): 3/80, Box 23, Jimmy Carter Library.

[3] "Memorandum of Roger W. Sullivan to Zbigniew Brzezinski: Your Meeting with Vice Foreign Minister Zhang Wenjin, Tuesday, march 18, 11:30 A. M.," March 17, 1980, National Security Affairs, Collection # 26, Staff Material-Far East, Sullivan-Subject File, Folder: Sullivan Subject File, Zhang Wenjin Visit, 2/80-3/19/80, Box 72, Jimmy Carter Library. 장웬진은 1983~1985년 주미 중국대사를 역임했다.

은 이루어지지 않았다.

　1980년 3월 19일 장웬진과의 대화에서 홀브룩은 비밀을 전제로 하면서 "미국은 한국 군부가 정치에 관여하지 못하게 모든 영향력을 행사하고 있다"고 말했다.⁴ 여기서 '모든 영향력의 행사' 방법에 역쿠데타나 전두환 제거 작전이 포함된 것인지는 확인할 수 없다. 그렇지만 신군부의 정치 관여를 배제한다는 추상적 용어를 구체화하면 '전두환 집권 저지'가 되며 이는 곧 전두환 제거 구상과 연결된다고 보아야 마땅하다. 그리고 이를 실현할 '모든' 방법에 당연히 역쿠데타도 포함된다고 볼 수 있다.

　홀브룩은 이어서 그러한 노력들이 성공할 것이라고 장담할 수는 없지만 최선을 다하고 있다고 말했다. 그러면서 현재는 김대중에게까지 완전한 정치적 자유가 주어지고 그가 대통령 선거전에 나설 수 있게 되었으니 자유로운 정치 구조로 향하는 중요한 진전이 이루어졌다고 평가했다. 당시로부터 6개월 전인 10·26 이전까지만 해도 남북회담과 관련해 개인과 단체에게 발송된 북한의 초청장이 버려져 전달되지 못했는데, 최근에는 12장의 초청장이 한국 중앙정보부에 의해 실제로 전달되었다면서 진전이라고 평가했다. 과연 서울의 봄이 도래하기는 했다.⁵ 이 대화에서 홀브룩은 장웬진에게, 만약 북한이

4　"Cable from SecState (Vance) to AmEmbassy Beijing and AmEmbassy Seoul: Vice Foreign Minister Zhang Wenjin's Visit: Korea," R 290115Z Mar 80, National Security Affairs, Collection # 26, Staff Material-Far East, Sullivan-Subject File, Folder: Sullivan Subject File, Zhang Wenjin Visit, 3/20/80-4/80, Box 72, Jimmy Carter Library.

5　'서울의 봄'은 1980년 봄의 정치적 과도기 상황을 1968년 체코슬로바키아 민주화운동인 '프라하의 봄'에 비유한 것이다. 이 표현을 처음 사용한 것은 일본 매스컴이었다고 한다. 鳥羽欽一郎,

남한의 불안한 정치 상황을 이용하려 들면 이 지역에서 중국·일본·미국 사이의 강력한 (평화) 관계를 유지하기 어려워지므로 북한의 친구인 중국이 도와달라고 부탁했다. 북한이 남침하지 못하게 제어해 달라는 부탁이었다.

12·12 사태 이후 이미 신군부가 부상하고 있지만 아직 권력을 장악하지는 못했으며 최규하 정부의 정치적 자유화 조치가 진행 중이라고 미국은 판단했다. 미국은 민주화 과정을 매우 중요하게 생각했기에[6] 신군부의 정치 개입을 막으려고 아직 미국과의 관계가 일천한 중국에게 북한에 압력을 가해 달라고 부탁하는 등 가능한 모든 수단을 동원했다.

진보적 학풍의 미국 동부 아이비리그 출신인 홀브룩은 1960년대 후반 이후 1970년대를 풍미했던 반전운동을 의식하는 '인권파'에 호의적인 인사로 분류된다. 그러나 그는 외교에 입문한 1962년 이후 보수적인 국무부 주류의 분위기에 영향을 받아 1977~1979년 카터의 주한 미군 철수 집행에 적극적이지 않았으며, 안보를 중시하는 보수파의 일원으로 분류되기도 했다. 그런 그가 한국의 민주화 과정을 중

『これからの韓國』(東京, 1984); 도바 긴이찌로, 이경남 역, 『앞으로의 韓國: 全斗煥大統領과 先進祖國政策』(정음사, 1984). 당시 보안사의 엄격한 통제를 받고 있던 한국 언론으로서는 그런 표현을 사용하기 어려웠을 것이다. 강준식, 「[강준식의 정치비사] 대통령 이야기 전두환」, 『월간중앙』(2010.10).

[6] "United States Government Statement on the Event in Kwangju, Republic of Korea, in May 1980," June 19, 1989, Vertical File, Box 71, Presidential Papers of Jimmy Carter, Jimmy Carter Library; John Adams Wickham, Jr., *Korea on the Brink, 1979-1980: From the '12/12' Incident to the Kwangju Uprising* (Washington, DC: National Defense University Press, 1999), p. 198; 존 위컴, 김영희 감수, 유은영 외 공역, 『12·12와 미국의 딜레마: 전 한미연합사령관 위컴 회고록』(중앙 M&B, 1999), 294쪽.

시했다는 것은 이 시기까지 미국이 안정보다 민주화에 더 강조점을 두고 있었다고 할 수 있다. 장기적 안정을 위해서는 독재보다 민주화가 필수적이라고 생각했을 것이다.

그러나 당시 현지에서 신군부의 권력 장악을 피부로 느끼고 있던 글라이스틴 주한 미국대사는 1980년 3월 하순에 작성한 정책 보고서에서, 한국에 군사 쿠데타가 재발하거나 전두환이 국가 지도자가 되더라도 한국과의 기본적인 안보 협력 관계나 미국의 대북정책을 바꾸는 것에 반대한다는 입장을 표명하여 안보를 중시했다.[7] 이는 전두환 제거를 위한 역쿠데타가 논의되던 상황에서 주한 미군 철수 카드를 사용하여 미국이 북한과의 관계를 개선하는 방식으로 전두환 제거에 나서는 것에 글라이스틴이 반대한다는 의미였다.

그런데 홀브룩 차관보와 장웬진이 이렇게 솔직하게 실무적 차원에서 깊이 있게 나눈 대화의 내용이 공개될 수 있었던 것은 홀브룩이 차관보급이었기 때문이다. 같은 컬렉션의 다른 문서들은 아직 비밀로 묶여 있는 부분이 많은데 이는 장관 등 고위층의 정무적 성격의 비밀 대화록은 비밀 해제에서 제외될 가능성이 높기 때문이다.

장웬진은 1980년 3월 18일 오전 11시 30분부터 12시까지 이루어진 회담에서 브레진스키와 매우 솔직하게 대화했으며, 3월 19일 아침에

---

[7] William H. Gleysteen, Jr., *Massive Entanglement, Marginal Influence: Carter and Korea in Crisis* (Washington, DC: Brookings Institution Press, 1999), pp. 104–105; 윌리엄 H. 글라이스틴, 황정일 역, 『알려지지 않은 역사: 전 주한미국대사 글라이스틴 회고록』(중앙 M&B, 1999), 154쪽.

는 한반도 문제를 두고 비밀 얘기까지 할 수 있었다.[8] 같은 날 11시 장 웬진은 먼데일 부통령과 면담이 약속되어 있었다.[9] 이어서 점심을 같이한 홀브룩과의 대화에서도 장웬진은 솔직하고 실용적인 태도를 보여주었다.[10]

1980년 3월 18일 11시 30분부터 30분간 이어진 브레진스키와 장웬진의 면담 내용을 요약하면 브레진스키는 소련 전문가답게 북소 관계가 어떤지, 북한은 소련으로부터 독립적인지 물었고, 장웬진은 북한의 캄보디아에 대한 입장은 독립적이지만 아프가니스탄에 대한 입장은 그렇지 않다고 평가했다. 루마니아가 그랬던 것처럼 북한이 과민하다고 지적했으며, 남북대화가 권장되어야 하는데 아직 절차 문제가 논의되는 단계이지만 진전이 있을 것으로 전망했다. 만약 미국이 북한과 접촉하려는 제스처를 취하면 효과가 있을 것이며, 그렇게

---

8   1980년 3월 17일 밴스 국무장관이 주최한 점심이 끝나고 오후 3시 30분부터 재개된 2라운드 회담에서는 아프가니스탄이 이 지역에 대한 소련의 의도, 미국과 동맹국의 노력, 파키스탄인들의 관심, 이란·인도·네팔과 미국의 긴밀한 관계에 대한 관심, 올림픽 문제 등을 토의했으며, 한반도 문제는 3라운드로 넘겨졌다. 이 토론의 대화록은 다음과 같다. "Cable from SecState (Vance) to AmEmbassy Beijing: Zhang Visit – Second Round of Talks" P 211842Z Mar 80, National Security Affairs, Collection #26, Staff Material – Far East, Sullivan – Subject File, Folder: Sullivan Subject File, Zhang Wenjin Visit, 3/20/80 – 4/80, Box 72, Jimmy Carter Library.

9   "Memorandum of Peter Tarnoff (Executive Secretary, Department of State) to Mr. Denis Cliff (The White House): Call on the Vice President by Chinese Vice Foreign Minister Zhang Wenjin, Wednesday, March 19, 11:00 AM," 3/18/80, National Security Affairs, Collection #26, Staff Material – Far East, Sullivan – Subject File, Folder: Sullivan Subject File, Zhang Wenjin Visit, 2/80 – 3/19/80, Box 72, Jimmy Carter Library.

10 "Cable from SecState (Vance) to AmEmbassy Beijing: The Deputy Secretary's Working Lunch with PRC Vice Foreign Minister Zhang Wenjin," O 212037Z Mar 80, National Security Affairs, Collection #26, Staff Material – Far East, Sullivan – Subject File, Folder: Sullivan Subject File, Zhang Wenjin Visit, 3/20/80 – 4/80, Box 72, Jimmy Carter Library.

되면 중국이 북한에게 대화하라고 권하는 것도 쉬워지지만, 지금은 중국이 북한에게 압력을 가하는 것이 쉽지 않다고 했다. 그러면서 미국에게도 어려움이 있는 것을 알고 있다고 말했다.

브레진스키는 미국이 남한의 배후에 숨어서 교섭하는 것처럼 보이는 것은 불가능하다고 토로했다. 북한과 직접 대화하고 싶으나 남한을 의식해서 그러지 못하고 있음을 암시한 것이다. 이에 장웬진은 그렇다면 비공식적인 접촉이 가능하지 않을지 제안했다. 정작 중국은 북한을 의식해 남한과의 비공식적인 접촉에 신중한 태도를 보이면서 미국에게 북한과의 비공식적인 접촉을 권장한 것이다. 한편 미국은 중국이 남한과 비공식적인 접촉에 나선다면 미국도 북한과 비공식적 접촉에 나설 수 있다는 교차 승인의 입장을 드러냈다. 이처럼 미국은 중국과 비슷하게 동맹국 남한을 의식했지만 중국보다 좀 더 적극적이었다.

브레진스키는 북한이 소련과 다른 입장을 보이는 것을 환영한다고 말했다. 북한의 자주성 획득에 대한 열망을 공개적으로 칭찬할 수도 있지만 미국은 남한과의 관계를 보호하는 것이 더 중요하며, 불안정이 확대되지 않는 것에 관심이 있다고 했다. 한국에 대한 미국의 지지가 불확실해지면 한반도가 불안정해지고 그것은 우리 모두(미국과 중국 – 인용자)의 이익에 반하는 것이라고 브레진스키는 말했다. 장웬진은 남한이 중국에 화해의 제스처를 보내고 있지만, 중국이 남한과의 관계 개선을 위해 움직이고 있다는 느낌을 북한에 주지 않으려면 매우 신중하게 대처해야 한다고 응대했다.[11]

---

11 The White House, "Memorandum of Conversation: Summary of Dr. Brzezinski's

✦✦✦
참고
홀브룩과 장웬진의
1980년 3월 19일 아침 대화[12]

홀브룩: 부부장님, 한국 문제로 논의를 넘깁시다. 이 문제는 어제 브레진스키와 토론했으며 당신과 제가 중국에서 여러 번 토론했습니다. 그 이후 이 문제에 대한 양국 입장에 특별한 변화가 없습니다. […] 북한의 행동은 아직도 매우 애매한데, 남한과 대화를 시작했으면서 다른 한편으로 군사훈련을 계속하고 있습니다. 우리도 군사훈련을 계속하고 있기는 합니다만. 그러나 우리는 지금 시작한 대화를 지지하고 있습니다. 더 진전되기를 기대하며, 융통성과 현재 양측에서 보이는 타협 의지에 고무되어 있습니다. 남북대화에 관해서는 남한이 결정할 것이라는 점은 미국과 대한민국 정부가

Conversation with Vice Foreign Minister Zhang Wenjin of the People's Republic of China," Place: Dr. Brzezinski's Office, Date, Time: Tuesday, March 18, 1980, 11:30 – 12:00 Noon, #1A, p. 5, National Security Affairs, Collection # 26, Staff Material – Far East, Sullivan – Subject File, Folder: Sullivan Subject File, Zhang Wenjin Visit, 3/20/80 – 4/80, Box 72, Jimmy Carter Library; Zbigniew Brzezinski Collection, Geographic File, Folder: China [People's Republic of] – Discussion with Ambassador Chai [5/21/78 – 10/1/80], Box 9, Jimmy Carter Library.

12 중국 측 카오귀셍(曹桂生, Cao Guisheng) 워싱턴 주재 중국대사관 영사와 미국 측 바솔로뮤 (Reginald H. Bartholomew) 차관보가 이 자리에 함께했다. "Cable from SecState (Vance) to AmEmbassy Beijing and AmEmbassy Seoul: Vice Foreign Minister Zhang Wenjin's Visit: Korea," R 290115Z Mar 80, National Security Affairs, Collection # 26, Staff Material – Far East, Sullivan – Subject File, Folder: Sullivan Subject File, Zhang Wenjin Visit, 3/20/80 – 4/80, Box 72, Jimmy Carter Library.

같이 취하고 있는 입장인데, 이는 부디 비밀로 해주십시오. 그러나 남한이 우리에게 조언을 구했을 때 우리는 구체적 만남의 방식에서 융통성을 가지라고 권고했습니다. 예를 들면 만남의 장소, 참석자, 의제, 만남의 빈도 등등에 융통성 있게 대처해야 한다는 것이지요. 또한 우리는 북한이 선의를 증명할 기회를 주어야 한다고도 권고했습니다. 한반도의 긴장 완화는 한국인들의 행동 그 자체로부터 나와야 합니다. 이것들을 권고하는 것은 중국과 미국 모두에게 이익이 됩니다. 당신이 어제 그러한 점에 대해서 말씀하셨지요. 그런데 저는 만약 중국이 남한과의 관계를 진전시켜 나간다면 미국도 나란히 북한과의 관계를 진전시킬 용의가 있음을 강조하고 싶습니다. 저는 당신의 입장을 알고 싶습니다. 물론 이것은 우리에게 심각한 일이며, 우리는 그러한 상호 행동이 무역 관계에서 일어나기를 바랍니다. 미국만 일방적으로 조선민주주의인민공화국과 관계를 맺는다면 대한민국은 주변 강대국인 중국과의 관계를 정상화하지 못해 고립될 수 있습니다. 미국은 이러한 상황을 방치할 수 없습니다. 우리는 미국 시민과 북한 인민 개인 간의 접촉을 장려하려고 준비 중입니다. 중국도 남한과 이에 상응하는 진전을 이룰 수 있을 것입니다. 스포츠·교육·문화 등의 부문이 이러한 접촉의 명백한 예가 될 것입니다.

더불어 덩샤오핑 부총리와 황화(黃華, Huang Hua) 외교부장, 그리고 당신이 북한과의 관계 접근에 대해 코멘트했던 것을 조심스럽게 언급하려고 합니다. 특히 지난해 1월 덩샤오핑 부총리가 워싱턴에서 했던 매우 솔직한 언사 등을 아직도 생생히 받아들이고 있습니다. 그러한 언사 등은 우리의 사고에 여전히 중요하게 작용하고 있습니다. 우리는 중미 관계 정상화의 영향하에서 그리고 중국·일본·미국 간 관계의 극적인 증진 속에서 동북아의 (평화 증진의-인용자) 실질적인 방법을 전 세계에 공개적으로 보여 줄 수 없는지 의문을 제기하지 않을 수 없습니다.[13] 또한 북한과 남한 그리고 38선이 더 이상 이전과 같이 폭발을 잠재하고 있는 화약통이 되지 않을 수 있다고 세계에 보여 줄 수 없는지 의문입니다. 당신은 전쟁이 시작되지 않을 것이라고 수차례 우리에게 공언했으며 우리는 그러한 평가가 진지하고 정확하다고 받아들입니다. 그러나 세계가 우려하는 바와 같이 코리아는 일촉즉발의 상태로 남아 있습니다.

남한의 상황은 좋은 방향으로 발전하고 있습니다. 자유로운 정치 구조로의 중요한 진전이 있습니다. 중국에서 당신을 만난 이래로 김대중은 완전한 정치적 자유를 부여받았고 대통령 선거전을 시작했음에 주목하고자 합니다. 조선민주주의인민공화국이 남한 정치가들에게 보낸 12통의 편지를 한국 중앙정보부가 스스로 배달했습니다. 당신이 알고 있듯이 6개월 전에는 이러한 편지들이 버려져 배달되지 못했는데, 그것들이 정확하게 배달되었습니다. 이렇게 진보가 이루어졌으며, 그러한 경향은 확실합니다. 동시에 남한 군부가 병영을 뛰쳐나오지 않을까 우려하고 있습니다. 그들이 다시 한 번 정치에 참여할지도 모른다는 점이 우리들의 중요한 관심사입니

---

13 중국과의 관계 개선이 한반도 평화 증진으로 자연스럽게 확대될 수 있다는 카터 행정부의 낙관적인 세계관을 알 수 있는 부분이다. 미국과의 관계를 개선한 중국이 북한의 도발 기도를 제어할 수 있다고 기대했다.

다. 정말 공개적으로 말하고 싶지 않은 사실을 비밀을 지켜주시기를 바라며 말씀드리면, 미국 정부는 남한 군부가 정치에 개입하지 않도록 가능한 모든 영향력을 행사하고 있습니다. 그러한 노력들이 성공할지 장담할 수 없지만 최선을 다하고 있습니다. 당신이 알고 있는 주한 미국대사 빌 글라이스틴은 세계에 파견된 우리의 훌륭한 대사들 중 하나입니다. 그와 주한 미군 사령관이 그 과업을 맡고 있습니다.

세 번째는 급속도로 악화되고 있는 남한의 경제 문제입니다.

따라서 한반도 상황은 남북 접촉에 희망이 있습니다. 또한 광범위한 지지 기반을 갖는 민간정부의 수립에 희망이 있습니다. 그리고 군부와 경제에 위험 요인이 있습니다. 만약 북한이 진정한 선의와 의도를 보여 준다면 남한이 응답할 것이라고 저는 믿습니다. 만약 북한이 그렇게 하지 않으면 중국·일본·미국 간의 강력한 전체 구도가 위협받을 것입니다. 왜냐하면 그것은 중국을 매우 어렵게 할 것이기 때문입니다. 당신은 평양에 있는 친구를 지지해야 합니다.[14] 그리고 우리는 서울에 있는 친구와 절대적인 공약(한미상호방위조약을 말함 – 인용자)을 가지고 있습니다. 이것은 태평양 지역에서 우리 외교 정책의 중심입니다. 이상이 어제 당신과 브레진스키가 나눈 대화에 덧붙이고 싶은 것들입니다. […]

장웬진: 변하지 않은 우리의 기본 입장을 당신이 잘 알고 있으리

---

14 북중우호조약은 일방이 한 국가나 여러 나라 연합군의 무력 침공으로 전쟁 상태에 처하면 상대방은 전력을 다해 바로 군사와 기타 원조를 제공한다고 되어 있다. 즉 자동 개입 조항이다.

라고 생각합니다. 권장된 대화가 시작되었다거나 준비 중이라는 약간의 희망적인 신호들을 제외하면 한국에서 다른 어떤 변화도 감지할 수 없습니다. 우리 모두는 한반도의 평화와 안정이 유지되는 데 공통의 이익이 있음을 가장 먼저 지적하고자 합니다. 비록 미국과 남한의 관계와 중국과 북한의 관계가 많이 다르지만, 중국과 미국은 각자의 편에서 평화와 안정을 권장하고 도움을 주고 있습니다. 우리는 북한의 주권을 완전히 인정하며 북한에 말할 때도 매우 조심스럽습니다.

홀브룩: 우리가 중국을 떠난 다음다음 날에 북한이 편지를 보냈습니다. 그들이 편지 보내는 것을 사전에 알고 있었습니까? 우리는 (베이징-인용자) 인민대회당에서 남북한 문제와 관련해 대화를 나누었고, 그다음 날인지 다음다음 날인지에 북한은 편지를 보냈습니다. 북한이 그와 관련해 상의했습니까? 아니면 이전에 상의했나요?

장웬진: 아니요. 북한은 통상 수 시간 전에 우리에게 통보합니다. 가끔 그들은 비밀을 전제로 매우 일반적인 문제를 상의하곤 합니다.

홀브룩: 그 편지들에 담긴 그들의 목적이 무엇이라고 생각하십니까? 북한이 그 대화들을 실제로 실행하기를 원한다고 생각하십니까? 남한이 아닌 북한이 주도했는데 북의 목적은 무엇입니까?

장웬진: 그들의 목적은 대화를 유지하면서 궁극적으로는 통일로 이끌 수 있는 긴밀한 관계를 위한 조건을 창조하는 데 있습니다. 물론 통일은 장기적인 목적이며 시간이 많이 걸리는 과업입니다. 그들은 그것을 완전히 실현시키려고 합니다. 그들은 우리에게 남한 정부는 물론이고 다른 쪽들과도 대화하고 싶다고 설명했습니다. 당

신도 아시겠지만 다른 쪽들은 남한 정부에 대해 명백히 강하게 반대하는 세력들입니다. 북한은 남한 내에서 일어나고 있는 변화를 볼 뿐만 아니라 화해하려 하고 있습니다. 그들은 먼저 남한 정부 당국자와 만나려고 합니다. 그러나 그 후 혹은 그와 동시에 다른 쪽들과도 만난다는 희망을 아직도 가지고 있습니다. 그것이 그들이 가지고 있는 융통성 있는 행동이며 좋은 신호라고 저는 생각합니다.[15]

홀브룩: 북한은 그들의 행동으로 인해 남한 군부가 정치적 상황을 뒤집어엎거나 그러한 조건을 창조하게끔 만드는 자극을 하지 않도록 매우 조심해야 할 것입니다. 만약 북한이 장난을 치고 있다는 결론에 도달하면 매우 심각한 결과가 초래될 것이며, 우리는 남한의 안정을 지지하는 가장 강력하고 단호한 태도를 취할 것입니다.

장웬진: 북한이 남한에 혼란을 조성하기 위해 이를 이용하려 들지 않을 것임을 확신합니다. 그들은 남한 정부나 당국자가 더 안정되고 다른 쪽들을 다루는 데 더 민주적이 되기를 희망합니다. 그들은 그것을 권고할 것입니다. 제 생각에 그들은 그것이 그들이 하려는 대화를 가능하게 한다고 여길 것입니다. 그러한 태도는 확고합니다. 그러나 북한이 남한의 상황을 얼마나 잘 알고 있는지 저는 확신할 수 없습니다. 우리도 마찬가지인데, 왜냐하면 남한에서 무엇이 일어나고 있는지 때때로 혼란스러울 때가 있기 때문입니다.

홀브룩: 그 점은 서울의 미 대사관 직원들도 혼란스러워합니

---

15 남한에서는 북한이 당국자와의 회담을 배제하고 친북적인 인사들하고만 회담하려 한다고 비난했지만 중국은 동시에 진행하려 한다고 북한을 변호했다. 미국은 비판을 의식해 당국자 회담을 추진하려 했지만 중국의 변호도 외면하지 않는 융통성을 견지했다.

다.(웃음) 저는 우리 모두가 매우 조심해야 한다는 점을 강조하고자 합니다. 북한이 스스로 의도의 진정성을 증명하게끔 권고하는 역할이 중국에게는 가장 중요합니다. 만약 북한의 진정성이 증명되면 미국은 남한이 상응하는 제스처를 취하도록 권고할 것임을 약속할 수 있습니다. 우리가 서두를 필요는 없다고 생각합니다. 지금의 한반도 상황은 1950년 이래로 지속되었고, 반드시 당장 1980년에 해결할 필요는 없다고 봅니다.

장웬진: 그렇습니다.

홀브룩: 장기적으로 조심스러운 과정을 거치면서 준비해야 합니다. 가속도가 붙는다면 좋겠지만 급할 것은 없습니다. 한국 문제에 관해서는 매우 인내해야 합니다. 상황을 안정화시키는 것이 가장 중요합니다. 한 사람이 18년간 통치했던 남한은 이제 막 매우 중요한 역사적 과정을 거쳤습니다.

장웬진: 그렇습니다. 중국은 북한에 중국의 경험과 타이완 정책에 대해 지속적으로 말해 왔습니다. 그리고 그들도 그 정책에 흥미를 갖고 있다고 저는 생각합니다.

홀브룩: 저는 타이완에 대한 중국의 정책 추이를 매우 호의적으로 관찰해 왔으며 깊은 관심을 가지고 있습니다. 그리고 우리는 김일성이 중국의 예를 따를 수 있으면 좋겠다는 희망을 자주 제기합니다. 당신도 잘 아시겠지만, 중국 정부는 평화적 재통일에 대해 수년간 말해 왔으나 김일성은 '평화적'이라는 말을 전혀 사용하지 않았습니다. 지금 김일성이 평화적이라는 말을 그의 성명에 사용한다면 도움이 될 것입니다.

카오귀셍: 그러나 그들의 프로그램은 '평화적 재통일'입니다.

홀브룩: 제가 틀렸나요, 카오 영사님? 만약 제가 실수했다면 영사님은 일주일 동안 기다려야 할 겁니다.(웃음) 지금 영사님께 달려 있습니다. 미국 법정 규칙에 따르면 영사님은 '평화적'이라는 말을 그 진술 안에 포함시켜야 합니다. 김일성이 평화적이라는 것을 증명해야 합니다.

장웬진: 김일성의 진술에서요?

홀브룩: 카오 영사께서 김일성의 진술을 보여 주셔야 합니다.

장웬진: 알겠습니다. 우리는 그 점을 논의하도록 양측 모두에 권고하겠습니다. 미국이 소련과 한국 문제에 대해 논의했는지 아닌지가 가장 궁금합니다.

홀브룩: 미국은 한반도의 세부적인 문제에 대해 중국과 논의했지만 소련과는 결코 논의하지 않았습니다. 밴스 국무장관이 그로미코 소련 외상과의 회담에서 한두 번 일반적인 문제를 제기한 적은 있습니다. 한국 안보에 대한 미국의 총체적 공약을 강조하면서요. 또한 북한이 어떤 모험적인 행동을 하지 않기를 바란다고 강조했습니다. 그러나 중국에게 부탁하듯이 평양에 영향력을 행사해 달라고 소련 측에 요청하지 않았습니다.

장웬진: 이해했습니다.

홀브룩: 또한 우리는 첫째로 중국과 가지고 있는 이해를 소련과는 가지고 있지 않으며, 둘째로 미소 관계는 많이 다른 콘텍스트를 가지고 있기 때문에 그렇게 해달라고 부탁하지 않았습니다.

장웬진: 국무장관의 논평에 대해 소련은 반응하지 않았습니까?

홀브룩: 제가 알고 있기에는 없었습니다. 그렇지 않습니까, 차관보님?

바솔로뮤: 제가 알기에도 없었습니다. 일반적인 의견 교환뿐이었습니다.

홀브룩: 우리는 소련에 서울과 접촉해 달라고 부탁하지 않습니다. 그리고 교차 승인에 대해서도 말하지 않습니다.

＊ ＊ ＊

2. 한반도 문제 개입에 신중한 중국

1980년 3월 19일 점심 식사를 겸한 홀브룩과 장웬진의 실무급 대화 요약본에 의하면[16] 장웬진은 북한이 남한에 대해 방어적일 뿐이며 확실히 전쟁을 원치 않는다고 말했다. 장웬진은 오히려 남한의 불안정에 우려를 표하며 북한은 평화적 재통일에 헌신적이라고 평가했다. 중국은 북한이 남한을 취할 수 있을 정도의 무장력을 지원할 수 없으며 소련은 그러지 않을 것이므로 북한은 현실적으로 대안이 없다고 평가했다. 중국의 대북 영향력은 중용적이어서 평양에서 소련의 영향력 증가를 방지하는 세심한 균형자적 행동을 하고 있을 뿐이라고

---

16 먼데일 부통령과의 오전 11시 약속 이후 이어진 점심 식사는 워런 크리스토퍼 부장관이 주최했으며, 실무급 대화의 주요 의제는 미중 관계, 유고슬라비아, 한반도, 일본, 인도차이나, 프랑스 등이었다.

말했다.

홀브룩은 미국이 대한 공약에 따라 강하게 대응할 준비가 되어 있다면서 도발을 피해야 한다고 강조했다. 이에 장웬진은 북한은 남한의 민주화가 증대되길 원한다는 다소 의외의 발언을 했다. "북한은 남한 정부나 당국자가 더 안정적이 되고 다른 쪽들을 다루는 데 더 민주적이 되기를 희망합니다."라는 아침 대화의 연장선에 있는 논평이었다. 홀브룩은 북한이 남한의 민주화를 통해 정치적 혼란을 조성하려 한다는 의심으로 맞받아쳤다.[17] 미국은 북한이 남한에서 정치적 불안을 조성하기 위해 노력한다는 희미한 정보를 가지고 있다고 했다. 장웬진은 그것은 결코 북한의 의도가 아니라고 응대했다. 정치적 자유화에 대한 남한의 요구는 민주적 요소들로부터 나오는 것이지 공산주의자들로부터 오는 것이 아니라면서[18] 북한은 장난치지 않을 것이라고 전망했다. 아침 대화에 이어 '장난(mischief)'이라는 표현이 다시 나왔다. 아침에는 홀브룩이 점심에는 장웬진이 장난이라는 언사를

---

17 김일성이 박정희·전두환 정부를 반대하면서 남한 내 민주화 세력을 지원한다는 명분을 내세웠지만 실제로는 남한에서 공산당 활동이 위축되어 있는 상황을 타개하기 위한 의도였다고 남한과 미국은 평가했다. 1977년 12월 9일 평양에서 열렸던 에리히 호네커 동독 공산당 서기장과의 회담에서 김일성은 "민주인사들이 집권하면 사회의 민주화 바람을 타고 공산 세력을 뿌리 내리고 확산시킬 수 있다"는 심중을 드러냈다는 것이다. 조갑제, 「美 군부, 金載圭·朴正熙와 짜고 카터를 물먹이다!」, 『월간조선』(2006.2).

18 남한의 자유화는 민주주의에 대한 남한 국민들의 신념으로부터 나오는 것이며 북한 공산주의자들이 남한의 정치적 자유화를 가져올 수는 없고 남한의 혼란을 조성할 수는 더욱 없다는 의미이다. 미국이 오히려 이데올로기적으로 경직된 태도를 보였으며 장웬진은 자유주의적이며 실용적인 태도를 가졌다고 평가할 수 있다. 남한 신군부는 북한 개입설을 흘렸으나 증거 없음이 판명되었으므로 중국의 해석이 정확한 것으로 판명되었다. 물론 미국은 의구심을 가지면서도 증거가 없다는 것을 알고 있었다. 따라서 홀브룩의 발언은 단지 북한의 개입을 방지하려는 의도에서 말한 것이고 노파심의 발로였다.

구사했다.

홀브룩은 미국과 중국이 관계 정상화의 혜택을 전 세계에 보여 줄 수 있도록 동북아에서 안정을 유지하는 데 노력해야 한다고 강조했다. 미국과 중국이 남북한의 진지한 대화를 고무해야 한다고 하자 장웬진도 동의했다. 장웬진은 안정의 전제 조건이 이미 존재한다고 말했다. 그리고 남한이 비록 정치적 어려움은 있지만 인구가 더 많고 발전된 경제를 가진 상대적으로 강한 위치에서 남북대화의 장에 들어왔다고 말했다. 중국은 종국적으로 남한과 관계 맺는 것을 배제하지 않는다고 했다.

그러나 장웬진과의 회담에 대비해 미 국무부가 사전에 작성한 문서에 따르면 북한의 태도를 반드시 심각하게 고려해야 하므로 당장 중한 관계 개선을 생각하는 것은 불가능하다고 전망되었다. 그렇지만 "만약 북한의 반대가 극복된다면 중국은 장차 남한과 직접 무역을 할 가능성이 있는 듯하다"고 정확하게 분석했다.[19] 따라서 장웬진과

---

19 [Department of State,] "Scope Paper," [ca. March 1980], #3A, p. 4, in Department of State, "Memorandum to P-Mr. Newsom, EA-Mr. Holbrooke, NEA-Mr. Saunders, EUR-Mr. Vest, S/P-Mr. Lake, DM-Mr. Bartholomew, ACDA-Mr. Earle, INR-Mr. Spiers, OES-Mr. Pickering: Visit to the United States by PRC Vice Foreign Minister Zhang Wenjin, March 15-20, 1980," March 4, 1980, #3, National Security Affairs, Collection # 26, Staff Material-Far East, Sullivan-Subject File, Folder: Sullivan Subject File, Zhang Wenjin Visit, 2/80-3/19/80, Box 72, Jimmy Carter Library; Department of State, "Briefing Paper, Scope Paper," [ca. March 1980], #10D, p. 7, in "Memorandum of Peter Tarnoff (Executive Secretary, Department of State) to Mr. Denis Cliff (The White House): Call on the Vice President by Chinese Vice Foreign Minister Zhang Wenjin, Wednesday, March 19, 11:00 AM," #10C, 3/18/80, National Security Affairs, Collection # 26, Staff Material-Far East, Sullivan-Subject File, Folder: Sullivan Subject File, Zhang Wenjin Visit, 2/80-3/19/80, Box 72, Jimmy Carter Library. 위 두 문서는 거의 동일한 내용을 부분적으로 담고 있다. 전자의 내용을 후자에서 증보했다고 할 수 있다.

중국의 미래 한국 정책을 토론하면서 중국이 남한과 비공식적인 관계를 설정하는 것을 고무하는 차원에서 대화가 이루어져야 할 것이라고 건의하며, 이는 미국과 북한의 관계 진전 단계 설정과 비슷한 것이라고 평가된다고 결론 내렸다.[20] 이는 공식 교차 승인 전 단계의 비공식적인 관계 증진이라고 할 것이다. 당시 미국은 북한과의 교류를 추진하고 있었다고 할 수 있다.[21]

실제 회담에서 장웬진은 만약 남북한이 직접 교역하게 되면 남한과의 접촉에 대한 북한의 태도가 변할 것이라고 말했다. 북한은 다른 나라가 남한과 교섭하는 것을 강하게 반대하며 자신이 직접 남한과 교섭하려는 경향을 가지고 있다고 평가했다. 북한은 남한 스포츠팀과 직접 싸우기를 원하는데 소련이 남한을 소련에서 열리는 경기에 참여할 수 있게 허락하면 북한은 매우 불쾌해할 것이라는 예를 들었다.[22]

밴스는 장웬진의 방미를 결산하는 급전을 1980년 3월 25일 새벽 1시 18분 베이징 주재 미국대사관에 발송하면서 한국 관계 항에서 다

---

20 [Department of State,] "Scope Paper," [ca. March 1980], #3A, p. 8; Department of State, "Briefing Paper, Scope Paper," [ca. March 1980], #10D, p. 11.
21 그런데 북한은 주한 미군 철수를 공약한 카터의 외교 정책을 마냥 반길 수는 없었다. 비밀 해제된 1970년 말 헝가리 외교문서에 따르면 카터의 교차 승인 계획과 미중 관계와 중일 관계를 정상화하려는 노력 등으로 인해 북한의 지도자들은 갈수록 코너에 몰리고 있다고 느꼈음이 확인된다. Bálazs Szalontai, "Book Review: James V. Young, *Eye on Korea: An Insider Account of Korean-American Relations*. College Station, TX: Texas A&M University Press, 2003. 188 pp.," *Journal of Cold War Studies* vol. 12 no. 3 (July 2010), p. 155.
22 "Cable from SecState (Vance) to AmEmbassy Beijing: The Deputy Secretary's Working Lunch with PRC Vice Foreign Minister Zhang Wenjin," O 212037Z Mar 80, #3, National Security Affairs, Collection # 26, Staff Material-Far East, Sullivan-Subject File, Folder: Sullivan Subject File, Zhang Wenjin Visit, 3/20/80-4/80, Box 72, Jimmy Carter Library.

음과 같이 평가했다.

> 장웬진은 북중 관계에 대해 더 많은 통찰력을 제공했다.
> 새로운 것은 없었지만 우리가 항상 의구심을 가졌던 부분을 명확히 해주고 더 많은 부분을 개방했다.
> 두 개의 흥미로운 포인트
> 첫째, 중국은 미국이 남한에 가지고 있는 영향력만큼 북한에 영향력이 없다. 둘째, 중북 관계에 대해 공개적으로 말할 때 부담을 주지 말고 조심스럽게 말해야 한다.[23]

1980년 3월 19일 홀브룩의 솔직한 말에서 드러난 것처럼 미국은 남한에서 군부의 정치 참여를 막기 위해 최대한 영향력을 행사하려 했으므로 중국의 대북 영향력(소련에 치우치지 않고 중도를 유지하도록 조정하는 정도)보다 훨씬 큰 영향력을 갖고 있다고 스스로 생각했다. 장웬진의 방미에 대비해 미 국무부가 만든 브리핑 페이퍼에 다음과 같은 구절이 있다.

> 북한은 중미 화해에 대해 승인하지 않고 있으며 다소 분개하고 있다. 북은 그의 독립적인 위치와 이미지를 열심히 지키고 있다. 즉 너무

---

23 "Cable from SecState (Vance) to AmEmbassy Beijing: Visit of Zhang Wenjin," O 250118Z Mar 80, #5, National Security Affairs, Collection # 26, Staff Material-Far East, Sullivan-Subject File, Folder: Sullivan Subject File, Zhang Wenjin Visit, 3/20/80-4/80, Box 72, Jimmy Carter Library.

많은 압력을 행사하거나 북이 전혀 받아들일 수 없는 한국 문제에 관한 입장을 취해 북이 소련 쪽으로 편향되지 않도록 조심스럽게 노력해야 할 것이다.[24]

이렇듯 북한은 소련과 중국 사이에서 줄타기를 잘 하고 있으며 미국과의 관계를 개선한 중국은 북이 친소 노선을 취하지 않을까 우려하면서 그 영향력 행사를 신중히 할 것이라는 전망이었다. 그렇지만 이 브리핑 페이퍼에서는 장차 중국이 남한과 비공식적 접촉을 갖도록 권장하며 동시에 미국도 북한과 비슷한 단계로 나아갈 것을 고려했다.[25]

또한 밴스 국무장관이 1980년 3월 26일 새벽 3시 18분 나토 미 대표단에 보낸 급전에서는,[26] 장웬진과 미국의 대화가 30년 만에 워싱턴에서 처음 이루어진 통상적인 외교 교류였다고 평가했다. 그 분위기가 매우 격의 없이 솔직하고 진지했으며 우호적이었다고 전했다. 한국 문제에 관해서는 미국과 중국 모두 한반도의 평화와 안정, 남북대화의 성공을 바라고 남북대화가 어떻게 발전할지 기대한다고 했다. 북한이 예민하기 때문에 현재 중국은 남한과 관계 맺는 것을 고려하지 못한다고 했다. 만약 중국이 남한과 서로 상응하는 관계를 맺지 않으면 미국도 북한과의 관계를 진전시키지 않을 것이라고 했다. 중국

---

24 Department of State, "Briefing Paper, Scope Paper," [ca. March 1980], #10D, p. 7.
25 Department of State, "Briefing Paper, Scope Paper," [ca. March 1980], #10D, p. 11.
26 프랑스 정부 초청으로 장웬진이 3월 24일부터 26일까지 프랑스 파리를 방문한 일정을 고려해서 보냈다.

은 남한에 대한 북한의 평화적 의도를 강조했으며, 북한이 무력으로 남한을 얻으려 할 때 중국은 지원할 힘이 없고 소련은 지원하지 않을 것이라고 했다. 베이징은 대만에 대한 북한의 화해 시도를 알게 되었다는 정보를 명시했다.[27]

한편 장웬진은 프랑스 방문 시에 프랑수아 퐁세(André François-Poncet) 수상과 만나고 주로 외무성 사무총국장 브뤼노 뢰스(Bruno De Leusse)와 대화를 나누었다. 파리 주재 미국대사 하트만이 파키스탄에 대해 더 비관적인 견해를 보인 것을 제외하면 미국과 나눈 대화 내용과 거의 비슷하다고 논평했다. 한국 문제는 14개 토론 주제 중 여덟 번째에 나오기는 하지만 그 내용이 인도 관련 부분과 함께 제일 긴 편이다. 프랑스와 중국 간에 비교적 비중 있게 다루었거나 아니면 미국이 중시했음을 확인할 수 있다. 아래는 하트만의 전문에 나타난 한국 관련 부분이다.

장웬진은 미국에 말한 바와 같이, 중국은 원칙적으로 한반도의 재통일을 지지하지만, 현실적으로 매우 장기적으로 보고 있다고 말했다. 중국은 남북대화를 지지하며 그것이 한반도의 안보를 유지해 남북 모두 발전할 수 있기를 희망했다. 중국은 북한이 남한을 침공하지 않을

---

27 "Cable from SecState (Vance) to US Mission US NATO, Info AmEmbassy Paris, Seoul, Canberra, Ottawa, Moscow, Bonn, Rome, Singapore, the Hague, New Delhi, Brussels, Tokyo, Copenhagen, Beijing, Hong Kong, Guangzhou: PRC Vice Minister Zhang Wenjin Visits US," O R 260318Z Mar 80, #8, National Security Affairs, Collection # 26, Staff Material-Far East, Sullivan-Subject File, Folder: Sullivan Subject File, Zhang Wenjin Visit, 3/20/80-4/80, Box 72, Jimmy Carter Library.

것이라고 프랑스 측에 말했다. 경제적·군사적 우위가 남측에 있고 중국 혹은 소련의 도움 없이는 그렇게 행동할 수 없다는 것을 평양도 잘 알고 있다. 장웬진은 북한이 중국을 믿지 않는다고 프랑스 측에 말했다. 북한은 소련도 믿을 수 없다. 중국이 보건대 소련은 동부전선에서 중요한 대결이 일어나는 것을 원하지 않는다. 중국과 평양의 관계는 매우 어려우나 소련은 더 어렵다. 중국 측 논리에 따르면 소련은 강압적인 관계를 가지고 있다. 중국은 프랑스 측에 자신들은 서울과 관계가 없다고 했다. 그것은 선택에 의한 것이 아니라 북한의 민감함 때문이라고 했다. 중국은 평양을 소련 쪽으로 밀어 넣게 될까 봐 소외시키지 않는다는 것이다.[28]

이렇게 1980년 3월의 시점에 미국은 중국에게 한국 민주화를 위해 북한을 제어하도록 간접적인 압력 행사를 부탁하는 등 다소 무리하고 우회적인 행동을 하면서까지 한국 민주화를 견인하기 위해 노력했다. 미국의 기본적인 정책이 신군부에 비판적이고 전두환에 반대하는 입장임을 확인할 수 있는 대목이다. 전두환의 집권을 막으려는 일종의 전두환 제거 공작이었던 셈이다. 미국은 중국에게 북한을 제어해 달라고 부탁하다가 미국이 한국 신군부의 정치 개입을 제어하려 하고 있음을 중국에게 의도치 않게 고백하게 되었다. 전두환을 제

---

28 "Cable from AmEmbassy Paris (Hartman) to SecState: PRC Vice Foreign Minister Zhang Wenjin's Visit to France," P R 011605Z Apr 80, #13, National Security Affairs, Collection # 26, Staff Material-Far East, Sullivan-Subject File, Folder: Sullivan Subject File, Zhang Wenjin Visit, 3/20/80-4/80, Box 72, Jimmy Carter Library.

거하고 싶은 미국의 숨겨진 본심을 누설한 것이다. 자료를 통해 대화 행간의 숨은 의도까지 파악한다면 미국의 전두환 제거 구상의 실체를 확인할 수 있는 대목이다.

❖❖❖
참고
1980년 7월 중국의 대북 영향력에 대한 대한민국 외무부의 비판적 평가

미국은 미중 관계 개선을 통해 한반도의 안정을 기할 수 있다고 기대했다. 그러나 한국은 미국의 이러한 기대가 잘못된 것이라고 평가했다. 한국 신군부가 지시해 대한민국 외무부가 1980년 7월 10일에 기안한 문답집에서 "미국은 중공의 지도자들이 북한으로 하여금 남침을 못하도록 영향력을 행사할 것을 기대하고 있는 것 같다. 중공의 지도자들이 북한의 행동을 조정할 수 있다고 보는가?"라는 자체 질문에 대해 단호하게 "그렇지 않다."라는 답변을 달고 다음과 같이 그 이유를 설명했다.

"중공보다 북한이 오히려 중소분쟁을 이용할 정책적 선택의 폭이 크다. 따라서 중공 또는 소련도 이 문제에 관한 한 북한이 남한을 침공하지 않도록 설득을 기도하지 않을 것이다. 그 이유는 압력을 가할 경우 북한이 반대편으로 기울 것을 두려워하기 때문이다."[29]

---

29 「국내사태와 관련한 문답집」(1980.7.10), 『국내 사태와 관련한 안보문답집』(행정법무, 1980).

또한 "북한이 제2의 아프간이 될 가능성이 있는가?"라는 질문에 대해서는 "만일 중소분쟁으로 북한이 결정적으로 중공 측에 기운다면 소련은 북한을 침공해서 북한이 중공의 우방국이 되는 것을 방지하려 할 것이다."라는 다소 과장된 답변도 적시하고 있다.[30]

이렇듯 한국 정부는 중소분쟁 때문에 중국의 대북 영향력이 제한적이라고 평가했다. 최초로 중국과 일본 모두와 우호적인 관계를 유지하고 있고 동북아 지역의 안보와 안정도 20세기 들어 최고 수준이라고 내세워 대통령 재선에 도전하려는 카터의 평가와는 배치되었다.

∗ ∗ ∗

대한민국 외교부 공개 외교문서(2011). 이 자료는 국가보위비상대책위원회(국보위) 외무분과위원회(담당자 차영구 전문위원)의 심의와 수정을 거쳐 '한국의 오늘과 내일'이라는 제목으로 1980년 9월 11일 재외공관에 배부되었다.「기안문: "한국의 오늘과 내일" 책자 송부」(1980.9.11), 『국내 사태와 관련한 안보문답집』(행정법무, 1980), 대한민국 외교부 공개 외교문서(2011).

30 「국내사태와 관련한 문답집」(1980.7.10), 『국내 사태와 관련한 안보문답집』(행정법무, 1980), 대한민국 외교부 공개 외교문서(2011).

2장

1980년 4월, 통치권 장악에 나선 전두환

1. 전두환을 묵인하며 정치 안정을 꾀한 미국

1980년 4월 11일에 글라이스틴 주한 미국대사가 국무장관에게 보낸 전문을 1980년 3월 12일자 전문과 비교해 보면 신군부 세력에 대한 미국의 정책이 한 달 새 상당히 변화했음을 알 수 있다. 먼저 3월 12일자 전문에서 글라이스틴은 군부 조직을 토대로 한 전두환의 막강한 힘과 군대 내 고위 리더들의 김영삼과 김대중에 대한 거부감을 언급하면서도 박정희 정부보다 리버럴한 최규하 정부가 헌법을 개정하고 총선을 실시할 수 있을 것으로 기대했다. 최규하 정부가 실권을 잃지 않고 이제 막 첫 번째 자유화 조치를 수행했음을 상부에 보고하는 것도 잊지 않았다. 그러면서 전술한 바와 같이 군부 내 반(反)12·12 인사들이 물러났음을 지적하고, 회고하건대 이들은 실제 동원 가능한 병력 수가 거의 없었다고 평가했다.

글라이스틴은 전두환을 모든 악의 불길한 원천으로 만들어 한국 정치에 대해 과장하는 것을 경계해야 한다면서도 전두환에 대해 다음과 같이 그리 좋지 않게 평가했다. "군부 내에서는 전두환이 주목해야 할 사람임에 명백하다. 만약 그가 정권을 잡는다면 12·12 동지들도 배신당할지 모른다는 공포가 확산되어 있다. 그는 계속 주시해야 할 문제의 인물이다." 또한 군부 내 권력 암투가 아직 확실하게 정리되지 않았으며, 군부 내에서는 전두환이 요주의 인물이지만, 정치권에 대안 세력이 아직 건재함을 암시하고 있다. 예를 들면 김종필에 대해서 과거의 부패한 이미지에 유신과 밀접한 연관도 있고 공화당 내에 유력한 정적이 존재하지만, 풍부한 행정 경험이 있고 군부 내의 거부감이 (김대중이나 김영삼에 비해) 덜하다는 강점도 있다고 언급했다. 또한 공화당이 농민과 도시빈민의 지지를 받고 있음도 부언했다. 그러면서 글라이스틴은 당시 상황에 대해 결론적으로 "정치인들이 협조해 정치적 자유화를 진전시켜 전두환 등 군부의 정치 참여를 제약할 수 있기를 기대한다"[1]고 보고서를 끝맺었다. 아직은 정치인들과 군부의 권력 암투를 '1980년 서울의 봄'의 관점에서 보고 있다.

1980년 3월 하순 도널드 그레그(Donald Gregg)가 주목했던 뱅커스 트러스트 부사장 윌리엄 오버홀트의 1980년 3월 7일자 예측에 따르

---

[1] "Cable from AmEmbassy Seoul (Gleysteen) to SecState: Yet Another Assesment of ROK Stability and Political Development," O 120623Z Mar 80[12 March 1980], National Security Affairs, Collection # 6, Brzezinski Material, Country File, Folder: Korea, Republic of, 1-5/80, Box 44, Jimmy Carter Library; http://timshorrock.com/wp-content/uploads/korea-foia-_5-gleysteen-march-1980.pdf (검색일: 2011.7.23).

면, 만약 대학가의 과격한 급진주의와 거칠고 무책임한 국회가 잠잠해진다면 대한민국 군부는 정치에 직접 참여하지 않을 것이라고 전망되었다. 한국의 역사를 돌이켜봤을 때 이란[2]과는 다르다고 분석했으며,[3] 이는 항간의 예측과는 대조적이라고 자평하기도 했다.[4] 그는 대통령 후보 경쟁에서 김대중이 김영삼을 이길 것으로 예측하고 분당 가능성도 지적했다. 전통적으로 학생 데모가 발생하는 3~4월이 중요한 시기이며 헌법이 공표되는 5월도 중요한데, 김대중이 대통령 후보가 되거나 선거에서 승리가 임박해지면 언제든 군부가 개입할 가능성이 있다고 분석했다. 오버홀트의 이러한 관측을 통해 1980년

---

2 "Telegram from Gleysteen to Secretary of State: Charges of U. S. Complicity in President Park's Death," Seoul 17592, Nov. 19, 1979; William H. Gleysteen, Jr., *Massive Entanglement, Marginal Influence: Carter and Korea in Crisis* (Washington, DC: Brookings Institution Press, 1999), p. 209; 윌리엄 H. 글라이스틴, 황정일 역, 『알려지지 않은 역사: 전 주한미국대사 글라이스틴 회고록』(중앙 M&B, 1999), 292쪽이 1979년 9월 26일 김재규와 글라이스틴 대화록에 의하면 "한국은 국내적으로 훨씬 강력하며 국민들도 공통의 가치관을 지니고 있지만 이란은 그렇지 않다. 그러므로 그(김재규-인용자)는 한국의 장래에 낙관적이다."라는 글라이스틴의 평가에 대해 김재규 중앙정보부장은 대사의 판단이 정확하다고 말했다고 한다.

3 "Memorandum of Donald Gregg to Zbigniew Brzezinski: William Overholt's Paper on Korea," March 26, 1980, White House Central File, Subject File, Federal Government-Organizations, Folder: FG 6-1-1/Brzezinski, Zbigniew, 3/1/80-5/15/80, Box FG-34, Jimmy Carter Library. 1979년 11월 이미 걷잡을 수 없을 정도로 혼란 상태에 들어선 이란과는 달랐지만, 한국도 1980년 5월 군부가 직접 정치에 개입해 위기가 조성되었다. 따라서 그의 전망은 틀렸는데 전제 조건이 무너졌기 때문이기도 하다.

4 William H. Overholt, "Stable Democracy in Korea?" March 7, 1980, attached in "Memorandum of Zbigniew Brzezinski to William H. Overholt," March 28, 1980, National Security Affairs, Brzezinski Material, Public and Congressional Correspondence File, Folder: Korea, 3/80 [OA 9185], Box 7, Jimmy Carter Library; "Letter from William H. Overholt to Zbigniew Brzezinski," 12 March 1980, White House Central File, Subject File, Federal Government-Organizations, Folder: FG 6-1-1/Brzezinski, Zbigniew, 3/1/80-5/15/80, Box FG-34, Jimmy Carter Library.

3월 한국에서는 군부의 정치 개입을 우려하는 분위기가 있었음을 간접적으로 확인할 수 있다. 오버홀트는 집권당의 경우 김종필 또는 신현확이 나설 것인데, 대중들의 지지를 얻기가 쉽지 않을 것으로 예측했다.[5] 박정희 통치 20년간 세계 어느 나라보다 빠르게 경제성장을 달성했으므로 이것이 정치적 안정을 뒷받침한다고 평가했다.[6]

그렇지만 오버홀트는 1980년 5월 이후의 정치 불안과 군부 개입을 예측하는 데 실패했다고 할 수 있다. 이 당시 국면은 하부구조(경제)가 상부구조(정치)를 규정한 것이 아니라 정치 불안이 경제 안정을 해치는 상황이었다. 광주민주화운동 이후 정치적 민주화 추구는 미국이 가장 우려했던 반미주의 확산이라는 결과를 낳을 조짐을 보였다. 따라서 미국은 반미 정서 확산을 막기 위해서라도 민주화보다 안정을 택할 수밖에 없었다. 독재를 묵인해 오히려 반미주의가 확산된 측면도 있지만 적어도 한국을 '반공의 보루'로 지킬 수 있었다. 민주화를 방관하거나 민주화 세력을 후원해 단기적으로 질서와 안정이 파괴되고, 혼란이 확산된 상황을 북한이 악용해 침략을 기도할 가능성에 대해 미국은 가장 우려했다. 또한 세계은행(World Bank) 등의 보고서를 보면 미국 기업이 한국에 계속 투자하기 위해서는 단기적으로는 정치가 안정되어야 하겠지만 장기적으로는 경제민주화(경제개혁)가 근본적인 중요한 과제였다. 전두환을 묵인함으로써 정치 안정

---

5 William H. Overholt(1980), 위의 글.
6 William H. Overholt(1980), 위의 글. 이는 경제적 안정이 정치적 안정의 기반이 된다는 경제중심주의(선부국 - 후민주화의 단계론적) 사고의 반영이라고 할 것이다.

을 기하고, 정통성 약한 신정부를 승인해 주는 조건으로 경제적 개혁(시장 개방)을 압박할 수 있다고 판단했기 때문에 민주주의를 희생하면서 권위주의 정부를 묵인했던 것이다.[7]

한편 크리스토퍼 미 국무부 부장관은 1980년 2월 19일 이한빈 한국 경제부총리를 워싱턴에서 만나 최규하 대통령의 헌법 개정과 선거 실시 계획에 대한 지지를 강조했다. 이 부총리는 정치적 자유화 조치를 실행할 수 있는 능력은 심각한 경제위기를 어떻게 극복하느냐에 달려 있다고 주장하면서 당시의 어려움을 극복할 수 있는 강력한 처방을 준비하고 있는데 수출을 유지하기 위해서는 미국의 도움이 필요하다고 말했다. 크리스토퍼는 미국이 할 수 있는 한 최선을 다하겠지만 미국도 경제적 문제에 직면해 있다고 대답했다.[8] 이 대목에서 경제를 가장 중요한 문제로 바라보는 한국과 미국 정책 결정자들의 시각이 확인된다. 한편 당시 한국의 학생운동권도 경제중심주의에 입각해 문제를 보고 있었다. 1980년 5월 19일에 서울은 비교적 조용한 반면, 김대중의 고향인 광주는 격렬한 시위와 과잉 유혈 진압 상황에 휘말려 있었다. 이날 머스키 국무장관은 한국 학생운동의 급진적인 지도부가 한국 경제 시스템을 파괴하고 계급투쟁을 고취시키려고 한다는 한국 고위 군사 지도자들의 평가를 인용했다.[9]

7　Georgy Katsiaficas, "Neoliberalism and the Gwangju Uprising," http://eroseffect.com/articles/neoliberalismgwangju.htm#_edn8 (검색일: 2011.12.3).

8　"Memorandum of Warren Christopher to the President[: Evening Report]," February 19, 1980, p. 1, Plains File, Subject File, Box 40, Folder: State Department Evening Reports, 2/80, Jimmy Carter Library(NLC-128-15-2-13-7).

9　"Memorandum of Edmund S. Muskie to the President[: Evening Report]," May 19, 1980,

1980년 3월 19일 위컴 사령관을 만난 전두환 장군은 학생과 노동자들의 시위는 현지 경찰력만으로도 충분히 대처할 수 있다는 자신감을 피력했다고 한다.[10] 그런데 한국 보안사령부 문건과 위컴 회고록을 종합해 보면 전두환은 3월 14일에 위컴을 만났을 때 한국의 사정이 나쁘다고 언급했고, 위컴은 앞으로 3~4개월에 걸친 한국의 안정 상황에 대한 전망을 물어보았다. 이에 전두환은 근로자들의 과격한 행동으로 큰 혼란이 발생할 가능성은 없다면서 "전체적으로는 매년 3, 4월이면 발생되는 일부 소요를 감안해 볼 때, 오히려 예년보다 안정된 현상을 보일 가능성이 있으며, 부분적인 학생소요는 대학 당국이나 (지방정부[11]) 경찰로도 충분히 통제가 가능할 것"이라고 대답했다.[12] 글라이스틴 회고록은 일자가 틀렸고, 위컴 회고록은 대화 내용을 비교적 상세하게 기록하고 있으나 역시 일자를 특정하지 못하고 있다. 문서가 아닌 기억에 의존한 회고록의 부정확성 때문이다.

그러나 1980년 4월 11일자 전문에서 글라이스틴은 권력의 추가 군

---

p. 3, Plains File, Subject File, Box 40, Folder: State Department Evening Reports, 5/80, Jimmy Carter Library. 한편 하운해, 「[단독] 글라이스틴 "전남도청 진압작전 포기하라고 말하지 않았다"」,〈국민일보〉(2016.5.18)에 의하면 위 문서에서 머스키는 "한국 군부는 더 이상의 반대(시위)에 참지 않겠다는 결론을 내렸다"고 카터에게 보고했다고 한다. 따라서 비교적 초기부터 한국 군부의 무력 진압을 불사하는 강경한 분위기를 미국이 알고 있었다는 것이다.

10 William H. Gleysteen, Jr.(1999), 앞의 책, 107쪽; 윌리엄 H. 글라이스틴, 황정일 역(1999), 앞의 책, 156쪽.
11 John Adams Wickham, Jr., *Korea on the Brink, 1979-1980: From the '12/12' Incident to the Kwangju Uprising* (Washington, DC: National Defense University Press, 1999), p. 119; 존 위컴, 김영희 감수, 유은영 외 공역, 『12·12와 미국의 딜레마: 전 한미연합사령관 위컴 회고록』(중앙M&B, 1999), 186쪽.
12 배진영, 「美, 신군부에 끌려가면서 당혹스러워 해」, 『월간조선』(2013.5), 341~342쪽.

부 쪽으로 상당히 기울고 있다고 판단했다. 이에 의하면 최광수(최규하 대통령 비서실장)와 박동진(최규하가 임명한 외무장관)은 글라이스틴에게, 미군이 전두환과의 관계를 정상화하라고 강하게 권고했다고 한다. 내각의 구성원과 청와대 비서실장도 전두환의 편을 드는 상황이었다. 미군과 전두환의 관계 정상화가 논의될 정도로 그 관계가 불편했음을 확인할 수 있는 대목이기도 하다.

왜 관계가 불편했을까? 그것은 바로 미국이 전두환 제거 작전(역쿠데타 지원 공작)을 획책했으며 이를 전두환 측이 알고 있었기 때문이다. 최광수 실장과 박동진 장관이 권고하는 톤으로 봐서는 민간인 관료들도 미국이 전두환을 좋아하지 않는 것은 물론 제거 작전을 추진하고 있는 것까지도 알고 있었을 것으로 추정된다. 이러한 권고에 대한 글라이스틴의 대답을 통해 이미 미국도 전두환을 묵인하는 쪽으로 입장을 선회했음을 확인할 수 있다.

나는 나 자신과 위컴이 그렇게 하려는 (관계 정상화의 - 인용자) 명확한 행동을 이미 취했다고 말했다. 특히 위컴의 동의하에 모든 미군 상급 지휘관들에게 그들의 대한민국 카운터파트와 좋은 관계를 맺으라고 강하게 권고했다. 나와 위컴은 미군 장교들이 관계를 효과적으로 복구하기 위해 열심히 하고 있다는 인상을 받았다. 이에 우리가 그렇게 한다면 한국 정부도 그렇게 해야 한다고 요청했다. 특히 한국 정부 고위 관리는 한국 관리들에게 그들의 카운터파트와 전적으로 협조하

라고 명백히 강하게 권고해야 한다.[13]

여기서 한국군도 미국에 협조적이지 않았음을 확인할 수 있다. 이는 역시 미국의 전두환 제거 작전에 대한 반발(대미 보안 조치)을 지칭한 것이며 아래와 같이 보안 조치의 철회를 요구했다고 할 수 있다. 보안사의 허삼수와 허화평 등을 비롯한 고위 관리가 미국에 대해 민족주의적인 반감을 가지고 있다는 것을 미국은 의식하고 있었다.

글라이스틴은 1980년 4월 11일자 전문에서 한국군의 보안 조치에 대한 문제 제기를 이어 갔다.

> 불행하게도 정책과 보안 문제와 관련해서 한국 관리들에게 이러한 (미군과의 접촉 제한 – 인용자) 지침이 내려졌다. 보안과 관련된 정보의 누출을 막는 것은 한국 정부가 가져야 할 당연한 관심이며 미국도 이 점에서는 마찬가지이다. 그러나 동맹국 간의 긴밀한 협조에 장애가 되어서는 안 된다. 브라운 장관이 매우 불만이므로 6월에 있을 SCM(한미안보협의회) 전에 완전히 없어지기를 나는 희망한다.[14] 위컴이 주영복 장관과 매우 솔직하게 협의했고, 우리는 전두환(Chun Doo Hwan) 장군의 관심을 환기했다.

---

13 "Cable from Gleysteen to SecState," 11 April 1980, National Security Affairs, Collection # 6, Brzezinski Material, Country File, Folder: Korea, Republic of, 1–5/80, Box 44, Jimmy Carter Library.
14 그러나 후술하는 바와 같이 4월 14일의 전두환의 중앙정보부장 겸직에 대한 항의로 미국은 SCM을 연기했으며, 12월에 김대중 구명의 지렛대로 활용하고자 개최했다.

위 문서에 표기된 영문 이름 'Chun Doo Hwan'은 전두환 장군이 자신의 군복에 쓰고 있는 표기법이므로 실제로 미국과 통성명이 이루어져 1980년 4월 시점에 이름 정도는 정확하게 알고 있었음을 확인할 수 있다.[15] 위컴은 주영복 장관을 통해 전두환 장군과 간접적으로 접촉하는 등 전두환을 떠오르는 실력자로 대우하려 했음을 확인할 수 있다. 그러면서도 동시에 최규하 대통령과의 접촉을 시도하는 등 아직 기대감을 완전히 접지 않는 양면 공작을 진행하고 있었다.

이 문제는 매우 중요하므로 최광수 실장이 최규하 대통령에게 관심을 환기할 것을 부탁했다. 최 비서실장이 정확하게 최 대통령에게 전달할 것으로 확신한다. 최 대통령을 만나게 되면 추후 확인하고자 한다.[16]

---

15 이에 더하여 매큔-라이샤워 방식으로는 Chon Tu Hwan이라 적는다고 적시했으므로 비교적 세밀한 부분까지 조사했다고 할 수 있다. 그런데 1980년 3월 28일자 위컴의 전문에는 두 표기법을 혼용해 Chon Du Hwan으로 적고 있어 아직 확고한 표기법을 갖지 못했음을 알 수 있다. 1979년 12월 15일 아머코스트 국방차관보는 Chon Tu-wan으로 표기하면서 같은 문서에서 Chun으로 다르게 표기하기도 했다. 1979년 12월 13일자 글라이스틴의 전문에도 Chun Tu-wan으로 표기되었다. 초기에는 '환'이 아닌 '완'으로 잘못 알았던 것이다. 현재 대한민국 정부의 공식 표기법은 Jeon Du-hwan이다.

16 "Cable from Gleysteen to SecState," 11 April 1980, National Security Affairs, Collection # 6, Brzezinski Material, Country File, Folder: Korea, Republic of, 1-5/80, Box 44, Jimmy Carter Library.

2. 보안사령관 전두환의 중앙정보부장 겸직

1980년 4월 14일 전두환은 중앙정보부장 서리를 겸직하여 군 정보는 물론 민간 부문 정보 계통까지 장악하게 되었다. 전두환은 부총리급으로 국무회의에 참석해 발언권을 행사하기 위해 중앙정보부장직을 꿰찬 것이다. 중앙정보부의 국내 정치 담당 부서를 활성화하여 집권 기반을 조성하고 천문학적인 예산을 정치자금화하고자 한 것도 겸직의 이유였다.[17] 그가 정보기관장을 독점한 것은 중앙정보부장이 다른 직을 겸할 수 없다는 중앙정보부법을 위반한 초법적 조치였다.

1980년 3월부터 전두환은 최규하 대통령과 신현확 국무총리에게 자신을 중앙정보부장에 임명해달라고 요구했다. 그러나 최규하와 신현확은 겸직 규정이 없다는 점과 전두환이 현역 군인이라는 점을 들어 반대했다. 이에 전두환은 부장이 아닌 서리로 임명해 달라고 요구해 이를 관철시켰다. 보안사령관으로 중앙정보부 차장보를 겸직하던 그는 이제 중앙정보부장(서리)을 겸직하게 되었다. 이 과정에서 신현확은 민간인을 임명해야 한다고 최규하 대통령에게 간곡히 역설했으나 최규하는 신현확 총리의 제의를 뿌리치고 전두환을 임명함으로써 신현확과 TK 세력을 견제하려 했다는 평가도 있다.[18]

---

17 김영택, 『5월 18일, 광주』(역사공간, 2010), 206~207쪽.
18 강원택, 「10·26 이후 정국 전개의 재해석-전두환과 신군부의 '긴 쿠데타'」, 『역사비평』 124(2018년 가을), 118~157쪽.

글라이스틴은 회고록에서, 전두환과 최규하의 권력투쟁에서 최규하가 밀린 결과이며 최규하의 굴복이라고 평가했다.[19] 최광수 당시 대통령 비서실장의 사후 증언에 의하면 최규하 대통령은 국가 위기 시에 중앙정보부를 정상적으로 움직이는 일이 시급하다고 보고 전두환을 중앙정보부장 서리로 임명한 것이지만,[20] 글라이스틴은 당시 최 대통령이 "학생들의 시위가 점차 확산되고 노동계가 불안한 상황에 군부의 개입을 초래하지 않고 경찰력을 보강하기 위해 정보와 조직력 제공이 가능한 유능한 정보 책임자가 필요했다"고 말했다면서 최광수의 설명을 수긍이 가지 않는 합리화라고 비판했다.

또한 『제5공화국 전사(前史)(1979.10.28.~1981.4.11)』는 "최규하 대통령이 4월 초순경 전두환 장군을 청와대로 불러 […] 전 장군이 중정부장에 취임해 줄 것을 간곡히 부탁했고 […] 대통령으로부터 수차례에 걸쳐 중정부장 취임을 권고받은 전 장군이 결단을 내리고 중앙정보부장 취임을 수락하기에 이르렀다"고 적고 있는데, 이는 사실의 주관적인 왜곡을 보여 주는 사례라고 할 수 있다.

김학준 교수는 전두환의 중정부장 서리 겸직으로 최규하와 전두환의 밀착이 공식화되었다고 평가했다.[21] '밀착'이란 공식적인 설명일

---

19 William H. Gleysteen, Jr., *Massive Entanglement, Marginal Influence: Carter and Korea in Crisis* (Washington, DC: Brookings Institution Press, 1999), p. 108; 윌리엄 H. 글라이스틴, 황정일 역, 『알려지지 않은 역사: 전 주한미국대사 글라이스틴 회고록』(중앙 M&B, 1999), 158쪽.
20 「구술: 최광수」, 연세대학교 국가관리연구원 편, 『한국대통령통치구술사료집 1: 최규하 대통령』 (선인, 2014).
21 김학준, 「대통령의 정책결정과정」, KAIST-SJ(과학저널리즘대학원) 강의안(Spring, 2018), 51쪽.

뿐 실제로는 군부를 장악하지 못한 최규하가 힘의 논리에 따라 신군부에 굴욕적으로 양보한 결과였다.

이제 혼미했던 정국에 안개가 걷히고 군부 내 실권자가 미래를 좌우할 조짐이 보였으며 백악관도 군부의 새로운 리더십을 방관할 수밖에 없었다. 미국은 결국 전두환을 최규하·신현확과 함께 집권 세력 내 주요 지도자로 대우하기로 결정했다.[22] 전두환 보안사령관은 중정 부장 겸직을 통해 북한 관련 정보는 물론 국내외 정치·경제·사회 문제 전반의 정보를 들여다볼 수 있게 되었고, 이를 조정하고 수사까지 할 수 있는 막강한 권한을 갖게 되었다. 차기 정권 창출을 위한 최상의 조건을 갖추게 된 것이다.[23]

그렇지만 글라이스틴은 전두환의 중정 장악이 "역행 내지는 전혀 예측하지 못한" 조치였다고 1980년 4월 워싱턴에 보고하면서 스스로 대통령이나 막후 실세가 되려는 의중을 드러낸 것이라고 평가했다.[24] 1980년 4월 14일 전두환이 중앙정보부장 서리를 겸직하게 됐다는 청와대의 결정을 전달받은 글라이스틴은 최광수 청와대 비서실장에게 강력한 우려를 표명했다. 글라이스틴은 "전두환이 중앙정보부장 서리와 국군 보안사령관을 겸직하는 것은 본인에게 권력을 집중시키려

---

22 조동준, 「1979~80년 미 국무부 비밀 외교문서 4천 페이지 철저 분석: 전두환 카터를 농락하다, 미국은 신군부에게 상황의 주도권을 빼앗기고 끌려다녔다」, 『월간조선』(1996.8), 367쪽.

23 김충립, 「"다들 내가 대통령 해야 한다는데…"(전두환)」, 『신동아』(2016.8). 김충립은 그 대안이 전두환이었음을 암시하면서도 자신은 전두환의 즉각적인 집권을 반대했고 민간 지도자가 선출된 후 정치를 잘 못했을 경우의 대안이 될 것이라고 전두환에게 건의했다고 주장했다.

24 William H. Gleysteen, Jr.(1999), 앞의 책, 109쪽; 윌리엄 H. 글라이스틴, 황정일 역(1999), 앞의 책, 158쪽.

는 노골적인 행동으로 비칠 것이며 차기 대통령이 되기 위한 포석이라고 해석하는 사람도 있을 것"이라고 비판했다고 한다.[25] 4월 초순 이후 전두환의 부상이 충분히 예견되는 상황이었지만 공식적인 통보는 한없이 느렸기 때문에 이렇게 예측하지 못했다고 쓴 것이다.

주한 미 대사관이 국무부에 보낸 「5·17 관련 미국 대응에 대한 언론 조작」이라는 1980년 5월 29일자 보고서에 "미 정부는 전두환 장군이 중앙정보부장 서리에 임명된 사실을 공식 발표 약 4시간 전에야 통상적인 소문 차원에서 알게 되었으며, 글라이스틴 대사는 공표 30분 전에 공식적으로 통보받았다.[26] 미국의 방해를 막기 위해 임박해서 통보했다고 글라이스틴은 추측했다.[27] 또 그는 비상계엄령 선포를 추인하는 국무회의가 열린다는 사실을 국무회의 개최 약 30~60분 전에 통보받았다"고 적었다. 또한 5월 17일 이화여자대학교 캠퍼스에서 학생 대표들을 체포하려 한다는 사실을 사전에 모르고 있었다고 첨언했다.[28] 이는 전술한 전두환의 1980년 5월 말 언론 플레이(자신의

---

25 정다슬, 「'전두환 반대' 역쿠데타 제보자 드러났다… 美문서에 나온 '이범준 장군'」, 〈이데일리〉(2021.9.16).

26 전두환 부장 겸직에 대한 미국 측의 반응이 부정적일 것이라고 이미 예상했던 당시 중앙정보부 직원 이종찬은 정보협력관 최연호 대령에게 부장의 취임사를 사전에 미 대사관 CIA 거점장 브루스터에게 전하도록 했다고 회고했다. 김창혁, 「"中情 과장이상 전원 사표내라"… 전두환 지시에 모두 철렁」, 『동아일보』 2014년 10월 18일, 12면.

27 "Telegram from AmEmbassy (Gleysteen) to SecState: Press Distortions of the U.S. Reaction to May 17 and Other Events," May 29, 1980, in William H. Gleysteen, Jr.(1999), 앞의 책, 108, 216쪽; 윌리엄 H. 글라이스틴, 황정일 역(1999), 앞의 책, 158, 300쪽.

28 William H. Gleysteen, Jr.(1999), 위의 책, 216쪽; 윌리엄 H. 글라이스틴, 황정일 역(1999), 위의 책, 300쪽; 이흥환, 「"광주엔 무자비한 진압만 있었을 뿐 어떠한 폭동도 없었다"」, 『신동아』(2004.6), 354~368쪽. 한편 "United States Government Statement on the Event in Kwangju, Republic of Korea, in May 1980," June 19, 1989, Vertical File, Box 71,

중정부장 서리 임명 및 5·17 조치에 대해 미국 측에 사전 통고했다는 내용)에 대한 대응이었다.

김대중은 1980년 4월 25일 열린 관훈클럽 초청 토론회에서 전두환과 신군부의 정권 찬탈을 예견하는 듯한 다음과 같은 발언을 했다.

> 정치인들은 현 시국(서울의 봄 아래서 전두환의 중정부장 겸직 - 인용자)을 낙관하면서 내가 지나친 기우를 한다고 말한다. 최근 사태가 돼 가는 걸 보니 이러다가 무슨 '잘못된 일'이 있을 때, 그 불행한 사태와 맞설 세력조차 없이 그걸 맞이하게 되는 건 아닌지, 그러니 부족하지만 나(혼자)라도 어떤 태세를 갖춰야 하는 건 아닌지, 나름대로 아주 절박한 심정이다.

신군부의 정권 찬탈을 예견한 위 발언은 비상계엄하 군의 언론 검열 때문에 전혀 보도되지 못했던 반면에 아래와 같은 전두환의 1980년 4월 29일 청와대 출입 기자와의 첫 기자회견은 모든 신문에 대서특필되었다. 이는 김대중 관훈클럽 토론에 대한 정면 반박이었다. 전두환은, "중앙정보부장직을 장기적 공석으로 두는 것은 중대한 손실을 초래한다고 판단한 대통령의 준엄한 하명으로 겸직을 하게

Presidential Papers of Jimmy Carter, Jimmy Carter Library; John Adams Wickham, Jr., *Korea on the Brink, 1979-1980: From the '12/12' Incident to the Kwangju Uprising* (Washington, DC: National Defense University Press, 1999), p. 204; 존 위컴, 김영희 감수, 유은영 외 공역, 『12·12와 미국의 딜레마: 전 한미연합사령관 위컴 회고록』(중앙 M&B, 1999), 306쪽에는 한국 당국은 전국 계엄령을 선포하기 불과 2시간 전에 미국에 알려 왔으며 강경 진압은 전혀 예상하지 못했다고 나와 있다.

됐으며 계엄하이기 때문에 계엄령이나 법에 위반되는 자를 다스리는 것은 정치 관여라고는 생각지 않는다. 따라서 나의 겸직이 정치 발전 일정에 차질을 초래할 것이라는 것은 근거 없는 기우에 불과하다."라고 말했다.[29] 합동수사본부장·중앙정보부장 겸직이 정치 발전에 차질을 초래할 것이라는 일부 억측은 기우에 불과하고 오히려 내외 난관을 극복하는 데 긍정적으로 기여하여 정치 발전을 촉진하게 될 것이라는 논리였다.[30] 최규하 대통령의 명령에 의거해 겸직을 하게 되었다는 말인데 전술한 바와 같이 전두환이 자원했으므로 책임 전가 의도가 숨어 있으며 신빙성도 없다. 그러나 최 대통령이 인사 발령을 내주었으므로 신군부의 정치 간여를 막지 못하고 영합한 책임은 대통령에게 있다.

한편 카터 대통령은 1980년 5월 1일 일본과의 정상회담에서 "유신체제하의 특정 인물이 군부와 정부의 요직을 차지하는 것은 바람직하지 못하다"고 말해 유신체제하에서 보안사령관에 오른 전두환이 중앙정보부장까지 맡은 것을 비판했다.[31]

1980년 4월 29일 데리안(Patricia Murphy Derian) 미 국무부 인권 담당 차관보는 크리스토퍼 국무부 부장관에게 "한국의 전두환 장군이 중앙정보부장 서리 자리에 오른 건 매우 우려스러운 상황"이라며 "그가 새로운 박정희가 되려고 하거나 유신 같은 영구 집권을 획책하려

---

29 대한민국재향군인회 편, 『12·12, 5·18 실록』(대한민국재향군인회 호국정신선양운동본부, 1997), 224쪽.
30 진방식, 『분단한국의 매카시즘』(형성사, 1997), 226쪽.
31 山本剛士, 「激動하는 韓國」, 村常男 외, 최현 역, 『한국현대군정사』(삼민사, 1987), 373쪽.

는 걸 바로잡아야 한다"고 보고했다. 이어 데리안 차관보는 "한국 정부가 계엄령을 해제하고 정치적 자유를 확대시킬 수 있도록 미국은 계속 압박을 가해야 한다"고 주장했다.[32]

그런데 최규하 대통령은 전두환이 중앙정보부를 장악한 지 한 달도 되지 않은 5월 17일, 그렇게 이른 시점에 권력을 탈취할 것이라고는 전혀 예측하지 못했으며 내심 (유신)헌법을 개정한 뒤 대통령 자리를 계속 유지할 수 있을 것으로 판단했을 것이라고 이종찬은 추측했다. 또한 전두환이 중앙정보부장 서리에 취임한 직후 김재규 재판에 공로가 많은 김영선을 단일 차장으로 하는 안을 최규하 대통령에게 건의했으나 최 대통령이 이를 물리치고 서정화 내무차관을 국내 담당 차장으로 앉히라고 지시해 국내·해외 부문으로 구분해 두 명의 차장을 두는 기존의 양 차장제를 고수한 것을 보면 최 대통령이 그냥 순순히 물러날 생각은 없었던 것 같다고 주장했다.[33] 전두환이 중앙정보부장에 취임한 이후로 최규하 대통령이 끌려다니기만 한 것은 아니며 거부권을 행사하기도 했던 것이다.

따라서 글라이스틴의 회고록에 나오는 굴복이라는 표현과 전두환의 권력기관 장악을 막지 못한 것이 4주 후인 5월 중순에 소요가 확산된 가장 중요한 원인이 되었다는 평가는[34] 사후적인 결과론에 의거한

---

32 박승희, 「1980년 미국 "전두환 영구집권 막아야": 외교 기밀문서 1300쪽 공개」, 〈중앙일보〉(2013.8.26).
33 김창혁(2014), 앞의 글.
34 William H. Gleysteen, Jr.(1999), 앞의 책, 108쪽; 윌리엄 H. 글라이스틴, 황정일 역(1999), 앞의 책, 158쪽.

과장이거나 사실 왜곡으로 볼 수도 있다. 세부적인 부분은 내부 관찰자가 더 정확할 수도 있다. 글라이스틴의 외부 관찰자적 시각과 이종찬의 내부 관찰기를 종합하면 굴복으로 가는 도정이었다고 할 수 있다. 최규하 대통령이 10·26 직후 김재규가 시해 사건 범인임을 알고도 즉각적으로 체포하지 않아 전두환에게 약점을 잡혔으므로 전두환의 중정부장 취임을 막지 못했던 것은 사실이다. 그러나 전두환이 정보 부문을 독점하게 된 시점에 최 대통령이 권력투쟁에서 완전히 밀린 것은 아니며, 5·17 쿠데타 순간에 패자로 거의 확정되었고, 완전히 힘을 잃은 것은 대통령에서 사임하던 1980년 8월이었다.

3. 신현확 대안론을 검토한 미국

위컴은 1980년 당시 김대중은 공산당 연루설에 시달렸고 김종필은 부정부패 혐의를 받고 있었으므로 그들이 대통령 후보로서 적격자가 아니라고 주장하는 한국의 국회의원과 군인들이 있었다고 회고했다.

김충립은 최규하 대통령 취임 후 김종필이 유신헌법 개정을 주장하던 김대중에게 동조하면서 자신은 더 이상 여당이 아니고 야당이라는 말을 공공연하게 했음에 주목했다. 그러자 군부 내에서는 김종필이 차기 대통령감이 못 된다는 비판이 대두되었고, 김종필을 비롯한 이후락·박종규 등 유신정권의 권력형 부정 축재자들이 정치에 참여해서는 안 된다는 여론이 일었다고 한다. 김종필 대신 새로운 인물이 나타나야 한다는 분위기가 군부를 중심으로 형성된 것이라는 분석이었다. 12·12 당시만 해도 전두환의 집권 의지가 뚜렷하지 않았지만(이는 김충립의 주관적 판단이며 학계의 중론은 이때부터 집권 플랜이 가동되었다는 것이다.) 1980년에 들어서면서 김종필이 김대중 편을 들며 유신헌법을 부정하자 군부 내에서는 새로운 기류가 형성됐다는 것이다. 신당을 만들어 김종필의 대안을 찾자는 분위기였다고 한다.[35]

위컴은 10·26 이후 시기를 국민과 군의 전폭적인 지지를 받는 신망 있는 지도자가 없는 정치적 진공 상태였다고 평가했다.[36] 이러한 인식에 의거해 보수주의자(안보 우선주의자)들을 중심으로 한 미국 정부의 일부 인사들은 새로운 대안을 모색하려 했는데 바로 신현확 대안론이었다. 글라이스틴을 비롯한 서울과 워싱턴의 미국 관료들은 3김을 포함한 정치인 모두가 계엄령이 해제된 상태에서 자유롭게 출마할 수 있는 것이 진정한 민주 선거라고 인식했다. 그러나 글라이스틴은 민주적 조건이 다소 미진한 상태에서 김종필이나 신현확 총리처럼 강력하면서도 비교적 온건한 인물이 집권하는 것도 무방하다고 생각했다. 실제로 미 국무부는 1980년 2월 초 전두환과 몇몇 재벌들이 지지하는 당시 정치제도하에서, 최규하 대통령이 자신이나 신현

---

35 김충립, 「"다들 내가 대통령 해야 한다는데…"(전두환)」, 『신동아』(2016.8). 김충립은 그 대안이 전두환이었음을 암시하면서도 자신은 전두환의 즉각적인 집권에 반대했고 민간 지도자가 선출된 후 정치를 잘 못했을 경우의 대안이 될 것이라고 전두환에게 건의했다고 주장했다.

36 John Adams Wickham, Jr., *Korea on the Brink, 1979-1980: From the '12/12' Incident to the Kwangju Uprising* (Washington, DC: National Defense University Press, 1999), p. 178; 존 위컴, 김영희 감수, 유은영 외 공역, 『12·12와 미국의 딜레마: 전 한미연합사령관 위컴 회고록』(중앙 M&B, 1999), 265~266쪽.

확 총리의 대통령 당선 가능성을 점치고 있을지 모른다고 추측했다. 이에 국무부는 글라이스틴에게 이러한 내용을 담은 전문을 보냈다.

며칠 후 글라이스틴은 신 총리를 대사관저 오찬에 초청해 대화를 나누면서 불만이 가득한 군부에 대해 강경하게 대응한 미국의 입장을 설명하고 전두환에게 권력이 집중되는 것을 우려했다. 대화 말미에 글라이스틴이 최규하나 전두환이 아닌 제3의 인물이 대두될 가능성을 제기하자 신 총리는 야당(김영삼, 김대중)을 이롭게 하고 보수 세력을 분열시킬 수 있는 계획에는 관여하지 않고 있다고 부인했다. 그러면서도 신 총리는 몇 개월 안에 불어닥칠 '혼란 해소'를 위해 정치적 해결책을 개발하고 그것을 이끌 역할을 맡을지도 모른다고 암시하기도 했다. 글라이스틴은 신 총리가 전두환 측에 서 있지는 않은 것 같으며 만약 정치인과 군인들이 해결책 마련에 실패할 경우 자신을 절충에 의한 (과도적) 후보로 간주하고 있다는 인상을 받았다고 회고했다.[37] 이는 '이원집정부제안'의 변형이었다.

미국은 군부와 재벌들이 용인할 수 있는 신현확을 박정희 이후의 유력한 대안으로 간주하기도 했다. 그러나 TK(대구·경북) 중심의 재벌은 몰라도 신군부는 12·12 당시 자신들의 거사에 그다지 협조적이지 않았고 1980년 3월부터 시도된 전두환의 중앙정보부장 겸직에 대해서도 최규하와 함께 반대했던 신현확을 친구로 생각하지 않았다.

---

37 William H. Gleysteen, Jr., *Massive Entanglement, Marginal Influence: Carter and Korea in Crisis* (Washington, DC: Brookings Institution Press, 1999), pp. 102–103; 윌리엄 H. 글라이스틴, 황정일 역, 『알려지지 않은 역사: 전 주한미국대사 글라이스틴 회고록』(중앙 M&B, 1999), 151~152쪽.

다만 신군부의 핵심인 하나회가 TK 중심의 그룹이어서 TK 원로 그룹의 지지를 받는 신현확이 대세가 된다면 무시하지 못했을 가능성은 있다. 그러나 대세가 되기 전에 그의 야망이 시중에 나도는 소문으로 회자되면서 신현확 퇴진론이 거세게 일고, 광주민주화운동이 발발해 신현확 책임론이 대두되자 그는 1980년 5월 20일 오후 4시 총리에서 사임하고[38] 용퇴했으므로 신현확 대세론은 수그러들었다.

5월 21일 최규하 대통령은 박충훈을 총리 서리로 임명했다.[39] 최규하 대통령이 신현확 총리의 사표를 반려하지 않고 수리하면서 빠르게 후임을 임명한 것은 신 총리 퇴진을 요구하는 광주 등에서 민심을 빠르게 수습하고 광주민주화운동 정국을 정상화하기 위한 시도로 해석되지만, 양인의 관계가 이미 원만하지 않고, 경쟁 관계를 넘어 갈등 관계에 접어들었음을 간접적으로나마 입증한다.

1980년 서울의 봄 당시 대학가에서는 신현확 총리가 군부와 야합해 이원집정제 개헌을 통해 독재정권 재창출을 꾀한다고 보고, 전두환 퇴진과 함께 신현확 퇴진을 외쳤다. 신현확 총리가 당시 신군부 세력과 상당한 긴장 관계에 있었으며 그들의 정권 장악을 저지하기 위해 노력했다는 주장도 있지만,[40] 그러한 노력이 결실을 맺지 못했으므로 신군부와 대립각을 세웠다는 사실을 증명하기 어렵다. 또한 어느 정도 타협적이었으므로 미국과 군부 일각에 의해 잠시나마 대안으로

---

38 「신내각 총사표」, 『동아일보』 1980년 5월 21일, 1면.
39 「총리서리에 박충훈씨: 11부장관경질·전임 8부장관 유임」, 『동아일보』 1980년 5월 22일, 1면.
40 이계성, 『(청와대 실록) 지는 별 뜨는 별: 이것이 12·12 진상이다』 (한국문원, 1994).

간주되었으나 이 역시 찻잔 속의 태풍 내지는 해프닝으로 끝나고 말았다.

당시 정계는 크게 보아 김종필·신현확 등이 이끄는 보수적 유신(잔당) 세력과 김영삼·김대중이 이끄는 다소 리버럴한 야당 세력이 대립하는 가운데 군부가 이들의 대립에 편승해 집권을 노리는 상황이었다. 따라서 만약 정계가 군부의 극한 행동을 의식해 정치 일정을 조속히 합의했다면 군부의 발호를 예방할 수도 있었다. 미국의 '김종필에 의한 민주공화당 집권 연장론' 혹은 '신현확 대안론'은 그런 맥락에서 나온 것이었다. 1980년 2월 14일 국회 국방위원장 문형태(여당인 민주공화당 소속)와 만난 글라이스틴은 신현확과 삼성·쌍용 등 경상북도 출신 재벌, 전두환 등 군부 내 일부가 제휴한 제3정치세력(제3당)의 출현에 대해 언급했다. 그러나 호남 출신인 문 의원은 이 구상이 여당을 분열시켜 야당의 집권을 가능하게 할 것이라면서 회의적인 반응을 보였다.[41]

신현확은 TK 출신이고,[42] 39세 때인 1959년 부흥부 장관으로 발탁되었다. 1960년 4·19 혁명이 일어난 뒤 3·15 부정선거 관련자로 구속되었다. 1968년부터 쌍용그룹(쌍용양회 사장)에 있다가 1973년 2월 27일 제9대 국회의원 선거에서 민주공화당 공천을 받아 군위군·

---

41 "Cable from AmEmbassy Seoul (Gleysteen) to SecState: Conversation with Assemblyman and Retired Chief of Staff Mun Hyong-tae," O 160416Z Feb 80, National Security Affairs-Brzezinski Material, Collection # 16: Cables File, Folder: Far East, 2/80-1/81, Box 13, Jimmy Carter Library(NLC-16-13-5-12-2).

42 황해도 안악군에서 태어났으나 칠곡군으로 내려와 대구고등보통학교(현 경북고등학교)를 졸업했다.

성주군·칠곡군·선산군 지역구에 출마해 당선되었다. 1978년 12월 12일 열린 제10대 국회의원 선거에서도 민주공화당 후보로 같은 선거구에 출마하여 당선되었으며 1979년 3월 12일 임기가 개시되었다. 1975~1978년 보건사회부 장관과 1978~1979년 부총리 겸 경제기획원 장관을 역임했다. 유신체제를 합리화하며 보수층의 환심을 사는 등 일련의 독자적 정치 기반을 닦는 모습을 보였으므로 신군부와 결탁하여 창당을 추진한다는 등의 소문이 나돌기도 했다. 따라서 당시 민주화운동 세력은 신현확과 전두환을 한통속으로 보고 있었다. 이에 1980년 5월부터 신현확·전두환 퇴진 구호가 나오게 된 것이다.

1980년 3월 12일 글라이스틴 주한 미국대사가 국무부 장관에게 보낸 긴급 비밀 전문에는 최규하 대통령과 신현확 총리가 이끄는 과도정부가 3김씨를 정치에서 배제하고 군부 실력자를 대통령 후보로 내세울 계획을 세웠던 것으로 나온다. 최규하·신현확 체제가 신군부의 힘에 밀려 어쩔 수 없이 공모하는 방안이었다.[43]

최규하·신현확 중 일인이 상징적이나마 대통령을 계속 맡고 실권은 군부에게 이양하는 이원집정부제안이 이제 3김 배제를 위해 과도정부의 행정권을 유지한 상태에서 신군부에게 대통령을 양보하는 안으로 변형된 것이었다. 아니면 신현확 총리 자신이 3김을 무력화한 후에 신군부 후보와 함께 대통령 선거에 나서서 당선되는 것을 꿈꿨을 수도 있다.

---

43 정상호, 「'1980년 봄'을 빼앗아간 신군부와 그 공모자들 – 강원택의 「전두환과 신군부의 '긴 쿠데타'」에 대한 반론」, 『역사비평』 124(2018년 가을), 158~190쪽.

이렇듯 박정희 체제의 기득권자인 TK 세력에 기댄 신현확의 헛된 야망이 정국을 더 혼미하게 만들고 있었다. 신현확은 3김, 특히 학생 시위를 조장하는 김대중과 김영삼이 너무 급진적이어서 정권을 맡길 수 없다고 생각하는 (영남) 보수주의자였다. 김대중과 김영삼의 학생 동원이 북한을 이롭게 할지도 모른다고 우려했던 미국도 신군부를 견제하면서 신현확과 같은 민간 보수주의자가 신군부를 제어하고 정권을 장악할 수 있으면 나쁘지 않을 수 있겠다고 생각했다. 따라서 공산주의 봉쇄와 안보를 우선시하는 미국 보수주의자들은 신현확의 행보를 어느 정도 기대하면서 주시하고 있었다. 이것이 미국이 기대했던 '신현확 대안론'의 내용이다.

글라이스틴 대사는 신현확 총리가 매우 솔직하게 협의를 요청해 왔다고 밝히면서 면담 내용을 다음과 같이 보고했다.

> 올해 말에 있을 대통령 선거에서 3김씨 모두 대통령 후보에서 배제됐다는 사실이 공개되면 상당한 혼란이 올 것으로 신 총리 자신과 최규하 대통령은 확신하고 있다고 말했다. 따라서 한국 정부는 해결책이 나올 때까지 정치적 난국을 방임하는 전략을 추진할 것이라고 신 총리는 말했다. 최규하 대통령이 아닌 자신이 생각하는 최선의 방안은 차기 대통령 선거에 군 장성들 중에서 초당파 후보를 내세우는 것이라고 말했다.
> 신민당과 공화당이 제3당의 활동으로 분열되고 김대중도 한 사이드가 된 상태에서 여기에 맞선 재계·관계·군부 연합 세력이 대립하는 양상이 되면 이 방안은 보다 수월하게 추진할 수 있다고 신 총리는 말

했다. 나는 신현확 총리가 이미 은밀한 계획을 준비해 뒀다는 것을 눈치챌 수 있었다. 나는 신 총리가 군부 음모에 앞잡이를 할 인물은 아니며 공정한 선거에서 자신이 이기는 것을 선호하는 것 같기는 하다고 생각했다. 한국의 지도층들은 유권자를 설득할 수만 있다면 이 같은 가부장적인 타협안을 사후 인정할 것이다. 한편 최 대통령과 신 총리는 정부의 정치적 민주화 추진과 선거 계획이 잘 추진될 것이라는 자신감을 보이고 있다.

최 대통령과 신 총리는 한국 군부와 마찬가지로 도시의 일반 대중보다 더 보수적인 민주주의 개념을 의중에 두고 있다. 최 대통령과 신 총리는 또 과도정부로서는 공정하다고 말할 수 없는 개입주의자이다.[44]

---

[44] "Cable from AmEmbassy Seoul (Gleysteen) to SecState: Yet Another Assesment of ROK Stability and Political Development," O 120623Z Mar 80 [12 March 1980], National Security Affairs, Collection # 6, Brzezinski Material, Country File, Folder: Korea, Republic of, 1–5/80, Box 44, Jimmy Carter Library; http://timshorrock.com/wp-content/uploads/korea-foia-_5-gleysteen-march-1980.pdf (검색일: 2011.7.23); 김택곤, 「1980년 당시 주미 대사가 보낸 미국 국무부 비밀문서 입수」, 〈MBC 뉴스〉(1996.3.21). 한편 이 인용, 「미 비밀문서, "김영삼.김대중 선거 승리시 쿠데타 일으킬 것"」, 〈MBC 뉴스〉(1996.3.21)에 나오는 3월 13일 글라이스틴 주한 미 대사가 국무부에 보낸 비밀 전문에 의하면, 한국 신군부는 김영삼이나 김대중이 선거에서 승리할 경우 쿠데타를 일으킬 수밖에 없다는 입장을 단호하게 밝혔다. 상당수의 한국 군부 지도자들은 대통령 선거 전에 이들의 집권을 막아 보되 그래도 안 되면 선거 후에라도 쿠데타를 일으키겠다는 입장이라는 것이다. 글라이스틴 대사는 이런 보고와 함께 "아마도 한국의 군부는 선거 자체를 막지는 못할 것 같다"는 나이브한 결론을 맺었다. 다만 신민당의 집권 가능성을 줄이기 위한 정치적인 조정을 하게 될 것 같다고 부언했다. 그래도 신민당이 집권하면 군부는 일단 이들의 능력을 검증할 시간을 줄 수밖에 없을 것이라고도 했다. 군사 개입의 위험은 한국의 정치발전을 짓누르는 요인으로 남게 될 것이라며 이미 신군부의 지도자로 떠오른 전두환 장군에 대해서 앞으로의 선거 과정에서 함부로 힘을 행사할지도 모른다고 내다보았다. 그렇지 않으면 자신의 손안에 들어오는 민간 정치인의 배후 지도자로 만족할 수도 있다고 전망했다. 이와 함께 전두환 장군이 미국의 가장 큰 골칫거리로 남게 된 것은 분명하다고 보고했다. 이렇듯 미국은 한국 군부의 쿠데타 의도를 파악하고 있었으면서도 실제 가능성에 대해서는 다소 안이한 판단을 했다.

그런데 1980년 3월 14일 글라이스틴은 최규하 대통령과 신현확 총리가 개헌과 직접선거를 계획대로 밀고 나갈 것을 희망하고 있다고 평가하기도 했다. 그들은 최대한 현 정국을 효과적으로 통치(관리)해 교착 상태에 봉착하기 전에 대통령이 아닌 총리가 초당파적인 후보로 선거에 참여하는 해결책을 마련할 수 있기를 기대하고 있다고도 적었다.[45]

글라이스틴도 앞서 지적했듯이 민주사회에서 정당한 절차를 생략한 채 졸속으로 헌법을 개정하고 입후보자를 사전에 제한하는 것은 완전하고 공정한 경쟁이라는 민주주의 근본 원칙과 배치된다. 만약 이렇게 절차를 무시한 채 조기 선거가 치러졌다면 상대적으로 진보적인 재야 세력들은 정치권의 '야합'이라며 비판했을 것이다. 따라서 미국의 리버럴들은 3김을 배제한 신현확 대안론이 오히려 재야 세력의 거센 반발을 몰고 와 정국을 혼미하게 만들 수 있다고 판단해 지지하지 않았을 것으로 추정된다. 이에 신현확 대안론은 미 정부 일각에 있는 보수주의자들의 희망사항이자 마이너한 대안으로 그치게 되었다.

1980년 4월 24일 신현확 총리는 최규하 대통령과 자신의 차기 대통령 선거 출마 가능성을 시사한 미국 『뉴스위크』 보도에 대해 자신과 대통령은 선거를 관리하는 사람일 뿐 출마하지 않을 것이라고 말

---

[45] "Memorandum of the Situation Room to Zbigniew Brzezinski: Additional Information Items," March 14, 1980, National Security Affairs, Collection # 1: President Daily Report File, Box 14, Folder: 3/11/80-3/20/80, Jimmy Carter Library(NLC-1-14-5-12-7).

했다. 또한 '친여신당설'도 일축했다.[46] 이러한 부인에도 불구하고 '신현확 대안론'은 수그러들지 않았다.

  1980년 5월 중순경 신현확 총리는 정부 시책을 대변하는 입장에서 시위 참가자들과 정치인들에게 '법과 질서'를 특히 강조했다. 신 총리는 전두환과 함께 물러나야 한다는 학생들의 구호에 등장할 정도로 집중포화 대상이었으므로 선거에 나서는 것은 사실상 큰 무리가 따랐다.(전두환·신현확 퇴진 구호보다는 빈도가 적었지만 최규하 퇴진 구호도 등장했다.) 또한 신현확이 군·관·재계 일부 세력과 연대해 대통령직을 넘보고 있다는 소문이 나돌기도 했다.[47] 미국 정부의 일각에서 그를 대안 중 하나로 간주했으므로 전혀 근거 없는 것은 아니었다. 그는 TK의 대부로 불리기도 했으므로 박정희 유신체제의 지배 세력들이 그를 대안으로 고려했다. 그러나 신현확은 앞서 언급한 글라이스틴 회고록에 나오는 것처럼 스스로 큰 꿈을 가지고 있지 않다고 공언하기도 했으며 결과적으로는 그 공언을 실천한 격이 되었다.

  한편 김영삼·김대중은 시위 참가자들을 잠재적 지지 세력이라고 생각했다. 따라서 양 김은 시위자들에게 법과 질서의 준수를 요구해 지지를 잃으려 하지는 않았다. 양 김은 종종 시위에 참가했다.

  미국은 시위 주도 세력을 극단주의자로 파악하고 이들의 정치 참

---

46 「신총리 최대통령·신총리 출마안해: 현정부는 개헌·선거관리만 할뿐, 신당설 낭설 … 연내개헌·내년봄선거」, 『매일경제신문』 1980년 4월 25일, 1면.
47 William H. Gleysteen, Jr.(1999), 앞의 책, 112쪽; 윌리엄 H. 글라이스틴, 황정일 역(1999), 앞의 책, 162~163쪽.

여를 부정적으로 평가했다. 미국은 신군부의 등장을 탐탁지 않게 보았지만 재야 세력들의 발호를 막고 안정을 기할 수 있다는 점에서 신군부를 받아들일 만하다고 생각했다. 미국은 군부를 비판적으로 바라봤지만 급진적인 학생·노동자·종교인들을 중심으로 한 재야 세력을 더 비판적으로 바라봤다. 민주적 헌정 질서가 유지되면서 동시에 안정을 기하는 것이 최선[48]이었지만 민주화와 안정(국가의 생존) 둘 중 하나만 선택해야 한다면 미국은 거의 항상 안정을 선택했다. 재야 세력들의 발호가 동반되는 무조건적인 민주화는 북한의 개입을 유발해 반공의 보루인 대한민국 체제가 무너질 수 있다고 판단했기에 민주주의를 유보하면서 안정을 택하는 것이 차선이라고 생각했다.

미국의 신현확 대안론 검토는 무능하다고 평가된 최규하 대통령에 대한 대안이었으므로 '최규하 제거 구상'이었다고 규정할 수도 있다.

✢ ✢ ✢
참고
이원집정부제라는
신현확의 헛된 꿈

「최 대통령, 절충식 정부형태 바람직」이라는 제목의 기사가 『동아일보』 1980년 3월 14일자에 실렸다. 이에 따르면 최규하 대통령

---

48 여기에다가 경제발전까지 달성할 수 있다면 미국으로서는 그야말로 최상의 선택이라고 생각했을 것이다. 마상윤, 「박정희 시대 한국의 민주주의와 한미관계(1961-1979)」, 정일준 외, 『한국의 민주주의와 한미관계』(대한민국역사박물관, 2014), 195쪽.

이 "새 공화국 헌법상의 정부 형태로는 대통령중심제와 의원내각제를 가미한 절충 형태가 바람직하다는 견해를 시사했다"는 것이었다. 대통령은 외교를, 총리는 내정을 분담하는 이원집정부제는 외교 전문가인 최규하와 행정 실세인 신현확에게 좀 더 유리하고 전두환에게는 불리한 시스템이었다. 물론 전술한 바와 같이 변형된 이원집정부제는 군부와 타협한 것이다. 최 대통령이 이원집정부제를 시사하는 모습이 김종필의 눈에는 신현확이 최규하를 꼭두각시로 이용하는 모습으로 비쳤다. 김종필은 "권력 의지가 약했던 최규하가 대통령직에 목을 걸기 시작한 것에는 신현확이 영향을 미친 것으로 생각한다"고 회고했다. "아마도 신현확은 절대 권력이 사라진 정치 공간에서 최 대통령을 앞세워 행정부가 중심적인 역할을 수행할 수 있다고 믿었던 모양이다."라고 해석하기도 했다. 여당인 공화당과 행정부가 따로 굴러가면서 유신 세력들의 정치 주도력이 통합적 리더십 없이 표류·대립하는 사이에 전두환을 리더로 하는 신군부가 권력의 빈틈을 비집고 들어왔다고 김종필은 회고했다. 국회가 헌법을 개정하면 정부는 그에 따라 공정하게 선거를 치르겠다고 하면 끝날 일을, 최규하 과도정부가 안보·경제 불안정 등 헤쳐 나갈 일이 많다며 과도정부라는 표현 대신 '위기관리 정부'라고 자칭하면서 구체적인 정치 일정을 밝히지 않는 등 딴마음을 먹은 것은 신현확 때문이라고 김종필은 추정했다.[49]

---

49 전영기·최준호, 「JP "유신 대통령 할 생각 손톱만큼도 없다" 불출마…대통령 되자 달라진 최규하 "지금은 과도정부 아니다"」, 『중앙일보』 2015년 9월 2일, 12~13면.

최규하가 대통령에 당선된 1979년 12월 6일 저녁 신현확 부총리가 김종필에게 전화를 걸어 "저는 절대 공화당을 떠나지 않겠습니다. 내 직(職)을 걸겠습니다."라고 약속했다고 한다. 신현확은 부총리 겸 경제기획원 장관과 공화당 의원직을 겸하고 있었다. 국무총리를 맡아도 공화당적을 유지하겠다는 얘기였다. 그러나 직을 걸겠다는 신현확의 약속은 하룻밤 사이에 뒤집혔다. 12월 7일 오전 신현확은 공화당에 탈당계를 보냈다. 이날 신현확은 최규하에 의해 국무총리에 지명되었다. 최규하가 신현확을 정치적 동지로 생각해 지명했다기보다는 TK 기득권 세력의 눈을 의식해 일종의 승진 형식을 취한 것이라고 보아야 한다. 신현확은 훗날 탈당의 이유를 "과도정부의 총리로서 사명을 완수하기 위해 현직 국회의원을 자진 사임했고, 동시에 공화당의 당적도 이탈했다"고 합리화했다. 그러나 당시 공화당의 리더 김종필은 이를 신현확의 헛된 욕심을 숨기는 수사에 불과하다고 평가했다.

김종필만 그런 생각을 하고 있었던 게 아니다. 앞으로 나오게 될 신당(新黨)이 실은 신당(申黨)이 아닐까 하며 신(申)현확을 바라보는 시선도 많았다. 『경향신문』 1980년 4월 25일자 「신 총리 일문일답 내용」 기사를 쓴 기자가 "최근 정가에 신 총리가 주도하는 '신당설(申黨說)'이 나오는데 어떻게 생각하는가"라는 질문을 던진 것도 그 때문이었다. 이에 대한 신 총리의 답변은 "나도 모른다"였다.[50]

---

50 김종성, 「전두환이 쿠데타를 두 번 해야 했던 이유」, 〈오마이뉴스〉 (2020.11.22.).

최규하·신현확 체제가 주도했으나 군부의 입김을 의식해 변형된 이원집정부제는 최·신 양인 중 한 사람이 대통령을 맡아 최·신 체제가 상징적으로라도 계속 국정에 관여하고 실권은 군부(나 선거에 의해 구성된 내각)에 이관하는 구상이었다. 최·신 체제는 이원정부제 개헌을 추진해 계속 영향력을 행사하고자 했다.

✦ ✦ ✦
참고
왜 신군부는
두 번이나 쿠데타를 해야 했나?

최규하가 임명한 신현확 총리가 기득권 세력인 TK 세력의 지원 아래 최규하 대통령을 견제하면서 둘 사이의 협력 관계는 결국 분열되었다. 박정희 사후 불안정하게 정국을 이끌어 온 유신 관료 중심의 통치가 분열됨으로써 전두환의 신군부는 12·12부터 5·17 사이의 긴 쿠데타 기간 동안 정치적 세력을 확대할 기회를 갖게 되었다.[51] 강원택 교수는 전두환이 권력을 장악하게 된 이유 중 하나가 최규하·신현확 체제의 미묘한 경쟁과 갈등이라고 주장했다. 이는 전두환이 조장한 측면도 있었다.

신군부는 12·12로 군권을 장악했지만[52] 관료와 정당 조직(김종

51　강원택, 「10·26 이후 정국 전개의 재해석 – 전두환과 신군부의 '긴 쿠데타'」, 『역사비평』 124(2018년 가을), 118~157쪽.
52　12·12가 정권 장악을 위한 치밀한 기도라기보다 군권 장악 기도였다는 정승화의 평가는 합당하다고 할 것이다.

필의 집권당)은 장악하지 못했으므로 두 번째 쿠데타를 감행해야 했다. 쿠데타 정부를 세운 것은 5·17 쿠데타와 5·18 민주화운동 진압 직후인 1980년 5월 31일이다. 이날 전두환은 형식상으로는 대통령 보좌기관이지만 실제로는 과도정부나 마찬가지인 국가보위비상대책위원회(국보위)를 세우고 이 기구의 요직인 국보위 상임위원장직에 취임했다. 최규하 대통령이 국보위 설치령 제3조에 따라 국보위 의장이 됐지만 제4조에 따라 국보위 권한이 국보위 상임위원회에게 위임됐기 때문에 이날부터는 전두환이 실질적인 행정부 수반이었다.[53]

정상호 교수는 전두환이 최규하·신현확 체제의 분열을 조장했다는 강원택 교수의 주장을 비판하며, 신군부 주도에 의한 최규하·신현확 체제와 신군부의 '공모'에 주목했다. 최규하와 신현확의 분열이 전두환의 쿠데타 성공의 '유인 요인(pull factor)'이었다는 강원택의 주장은 당시 최규하·신현확 주도의 권력 작동이 마치 신군부와 무관하게 일어난 것처럼 보이게 하여 '1980년 봄'의 전체 구도를 왜곡할 가능성이 있다고 본 것이다. 1980년 봄의 전체 구도, 즉 신군부라는 압박 요인과 정치적 상황 변수라는 유인 요인의 관계를 '공모'의 관점에서 바라봐야 한다는 것이 그의 주장이다. 강원택은 쿠데타 초기 국면에서 '최규하·신현확 체제라는 협소한 통치 엘리트 간의 담합과 협력'에 주목했으나 그보다 중요한 것은 TK를 물적 기반으로 한 신군부와 최규하·신현확 체제라는

---

53   김종성(2020), 앞의 글.

지배 블록의 이해가 일치한 것이라고 정 교수는 주장한다. 지배 블록이 12·12 직후부터 야당과 시민사회가 제안한 민주화 프로그램과는 다른 집권 플랜을 가동하기 시작했다는 점에 주목했다. 정상호는 이 시기를 결정지었던 보다 중요한 동력은 최규하·신현확 과도체제가 아니라 심층 권력으로서 '신군부'였으며, 이 둘의 관계는 부작위나 부역이 아니라 공모의 관점에서 더 잘 설명될 수 있다고 주장했다.[54]

시간이 갈수록 신군부는 강력한 권력의지로 최규하·신현확 체제를 압도하게 되었다. 따라서 최·신 체제가 계속 집권을 위해 구상한 이원집정부제는 가공의 아이디어에 그치고 실제로 추진되지 못했다. 최·신 체제의 분열이 신군부의 집권을 가능하게 한 것이 아니라 신군부의 권력의지가 그들을 압도했던 것이다. 따라서 최규하와 신현확의 분열은 신군부 집권의 부차적 요인이었으며 주된 요인은 역시 신군부의 야욕이었다. 아니면 신군부의 힘에 압도당한 최·신 체제가 신군부와 공모한 결과가 신군부의 집권으로 이어졌을 수 있다.[55]

＊＊＊

---

54 정상호(2018), 앞의 글, 158~190쪽.
55 정상호(2018), 위의 글, 158~190쪽.

4. 미국의 견제와 신군부의 민족주의적 반발

1980년 4월 15일경 글라이스틴 대사와 미 국무부는 전두환의 중앙정보부장 겸직에 우려를 표하기 위해 1980년 6월로 예정된 한미(연례)안보협의회(SCM)의 연기를 고려했다. 그레그는 전두환이 군 정보기관인 보안사령관직을 유지한 채 중앙정보부까지 장악했음에 개탄했으며, SCM 연기가 강경 조치라고 생각하면서도 4월 16일 이에 동의했다. 그레그는 미국이 권력을 가지고 있는 전두환과 상대해야 한다고 판단했다. 따라서 전두환에 대한 인신공격성의 적의를 숨기고 민주주의의 진전을 최고의 과제로 여기면서 이에 대한 관심을 지속적으로 표명해야 한다고 주장했다. 국무부는 이에 동의했으며 글라이스틴도 전두환과의 만남에서 융통성을 발휘하기로 했다. 그레그는 전두환의 최근 행동에 대처할 손쉽고도 이상적인 방법은 없지만 국무부가 주문한 SCM 연기가 항의의 상징적인 조치로 최선의 방법이라고 결론 내렸다.[56] 12·12 이후 SCM 일정을 연기했으며 1980년 초 정국이 진정되면서 로스앤젤레스에서 개최될 회의 일정을 6월로 잠정 결정하면서도 군부가 정치에 개입하지 않는다는 조건을 명확히 했다.[57]

---

56 East Asia/Intelligence (Gregg), "Memorandum for Zbigniew Brzezinski: Evening Report," April 16, 1980, National Security Affairs–Brzezinski Material, Collection # 10: Staff Evening Reports File, Folder: 4/12–17/80, Box 28, Jimmy Carter Library(NLC-10-28-5-13-1).

57 William H. Gleysteen, Jr., *Massive Entanglement, Marginal Influence: Carter and Korea in Crisis* (Washington, DC: Brookings Institution Press, 1999), p. 109; 윌리엄 H. 글라이스틴,

결국 1980년 6월 17일부터 19일까지 로스앤젤레스에서 개최될 예정이던 한미안보협의회와 그에 따른 한미 국방장관 회동이 취소되었다. 미 CIA 국장 방한도 이때 취소되었다. 6월 24일부터 25일까지 워싱턴에서 개최할 예정이던 한미정책협의회도 무산되었다.[58] 1980년 6월 말 에드워드 메이어(Edward C. Meyer) 미 육군참모총장 방한[59]과 1980년 12월 브라운 국방장관의 방한[60] 외에는 1979년 12·12 사태 이후 레이건 행정부 출범 이전까지 미국의 주요 인사가 방한한 사례가 없다. 1979년 7월 1일 한미정상회담에서 '한미문화교류위원회' 설치에 합의하고 1980년 8월 한국 외무장관과 주한 미 대사 간에 각서 교환 형식으로 개최에 합의했지만, 김대중 사형 선고 이후 미국은 이를 무기한 연기한다고 일방적으로 통보했다.[61]

이러한 양국 간 의례적인 교류의 최소화는 전두환 정부에 대한 승인 유보의 간접적 표현이었다. 이 점이 전두환을 가장 힘들게 만들었다고 글라이스틴은 평가했다.[62] 당시 전두환은 자신에 대한 미국의 승인을 갈망했다. 그러나 이러한 미국의 조치들은 심각한 수준은 아니었다. 남한의 안보와 경제를 위험에 빠뜨리지 않으면서 신군부를 길

황정일 역, 『알려지지 않은 역사: 전 주한미국대사 글라이스틴 회고록』(중앙M&B, 1999), 159쪽.
[58] 「김대중 선고에 대한 미국 반응: 미국의 대외정책 및 대한정책 전망」(1980.11.10), 『외무부의 청와대 보고문, 1980-81, 전3권』(북미, 1981), V.1, 196쪽, 대한민국 외교부 공개 외교문서(2012).
[59] 군인의 직업의식과 민간 지도체제의 중요성을 말할 수 있을 것이라는 미국의 기대로 승인되었다.
[60] 김대중 구명을 위해 파견하면서 SCM을 개최했다.
[61] 「김대중 선고에 대한 미국 반응: 미국의 대외정책 및 대한정책 전망」(1980.11.10), 『외무부의 청와대 보고문, 1980-81, 전3권』(북미, 1981), V.1, 203쪽, 대한민국 외교부 공개 외교문서(2012).
[62] William H. Gleysteen, Jr.(1999), 앞의 책, 109, 168쪽; 윌리엄 H. 글라이스틴, 황정일 역(1999), 앞의 책, 159, 237쪽.

들이기 위해 취할 수 있는 상징적이고 일차적인 수단[63] 이상의 것은 아니었다. 만약 김대중을 처형했다면 보다 극단적인 조치인 전두환 제거를 구체적으로 검토했을 것이다.

 글라이스틴은 1980년 4월 18일 최규하 대통령을 만나 SCM 연기가 상징적 조치라고 설명하면서 군인 전두환이 민간 분야에까지 세력을 펼치는 것에 그토록 신경 쓰는 이유를 장황하게 설명했다. 이에 최 대통령은 미국이 너무 조급하다면서 자신의 정부는 약체 정부이며 이 정부가 학생 시위와 노동자들의 소요가 과격해지는 것을 막기 위해서는 물리적 힘이 필요하다고 주장했다. 전두환의 신군부가 경찰에 힘을 보태 이러한 역할을 담당하고 있다면서, 만약 시위와 소요를 막지 못해 과격화되면 극우 세력의 반발을 가져와 정치 자유화와 정치 개혁의 희망이 무산된다고 말했다.[64] 이렇듯 최규하는 학생·노동자와 극우 세력 등 급진주의자들의 준동을 막기 위해 전두환의 도움을 받고 있다고 주장했으나 글라이스틴은 전두환을 믿지 못하겠다고 강조했다. 글라이스틴은 최규하가 마지못해 택한 자신의 결정을 정당화하려 하는 것 같다고 상부에 보고했다.[65] 최규하 대통령은 별다른 지지 기반이 없어 물리적 힘이 필요했으므로 전두환과 연합해 세

---

63 장준갑, 「제5공화국 출범과 한미관계」, 『서양사학연구』 28(2013), 236쪽; 장준갑·김건, 「1980년대 초반(1980-1981) 한미관계 읽기」, 『미국사연구』 38(2013), 201쪽.
64 William H. Gleysteen, Jr.(1999), 앞의 책, 122~123쪽; 윌리엄 H. 글라이스틴, 황정일 역(1999), 앞의 책, 177쪽에서 글라이스틴은 한 달 후 이 예언이 적중했다고 평가하면서 사정이 이렇게 악화된 책임이 전두환의 중앙정보부 장악을 용인한 최규하 대통령에게 있다고 주장했다.
65 William H. Gleysteen, Jr.(1999), 위의 책, 110쪽; 윌리엄 H. 글라이스틴, 황정일 역(1999), 위의 책, 160쪽.

력을 구축하려 했다. 최규하의 입장에서는 정치 자유화를 위해 전두환과의 연합이 필요했다지만 결국 전두환의 강력한 힘에 제압당하고 정치 자유화를 기할 수 없게 되었으므로 오판이었다.

최규하 대통령은 1980년 7월 1일 메이어 미 육군참모총장과 만난 자리에서 민주주의는 민주주의가 지향하는 목표와 함께 이를 향하여 나가는 절차와 과정도 중요한 것이며, 과거의 경험에서 우리는 절차를 무시한 민주주의의 목표 추구가 어떤 결과를 가져왔는지를 잘 알고 있다고 했다. 학생 소요로 정부가 전복되는 상황에서 진정한 민주주의가 가능하다고 생각하는 것은 환상이며, 반대 의사는 적법절차에 따라 정당하게 반영되어야 한다고 말했다.[66] 준법을 강조했다고 하지만 당시 전두환의 입장과 거의 일치했다고 할 수 있다.

얼마 지나지 않아 안보협의회가 연기되었다는 일본 언론의 보도가 있었다. 한미 양국은 SCM이 연기된 것을 공개하지 않기로 했는데 엉뚱한 곳에서 비밀이 유출되었다. 한국 정부는 미국 정부가 약속을 어기고 언론에 유출했다고 판단해 강하게 항의했다. 이런 항의는 군부 내 민족주의적 감정을 자극했다. 전두환의 신군부는 미국 정부가 한국 정부에 대한 내정 개입 의도로 SCM을 일방적으로 연기했다고 인식했다. 글라이스틴은 신군부가 전두환에 대한 한국인들의 분노를 미국 측으로 돌리는 데 이 사건을 이용하고 있다는 인상을 받았다고

---

66 「최규하 대통령과 Edward C. Meyer 미육군참모총장과의 면담록」(1980.7.1), 『Meyer Edward 미국 육군참모총장 방한 1980.6.30.-7.3』(안보, 1980), 7쪽, 대한민국 외교부 공개 외교문서 (2010).

회고했다.⁶⁷ 미국은 전두환과의 관계 유지를 고려해 SCM의 연기를 언론에 발표하지 않는 등 전두환에 대한 공개적인 비난을 자제하고 있던 차여서 배신감을 느꼈다.⁶⁸

1980년 4월 18일 직후 주영복 국방장관은 위컴 사령관과 만나 SCM 연기 재고를 강력히 촉구하면서 미국이 군부 내 동지를 버리고 과격분자들의 소요를 부추긴다고 비난했다. 주영복 장관은 미국이 전두환 세력을 견제하기 위해 SCM을 이용하는 것은 내정간섭이라며 미국에 대한 한국인들의 민족주의적 반발을 언급했다.⁶⁹ 미국은 학생이나 노동자들 사이에 반미적 경향이 파고드는 것을 의식했으며 신군부 내 소장파들(허화평, 허삼수 등이 주축)이 반미 성향을 보이는 것에 대해서도 대단히 의식했다. 미국은 군부의 친미적 성격에는 호의적이었지만 반미 국수적 민족주의로 기울 수 있는 잠재적 가능성은 위험하다고 생각해 매우 의식했다.⁷⁰ 친정부 인사들 사이에 미국이 한국 정치를 좌지우지한다고 비판하는 '자주파'가 있었던 반면 야당과 재야인사들 사이에서는 미국의 개입을 오히려 환영하거나 심지어 요청

---

67 William H. Gleysteen, Jr.(1999), 앞의 책, 110~111쪽; 윌리엄 H. 글라이스틴, 황정일 역(1999), 앞의 책, 161쪽.

68 "Telegram from AmEmbassy (Seoul) to the Secretary of State (Vance): Press Handling of Chun Doo Hwan Appointment as Acting Director KCIA," April 14, 1980, RG 59, Telegram, 1979–81, US National Archives at College Park.

69 William H. Gleysteen, Jr.(1999), 앞의 책, 110~111쪽; 윌리엄 H. 글라이스틴, 황정일 역(1999), 앞의 책, 160~161쪽.

70 신현익, 「박정희 대통령 서거 직후 미국의 대한정책」, 『유라시아연구』 18(2010.9), 234쪽; 신현익, 『전두환 군부정권 성립과정에서의 미국의 역할』, 고려대학교 박사학위논문(2006).

하는 경향도 없지 않았다.[71] 물론 광주민주화운동 진압 이후에 재야인사들 상당수가 반미로 기울었지만 말이다.

한편 한국의 지도층 대부분은 SCM 연기 사건 등을 통해 미국이 전두환 권력이 민간 부문으로 확대되는 것에 반대한다는 사실을 4월 중순 이후 알게 되었다.[72] 신군부는 김용식 주미대사, 한국 중앙정보부(KCIA) 워싱턴 지부장인 주미대사관 공사 손장래 예비역 소장(육사 시절 전두환·노태우 등의 영어 교수)[73] 등을 국무부와 국방부로 보내 SCM 연기를 취소하라고 권고하는 등 전방위적으로 로비했다.[74] 또한 박정희 시절부터 인연을 맺어 온 미 군부 인사들에게도 'SOS'를 요청해 미국 우파 장성들의 지원을 받아 보려고 시도했다.

이에 1980년 5월 2일 리처드 홀브룩 미 국무부 동아시아·태평양 담당 차관보는 글라이스틴 대사 앞으로 긴급 전문을 보냈으며, 5월 3일 뉴솜(David Dunlop Newsom) 수석국무차관의 전문(국무부 리치 한국과장이 기안하고 홀브룩의 승인을 받음)도 이어졌다. 12·12 사태 이후 신군부의 움직임을 견제하고 전두환 보안사령관의 중앙정보부장

---

71 가령 노동운동가 출신의 강경파 항쟁 지도부(시민군) 대변인 윤상원이 1980년 5월 26일 오후 4시부터 전남도청 홍보실에서 10여 명의 외신기자들과 기자회견을 하면서 미국의 중재(적극적으로 해석하면 개입)를 요청했다. William H. Gleysteen, Jr.(1999), 앞의 책, 4쪽; 윌리엄 H. 글라이스틴, 황정일 역(1999), 앞의 책, 28쪽.

72 William H. Gleysteen, Jr.(1999), 위의 책, 110~111쪽; 윌리엄 H. 글라이스틴, 황정일 역(1999), 위의 책, 160~161쪽.

73 Don Oberdorfer, *The Two Koreas: A Contemporary History* (Reading, Mass.: Addison-Wesley, 1997), p. 131; 『두개의 코리아』(중앙일보사, 1998), 131~132쪽.

74 William H. Gleysteen, Jr.(1999), 앞의 책, 111쪽; 윌리엄 H. 글라이스틴, 황정일 역(1999), 앞의 책, 161쪽.

겸직에 불편함을 표출했던 미 국무부가 미 군부 인사에 대한 신군부의 공작을 차단하기 위한 내용이었다.

홀브룩 차관보는 "한국 군부가 미국 내 현역·전역 장성 출신 '친구'들에게 의지하려는 여러 징후들이 있다"면서 미국 군부의 다른 목소리는 자칫 국무부와 글라이스틴 주한 미 대사의 입지를 약화시킬 우려가 있다고 지적했다. 홀브룩 차관보는 당시 한미 군부 간 접촉 사례를 거론하며 "전후로 오랜 한미 군의 관계를 고려할 때 어느 정도는 불가피하지만, 그 영향을 최소화해야 한다"며 양국 군부 간 접촉이 국무부를 통한 미국의 공식 메시지를 오도하지 않도록 노력을 강화해야 한다는 입장을 밝혔다.

그는 특히 "당장 우려할 사항은 리처드 스틸웰 장군(1973~1976년 주한 미군 사령관 역임)이 열흘 내 방한하는 일정"이라고 지적하며 "미국을 출발하기 전에 스틸웰 장군에게 협조를 요청하겠지만, 그는 이미 한국 군부(2명의 장군)에 현재의 미국 정책을 무시해도 좋고, 번복될 수 있는 국무부의 '책략'으로 해석하도록 부추겼다"며 주한 미 대사관에 스틸웰 장군과 추가로 접촉하여 설득을 강화하도록 지시했다.[75]

당시 국무부는 신군부의 권력 강화 움직임을 견제하며 경고 메시지를 보내는 기존의 입장을 고수했지만, 스틸웰 사령관을 비롯한 지한파 미군 퇴역 장성 일부는 미국이 결국 신군부의 권력을 승인할 것

---

75 "Cable from SecState (Newsom) to AmEmbassy Seoul: Self-Deception by ROK Military," P 031624Z May 80, State 117573, US National Archives, http://timshorrock.com/wp-content/uploads/korea-foia-_6-us-generals-intervene-1980.pdf (검색일: 2011.7.23).

이라며 고무하는 태도를 보였다.[76] 전두환은 주한 미군 사령관 위컴의 직전 전임자 베시(John W. Vessey, Jr.) 장군에게도 자신을 지지해 달라고 편지를 써서 밀사를 통해 인편으로 전달하면서 한국 방문을 요청했지만 성사되지 않았다. 미국이 전두환을 승인했다는 효과를 가져다줄 것을 기대한 전두환의 '편지 작전'이었다.[77]

---

76 성기홍, 「80년초 美국무부.군장성, 신군부 정책 이견」, 〈연합뉴스〉(2010.5.18).
77 John Adams Wickham, Jr., *Korea on the Brink, 1979-1980: From the '12/12' Incident to the Kwangju Uprising* (Washington, DC: National Defense University Press, 1999), pp. 104-105; 존 위컴, 김영희 감수, 유은영 외 공역, 『12·12와 미국의 딜레마: 전 한미연합사령관 위컴 회고록』(중앙 M&B, 1999), 163~165쪽.

3장

5·17 비상계엄 전국 확대

1. 미국의 우려와 관망

1980년 3월 신학기 개강으로 대학 문이 열리면서 '서울의 봄' 국면이 시작되었다. 이 시기에 자유분방한 정쟁을 일정 부분 지양하고 군부의 정권 탈취를 막았더라면 어땠을까 하는 아쉬움이 있다. 당시 서울의 봄을 만끽하던 학생과 정치인들은 봄이 그렇게 빨리 끝날 줄은 생각하지 못한 것 같다. 신군부의 집권 의지를 과소평가해 치밀하게 대비하지 못한 것이다.

  1980년 2월 14일에 글라이스틴을 만난 민주공화당 소속 문형태 국회 국방위원장은, 만약 대중적인 소요가 심각하게 발생하지 않는다면 전두환 그룹이 금년 내로 쿠데타를 하거나 (반전두환파에 의한 – 인용자) 역쿠데타에 직면할 것 같지는 않다고 말했다. 또한 전두환이 정치적 역할을 확장하려고 기도할 것 같지도 않다는 낙관론을 조심스럽게 피력했다.¹ 그러나 문제는 학생들의 대규모 시위였는데 우려하던 상황이 현실로 등장했다. 1980년 2월 20일 글라이스틴을 만난 최광수 청와대 비서실장은 만약 가두시위를 통해 정부를 밀어붙이면 정부는 이를 탄압할 것이며 계엄령이 다시 선포될 것이라고 진단했다.²

5월 초순이 되자 전두환이 곧 모든 실권을 장악하고 전면에 등장할 것이라는 루머가 비교적 광범위하게 유포되었다. 학생들은 이를 견제하기 위해 거리로 나섰고, 산발적인 시위를 하나의 목적과 방향성을 가지고 이끌어 가기 위해 조직화를 시도했다. 그러나 학생들의 움직임은 그들의 의도와는 달리 전두환의 야욕을 견제하지 못했고, 오히려 전두환이 이를 이용하는 결과를 만들었다.

CIA 한국지부장 출신으로 당시 백악관 NSC에 근무하던 도널드 그레그는 1980년 5월 5일 저녁 보고서에서, 대학가 시위의 심각한 파도는 지나갔으므로 학생들과 정부는 당분간 숨을 고른 후에 다음을 준비할 것이라고 예측했다.³ 그러나 이틀 뒤인 5월 7일 보고에서는 분위기가 달라졌다. 컬럼비아대학교 짐 몰리(Jim Morley) 교수의 한국

---

1 "Cable from Ameembassy Seoul (Gleysteen) to SecState: Conversation with Assemblyman and Retired Chief of Staff Mun Hyong-tae," O 160416Z Feb 80, National Security Affairs-Brzezinski Material, Collection #16: Cables File, Folder: Far East, 2/80-1/81, Box 13, Jimmy Carter Library(NLC-16-13-5-12-2).

2 "Cable from AmEmbassy Seoul (Gleysteen) to SecState: Brief Conversation with Blue House SYG Choi Kwang Soo," O 210923Z Feb 80, Seoul 02193, National Security Affairs-Brzezinski Material, Collection #16: Cables File, Folder: Far East, 2/80-1/81, Box 13, Jimmy Carter Library(NLC-16-13-5-18-6).

3 East Asia/Intelligence (Gregg), "Memorandum for Zbigniew Brzezinski: Evening Report," May 5, 1980, National Security Affairs-Brzezinski Material, Collection #10: Staff Evening Reports File, Folder: 5/1-6/80, Box 28, Jimmy Carter Library(NLC-10-28-8-8-4).

인 제자(전두환 장군과 친하다고 알려진 김종휘 한국 국방대학교 교수로 추정됨)와 최근에 한국을 여행했던 사우스캐롤라이나대학교 딕시 워커(Dixie Walker) 교수의 견해에 의하면, 전두환 장군은 고립되어 있으며 야망이 있고 미국에 염증을 느끼고 있다는 것이다. 그레그는 미국과 한국 군부 간의 대화가 긴장되어 있으며, 학생들의 시위는 점차 심각해질 것이고, 군부의 강한 반격을 유발할 것으로 보인다고 보고했다.⁴

한편 5월 7일 글라이스틴은 미국의 대한 정책 목표를 묻는 워싱턴의 질문에 "우리의 기본적인 정책 목표는 (한국이─인용자) 정치적 안정을 유지할 수 있는 수준에서 정치적 자유화를 모색하도록 돕는 것이다. 그러나 어느 수준의 자유화 조치를 어떻게 이루느냐의 문제는 한국이 결정해야 한다"⁵고 답해 미국이 한국의 민주화에 직접 간여할 수 없는 한계를 적시하면서 사실상 전두환의 등장을 방관할 수밖에 없음을 시사했다.

5월 9일 브레진스키는 카터 대통령에게, 전두환은 고립되어 있으며 야망이 있고 미국에 염증을 느끼고 있다고 보고했다.(앞의 딕시 위커 교수의 평가를 인용한 것으로 보임) 브레진스키는 상황이 매우 곤혹스럽다고 평가했다. 학생들이 서울에서 정부를 공격할 것으로 보이며 5월 15일에는 군부의 강한 반격을 유발할지도 모른다고 예견했다. 미

---

4   East Asia/Intelligence (Gregg), "Memorandum for Zbigniew Brzezinski: Evening Report," May 7, 1980, National Security Affairs─Brzezinski Material, Collection # 10: Staff Evening Reports File, Folder: 5/7─13/80, Box 29, Jimmy Carter Library(NLC─10─29─1─5─3).

5   "Telegram from AmEmbassy (Seoul) to the Secretary of State (Vance): Korea Focus: Informal Policy Reviews," May 7, 1980, RG 59, Telegram, 1979─81, US National Archives at College Park.

국으로서는 학생들이 시위에 나서는 동기를 정확하게 파악하지 못하고 있다고 적었다. 중앙정보부장 서리 전두환 장군은 경찰이 진압하지 못할 경우를 대비해 2~3개 육군 정예부대를 이미 서울 근처에 대기시켜 놓았다는 것이다. 그리고 5월 9일 전두환을 만나 학생 시위를 해산시킬 것을 강하게 권하라고 글라이스틴에게 이미 지시했다는 브레진스키의 보고도 나와 있다. 전두환이 학생 시위를 배후 조종해 정권 장악을 합리화할 것이라는 루머가 있다고도 했다. 브레진스키는 글라이스틴이 작성할 전두환과의 만남에 대한 보고서를 통해 학생들의 시위 동기를 파악해 본 후 특별조정회의(SCC, Special Coordination Committee)나 고위정책조정회의(PRC, Policy Review Committee)를 소집할 것이라고 적시했다.[6]

브레진스키의 5월 9일자 보고는 그레그의 5월 8일자 보고서에 기초하고 있다. 그레그가 브레진스키 보좌관에게 보낸 5월 8일자 보고서에는 대학생들이 거리로 나올지도 모르는 상황에서 군부의 강경 진압에 이은 최후의 붕괴를 막고자 하는 희망이 절절하게 묻어나온다. 그레그는 글라이스틴 대사가 오늘 전두환을 만나고 있고, 내일(혹은 오늘 늦게)은 최광수 비서실장을 만날 것이라고 전제하면서 서울 학생 시위대가 오늘이나 5월 15일 정부를 향해 돌진할 것이라고 전망했다. 전두환은 경찰이 효과적으로 대응하지 못할 경우를 대비해

---

6   Zbigniew Brzezinski, "Memorandum for President: Daily Report," Top Secret, May 9, 1980, National Security Affairs-Brzezinski Material, Collection # 1: President Daily Report File, Folder: 5/1/80-5/10/80, Box 15, Jimmy Carter Library(NLC-1-15-3-25-4).

2~3개 육군 정예부대를 이미 서울을 향해 배치해 놓았으며, 전두환이 이미 2~3개의 공수여단을 서울로 이동시켰다고 기록되었으므로 전두환을 공수부대 이동의 실질적 명령권자로 지목했다고 해석된다. 이는 전두환이 군부를 완전히 장악하고 있음을 미국이 인정한 대목으로도 여겨진다.[7] 그런데 미국은 공수여단의 이동 사실을 파악하고도 '강력 항의' 수준 이상의 조치를 취하지 않았고, 학생들의 시위에 무력으로 대처하지 않도록 권고하는 선에 머물렀다.[8] 이런 상황에서는 예방약 1온스가 치료약 10파운드와 같음을 역설해 학생과 군부의 충돌을 막아야 한다고 브레진스키에게 호소했다. 그레그의 해결책은 아래와 같았다.

> 나는 다음과 같은 것들을 실행했으며 실행하고자 한다.
> 글라이스틴에게 국무부의 지침을 주어서 전두환을 만나게 했다. 과거처럼 학생을 연행하지 말고 분산시키라고 전두환에게 강권할 예정이다.
> 누가 그리고 무엇이 학생들을 동요시키는지 밝히는 데 모든 노력을 경주할 것이다.(전두환이 학생들을 동요시켜 정권을 장악하려 한다는 루머가 있다. 나는 이를 믿지 않으나 학생들에 대해서 아는 것이 거의 없으므로 이

---

[7] 정다슬, 「'전두환 반대' 역쿠데타 제보자 드러났다… 美문서에 나온 '이범준 장군'」, 〈이데일리〉(2021.9.16).

[8] 결과적으로 서울에서는 '무력 대처'가 발생하지 않았지만, 광주에서 더 큰 비극이 발생해 미국의 권고는 무의미해진 셈이 되었다. 김치관, 「美, 반(反)전두환 쿠데타 정보 '이범준 장군'으로부터 입수」, 〈통일뉴스〉(2021.9.16).

러한 루머가 실현될 가능성도 있다고 생각한다.)

글라이스틴의 전두환 면담 후 보고서를 보고 내일 논의할 것이다. 글라이스틴은 최규하 대통령에게 상황을 진전시키기 위해 중동에 가지 말고 집에 머무를 것을 강하게 권고할 것으로 추정된다.[9]

전두환에 대한 글라이스틴의 해석에 기반한 것으로 학생들의 동요 동기에 대한 정보가 별로 없으므로 브레진스키 당신은 NSC 내 SCC 혹은 PRC에 회부해서 무엇이 가장 위험한 상황인지 알아볼 것을 권한다.[10]

9　"Cable from AmEmbassy Seoul (Gleysteen) to SecState: ROKG Inquiry re Military Moves against Iran," 23 April 1980, National Security Affairs, Collection # 6, Brzezinski Material, Country File, Folder: Korea, Republic of, 1-5/80, Box 44, Jimmy Carter Library. 이에 의하면 최광수 비서실장과 박동진 외무장관이 각각 1980년 4월 23일경 글라이스틴에게 현재 한국 내 상황을 볼 때 최 대통령의 중동 방문이 가능한지 사전에 물었다고 한다. 이에 글라이스틴은 아마도 가능할 것이라고 대답했다. 국내 상황을 미 대사에게 물어봐야 할 정도로 자주성에 한계가 있다고 해석될 여지가 있는 대목이지만 미국이 당시 이란에서 군사작전을 수행할 것이라는 정보를 접한 한국 정부가 이 지역 여행이 안전한지 아닌지를 확인하기 위해서 물어본 것이라고 해석할 수도 있다. 그런데 5월 10일 오전 10시 김포공항을 출발해 11일부터 15일까지 사우디아라비아와 쿠웨이트를 공식 방문하고 귀국길에 오른 최규하 대통령은 국내 상황이 악화되자 하루 앞당겨 5월 16일 밤 10시 5분 김포공항으로 귀국했다. 글라이스틴은 위기가 최고조에 달할 것으로 우려되던 때에 중동 방문을 단행하자 놀랐다고 회고했다. 최 대통령의 출국은 그가 허수아비라는 점을 부각시키기 위한 음모라는 생각도 들었다는 것이다. William H. Gleysteen, Jr., *Massive Entanglement, Marginal Influence: Carter and Korea in Crisis* (Washington, DC: Brookings Institution Press, 1999), p. 117; 윌리엄 H. 글라이스틴, 황정일 역, 『알려지지 않은 역사: 전 주한미국대사 글라이스틴 회고록』(중앙 M&B, 1999), 170쪽. 극단적인 상황이 발생했을 때 대통령 없이 주도권을 장악할 수도 있다고 판단한 전두환을 중심으로 한 신군부 세력이 최 대통령의 출국에 반대하지 않은 것은 아닌가 한다. 외교관 출신인 최 대통령은 무엇보다도 약속을 지키기 위해 출국했을 것이다.

10　"Memorandum of Donald Gregg to Zbigniew Brzezinski: The Situation of Korea," May 8, 1980, #18, National Security Affairs, Collection # 6, Brzezinski Material, Country File, Folder: Korea, Republic of, 1-5/80, Box 44, Jimmy Carter Library.

MEMORANDUM

~~CONFIDENTIAL~~ NATIONAL SECURITY COUNCIL
INFORMATION   May 8, 1980

MEMORANDUM FOR: ZBIGNIEW BRZEZINSKI
FROM: DONALD GREGG
SUBJECT: The Situation in Korea

There is a wad of reporting in from Korea today, one piece of which you have reacted to. The situation is as follows:

- Gleysteen is seeing both General Chon (the controversial acting KCIA Director) and the Chief Secretary of Blue House tomorrow (tonight our time).

- Korean students seem headed for a major confrontation with the ROK Government in Seoul on or about May 15.

- Student motivation, in specific terms, remains obscure to us.

- Chon has already moved two or three elite Army units close to Seoul, in anticipation of the Korea police's inability to cope. (C)

In such a situation, an ounce of prevention is worth ten pounds of cure. I have thus done the following:

- Contributed to State guidance to Gleysteen, urging him to focus his meeting with Chon not on past recriminations, but on defusing the problem of the students

- Have told ▓▓▓▓▓▓▓▓▓▓▓▓ to bend all efforts toward shedding light on who or what is stirring up the students. (There are rumors that Chon is stirring them up, so as to have the justification to seize power. I do not credit this, but we know so little about the students that anything is possible.) (C)

We should have Gleysteen's reports of his meetings by late in the day tomorrow. He may urge President Choi not to make his trip to the Middle East, and instead stay at home to try to ease the situation. (C)

Depending upon Gleysteen's reading of Chon, and our ability to lay bare student motivation, you may wish to call an SCC or PRC to focus on what I think is a very touchy situation. (C)

Attachment

~~CONFIDENTIAL~~
Review on May 8, 1986

그림 1. 그레그가 브레진스키에게 보낸 메모랜덤: 「한국의 상황」(1980.5.8), 카터 대통령 기념도서관 소장

그러나 이란과 아프가니스탄 문제 등에 밀려 한국 문제는 PRC와 SCC에서 중요 주제가 되지 못했다.

2. 서울역 회군으로 힘을 잃은 서울의 봄

윤보선·함석헌·김대중이 공동의장으로 있던 '민주주의와 민족통일을 위한 국민연합'(약칭 국민연합)은 1980년 5월 7일 '(제1차) 민주화 촉진 국민 선언'[11]을 발표했다. 윤보선, 함석헌, 김대중, 고은, 문익환, 김승훈, 예춘호, 서남동, 이문영, 한완상, 함세웅, 계훈제, 김병걸, 김윤식, 김종완, 이태영 등이 서명했다. 주로 유신 잔당의 노골적인 독재 연장 책동을 지적한 이 선언문에서는 비상계엄령 즉각 해제, 신현확과 전두환 퇴진, 정부의 일방적 개헌 시도 중단, 정치 일정 단축 등이 요구되었다. 신군부의 야욕에 대한 견제가 아직 명확하게 드러나지는 않았다.

김대중이 이 선언을 내는 데 중심적인 역할을 했다고 판단한 경쟁자 김영삼도 이에 질세라 나섰다. 김영삼은 1980년 5월 9일 기자회견을 갖고 계엄령 즉시 해제, 국회가 제시한 헌법 개정안을 정부 측의 헌법개정특위가 더 이상 지연시키지 말고 수락할 것, "학원 사태는 학원의 정상화와 민주사회의 구현을 위한 필연적인 진통이다. 학원 사

---

11 훗날 계엄사에 의해 김대중 내란음모의 증거로 제출되었다.

태 수습을 위해 정부는 즉각적인 개선을 단행해야 한다."라고 역설했다.[12] '전두환 퇴진'이라는 구호가 없었고 개혁이나 혁명이 아닌 개선을 운위했으므로 김대중 등의 선언문보다는 개량적이었다. 그렇지만 학생들에게는 김대중 등의 선언과 함께 충분한 자극이 되었다.

5월 13일 오전 김대중은 동교동 자택에서 열린 내외신 기자회견을 통해 "학생 시위가 계속되면 군부에 빌미를 줄 수 있으니 자제하는 것이 좋겠다"는 취지의 답변을 했다고 한다. 그런데 이는 신군부의 검열을 거치면서 본의가 심각하게 왜곡되었다. '군부에 빌미를 줄 수 있다'는 부분은 삭제되고 "질서를 지키고 사회안정을 유지해서 북한 공산주의자들에게 오판의 자료를 주지 않도록 해야 할 것"이라고 말했다고 왜곡 보도된 것이다. 또한 "그런 의미에서 지난번 질서를 지키고 사회 혼란 조성을 피하도록 하겠다는 전국 대학 총학생회장들의 결의를 충심으로 환영하고 지지한다"고 밝혔다는 부분이 첨가되었다.[13]

전국 23개 대학이 참여한 총학생회장단은 1980년 5월 10일 고려대학교에서 회의를 갖고 '비상계엄의 즉각 해제, 전두환·신현확 등 유신 잔당의 퇴진' 등을 요구하는 결의문을 채택했다.[14] 5월 14일까지

---

12 William H. Gleysteen, Jr., *Massive Entanglement, Marginal Influence: Carter and Korea in Crisis* (Washington, DC: Brookings Institution Press, 1999), p. 113; 윌리엄 H. 글라이스틴, 황정일 역, 『알려지지 않은 역사: 전 주한미국대사 글라이스틴 회고록』(중앙 M&B, 1999), 164쪽.
13 「김대중씨 북한남침 땐 분쇄앞장: 신민입당 재고의사 없다」, 『동아일보』 1980년 5월 13일, 1면. 한편 『매일경제신문』 1980년 5월 13일자 1면 기사 제목은 '김대중씨 북괴도발 음모 경고'였으므로 그 왜곡의 정도가 더 심했다. 이에 의하면 김대중은 "국민과 학생, 근로자들도 사회질서와 안정을 지켜 북괴에 오판할 자료를 주지 않아야 한다"고 촉구했다는 것이다.
14 전두환은 브루스터와의 대담에서 1980년 5월 16~17일 양일간 이화여대에서 개최된 학생총회

계엄이 해제되지 않으면 거리로 나서겠다고 공언했다.[15] 이것이 발단이 되어 5월 12일 학생들은 거리로 진출했으며,[16] 산발적으로 전개되던 집회와 시위는 5월 13일 이후 연합 시위로 바뀌었다. 5월 14일에는 서울 지역 27개 대학 7만여 명이 가두시위에 참여했다. 1960년 봄 이승만의 하야를 이끈 거리시위가 가두투쟁(일명 가투)으로 다시 부활한 것이다. 이어 5월 15일 오후 2시 서울역 앞 광장과 도로시위에는 서울 지역 35개 대학의 대학생 10만여 명이 참여했다. 이들은 계엄 해제, 전두환 퇴진 등 민주화를 요구했다. 이때 학생 시위대가 현장에서 빼앗은 시내버스 한 대가 돌진해 전경 한 명이 사망하고 네 명이 부상당하는 사고가 발생하기도 했다.

국민 여론이 거세지자 5월 15일 밤 7시 50분 신현확 국무총리는 특별담화를 발표해 연말 안으로 개헌안을 확정하고 1981년 상반기(전술한 1981년 6월이라는 20개월 시한 준수)에 대선과 총선을 실시하여 정권을 넘기겠다고 약속했다. 정치 일정을 보다 구체화한 이른바 신현확 공약이었다. 길거리로 몰려나왔던 학생들은 이 담화를 일종의 공

결의 사항에 대한 한국 중앙정보부의 분석을 인용하면서 신현확 국무총리, 전두환 정보부장 제거 등의 슬로건 채택을 학생총회에서 결의했다고 주장했다. 「브루스터 美CIA責 當部부장님 禮訪 결과」(1980.5.19, 대한민국보안사령부문건), 배진영, 「미, 신군부에 끌려가면서 당혹스러워 해: 1980년 '서울의 봄' 당시 한미관계를 보여주는 3건의 문건」, 『월간조선』(2013.5), 354쪽. 전두환 측은 학생들의 전두환 퇴진 구호를 미국이 배후에 있을지도 모르는 '전두환 제거 작전'으로 받아들였다.

15 William H. Gleysteen, Jr.(1999), 앞의 책, 113쪽; 윌리엄 H. 글라이스틴, 황정일 역(1999), 앞의 책, 164쪽.
16 William H. Gleysteen, Jr.(1999), 위의 책, 118쪽; 윌리엄 H. 글라이스틴, 황정일 역(1999), 위의 책, 171쪽.

약으로 믿고 '서울역 회군'이라고 불릴 정도로 신속하게 시위를 중단했다.[17] 시위 지도부의 미성숙한 조직화와 계획 미비로 발생한 이날의 '서울역 회군'으로 인해 신군부를 압도할 힘을 상실했고 오히려 5·17 반동만 촉진했다고 평가할 수 있다.

한편 전두환은 서울역에 모였던 학생들을 체포하려 했는데, 당시 군·경찰 고위층의 자제였던 한 운동권 학생이 군과 경찰의 투입 정보를 알려 학생들이 서울역 광장을 빠져나갔다고 한다. 그 결과 전두환의 학생운동권 일망타진 계획은 실패하고 말았다. 그러나 5월 15~16일 시위 주도 학생들에게 군이 출동할 것이라는 정보가 전해졌기 때문에 학생들이 시위를 자제하게 되었다는 주장도 있다.[18]

서울대학교 등 27개 대학 총학생회 회장들은 15일 자정부터 16일 아침 7시까지 격론을 벌인 끝에 일단 교내 및 가두시위를 중단하고 정상 수업에 들어가기로 결의하고 다시 후속 대책을 논의하기로 했다. 시위가 계속되면 계엄령 및 강제 진압의 빌미로 삼을 수 있다는 이유로 시위 중단을 선언한 것이다.[19] 글라이스틴은 학생 시위대 지

---

17 정해구 교수는 서울역 회군이 군 병력의 이동 소식이 전해지는 가운데 시민들의 호응이 부족한 상태에서 군이 투입될 경우 야기될 수 있는 유혈사태를 염려한 결과였다고 주장했다. 정해구, 『전두환과 80년대 민주화운동: '서울의 봄'에서 군사정권의 종말까지』 (역사비평사, 2011), 47쪽. 그런데 당시 시민들의 호응이 그렇게 부족하지는 않았다. 다만 군이 개입할지도 모른다는 우려가 있던 상황에서, 거리에서 계속 싸운다면 군 개입의 빌미를 주게 될지도 모른다고 생각한 지도부에서 강경책과 온건책 어느 쪽으로 가야 할지 입장을 정리하기 위해 내부적인 논의를 해야 한다고 생각해서 학원으로 돌아간 것이라고 보아야 한다.
18 김충립, 「'노태우 의리 테스트' 술상 뒤엎은 김복동」, 〈신동아〉(2016.8.23).
19 이규봉, 「79년 인간연구반 80년 서클연합회」, 자유교양50주년편집위원회 편, 『연세자유교양』 (청아출판사, 2019), 92쪽.

도부 중 온건파들의 목소리가 먹혀들었다고 평가했다.[20] 따라서 5월 16일부터는 광주 지역 대학들을 제외한 전국 대학에서 정상 수업이 이루어졌다. 그러나 신군부는 학생들이 스스로 학원으로 복귀하자 무혈 쿠데타를 할 수 있는 절호의 기회라고 판단했다. 신군부는 5월 17일 이화여자대학교에 모인 총학생회장들을 체포했다. 신군부는 북한의 남침설까지 조작해 중동 순방 중이던 최규하 대통령을 급히 귀국하도록 종용했고, 5월 16일 대통령이 귀국하자마자 전두환 보안사령관은 북한의 남침을 거론하며 풍전등화와 같은 위태로운 사태에 대비하기 위해 전국 계엄 확대가 필요하다고 강조했다.[21] 학생들의 거리 진출이 진정되자 이를 이용하려 한 것이다.

  5월 15일 시위 진압 도중에 경찰 차량 한 대가 불타고 파출소가 습격당했으며 시위대가 탈취한 시내버스에 전경대원 한 명이 치어 숨지는 사고가 발생했는데, 버스를 몬 두 명의 청년이 시위 학생인지는 밝히지 못했다.[22] 시위를 과격하게 만들어 과잉 진압과 정치 개입을 자연스럽게 유발한 것이 신군부의 공작이었다는 설은 주로 5·18 이후에 제기되었다. 당시 학생들은 전두환 세력이 학생들의 '과격 시위'를 이용해 정치에 개입할지도 모른다고 우려해 서울역 회군을 단행했지만, 신군부의 시나리오는 거의 완성된 상태였으므로 사태를 돌

---

20 William H. Gleysteen, Jr.(1999), 앞의 책, 120~121쪽; 윌리엄 H. 글라이스틴, 황정일 역 (1999), 앞의 책, 174쪽.
21 정진위, 『Y대 학생처장이 본 1980년대 학생민주화운동』(연세대학교 대학출판문화원, 2013), 14~15쪽.
22 전영기·한애란, 「"그래 왔구먼, 내가 희생양 되지" 보안사 끌려간 JP…5·16 모방한 신군부에게 그대로 기습당했다」, 『중앙일보』 2015년 9월 11일, 12면.

이킬 수 없었다. 5월 15일 신군부는 주한 미군에 군부대 이동을 요청해 서울 근교의 20사단 병력(60연대와 포병단)을 서울 잠실운동장과 효창운동장에 집결시켰다.

김종필은, 당시 헌법 개정과 민주화를 위한 작업이 진행되어 가던 시점이었으므로 학생들이 거리로 뛰쳐나와 폭력시위를 벌일 만한 상황은 아니었다고 2015년에 회고했다. 시위가 과열되도록 부추기는 세력이 있는 듯했는데, 사태가 악화되어 자칫 민주화 물결을 뒤엎는 구실이 될 수 있었다는 것이다.[23] 신군부의 집권 의지는 학생들의 나이브한 현실 인식을 이미 넘어서고 있었다. 그렇다고 신군부의 계획이 처음부터 치밀했던 것은 아니다. 사태가 확대되는 과정에서 신군부의 집권 계획이 상황에 적응하면서 진화한 것이다. 김종필은 신군부가 10·26 이후로 5·16을 연구해 이를 모방했다고 주장했다.[24] 신군부가 어느 정도 모의에 의한 권력 찬탈을 기도하기는 했지만, 김재규에서 정승화로 급하게 확대되는 12·12 수사 과정을 거치며 계획이 변경되기도 하는 다소 우발적인 요소도 있었다.

사태가 심상찮게 돌아가자 대선을 놓고 대립하던 김영삼과 김대중도 손을 잡았다. 1980년 5월 16일 김영삼 신민당 총재는 김대중 국민연합 공동의장의 동교동 집을 방문해 비상계엄 즉시 해제, 정부 주도 개헌 작업 포기, 정치 일정 연내 완결 확정 발표[25] 등 6개 항의 시국 수

23 전영기·한애란(2015), 위의 글, 12면.
24 전영기·한애란(2015), 위의 글, 13면.
25 5월 15일 밤 신현확 국무총리가 약속한 1980년 말 안으로 개헌안을 확정하고 1981년 상반기에 대선과 총선을 실시하여 정권을 넘기겠다는 것을 보다 더 단축하여 연내에 넘기라는 압박으로 볼

습 대책을 공동으로 발표했다. 또한 국민연합은 5월 16일 다음과 같은 '제2차 민주화 촉진 국민선언'을 발표하고 국민선언에 대해 19일까지 답하라고 요구했다.

> 우리들은 5월 19일 오전 10시까지 민주화 촉진 국민선언에서 요구한 비상계엄령 즉시 해제, 신현확 총리와 전두환 보안사령관 즉시 퇴진, 정치범의 전원 석방과 복권, 언론의 자유 보장, 유신정우회·통일주체국민회의와 정부 개헌심의위원회 즉시 해체에 대하여 정부가 명확한 답변을 국민 앞에 밝힐 것을 요구한다. 만일 이 요구가 관철되지 않을 때는 5월 19일 정오를 기하여 행동강령에 기초해 우리 국민은 투쟁에 나선다.

신군부는 이를 최후통첩이라고 여기고 5·17 비상계엄 전국 확대를 결의했다. 5월 16일 전국대학총학생회장단은 1980년 5월 19일까지 전두환·신현확 퇴진, 비상계엄 해제 및 연내 정권 이양 약속을 요구했다.[26] 5월 16일 오후 5시 50분부터 이화여자대학교 경영 교실에서 전국 55개 대학 학생 대표 95명이 모여 난상토론을 벌였다.[27] 토의 결과 전두환·신현확 퇴진, 비상계엄 해제, 양심수 석방 등의 요구사

수 있다. 또는 위의 신현확 공약을 최규하 대통령이 확정해 발표하라는 요구로 해석된다.

26 「사료로 보는 5·18 민주화운동: 유신체제의 종말과 서울의 봄」, 〈민주운동기념사업회〉(검색일: 2011.5.25).
27 「55개 대학생대표 철야 토론 '시위중단'으로 의견 좁혀」, 『동아일보』 1980년 5월 17일 석간, 7면.

항으로 가닥을 잡고, 계엄 해제 시한은 22일로 못박으려 했다. 그리고 요구사항이 관철되지 않을 경우 전국 시위를 벌이겠다는 단서를 달려고 했다. 이 같은 토의가 철야로 진행되었는데 17일 오후 6시경 경찰이 들이닥쳐 학생들을 해산시켰다. 전에는 경찰이 이 같은 모임에 손을 대지 않았으므로 정책이 완전히 전환된 것이었다.[28] 다만 군이 학교에 들어와 휴교시킬 것이라는 소문이 5월 중순경부터 대학가에 돌고 있었으므로 전혀 의외의 상황은 아니었다.

그런데 이러한 시한 설정이 오히려 군부의 개입을 유발한 측면이 있었다. 전술한 바와 같이 미국 자료에는 "5월 15일 전에 계엄령이 해제되지 않으면 학생들은 거리로 나설 것이라는 (5월 7일경) 성명을 한국군이 심각하게 받아들이고 있다"는 식의 설명이 여러 번 나온다. 한국군은 미군 사령부에 비상시 학생 시위에 대응하려는 목적으로 병력이동에 대해 상의했다.[29] 비상계엄 해제 요구가 오히려 신군부의 비상계엄 전국 확대 조치를 낳았다고 할 수 있다.

3김과 최규하 정부라는 문민 세력이 군부에 대한 경계심을 공유하여 그 발호를 막을 수 있었다고 가정하는 것은 복합적 역사를 지나치게 단순화하는 것이요 부질없는 반역사적 가정일 것이다. 당시 한국인들이 민주주의를 지킬 수 있을 정도로 성숙하지 않았다는 해석도

---

28 이도성, 「남산의 부장들: 군지휘관회의 '5·17조치' 백지 결의」, 『동아일보』 1993년 3월 13일, 11면.
29 "Cable AmEmbassy Seoul (Gleysteen) to SecState: ROK Shifts Special Forces Units," O 070906Z May 80[07 May 1980], National Security Affairs, Collection # 6, Brzezinski Material, Country File, Folder: Korea, Republic of, 1–5/80, Box 44, Jimmy Carter Library. 이 폴더의 #17번 문서이다.

```
*******S E C R E T*******

DATE 05/14/80          WHITE HOUSE SITUATION ROOM                PAGE 02
1

WHSR COMMENT:

JM ODOM
EOB:GREGG,STEB

MESSAGE ANNOTATIONS:

NO MESSAGE ANNOTATIONS

MESSAGE:

IMMEDIATE
DE RUEHUL #5781 1282908
O 070906Z MAY 80
FM AMEMBASSY SEOUL

TO SECSTATE WASHDC IMMEDIATE 6124

S E C R E T SEOUL 05781
NODIS
E.O. 12065: GDS 5/7/86 (CLARK, WILLIAM) OR-P
TAGS: PGOV, MILI, KS
SUBJECT: ROKG SHIFTS SPECIAL FORCES UNITS

1.  (S) ENTIRE TEXT.

2.  ROK MILITARY HAS ADVISED U.S. COMMAND OF FOLLOWING
    TROOP MOVEMENTS FOR CONTINGENCY PURPOSES. ON MAY 8 THE
    13TH SPECIAL FORCES BRIGADE, NOW IN THE COMBINED FIELD
    ARMY (CFA) AREA, WILL BE MOVED TO THE SPECIAL WARFARE
    CENTER SOUTHEAST OF SEOUL FOR TEMPORARY DUTY. ON MAY 10
    THE 11TH SPECIAL FORCES BRIGADE, NOW IN THE FIRST RE-
    PUBLIC OF KOREA ARMY (FROKA) AREA, WILL BE MOVED TO THE
    KIMPO PENINSULA AND CO-LOCATED FOR TEMPORARY DUTY WITH
    THE FIRST SPECIAL FORCES BRIGADE. THESE TWO BRIGADES,
    IN TOTAL ABOUT 2500 PEOPLE, ARE BEING MOVED TO THE SEOUL
    AREA TO COPE WITH POSSIBLE STUDENT DEMONSTRATIONS.

3.  U.S. COMMAND ALSO ALERTED TO THE POSSIBILITY THAT
    THE FIRST ROK MARINE DIVISION IN POHANG MIGHT BE NEEDED
    IN THE TAEJON/PUSAN AREA. FIRST MARINE DIVISION IS
    OPCON TO CFC AND U.S. APPROVAL WOULD BE REQUIRED FOR
    MOVEMENT. THERE HAS BEEN NO REQUEST FOR SUCH APPROVAL
    YET; BUT CINCUNC WOULD AGREE IF ASKED.

4.  CLEARLY ROK MILITARY IS TAKING SERIOUSLY STUDENTS'
    STATEMENTS THAT THEY WILL RALLY OFF CAMPUS ON MAY 15 IF
    MARTIAL LAW IS NOT LIFTED BEFORE THAT DATE. GLEYSTEEN

*******S E C R E T*******
```

그림 2. 서울 미국대사관(글라이스틴)에서 국무부로 보낸 전보: 「한국, 특수부대 배치」(1980.5.7), 카터 대통령 기념도서관 소장

가능하다. 한편 당시 시점이 국가 발전에 권위주의 정부가 필요한 단계였다는 평가도 있다.(1980년 8월 21일 카터의 기자회견 등에서 보는 바와 같이 당시 미국 정부도 이렇게 평가했다.) 만약 국민의 열망대로 민주화가 진행되었다면 전두환 정부가 이뤄낸 만큼의 경제적 발전이 가능하지 않았을 것이라는 반역사적 가정도 있을 수 있다. 글라이스틴 대사조차도 전두환 정부는 비교적 유능했으며 행정적인 면에서도 효율적으로 운영했다고 평가했다.[30] 그러나 전두환 정부의 발전은 3저호황이라는 국제적 호조건에 힘입은 바가 크며, 누가 집권했더라도 경제는 발전했을 것이라는 반대 가정도 있다. 오히려 민주정부하의 발전이 권위주의 정부에서보다 더 효율적일 수 있었다는 입장인 것이다.

후일에는 "80년 두 김씨, 혹은 세 김씨의 다툼 때문에 민주주의가 안 됐다"는 인식도 있었다. 그러나 서울의 봄을 그대로 두었으면 두 김씨 사이에 단일화가 안 돼 세 사람 모두가 나섰더라도 누군가 한 사람은 당선되지 않았을까. 그런데 신군부가 정권을 탈취했다. 그런 다음에 상대방을 속죄양으로 만들어 공산주의자, 광주사태 선동자, 부패한 유신 잔당, 파당적이고 구시대적 정치인이라며 정치 활동을 못하게 만들었다. 따라서 당시 민주화가 되지 못한 1차적 책임은 신군부에 있었다고 할 것이다. 다만 3김이 상황을 좀 더 심각하게 인식하여 계엄령을 즉각 해제하고 새로운 개헌안을 만들 필요 없이 제3공화국 헌법으로 복귀하는 것을 검토했어야 했는데 단합하지 못하고 서

---

30 William H. Gleysteen, Jr.(1999), 앞의 책, 191쪽; 윌리엄 H. 글라이스틴, 황정일 역,(1999), 앞의 책, 268쪽.

로 신경전을 펼치면서 시간을 늦춘 것[31]이 2차적 책임일 수 있다. 물론 상황을 나이브하게 인식한 정치권의 책임은 이를 이용해 급작스럽게 정권을 탈취한 신군부의 책임보다는 가벼운 것이라고 할 수 있다.

3. 신군부의 군대 투입에 반대하지 않은 미국

홀브룩 미 국무차관보는 1980년 5월 2일 부처 간 대한 정책 관련 회의를 주재하면서 3김 외에 다른 인물이 대통령이 될 가능성도 있다는 점을 논의했다. 홀브룩은 글라이스틴 대사에게 "오랫동안 우려해 온 붕괴 과정이 한국에서 진행되고 있는지" 문의했다. 수일 내로 신중한 답변을 보내겠다고 약속한 글라이스틴은 5월 7일 홀브룩에게 "현재 상황을 붕괴 과정의 시작이라 보고 싶지는 않다"는 결론을 보냈다.[32] 미국은 붕괴를 우려하면서도 아직 그런 상황은 아니라고 판단했다.

그러나 글라이스틴은 5월 8일 홀브룩에게 보낸 전문에서 전날의 상황 판단을 완전히 뒤집었다. "학생 시위로 인한 긴장 고조의 여러 징후가 나타나고 있으며" 정부는 군까지 동원해 질서를 유지하겠다고

---

31 「김대중씨 단독 인터뷰, 대담 박기정 정치부차장: "김종재와는 경합하며 협력하겠다"」, 『동아일보』 1987년 7월 9일, 3면.
32 William H. Gleysteen, Jr., *Massive Entanglement, Marginal Influence: Carter and Korea in Crisis* (Washington, DC: Brookings Institution Press, 1999), p. 114; 윌리엄 H. 글라이스틴, 황정일 역, 『알려지지 않은 역사: 전 주한미국대사 글라이스틴 회고록』(중앙 M&B, 1999), 165~166쪽.

다짐하는 듯하다고 보고했다. 글라이스틴은 전두환·최광수를 만나 "필요한 경우 군병력과 경찰을 지원한다는 한국 정부의 법과 질서 유지를 위한 비상 계획(contingency plan)에 반대한다는 의사를 어떤 방식으로도 제기하지 않을 것"이라고 결론지었다. 만약 "이 점에 대해 이의를 제기한다면 미국은 민간과 군 지도부의 지지자를 잃게 될 것"이기 때문에 묵인할 수밖에 없다는 것이었다.[33]

이렇듯 미국은 1980년 5월 8일 시점에 특전사의 이동을 미리 알고 있었지만, 한국의 법과 질서 유지를 위한 비상 계획의 일환이라는 차원에서 이를 묵인했다. 긴장은 고조되고 정부의 인내력은 감소하고 있다고 결론 내렸다. 이에 아머코스트와 밥 리치는 법과 질서를 유지하기 위해 대한민국의 비상 계획에 반대하지 않는다는 점에는 동의하지만, 법질서 유지 노력이 신중하지 않고 무제한으로 집행될 경우의 위험을 전두환과 최광수에게 지적해야 한다고 지시했다.[34] 글라이

---

33 William H. Gleysteen, Jr.(1999), 위의 책, 114~115쪽; 윌리엄 H. 글라이스틴, 황정일 역 (1999), 위의 책, 166쪽. 그런데 Tim Shorrock, "U. S. Leaders Knew of South Korean Crackdown," Journal of Commerce, February 27, 1996, http://timshorrock.com/?page_id=21 (검색일: 2012.5.7)에서 팀 셔록은 위 전문을 문제 삼아 글라이스틴이 광주로의 군병력 이동을 추인해 시민군 진압을 가져왔다고 간접적으로 비난했다. 이에 대해 글라이스틴은 거두절미하고 자신은 오랫동안 한국에서 자제와 온건을 역설했으므로 그러한 비난은 부당하다고 반박했다. 한편 강정구는 셔록의 견해를 인용해 법적·외교적 책임은 물론 도덕적 책임도 없다는 미국의 변명은 거짓이라고 주장했다. 강정구, 「한반도 속의 미국, 5·18에서 금창리 핵 위기까지」, 학술단체협의회 편, 『5·18은 끝났는가』(푸른숲, 1999), 275쪽. 글라이스틴은 셔록의 주장이 단지 과장된 해석일 뿐이라고 일축했고, 미 국무부도 1989년의 광주백서와 비밀 해제된 전문 사이에 일부 차이가 있는 것은 인정하지만 기본적으로 백서와 동일하다고 주장했다.

34 "Cable from SecState (Christopher; drafted by Rich approved by Armacost) to AmEmbassy Seoul (Gleysteen): Korea Focus: Tensions in the ROK," O 0820572Z May 80, State 122052, US National Archives, http://timshorrock.com/wp-content/uploads/NODIS-CHEROKEE-Christopher-May-8-1980-.pdf (검색일: 2011.7.24). 당시 홀브룩

스틴은 이러한 충고를 접수했다.[35]

윌리엄 글라이스틴 주한 미국대사가 미 국무부에 보고한 1980년 5월 10일자 비밀 외교 전문에 따르면, 글라이스틴 대사는 전날인 5월 9일 최광수 대통령 비서실장과의 면담에서 "법질서 유지의 필요성을 강조하는 한국 정부의 입장을 이해하며, 미국은 군대를 투입하는 '군 비상 계획' 수립에 반대하지 않는다"고 밝혔다. 앞서 홀브룩에게 보낸 5월 8일자 전문에 나와 있는 표현이었다. 글라이스틴 대사는 특히 "최후의 수단으로 군대를 사용하는 비상 계획을 만들 필요가 있다는 점도 미국은 이해한다"고 최 실장에게 밝혔다고 국무부에 보고했다. 최후의 수단으로 신중하게 사용해야지 남발하지 말아야 한다는 아머코스트 등의 충고를 소극적으로나마 반영한 표현이었다.

글라이스틴 대사는 1980년 5월 9일 최광수 실장과의 면담에 앞서 이뤄진 전두환 사령관과의 면담에서도 이 같은 미국의 입장을 전달했다고 보고했다. 글라이스틴 대사는 전 사령관, 최 실장과의 연쇄 면담을 통해 "최규하 대통령과 전두환 장군이 인명 살상의 위험과 대중적 지지의 빠른 잠식 때문에 군대 투입을 상당히 꺼리는 입장을 파악하고 기뻤다"고 국무부에 보고했다.[36] 글라이스틴 대사는 "한국 당국

은 뉴욕에 출장 중이었으므로 아머코스트가 이 문제를 책임졌다.
35 William H. Gleysteen, Jr.(1999), 앞의 책, 115쪽; 윌리엄 H. 글라이스틴, 황정일 역(1999), 앞의 책, 166쪽.
36 "Cable from AmEmbassy Seoul (Gleysteen) to SecState: Korea Focus: Meeting with General Chun and Blue House SYG Choi," O 100816Z May 80, Seoul 5921, US National Archives, http://timshorrock.com/wp-content/uploads/korea-foia-_8-gleysteen-blue-house-may-1980.pdf (검색일: 2011.7.24).

이 학생 문제에 대해 합리적이며 신중한 접근을 하고 있고, 군대 투입과 과잉 진압의 위험에 대해 분명히 인식하고 있다고 느꼈다"고도 보고했다.[37] 이는 학생들이 거리로 몰려나오려 했던 상황에서 신군부의 강경 진압 가능성을 심각하게 고려하지 않은 단견이요 일종의 오판이었다. 전두환은 5월 9일 학생·노동 문제가 "매우 우려되지만 아직 심각한 상황은 아니다."[38]라고 글라이스틴에게 말했는데 글라이스틴이 이러한 낙관론을 믿은 탓에 판단 착오를 했다. 이렇게 전두환이 '아직' 심각하지 않다고 말했으므로 심각한 상황을 예견하고 있음을 스스로 암시했다고 할 수 있는데도 말이다.

5월 15~17일을 중요한 시기로 예상하고 있는 한국 정부의 입장을 전두환은 분명히 적시했다.[39] 전두환 장군은 5월 14일 가두로 진출하겠다는 학생들의 위협을 소수의 과격파 학생과 교수 및 야심적인 정치인들 탓으로 돌리면서 비난했다.[40] 그는 법과 질서 유지를 위해 필요한 조치를 취하겠다는 점을 분명히 하면서 우선 타이르고 경고한

---

37 성기홍, 「80년초 美국무부.군장성, 신군부 정책 이견」, 〈연합뉴스〉(2010.5.18).
38 "Cable from AmEmbassy Seoul to SecState," May 10, 1980, Seoul 5920 NODIS, in "Gleysteen's Meeting with General Chun," in the White House, "The Situation Room Checklist," May 14, 1980, p. 2, National Security Affairs, Collection # 2: Brzezinski Material, President's Daily CIA Brief File, Folder: 5/9/80-5/14/80, Box 27, Jimmy Carter Library.
39 위의 자료.
40 "United States Government Statement on the Event in Kwangju, Republic of Korea, in May 1980," June 19, 1989, Vertical File, Box 71, Presidential Papers of Jimmy Carter, Jimmy Carter Library; John Adams Wickham, Jr., *Korea on the Brink, 1979-1980: From the '12/12' Incident to the Kwangju Uprising* (Washington, DC: National Defense University Press, 1999), pp. 200-201; 존 위컴, 김영희 감수, 유은영 외 공역, 『12·12와 미국의 딜레마: 전 한미연합사령관 위컴 회고록』(중앙 M&B, 1999), 299쪽.

후 주동자들을 체포할 수도 있고, 학교는 잠정 폐쇄할 것이며, 군의 개입은 최후 수단이라는 단계적 조치를 설명했다.[41] 전두환은 질서 유지를 위해 먼저 경찰을 동원하고 군 동원이 필요하게 되면 내각에서 신중하게 논의한 후에 결정할 것이라고 말했다.[42]

글라이스틴은 중도적 학생과 일반인에게 과격하게 보일 수 있는 행동을 해서 학생 지도부에 도움을 주어서는 안 된다고 강조했다.[43] 만약 군부가 나서면 학생과 일반인들이 거리로 나설 것이라는 전망을 암시한 것이었다. 당시 글라이스틴 등이 학생의 거리 진출과 사태의 과격화를 전혀 예상하지 못했던 것은 아니라고 할 수 있다. 또한 글라이스틴은 "만약 정부의 간곡한 권고로 학생들을 자제시키는 데 실패할 경우 정부는 학교를 폐쇄하는 것을 신중히 고려할 것이다."라고 전문에 명시했다.

최광수 비서실장은 김대중[44]·김영삼 등이 현 정부가 불순한 의도를 가지고 있고 정치 개혁에 반대한다면서 계속 비판만 한다고 했다. 최

---

41 William H. Gleysteen, Jr(1999), 앞의 책, 116쪽; 윌리엄 H. 글라이스틴, 황정일 역(1999), 앞의 책, 168쪽.

42 "Cable from AmEmbassy Seoul to SecState," May 10, 1980, Seoul 5920 NODIS, in "Gleysteen's Meeting with General Chun," in the White House, "The Situation Room Checklist," May 14, 1980, p. 2, National Security Affairs, Brzezinski Material, President's Daily CIA Brief File, Folder: 5/9/80-5/14/80, Box 27, Jimmy Carter Library.

43 "Cable from AmEmbassy Seoul (Gleysteen) to SecState: Korea Focus: Meeting with General Chun and Blue House SYG Choi," O 100816Z May 80, Seoul 5921, US National Archives, http://timshorrock.com/wp-content/uploads/korea-foia-_8-gleysteen-blue-house-may-1980.pdf (검색일: 2011.7.24).

44 글라이스틴은 Kim Dae Jung이라고 김대중 자신의 표기대로 쓰면서 괄호 안에 'M-R: Kim Tae-chung'이라고 매큔-라이샤워 방식을 병기하는 등 정확하면서도 일관성 있게 썼다.

실장은 양 김을 열정적으로 비난하는 한편, 최규하 대통령은 권력 유지에 사심이 전혀 없으며 7~8월경에 정부 개헌안이 마련될 것이라면서 국회 개헌안에 반대할 생각도 없다고 말했다. 그러나 국회의 조급한 작품보다 더 조심스럽게 접근해야 한다는 것이 쟁점이라고 지적했다. 만약 그러지 못할 경우 (정부의 – 인용자) 헌법안은 의미 없는 휴지 조각으로 전락하고 군부의 정권 접수 때문에 최규하 정부는 몇 개월을 버티지 못할 것이라고 최 실장은 예견했다.[45] 이렇듯 최규하 정부는 개헌안을 2~3개월 내로 마련하려고 노력했으며 이것이 실패하면 수개월 내에 군부가 정권을 접수할 것으로 예상했다. 그런데 군부의 정권 접수 기도(5·17 비상계엄 전국 확대 조치)는 불과 일주일 후에 일어났으며 정권의 완전한 접수는 3개월 후에 이루어졌다.

미국의 탐사 저널리스트인 팀 셔록이 "글라이스틴 대사는 광주항쟁 불과 일주일 전에 이뤄진 이 면담을 통해 군 투입을 통한 폭력 사태와 체포 상황을 우려했지만, 여전히 미국은 야당 지도자들이 도움이 되지 않는다는 인식을 내비치고 김대중·김영삼을 다음 주 초[46]에 만나 말이 통하도록 설득하겠다고 신군부에 약속하는 등 상황을 잘

---

45 "Cable from AmEmbassy Seoul (Gleysteen) to SecState: Korea Focus: Meeting with General Chun and Blue House SYG Choi," O 100816Z May 80, Seoul 5921, US National Archives.

46 "Cable from AmEmbassy Seoul (Gleysteen) to SecState: Korea Focus: Meeting with General Chun and Blue House SYG Choi," O 090939Z May 80, Seoul 5907, US National Archives, http://timshorrock.com/wp-content/uploads/korea-foia-_7-chun-blue-house-mtg-may-1980.pdf (검색일: 2011.7.24). 이는 8월 9일 전두환·최광수 면담 당일 저녁에 보낸 것으로 8월 10일에 보낸 전문의 전편이다. 이 전문에는 다음 주 초라고 명기되어 있으며 10일자 전문에는 시점이 특정되어 있지 않았다.

못 봤다"고 지적했다.⁴⁷ 그런데 실제 전문 자료에 의하면 글라이스틴은 최광수에게 "도움이 되지 않는다고 의심되는 학생운동 지도자들과 정치인들을 최대한 조심스럽게 다루라고 촉구했으며" 정부가 현재와 같이 계속 조심스럽게 대처한다면 김대중·김영삼을 만나 대화할 것을 약속했다고 나와 있다.⁴⁸ 따라서 김대중·김영삼이 도움이 되지 않는다고 글라이스틴이 암시했다는 것은 셔록의 확대 해석이라고 할 수 있다. 양 김에 대해 비판적으로 본 것은 최광수 비서실장이지 글라이스틴은 아니었다.

당시 미국대사관과 정보기관의 한국 주재 직원들은 야당 지도자들에 대해 공개적인 지지나 비판을 표명하는 대신 그들과 비밀리에 접촉했다. 글라이스틴 대사 등이 야당 지도자들에게 신뢰나 비판적 의사를 표명하는 것은 현 정부를 상대해야 하는 입장에서 보면 피해야 할 일탈행위였으며 차기 정부 구성이라는 한국의 내정에 간섭한다는 우려를 줄 수 있으므로 삼가야 했다. 따라서 표현을 자제했을 뿐 야당 지도자들을 고의로 평가절하하지는 않았다. 또한 군부의 개입에 대해 오판했다는 부분도 셔록의 과도한 평가이며 외교관에게 예언가의 자질을 요구하는 무리한 요구일 가능성이 있다. 당시 군부의 정권 접

---

47 성기홍(2010), 앞의 글. 당시 최규하 대통령 비서실장이던 미국통 최광수는 신군부는 아니었지만 셔록은 그렇게 분류했다. 직업 외교관 출신인 최광수는 전두환 체제 출범에 비교적 협조했으므로 전두환 대통령 시절에 제1무임소장관, 체신장관, 주사우디대사, 주유엔대사, 외무장관 등을 역임하는 등 중용되었다.

48 "Cable from AmEmbassy Seoul (Gleysteen) to SecState: Korea Focus: Meeting with General Chun and Blue House SYG Choi," O 100816Z May 80, Seoul 5921, US National Archives.

수가 어느 정도 예견되었지만 미국 당국자가 이를 인정하는 섣부른 판단을 할 수는 없었다. 이에 대한 긍정과 부정 양단 간의 입장을 표명했다면(비밀리에 했다고 해도) 어느 쪽이든 오히려 군부를 더 자극할 수 있었으므로 신중한 접근을 보이며 애써 무시하려 한 것이라고 긍정적으로 평가할 수도 있다. 다만 노련한 직업 외교관인 글라이스틴이 한국의 안정을 통한 미국의 안전보장 유지라는 보수적 가치를 견지하여 다소 보수적으로 대처한 면이 있었다고 할 것이다.

글라이스틴은 김대중과 김영삼을 각각 1980년 5월 12일과 13일에 만나 학생들을 자제시키는 데 최대한 노력해 달라고 요청했으며, 최대한 노력하겠다는 약속을 받아냈다.[49] 이에 따라 김대중은 전술한 바와 같이 5월 13일 동아일보 등 내외신 기자들과의 인터뷰에서 학생들의 자제를 호소했다.

4. 비상계엄 확대 조치의 근거가 된 북한 남침설

전두환 중앙정보부장 서리는 1980년 5월 13일 한미연합사령관 위컴 장군을 만나 자신이 반미 감정을 가지고 있다는 것은 유언비어라고 주장했다. 청와대와 한국군이 각각 글라이스틴 대사와 위컴 사령관

---

49 William H. Gleysteen, Jr.(1999), 앞의 책, 118쪽; 윌리엄 H. 글라이스틴, 황정일 역(1999), 앞의 책, 170쪽.

에게 한국 정부가 몇 개 부대를 한미연합사 작전통제권에서 회수할지 모른다고 통보해 오자, 위컴은 5월 13일 전두환 장군과 만났던 것이다. 이날 시내 6개 대학 2,500여 명이 광화문 일대에서 '계엄 철폐'를 외치며 가두시위를 벌였다. 그 전날 정부는 '북한 게릴라 침투 가능성이 높아졌다'며 군경에 비상 경계체제 돌입령을 내렸다.[50]

5월 13일 면담 자리에서 전두환은 광범위한 학생 시위로 인해 불거질지도 모르는 국내 불안의 잠재성에 대해 심각한 우려를 나타냈다. 4일 전인 5월 9일 글라이스틴과의 만남에서 "매우 우려되지만 심각한 상황은 아니다."라고 말한 것과는 달리 위컴 앞에서는 심각함을 표출했던 것이다. 전두환은 남한 내 공산주의자들이 국내 불안을 조성하고 있으며, 북한은 남한 문제에 대한 간섭을 정당화하기 위해 그들(남한의 공산주의 선동가들)을 부추길 것이 확실하다고 말했다. 자신이 대북 정보에 큰 역할을 하는 중앙정보부를 맡은 것도 그 때문이라고 했다. 전두환은 김재규 부장의 박 대통령 시해로 중앙정보부가 빈사 상태라 북한의 불길한 위협과 남한 내 공산주의자 세력을 감시하는 중대한 업무도 무시되고 있다고 평가했다.[51] 그는 학생들 배후에 북한의 숨은 손이 있으며 그들의 과격한 구호가 그 증거라고 주장했다. 그러나 구체적 증거를 제시하지는 못했으므로 크게 설득력을 갖지는 못

---

50 김당, 「[단독] 전두환, 광주5·18 무력진압 전후 주한미군사령관 비밀 접견」, 〈UPI 뉴스〉(2019.4.29).

51 John Adams Wickham, Jr., *Korea on the Brink, 1979-1980: From the '12/12' Incident to the Kwangju Uprising* (Washington, DC: National Defense University Press, 1999), pp. 121-122; 존 위컴, 김영희 감수, 유은영 외 공역, 『12·12와 미국의 딜레마: 전 한미연합사령관 위컴 회고록』(중앙M&B, 1999), 188~190쪽.

했다. 전두환은 북한의 군사 동향에 대한 우려를 전달하면서 북한 남침의 결정적인 시기가 가까워졌을지도 모른다고 말했다. 위컴은 "북한 남침이 임박했다(imminent invasion)는 정보를 가지고 있지 않다"면서 정치 자유화를 향해 나아가는 것이 안정을 가져다줄 것이며 안정이야말로 북한의 도발을 억제할 수 있는 주요 수단이라는 미국의 견해를 강조했다.

전두환은 2017년 회고록에서 위컴의 'imminent'라는 표현이 가까운 시기의 것까지 배제하고 있는 것은 아니라고 강변했다.[52] 전두환이 남침 임박설이라는 안보 이슈를 이용해 집권을 정당화했다는 후대의 '역사 바로 세우기'식 평가를 비판하기 위해 내놓은 변명이다. 또한 전두환은 1979년 12월 일본 내각조사실이 제공한 '북괴 남침 임박설'을 조작이라고 주장하는 당시 야당 총재를 그때나 지금이나 시종일관 비판해 왔다. 그런데 북한이 남침을 꾀한다면 그것은 한국군의 내부 분열에서 기인한 측면이 없지 않으므로 그 책임의 일단이 신군부에게 있는데 전두환은 이를 애써 외면하려 한다. 또한 실제로 북한이 남침을 하지 않았으므로 당시의 남침 정보는 잘못된 것이라는 주장에 대해 결과론적 오류라며 북한의 남침 의지를 꺾을 만한 신속한 조치를 취했기 때문에 남침을 예방한 것이라고 주장한다.

당시 위컴은, 전두환이 국내 정세를 비판적으로 평가하고 북한으로부터의 위협을 강조하는 것이 청와대의 주인이 되기 위한 구실에

---

52 전두환 저, 민정기 책임정리, 『전두환 회고록 1: 혼돈의 시대, 1979-1980』(자작나무숲, 2017), 328쪽. imminent의 의미를 해명하고자 한 이 부분은 전두환의 아이디어라기보다는 민정기 비서관 등 영어 표현의 어감을 잘 파악한 보좌진의 아이디어가 아닌가 한다.

불과하다고 상부에 보고했다.[53] 그 직후 미국은 남침 가능성에 대한 더 철저한 조사를 통해 그 증거가 없다고 한국 측에 통보한 후 이 사실을 공식 발표했다. 그러자 한국 측은 자신들의 체면이 손상되었다고 불만을 제기했다.[54]

이렇듯 전두환은 1979년 12·12 등 자신들의 거사 단계에서는 북한 도발설을 무시했으면서[55] 1980년 5월에는 권력 장악을 도모하기 위해 그 위협을 과장하고 이용하는 모순적 행태를 보였다고 할 수 있다. 반면에 미국은 12·12 직후 북한의 침략 가능성에 대한 정보를 신뢰했지만 1980년 5월에는 북한 침략 임박의 가시적 조짐이 없다고 보았던 점에서 그와는 정반대였다. 양자 모두 모순적인 행태를 보인 것이다. 각자의 입장과 그때그때의 상황에 따라 정보를 다르게 해석한 것이다. 미국은 12·12 당시 북한의 위협을 신군부의 거사를 제어하기 위한 수단으로 활용했지만, 1980년 서울의 봄 정국에서는 전두환이 북

53　William H. Gleysteen, Jr., *Massive Entanglement, Marginal Influence: Carter and Korea in Crisis* (Washington, DC: Brookings Institution Press, 1999), p. 116; 윌리엄 H. 글라이스틴, 황정일 역, 『알려지지 않은 역사: 전 주한미국대사 글라이스틴 회고록』(중앙 M&B, 1999), 168쪽; "United States Government Statement on the Event in Kwangju, Republic of Korea, in May 1980," June 19, 1989, Vertical File, Box 71, Presidential Papers of Jimmy Carter, Jimmy Carter Library; John Adams Wickham, Jr.(1999), 앞의 책, 201쪽; 존 위컴, 김영희 감수, 유은영 외 공역(1999), 앞의 책, 301쪽.

54　William H. Gleysteen, Jr.(1999), 앞의 책, 116~117쪽; 윌리엄 H. 글라이스틴, 황정일 역 (1999), 앞의 책, 168~170쪽.

55　전두환 저, 민정기 책임정리(2017), 앞의 책, 322쪽에 의하면 1979년 12월 미국 정보기관은 북한이 1980년 초에 남침을 기도할 가능성이 있다는 첩보를 알려주었다고 한다. 일본 외무성에서도 1980년 1월경 북한이 도발할 위험성이 높다는 첩보가 도착하는 등 일곱 건의 정보가 접수되었다는 것이다. 그렇다면 군부는 파벌투쟁에 몰두할 것이 아니라 단결해 북의 남침에 대비했어야 했으나 그렇게 하지 않았다.

한의 위협을 이용해 국민의 비판을 잠재우고 자신들의 독재적 행위를 정당화하며 권력 장악 야욕을 키우려 한다고 판단했다. 미국은 북한의 위협이 당장 가시적인 것이 아니라면서 그들을 제어하려 했다.

실제로 전두환은 광주에서의 민주화운동을 진압하면서 민중을 견제·탄압하기 위한 단골 메뉴인 북한 변수를 동원하기도 했다. 그런데 실제로 북한이 한국의 정권 교체기의 혼란을 틈타 정권을 접수하려고 기도한 적은 없었다. 물론 남한의 상황을 예의 주시하고 있었겠지만 말이다. 실제로 12·12 당시 북한은 자신이 개입하면 미국과 일본이 개입할 것이라고 판단해 개입하지 않았다고 한다.[56] 따라서 미국의 존재는 북한 남침에 대한 중요한 억제 요인이었다.

북한 남침설이 어떻게 국내에 유포되었는지 좀 더 구체적으로 살펴보면, 전두환이 장악한 한국 중앙정보부가 1980년 5월 10일 대북 특이 동향을 경고하는 보고서를 작성하고, 5월 12일 심야에 임시 국무회의에서 관련 내용을 보고했다. 북괴가 심상치 않은 움직임을 보이고 있다며 '남침 위협설'을 보고한 것이다. 군과 경찰에는 "최근 국내 소요 사태 발생에 편승해 북괴의 대남 도발 침투가 예상된다"며 비상 경계체제 발령이 시달되었다.[57] 북한 남침 징후 정보에 대해 미 국무부는 즉각 부인했다.[58] 북괴 남침설 첩보는 원래 김영선 중앙정보부 2차장이 5월 10일 일본 내각조사실로부터 입수해 전두환에게 보

---

56 「신종대 교수의 증언」(2013.11.29).
57 국방부 과거사진상규명위원회 편, 『12·12, 5·17, 5·18 사건 조사보고서』(국방부 과거사진상규명위원회, 2007), 6, 51쪽.
58 김영택, 『5월 18일, 광주』(역사공간, 2010), 207~208쪽.

고한 것이었다. 그러나 대한민국 육군본부 정보참모부는 같은 날 "북괴 전면 남침설 분석"이라는 보고서를 작성해 전쟁 징후는 없으며 첩보 신빙도 희박하다고 결론 내렸다. 남한 정세 추이에 따른 북괴 남침 방책의 일반적 가능성을 추측한 것으로 평가했을 뿐이다.[59] 이러한 반대 의견에도 불구하고 전두환 측은 일본 첩보를 근거로 비상계엄을 전국으로 확대했다고 한다.[60]

미 국무부는 백악관에 보내는 아침 보고서를 통해 1980년 5월 16일 한국에서 시위가 지속되는 상황을 다음과 같이 분석했다. 우선 미국은 평양이 남한을 침략할 징후는 없다고 평가했다. 전두환 중앙정보부장 서리는 학생 시위가 체제 전복을 꾀하는 것으로 간주했지만 민간정부의 학생 시위 대처 방법을 비판하지 않았으며, 자신의 권력을 확대하기 위해 학생 시위를 이용하려 한다는 음모설에 대해서도 모른다고 부인하는 것으로 전해졌다.(이렇듯 시위를 이용한 전두환의 정권 탈취 음모에 대한 소문이 이미 광범위하게 유포되었음을 확인할 수 있다.) 또한 1980년 5월 15일 저녁 신현확 총리는 텔레비전 회견에서 시위를 자제해 달라고 당부하면서 학생들의 요구에 대해서는 어떤 양보도 하지 않았고 정치적 자유화 과정을 신속히 진행시키겠다는 약속

---

59 오승용·한선·유경남, 『5·18 왜곡의 기원과 진실』(5·18기념재단, 2012), 69~71쪽.
60 윤상호, 「전씨, 군자위권 발동 강조: 국방부 과거사진상규명위원회 주요 조사결과」, 『동아일보』 2007년 7월 25일, A14면; 국방부 과거사진상규명위원회 편, 『과거사진상규명위원회 종합보고서 (제1권)』(국방부 과거사진상규명위원회, 2007), 201쪽. 따라서 국방부 과거사진상규명위원회는 신군부가 정치 개입의 명분을 찾기 위해 대북 정보를 악용했다고 평가했다. 이세영, 「신군부, 80년 5월초부터 비상계엄 확대 계획: 북 남침설 5·17에 악용」, 『서울신문』 2007년 7월 25일, 2면; 국방부 과거사진상규명위원회 편(2007), 위의 책, 202쪽.

만 했다. 신현확 총리 등 정부 지도자들은 학생 시위가 북한의 남침을 불러올 수 있다고 경고했다. 이에 대해 북한 언론은 남침 임박설을 부인했으며 남한의 시위 소식을 논평 없이 보도했다.[61]

당시 신군부의 영향력 아래 있던 최규하 대통령은 5·18 민주화운동 발발의 계기가 된 5·17 비상계엄 확대 조치에 대해 5월 18일 하오 4시 특별성명을 발표해 북한의 위협에 맞서기 위한 불가피한 조처라고 합리화했다.

국내적으로는 계속되는 사회 혼란을 이용한 북한 공산집단의 대남 적화 책동이 날로 격증되고 우리 사회 교란(혼란[62])을 목적으로 한 무장간첩의 계속적인 침투가 예상되고 있습니다. 그들은 우리 학원의 소요 사태 등을 고무, 찬양, 선동함으로써 남침의 결정적 시기 조성을 획책하고 있습니다. […] 이에 정부는 국가를 보위하고 3천7백만 국민의 생존권을 수호하며, 안정 속에 성장과 발전을 바라고 있는 대다수 국민의 여망에 부응하여 일대 단안을 내리지 않을 수 없게 된 것입니다. […] 앞으로 정부는 국민 생활 안정과 사회정의의 구현에 심혈을 기울일 것이며 군은 국토방위의 신성한 임무를 성실히 수행하여 북한 공산

---

61 "Cable from the Situation Room to AmEmbassy Vienna: State Morning Summary for Friday, May 16, 1980," O 160255Z May 80, National Security Affairs, Collection # 16: Brzezinski Material: Cables File, Folder: Privacy Channels In/Out, 5-6/80, Box 128, Jimmy Carter Library(NLC-16-128-5-10-7). 미 국무부의 보고서가 당시 비엔나에서 그로미코와 협상을 하던 머스키 국무장관을 동행한 아론 백악관 안보 담당 부보좌관에게 전문으로 전달되었다.
62 「최대통령 특별성명 전문」;「최대통령 특별성명: 소요사태로 중대위기」,『경향신문』 1980년 5월 19일, 1면.

집단의 위협에 철통같이 대처하여 나갈 것입니다.[63]

1980년 5월 17일 정부는 포고령 10호를 통해 비상계엄을 전국으로 확대했다. 정부는 국가의 안전보장과 공공의 안녕질서를 유지하기 위하여 '모든 정치 활동의 중지, 언론·출판·보도 및 방송의 사전 검열, 태업 및 파업 행위 금지, 전국 대학의 휴교 조치, 유언비어 날조 및 유포의 금지' 등을 골자로 하는 포고령 10호를 발표했다. 이에 따라 이루어진 계엄사령부의 『보도검열 결과 보고』에 의하면 "북한 병력이동 조짐 없다 미 국무성 확인"(동양통신, 1980.5.20),[64] "북한 한국 사태 이용 남침 능력 없다 등소평 판단"(동양통신, 1980.5.25)[65] 등 북한

---

[63] 최규하, 「5·17조치에 대한 설명」(1980.5.18).
[64] 종류: 통신. 사별: 동양. 제목: 북한 병력이동 조짐없다. 미국무성 확인(1980.5.20). 내용: 호딩 카터 미 국무성 대변인은 19일 현재 북한에 이상한 병력이동 조짐이 없다고 재확인했다. 카터 대변인은 이날 정오 국무성 브리핑에서 우리는 북괴가 곧 남침할 준비를 하고 있다는 증거를 갖고 있지 않다고 말했는데 그는 이 발언이 북괴의 남침 위협이 없다는 것을 뜻하냐는 질문에 북괴의 남침 위협은 항상 있으나 곧 남침할 준비를 하고 있다는 조짐은 없다고 답변했다. 카터 대변인은 현 한국 사태에 대해서는 이미 발표된 공식 성명 이상으로 언급하기를 거부했다. 관제 이유: (전면 삭제). 출전: 계엄사령부, 『보도검열 결과 보고』(계엄사령부, 1980).
[65] 종류: 통신. 사별: 동양. 제목: 북괴 한국사태 이용 남침능력없다. 등소평 판단(1980.5.25). 내용: 중공 부수상 등소평은 북괴가 한국의 유혈 정치 불안을 이용할 능력이 없는 것으로 생각하고 있다고 일본의 잘 알려진 국제 문제 로비스트 야스기 가즈오 씨가 24일 말했다. 민간 기구인 국책연구회 회장인 야스기 씨는 등이 북괴가 한국의 불안을 이용할 능력이 없으므로 우려할 필요가 없다고 말하고 있다고 전했다. 중공을 10일간 방문했다가 방금 귀국한 야스기 씨는 또 등이 한국과의 교섭 가능성을 거절하면서 그러할 때가 성숙되어 있지 않다고 말했다고 전했다. 자유중국과 한국을 위해 원외 운동을 하는 인물로 잘 알려진 야스기 씨는 일본의 막후정치가, 일본의 키신저라고 불리고 있다. 그는 중공인민외교학회의 초청으로 중공을 방문했으며 중공 당 수석 화궈펑과도 회담했다. 그는 동양통신 기자와 단독회견에서 자기는 중공과 대만을 재통일시키는 데 있어 순전히 개인적인 역할을 할지 모른다고 말했다. 관제 이유: (전면 삭제). 출전: 계엄사령부, 『보도검열 결과 보고』(계엄사령부, 1980).

의 남침 징후 부인 보도는 모두 전면 삭제되어 보도되지 못했다. 또한 5월 22일자 『동아일보』 보도안 "미, 광주사태 우려"도 신군부의 보도 통제로 전면 삭제되었는데, 미 국무부 고위 관리가 북한이 광주의 소요 사태를 이용하려는 시도가 없다는 사실을 말하고 있다.[66] 전면 삭제 조치 처분을 받은 북한 관련 뉴스는 미 국무부 관리와 중국 최고 지도자의 발언을 통해 북한군의 특이 동향이 없다는 사실을 확인하는 내용이다. 이렇듯 당시 북한의 위협은 존재하지 않았다는 것이 확인된다.

5. 5월 18일 새벽, 글라이스틴 대사의 보고서

글라이스틴은 최규하 대통령을 만나 계속 힘을 실어 주려 했지만 상황이 녹록지 않았다. 이렇게 불투명한 상황에서 전두환이 실권을 완전히 장악하게 된 전기를 제공한 것은 역시 1950년 5월 17일 비상계

---

[66] 종류: 신문. 사별: 동아. 제목: 미, 광주사태 우려(1980.5.22). 내용: 미국은 한국 광주에서 일어난 소요에 시가전의 심각성에 대해 극도의 우려를 느끼고 있다고 미 국무성의 관리들이 21일 말했다. 그러나 한 국무성 고위 관리는 북한이 최근 소요 사태를 이용하려고 계획하고 있다는 시사는 없다고 말했다. 익명을 요구하는 이 관리는 "우리는 휴전선의 상황을 면밀히 주시하고 있다"고 덧붙였다. 한 국무성 대변인은 워싱턴이 한국의 모든 당사자들에게 자제와 신중을 기해 줄 것을 간곡히 요청했다고 말했다. 관제 이유: (전면 삭제). 출전: 계엄사령부, 『보도검열 결과 보고』(계엄사령부, 1980). 실제로 5월 22일 미국 국방부의 뉴스 브리핑에서 토머스 로스 국방부 대변인은 "지금까지 북한군이 한국의 현 상황을 이용하려는 움직임이나 증거는 발견되지 못했다"고 말했다. 정기용, 『그 시절 그 사건 그때 그 사람들: 격동의 한국정치사를 정밀하게 타전했던 미국 극비문서 긴급입수』(학영사, 2005), 312쪽.

엄 전국 확대, 이화여자대학교에서의 총학생회장단 연행, 대학 폐쇄와 그에 이은 광주의 유혈 충돌이다.

1980년 5월 16일 미 국방부는 정보보고서를 통해 "군부 지도자들은 전면 공세를 위해 군대를 동원하려면 국민의 70%가 학생들의 활동에 반대해야 한다고 생각하고 있다. […] 군부에서는 김대중의 체포에 대한 지지를 이끌어내기 위해 '큰 사건'이 터지기를 기다리고 있다. […] 만일 김대중이 체포된다면 학생들 사이에서 '심각한 반응'이 나올 것이며, 군부 지도자들도 이러한 가능성을 보고 있음에 틀림없다. 누군가가 학생들의 반응이 악화되기를 원한다면 김대중 체포는 써먹기 아주 좋은 전략이다."라고 분석했다.[67] 미 국방부의 예측대로 군부는 학생들의 대규모 시위를 빌미로 탄압을 단행했으며, 결국 큰 사건(광주민주화운동)을 거의 자신들의 계획에 의거해 조작하여 만들었다.

1980년 5월 17일 비상계엄 확대 조치로 한국 군부의 강경책은 현실화되었다.[68] 신군부 세력은 5월 17일 정오에 전군주요지휘관회의를 열어 비상계엄 전국 확대를 골자로 하는 결의안을 통과시켰다. 이날 저녁에 열린 국무회의는 수도경비사령부(사령관 노태우 소장) 병력이 총검으로 무장하고 국무회의가 열리는 장소에 이르기까지 도열해 공포 분위기를 조성한 가운데 특별한 토의 없이 '5·17 비상계엄 전국

---

67 문부식, 『잃어버린 기억을 찾아서: 광기의 시대를 생각함』(삼인, 2002), 81쪽.
68 노태우는 회고록에서 5·17 계엄 확대 결정에 대해 "사람의 심리는 새벽 2~3시경 가장 약해진다. 이 시각을 기해 서울 주요 대학에 병력을 출동시켰고 예상대로 저항은 거의 없었다"며 "서울의 인명과 재산을 보호하기 위해 치안 유지 차원에서 이뤄진 것으로 믿고 있다"고 밝혔다. 노태우, 『노태우 회고록 상』(조선뉴스프레스, 2011).

확대 조치'를 통과시켰다.

글라이스틴은 이날 이화여자대학교에서 학생 대표 17명 이상이 연행될 조짐이 보이는 등 강력한 탄압과 군부의 정권 접수가 시작되어 상황이 파국으로 치닫고 있다고 느끼고, 1980년 5월 18일 새벽 1시 30분(미국 시간 5월 17일 오후 4시 30분)에 다음과 같은 장문의 보고서를 국무장관에게 올렸다.[69] 다소 장황하지만 간절함이 표현된 이 보고서는 카터 대통령이 (그리고 브라운 국방장관이 군부에) 비상계엄, 학교 폐쇄, 정치인·학생 연행에 매우 곤혹스럽다는 편지를 보낼 것을 권고하는 부분이 핵심이다.[70]

---

69 이 전문은 글라이스틴 대사가 5월 17일의 상황을 관찰하고 종합해 18일 새벽에 송부한 것이다. 불완전하지만 미국의 정보력이 집약된 보고서이다. 조영빈, 「美, 5·18 전날 "전두환 실권 장악, 최규하 무력"... 외교문서 추가 공개」, 〈한국일보〉(2021.6.2.)에 의하면 5·18 하루 전인 5월 17일에 전두환이 실권을 장악했으며, 최규하는 무기력하다고 평가되었다.

70 "Cable from AmEmbassy Seoul (Gleysteen) to SecState: Crackdown in Seoul," Z 171630Z May 80, Seoul 6264, National Security Affairs, Collection # 6, Brzezinski Material, Country File, Folder: Korea, Republic of, 1-5/80, Box 44, Jimmy Carter Library; "Cable from the Situation Room to Ralph Crosby Aboard AF-2: Crackdown in Seoul," O 171910Z May 80, National Security Affairs-Brzezinski Material, Collection # 16: Cables File, Folder: White House In/Out, 5/80, Box 123, Jimmy Carter Library(NLC-16-123-6-18-3). 후자는 전자의 전문을 접수한 백악관 상황실이 부통령 전용기(AF-2)에 있던 랄프 크로스비에게 전송한 것이다. 이 전문은 당시 빈에 있던 아론 부보좌관에게도 5월 18일 보내졌다. "Cable from the Situation Room to AmEmbassy Vienna: Crackdown in Seoul," Z 180519Z May 80, National Security Affairs, Collection # 16: Brzezinski Material: Cables File, Folder: Privacy Channels In/Out, 5-6/80, Box 128, Jimmy Carter Library(NLC-16-128-5-15-2). 3자의 구체적인 내용은 같으나 1990년대 중반 최초 공개 당시 원본에서는 먹으로 지워졌던 부분이 두 개의 발송본에서는 2012년의 시점에 모두 비밀 해제되어 있었다. 굵은 글씨체로 강조된 부분은 비밀 해제된 내용이다. 2021년 6월 2일 미국 국무부가 한국 외교부의 요청에 따라 제공한 문서에도 이 부분이 역시 비밀 해제되었는데 연합뉴스는 이것이 새로운 비밀 해제라고 평가했다. 한상용, 「미대사관, 5·18 직전 "전두환이 군부실세...최규하는 무기력"」, 〈연합뉴스〉(2021.6.2.).

2. 전두환이 중심적인 역할을 할 것으로 보이는 군부는 학생운동에 대한 강경 진압을 이미 개시했고, 정치권도 탄압하여 대한민국 정부의 합법적 권위를 무시하고 있다. 군부는 형식만을 제외한(대통령·내각 등 형식적 권력은 빼고 전부-인용자) 사실상의 정권 접수를 진행 중인 것 같으며, 대책 없는 최 대통령과 내각은 군부의 결정을 추인하는 역할을 할 뿐이었다.

3. 최광수 실장과 이루어진 반(半)권고조의 일방적 대화[71] 약 1시간 후에 우리는 미국인 목격자의 증언을 통해 한국 전경이 이화여대에 들어가 학생 지도자 모임을 중지시키고 적어도 17명 이상을 연행했으며 그 이상이 도망쳤다는 사실을 알았다.[72] 1시간 가까이 청와대, 경찰, 중앙정보부에 알아본 결과 우리는 학원 급습뿐만 아니라 비상계엄 전국 확대 조치(제주도 포함)가 취해졌다고 들었다. 이는 계엄사령관이 국방장관을 거치지 않고 대통령에게 직접 보고할 수 있는 조치로 실질적으

71　2020년 5월 한국 정부에 제공된 미 국무부 문서에 의하면, 1980년 5월 17일 최광수 비서실장은 계엄령을 원만하게 풀고 정치 발전 프로그램을 마련하라고 충고하는 글라이스틴 미 대사에게, 최규하 정부는 시민사회의 요구를 수용, 정치 개헌을 해보려 하지만 군부를 두려워하고 있다고 말했다. 글라이스틴의 보고에 따르면 최광수 실장은 한국 정부가 군부에 완전히 둘러싸여 있다고 토로했으며, 최규하 정부는 시민사회와 대학생들에게 유화적 태도를 보이려 했지만 권력을 장악한 신군부가 이를 불쾌하게 여겼다는 것이다. "Cable from AmEmbassy Seoul (Gleysteen) to SecState: MY 17 MEETING WITH BLUE HOUSE SYG CHOI KWANG SOO," O 171125Z MAY 80, SEOUL 06262. 미 국무부 제공, 〈5·18민주화운동기록관〉; 「미국, 인질될까 우려해 5.18 중재 거절…기밀문서 공개」(2020.5.19), 〈KBS News-YouTube〉.

72　총학생회장 검거 계획은 사전에 노출되어 대부분이 도주했다. 또한 광주지구 보안부대가 1980년 5월 17일 23시부터 시위 주동자에 대한 이른바 예비검속을 실시해 재야인사와 학생회 간부 등 연행 대상자 22명 중 정동년, 권창수, 오진수, 이승룡, 유재도 등 8명을 체포하는 등 전국 각 지역에서 비상계엄 확대와 병행해 실시한 예비검속 과정에서 총 2,699명을 체포했다. 「5·17, 5·18 관련 사건 공소장(전문)」, 『매일경제신문』 1996년 1월 24일, 35면.

로는 군부가 더 자유로워졌다고 할 수 있다. 대학 캠퍼스도 폐쇄될 것이라고 한다.

또한 이런 강경 조치들이 필요하다고 들었다. 왜냐하면 학생 지도자들이 말로는 5월 22일까지 기다리겠다고 하면서도 정부가 자신들의 요구를 듣지 않으면 강경 투쟁에 나서겠다고 했으며, 또한 내일 한 큰 고등학교에서 집회를 할 것이고, 장차 많은 고등학생의 참여를 유도할 것이라 했기 때문이었다는 것이다.

4. 우리는 이 결정들에 대해 통보받지 못했다. 우리의 빈약한 정보에 의하면 이 결정은 오늘 아침 군부 지도자 회의의 결과라는 인상을 받았다. 군부 지도자들은 지난주 정부의 학생에 대한 대응이 너무 유화적이었다고 간주했고 그래서 매우 기분이 나빴다고 보고되었다. 따라서 그들은 강경책을 결정했다. 대통령과 내각이 당연히 묵인할 것이라고 가정해 결정한 것이다.

5. 일어난 일에 대한 우리의 즉각적인 반응은 명백히 부정적인 방향이었다. 학생들이 지난주에 그랬던 것처럼 이제 군부가 법을 자기 손에 쥐고 흔들고 있다. 합법적 채널을 무시한 채 다시 한번 미국 정부를 정보망에서 소외시키고, 잠재적 말썽꾼(학생 – 인용자)들에게 철퇴를 가했다. 우리가 두려워하는 것은 말썽꾼들이 철퇴를 들어 앙갚음하는 것뿐만 아니라 일련의 사건들로 인해 최규하 정부가 관심을 가지고 정치적 자유화 조치를 추진하려는 희미한 신용마저 없어질지 모른다는 것이다. 우리가 느끼는 이 감정적인 반응이 지나친 것으로 판명되기를 바란다.

초기에 학생들은 군대와 대적한다는 두려움 때문에 한동안 주저했었다. 따라서 오늘 이른 오후 최광수 실장이 말한 것과 같은 좀 더 리버럴한 방안(신현확 내각의 교체와 정치 일정의 가속화[73])을 배가하는 것은 아직도 가능하다. 그러나 어떤 정부가 최규하의 정치 일정을 다시 살릴 수 있을지는 매우 어려운 과제이다.

6. 이 사건들에 대한 우리의 최초 반응은 좌절감 그 자체였다. 한편으로 지난주 군부는 일련의 사건들[74]로 자극받았고, 우리는 이에 유념하고 있다. 다른 한편 군부는 합헌적 정부와 우리(미국)를 무시했다. 우리는 한국 군부 지도자들이 이와 같이 우리를 무시한 결과가 과연 어떨지 그들이 모르거나 관심 없어 하는데도 이를 어쩔 수 없이 기정사실로 받아들여야만 했다.

7. 권력을 가진 자, 제거될까 봐 두려운 자, 밀려난 자, 급진적 방법에 호소하는 데 양심의 가책을 덜 느끼는 자 사이에 매우 심각한 갈등이 일어나리라는 것은 의문의 여지가 없다. 학생 시위대를 몰아세우는 결정을 대통령이 아닌 경찰 수뇌부가 했다는 것을 최광수 실장은 다소간 알고 있었다. 나는 그렇게 상황을 앞서 나간 결정이 대통령의 재가 없이 이루어졌다는 사실에 충격을 받았다고 최 실장에게 말했다.

8. 우리는 강력하게 대응해야 하지만 스스로 통제할 필요도 있다. 우리는 강한 탄압의 범위와 이에 대해 한국인들이 보일 수 있는 관용, 불

---

73 이는 민주화를 요구하는 야당 세력의 주장을 수용하는 방안이었다. 보다 보수주의적인 방안은 전술한 바와 같이 3김 배제에 의한 신현확 대세론이며, 이보다 리버럴한 방안은 3김을 포함한 모든 정치인이 선거에 참여해 조속히 과도정부를 끝내는 투명한 정치 일정에 따른 정권 이양이었다.

74 수만 명의 학생들이 학생운동 지도자들의 조직화를 요구했던 것이 주된 사건이다. 군부는 이런 조직화가 극한 투쟁으로 발전되면 더 진압하기 어려우므로 강경 진압으로 돌아설 수밖에 없었다고 합리화했다.

관용의 범위에 대해서 잘 모른다.

우리가 분노하는 한 우리는 한국 문제에 깊이 개입하게 되며, 정말 한국에서 물러날 수는 없다. 만약 우리가 물러난다면(철군을 의미함. 전두환 제거를 위해 철군을 고려했다는 증거 - 인용자) 우리는 북한과 심각한 위험에 직면할 뿐만 아니라 우리와 공감하고 있는 많은 남한 사람들을 곤란하게 만들 것이다.

미국과 대한민국 관계의 냉각은 명백히 불가피하지만 우리는 후일 (한미 관계를) 더 유용하게 만들기 위해서라도 그 과정을 잘 관리해야 한다.

9. 현시점에서는 다음과 같이 단계적으로 행동할 것을 추천함.

A. 위컴의 한국 귀임을 이미 권고했다.[75]

B. 공개적 성명을 피할 수 없으며, 지금 단계에서 효과가 있다고 생각함.

성명 문구는 (군부의 행동을) 공공연히 비난함, 모든 관계자의 자제 촉구, 대북 경고 등으로 요약할 수 있으며 11항에 상술될 것이다.

C. 내 생각으로는 아래 지침과 같이 최규하 대통령, 국방장관, 계엄사령관에게 전화하라고 최고위층이 나에게 지시 내리는 것이 필요하다.[76] 미국 정부는 서울에서 일어난 5·17 조치로 매우 곤혹스럽다.

---

75 1999년 12월 16일 미국 워싱턴 DC 브루킹스 연구소에서 열린 회고록 출판기념회에서 글라이스틴은 "존 위컴 주한 미군사령관이 미국에 있었는데도 신군부가 광주사태 진압을 승인한 것처럼 선전했다"고 말했다. 이도선, 「글라이스틴 전 주한대사 회고록 출간」, 〈연합뉴스〉(1999.12.17). 이는 글라이스틴이 광주에서의 무력 동원에 대한 미국의 책임을 회피하려 한 것이다.

76 당시 배후에서 모든 실권을 장악하는 과정에 있던 전두환 장군은 직접 접촉 대상자에서 빠져 있으나 비밀리에 접촉했다.

왜냐하면 그 조치들은 합헌정부의 신용을 훼손하며 민주적 진화에 대한 국민의 희망을 좌절시키고 시민 항쟁의 우려를 증대시킬뿐더러 북한 개입의 위험성을 심각하게 증가시킬 것이라고 느끼기 때문이다. 미 정부는 이 조치가 미국 정부에 사전 통고 없이 취해졌을 뿐만 아니라 민간 권위에 대한 명백한 고려 없이 이루어졌으므로 이중으로 혼란스러웠다. 아래 11항 참조. 우리는 상황에 불을 지르거나 대한민국의 국방을 훼손하는 어떤 일도 하지 않을 것이다.(철군은 하지 않겠다는 설명 – 인용자). 그러나 양국 관계가 매우 어려운 국면에 접어들었다는 것을 대한민국 정부도 인지해야 한다. 우리는 대한민국 정부가 과도한 통제 행동을 피하고 정치적 자유화를 향한 계속적인 진보를 약속하는 가능한 모든 조치를 취함으로써 피해를 최소화하기를 희망한다.

D. 우리는 미국 시민들에게 필수적인 사업을 제외하고는 당분간 한국을 떠나 있으라는 여행 지침을 내일 내릴 것이며 한국 정부에도 통고할 것이다.

E. 주 중반까지 상황에 진전이 없으면 미 수출입은행(the ExIm Bank), 해외민간투자공사(OPIC), 뉴올리언스·펜실베이니아 무역사절단 등의 방문을 비롯한 다른 유사한 방문은 연기되어야 한다고 건의하는 바이다.[77]

---

77 그러나 5월 22일 글라이스틴은 6월 중순으로 예정된 미 수출입은행 총재의 방한이 취소되면 경제협력에 차질을 빚을 수 있다며 방한 취소에 반대했다. "Cable from AmEmbassy Seoul (Gleysteen) to SecState: Possible Future U. S. Statement on Kwangju Crisis," 22 May 1980, National Security Affairs, Collection # 6, Brzezinski Material, Country File, Folder: Korea, Republic of, 1–5/80, Box 44, Jimmy Carter Library. 이는 전두환에 대한 제재를 반대하는 글라이스틴의 기본 입장이 표출된 것이라고 할 수 있다. 특히 그는 전두환 제거 작전에 시종

10. 상황에 대한 더 좋은 해결책을 가지게 되면 우리는 카터 대통령의 편지와 함께 가능하다면 브라운 장관의 군부에 대한 편지 보내기를 권고할 것이다. 이 편지와 (향후 취하게 될 우리의) 행동들에서 큰 걱정을 표명하면서 아래와 같은 방식으로 관심을 표명해야 한다. 많은 한국인을 적대시하지 말라. 그러지 않으면 너희는 향후 우리의 영향력을 손상시킬 것이다. 이 메시지는 군부 내의 '말 안 듣는 어린 것들(naughty-boys)'[78]에게도 추가로 전달되어야 한다.

나는 이 점에서 우리의 영향력이 혼란스럽게도 제한적이라는 사실이 개탄스럽다.

11. 다음은 (편지) 문안이다.

우리는 대한민국 전역에 비상계엄령이 내려지고, 휴교령이 내려지고, 정치 지도자와 학생 지도자들이 체포된 것에 깊은 슬픔을 느끼고 있습니다. 우리는 한국 정부에 우리 우려의 심각성을 분명히 밝혔습니다.

우리는 이 어려운 시기에 한국 사회의 모든 구성원이 자제하며 행동할 것을 촉구합니다. 우리는 미국 정부가 한국의 상황을 악용하려는 어떠한 외부 세력의 기도에도 (한미상호방위)조약의 의무 조항에 따라

일관 반대했다. 결국 카터는 전남도청에서의 유혈 진압이 있은 지 채 1주일이 되기 전에 미 수출입은행 무어 총재의 방한을 허용했으며 무어는 미국의 경제지원이 계속될 것임을 다짐했다. *The New York Times*, June 3, 1980.

78 비속어를 사용하는 등 전두환 등을 좋지 않게 보고 있음을 알 수 있는 구절이다. 전두환보다는 주위의 허씨 3인을 비롯한 상대적으로 젊은 핵심 참모를 지칭하는 것으로 볼 수도 있으나, 전두환이 없었다면 핵심 측근 인사가 존재할 수 없었다는 점에서 전두환이 포함된 것으로 보는 것이 타당하다. 미국의 입장에서는 12·12 이전 정승화의 기존 군부에 비해 전두환을 청년(혁신)파('Young Turk' officers)로 보았으므로 전두환 그룹을 지칭한다고 할 수 있다. 한편 신군부 내 소장파에 대해서 미국은 그렇게 주의를 기울이지 않았다. 미 외교관들은 정보기관과는 달리 세밀한 부분에 대한 심층적 정보에는 관심을 많이 두지 않았다.

강력하게 대응할 것임을 명확히 하고자 한다는 1979년 10월 26일 우리의 성명을 거듭 강조합니다."[79]

이어서 이 전문을 작성하고 있는 동안 "3김을 포함한 정치인들(26명 – 인용자)이 연행되었다는 루머(실제로 밤 11시에 연행됨 – 인용자)를 들었"으므로 추후 "소위 '정치적' 행동 등을 할지 안 할지에 대해서 우리끼리 전화로 상의하자"는 주(note)를 첨부하면서 끝을 맺었다.

---

[79] "미국 정부가 한국의 상황을 악용하려는 어떤 외부 세력의 기도에 대하여 (한미상호방위)조약의 의무 조항에 따라 강력하게 대응할 것임을 명확히 하고자 한다."라는 구절은, 1979년 10·26 직후인 한국 시간으로 10월 27일 아침 5시 30분에 발표된 국무부의 대북 경고용 성명(제목은 '한국에서의 상황 전개에 대한 국무부 성명') 후반부에 사용했는데 그 전문은 다음과 같다. "우리는 한국에서의 상황 전개에 대하여 조언을 받았다. 미국은 이 문제를 한국 국내 문제로 간주하며, 모든 구성원의 자제를 촉구한다. 미국 정부는 한국의 상황을 악용하려는 어떤 외부 세력의 기도에 대하여도 (한미상호방위)조약의 의무 조항에 따라 강력하게 대응할 것임을 또한 명확히 하고자 한다." "Cable from SecState (Deputy Secretary Christopher) to AmEmbassy, Moscow: Demarche to Soviets on Situation in South Korea," O 262303Z October 1979, National Security Affairs, Collection # 6, Brzezinski Material, Country File, Folder: Korea, Republic of: President Park Assassination, 5/79 – 10/27/79, Box 45. 세 번째 문장은 5월 17일 문안에 거의 똑같이 반복된다. 또한 두 번째 문장 후반부는 5월 17일 문안에도 비슷한 구절로 나온다. 이 성명서는 한국 국내 정치 세력에 대한 미국의 입장인 동시에 북한에 대한 경고였다. 미국은 북한에 대한 경고를 중국과 소련을 통해 전달했다. 글라이스틴은 시간을 절약하기 위해 메시지 초안을 첨부했다고 회고했다. William H. Gleysteen, Jr., *Massive Entanglement, Marginal Influence: Carter and Korea in Crisis* (Washington, DC: Brookings Institution Press, 1999), p. 122; 윌리엄 H. 글라이스틴, 황정일 역, 『알려지지 않은 역사: 전 주한미국대사 글라이스틴 회고록』(중앙 M&B, 1999), 177쪽.

✦✦✦
참고
광주사태에 개입하지 않았다는
김일성의 발언

    1980년 7월 미국 정치인으로서 북한을 처음 방문한 스티븐 솔라즈(Stephen Solarz) 하원의원을 만난 김일성은, 비록 외교적 수사라 할지라도, 광주에 개입하지 않은 이유가 미국의 경고 때문이라고 말했다고 한다. "광주사태가 일어나자, 미국은 제3자가 개입해서는 안 된다고 말했다. 우리는 그 발언이 우리를 향한 경고라는 것을 알았다. 따라서 우리는 이 봉기에 개입할 의사가 전혀 없다고 말했다. 앞으로도 이러한 문제에 절대 개입하지 않을 것이다. 남한 당국이 말하는 북조선의 남침 위협이라는 것은 존재하지 않는다. 이로써 북한이 남한의 혼란상을 이용해 남침하려 한다는 두려움도 사라졌다. 미국의 가장 큰 우려는 남한에서 무슨 일이 생기면 우리가 남한으로 전진할 것이라는 점이었다. 하지만 이번 사태는 우리가 그럴 의도가 없다는 것을 증명했다." 이에 솔라즈는 "북측이 남한의 소요를 이용하지 않았다는 말은 사실"이며, "그러한 북의 입장은 건설적이었다"고 답한다. 북으로 출국하기 전 국무부와 정보부의 대북 브리핑을 받은 미국 하원의원의 화답이었던 셈이다.

    또한 1980년 5월 30일에 작성된 것으로 보이는 미국의 정보보고서에 나오는 김일성과 오진우 인민무력부장 등이 나눈 대화에 따르면("최종 검증이 안 된 첩보(intel)"를 담고 있다고 적시된 것으로 봐서 제3국이나 북한 내부 인적 첩보(humint)를 취합한 자료로 보임) "5월

19일 남한에서 학생 시위에 이어 광주에서 학생 소요가 일어나는 와중에 북한의 주석궁에서는 김일성 주석과 무력부장 오진우를 비롯한 지도자들이 비밀 회합을 가졌다. 이 회합에서 북한의 지도자들은 광주 소요가 전국적 인민 반란으로 확대된다면 남한을 침공하는 일을 자제하지 않기로 결정했다는 주장이 나온다. 그러나 김일성이 실제로 침공을 준비한다고 시사하는 이상 징후는 없다"고 나와 있다. 만약 광주에서의 소요가 전국으로 확산되는 경우 북한이 남침했을 가능성이 있다는 보고였다.[80]

※ ※ ※

6. 예비검속과 김대중 내란음모사건

글라이스틴 등은 1980년 5월 17일 밤 9시 30분께 청와대로부터 다음 날 0시 1분을 기해 비상계엄이 전국으로 확대된다는 통보를 받았다. 이러한 사실을 적시한 1989년 미국 정부의 보고서에는 "그때쯤 김대중·김영삼·김종필과 다른 여러 명의 정치인이 체포됐다는 보도가 들리면서 정부의 무차별 조치가 명백해졌다."라고 적혀 있다.[81]

---

80 설갑수, 「광주 학살은 어떻게 냉전 해체를 가로막았나?」, 〈프레시안〉(2019.2.20).
81 "United States Government Statement on the Event in Kwangju, Republic of Korea, in May 1980," June 19, 1989, Vertical File, Box 71, Presidential Papers of Jimmy Carter, Jimmy Carter Library; John Adams Wickham, Jr., *Korea on the Brink, 1979-1980: From the*

1980년 5월 12일 산발적으로 거리로 진출한 대학생들이 13일부터 15일까지 비교적 체계적인 연합 가두시위를 벌이고 정치권에서는 계엄령 해제가 추진되자[82] 신군부는 오히려 계엄을 전국으로 확대하는 반동적인 조치로 대응했다. 5·17 조치에 따라 계엄사령부(사령관 육군참모총장 이희성, 이하 '계엄사')는 비상계엄 전국 확대, 정치 활동 규제, 옥내외 모든 집회 금지, 언론 통제, 전국 대학(전문대 포함) 휴교를 골자로 한 계엄포고령 제10호를 5월 18일 0시를 기해 발표했다.[83] 5월 18일 새벽 '5·17 비상계엄 전국 확대 조치'에 따라 전국 주요 대학에 계엄군이 진주했다.[84]

이보다 앞서 합수부는 미리 작성해 둔 명단에 따라 예비검속 대상자들을 연행했다. 야당 인사 등 26명을 사회 혼란 조성 및 학생·노조 소요 관련 배후 조종 혐의자, 권력형 부정축재 혐의자 등으로 전격 연행한 것이다. 이는 영장 없는 불법 체포였다. 신군부의 타깃은 특히 1980년 2월 공민권이 회복된 김대중이었다.[85] 17일 23시에 서울 동교

'12/12' Incident to the Kwangju Uprising (Washington, DC: National Defense University Press, 1999), p. 203; 존 위컴, 김영희 감수, 유은영 외 공역, 『12·12와 미국의 딜레마: 전 한미연합사령관 위컴 회고록』(중앙 M&B, 1999), 303쪽.

82 「계엄해제-정치일정 단축 검토: 정부 각정당 학원사태 다각대책 모색」, 『동아일보』 1980년 5월 15일, 1면.

83 「정치활동 금지 전대학 휴교령: 비상계엄 전국에 확대, 18일 0시기해 어제 심야 임시 각의 의결, 북괴동태·전국적인 소요사태 감안 선포이유」, 『경향신문』 1980년 5월 18일 호외; 「정치활동 중지 전대학 휴교령: 비상계엄 전국에 확대, 북괴동태·소요사태 감안 계엄포고 10호선포」, 『경향신문』 1980년 5월 19일, 1면.

84 국방부과거사진상규명위원회 편, 『12·12, 5·17, 5·18사건 조사결과보고서』(국방부과거사진상규명위원회, 2007), 6쪽, 진상규명 제3호사건.

85 그런데 김종필은 자신이 신군부의 첫 번째 거세 목표였으며, 신군부가 자신을 희생양으로 삼으려

동 김대중 자택에 승용차와 트럭에 나눠 탄 계엄군 50여 명이 들이닥쳐 김대중을 강제로 연행했다.[86] 혐의는 소요의 배후 조종이었으며 예춘호, 문익환, 김동길, 인명진, 고은, 이영희, 김녹영, 이택돈, 손주항 등도 함께 연행되었다. 같은 시각에 김종필은 권력형 부정축재 혐의로 연행되었다.[87] 이후락, 박종규, 김치열, 김진만, 오원철, 김종락, 장

했다면서 1980년 5월 17일부터 7월 2일까지 46일간 보안사 서빙고 분실에서 조사받았다고 회고했다. 전영기·한애란,「[김종필 증언록 '소이부답'] 〈81〉 5·17 그날 밤: "그래 왔구먼, 내가 희생양 되지" 보안사 끌려간 JP…5·16 모방한 신군부에게 그대로 기습당했다」,『중앙일보』2015년 9월 11일, 13면. 김종필은 전두환의 목표가 처음부터 김영삼이나 김대중이 아닌 자신과 공화당이었다고 했다. 김종필을 꼼짝 못 하게 하고 박정희 대통령 이래 권력의 기반이었던 공화당을 쓸어버리는 것이 제1의 목표였다는 것이다. 전영기·최준호,「[김종필 증언록 '소이부답'] 〈79〉 신군부와 공화당: JP "전두환은 처음부터 나와 공화당을 노렸다"」,『중앙일보』2015년 9월 7일, 13면. 그러나 이는 주관적인 평가이며 회고담의 자기중심성을 드러내는 표현이다. 김종필이 제1의 목표일 수는 있지만 그보다 더 중요한 목표는 역시 김대중이었다. 전두환은 김대중을 김종필이나 김영삼보다 더 위험한 적수로 판단했으므로 사형 판결까지 내렸다. 이에 비해 김종필은 연행 46일 만인 7월 2일에 석방되어 강제로 제출된 의원직 사퇴서가 수리되었다.「김종필전총재석방」,『매일경제신문』1980년 7월 3일, 1면;「김종필 전공화총재 등 9명 의원직사퇴서 수리」,『동아일보』1980년 7월 3일. 1면. 김영삼도 가택연금에 그쳤다.

86 진방식,『분단한국의 매카시즘』(형성사, 1997), 227쪽.
87 「김종필·김대중씨 연행: 계엄사 발표, 부정축재·소요조종혐의 … 26명 조사」,『경향신문』1980년 5월 18일 호외 2호;「김종필·김대중씨등 연행: 계엄사 발표, 부정축재·소요조종혐의 … 26명 조사」,『경향신문』1980년 5월 19일 1면. 1980년 5월 19일 백악관 일일보고("Daily Report" 제목은 '계엄령 이후의 한국'이며, 수신자는 지미 카터 대통령, 발신자는 브레진스키)에는, "차기 대통령 자리에 앞서가는 세 명 중 두 명(김대중·김종필)을 포함한 일부 지도층 인사들이 부패와 학생 선동을 이유로 체포됐다. 최 대통령은 이 조치를 체포가 아니라 구금이라고 설명했다"고 나온다. 하윤해,「[단독] "한국 군부, 더 이상 시위에 참지 않겠다는 결론 강조"」,〈국민일보〉(2016.5.18). 계엄사 합동수사본부는 6월 18일 "5월 17일 검거한 부정축재자 처리 결과, 이들은 전 재산을 국가에 헌납하고 정치 활동을 일절 하지 않을 것이며, 국회의원직을 자진 사퇴한다는 조건으로 형사처벌은 유예하고 석방한다"고 발표했다. 헌납한 금액은 김종필 216억 원, 이후락 194억 원 등 총 853억 원이다. 구체적으로 김종필은 216억 4,648만 원을 강제 환수당했다. 박찬희,「부정축재 환수 재산의 그 뒤: 5·17당시 환수된 재산의 총액은 얼마이며, 그후 어떻게 처리됐나」,『신동아』(1988.5), 545쪽. 당시 서울 시내 평균 주택 가격이 1천만 원에도 미치지 못했으므로 어마어마한 액수였다. 당시 보도된 기사「김종필전총재석방」(『매일경제신문』, 1980년 7월 3일, 1면)에 따르면, 김종필이 6월 18일 부정축재 재산을 자진해서 국가에 헌납할 뜻을 밝혔

동운, 이세호, 이병희 등도 같은 혐의로 연행되었다. 보안사는 권력형 부정축재자 10여 명을 연행했고,[88] 중앙정보부는 국기문란자로 김대중, 예춘호, 문익환, 김동길, 인명진, 이영희 등 26명을 연행 조사한 후 이들 중 24명을 '김대중 내란음모사건 관련자'로 육군본부 계엄보통군법회의에 회부했다.

신군부는 이어 모든 정치·정당 활동을 금지하고 국회의사당을 병력으로 봉쇄했으므로 국회는 사실상 해산됐다. 후일 국가보위비상대책위원회가 삼권을 장악했다. 5월 18일 오후 김영삼 신민당 총재가 정무회의를 주재하여 연행자 석방, 계엄군 철수 등을 요구했고, 5월 20일 오전 9시 상도동 자택에서 기자회견을 하려다가 가택연금 당했다. 전두환 정권 수립에 걸림돌이 될 가능성이 있는 여야 인사들을 5·17 계엄 확대 조치로 정치권에서 제거해 버린 것이다.

5월 17일 오후 10시 전두환 보안사령관은 최규하 대통령에게 비상계엄 전국 확대, 국기문란자와 부정축재자 검거, 국회 해산, 국가보위비상대책위원회(국보위) 설치 등을 건의했으며, 최규하 대통령은 국기문란자와 부정축재자에 대한 조사는 재가하고, 국회 해산 안건은

으므로 계엄사는 형사처벌을 유보할 계획이라고 했다.

[88] 권력형 부정축재자를 국기문란자와 함께 검거한 것은 반정부 시위자들의 요구를 들어준 측면도 있지만, 유신정권 권력자들을 심판해 국민으로부터 지지를 얻으려는 의도도 있었다. 그러나 더 깊숙이 들어가면, 차기 정권 수립에 장애가 될 수 있는 인물들을 제거하려는 목적이 컸다. 당시 박종규 전 청와대 경호실장이 전두환 보안사령관 측에 유신정권 인사인 자신을 제물로 삼아 김종필·이후락을 사법 처리한 뒤 전두환이 정권을 잡도록 조언했다는 이야기가 나돌았다. 김충립 소령이 박종규 전 실장을 직접 만나 이 소문이 사실임을 확인했다고 한다. 김충립, 「'노태우 의리 테스트' 술상 뒤엎은 김복동」, 『신동아』(2016.9).

부결했으며, 국보위 설치안은 보류했다고 한다.[89]

　김대중 등의 경우는 당시 구속영장이나 체포영장이 발부되지 않은 불법 체포(구금)였다. 동의받지 않은 강제 연행이므로 임의동행도 아니었다. 계엄사령부는 1980년 5월 22일, 김대중이 "대중 선동과 민중봉기로 정부 전복을 기도하고 계엄 해제, 언론 자유 보장, 특정인 퇴진 등 5개항을 지시, 학생 소요를 배후 조종했다"는 중간 수사 결과를 발표했다.[90] 이어 1980년 5월 22일 오후 박충훈 당시 총리서리는 "김종필 공화당 총재와 김대중 씨는 정식 영장 발부에 의한 구속이 아니라 포고령 위반으로 조사 중에 있다"며 "그분들은 조사 결과에 따라 법에 의해 처리될 것"이라고 밝히기도 했다.[91]

　중앙정보부원 이종찬이 자신의 아지트로 김대중을 잠깐 모신 후 광주민주화운동이 진압되고, 그 배후에 김대중이 있다는 사실이 밝혀지면서 김대중이 구속되었다는 주장도 있다. 김대중은 5·17 직후가 아니라 5월 27일 이후 정식으로 구속되었다는 것이다.[92] 물론 정식 구속영장은 5월 27일 광주민주화운동 진압 이후 발부되었지만 광주민주화운동이 일어나기 이전에 이미 소요 배후 조종 혐의로 불법 구금된 상태였으므로 위와 같은 주장은 불법이 난무하던 당시의 비상

89　김충립(2016), 위의 글.
90　「김대중씨 수사결과 계엄사서 중간발표」, 『동아일보』 1980년 5월 22일, 1면.
91　합동, 「박총리서리 김종필-김대중씨 의법처리 구속아닌 포고령 위반 연행」, 『동아일보』 1980년 5월 23일, 1면.
92　「스스로 대통령 되려한 김대중의 내란 음모: 비밀해제된 미 국무부-CIA 5.18 문건」, blog.daum.net/cjseong123/605 (검색일: 2019.6.19).

상황에 대해 오늘날의 적법한 절차를 강조하는 원칙을 적용하려는 비역사적인 주장이다.

1980년 7월 4일 계엄사령부는 2차 발표를 통해 "김대중과 추종 분자 일당은 국민연합을 주축으로 하고 복학생을 행동대원으로 내세워 학생 선동, 대중 규합, 민중봉기, 정부 전복, 김대중을 수반으로 하는 과도정권 수립 등을 투쟁 목표로 비합법적 투쟁을 추구, 마침내 내란 선동과 내란음모에까지 이르게 됐다"고 발표했다. 또한 "김대중은 5월 22일 정오를 기해 서울에서는 장충공원, 지방에서는 시청 앞 광장에서 '민주화촉진선언 국민대회'를 일제히 개최하기로 했으며 특히 선동적 효과를 올리기 위해 참석하는 시민들은 동참의 뜻으로 가슴에 검은 리본을 달고 국민연합 중앙위원들은 수의를 입고 집결, 도보 행진으로 데모에 합류하여 이를 계기로 민중봉기를 야기케 해서 다중의 힘으로 정부 기능을 마비시켜 정부를 전복, 집권한다는 음모를 꾸민 것이다."라며 집권 '음모'도 적시했다.[93] 5월 22일을 기해 정국을 뒤엎겠다고 일종의 최후통첩을 보냈다는 것이다. 따라서 기회를 엿보던 군부가 5월 17일 비상계엄 확대 조치를 발표하고 김대중을 비롯한 재야인사들을 구속했다는 것이다.[94]

이어 8·15 해방 직후부터 좌익활동에 가담한 열성 공산주의자[95]인

---

[93] 「계엄사 발표 김대중내란음모사건수사결과 전문」, 『동아일보』 1980년 7월 4일, 3면; 「김대중 등 37명 군재회부키로: 계엄사 발표」, 『동아일보』 1980년 7월 4일, 1면; 「유혈혁명유발 국가전복기도: 계엄사 김대중 등 내란음모수사 발표」, 『매일경제신문』 1980년 7월 4일, 1면.

[94] 김충립, 「"다들 내가 대통령 해야 한다는데…"(전두환)」, 〈신동아〉(2016.8).

[95] 「유혈혁명유발 국가전복기도: 계엄사 김대중 등 내란음모수사 발표」, 『매일경제신문』 1980년 7월 4일, 1면.

김대중이 내란음모 이외에도 반국가단체인 한민통을 발기해 그 수괴로 있으면서 북괴 노선을 지지·동조하는 등 반국가적 행위를 자행하고 외국으로부터 반입한 외화를 불법 소지, 사용했으며 계엄포고령을 공공연히 위반했다고 밝혔다.[96] 또한 "김대중의 이 같은 획책을 감안할 때 정부와 계엄 당국이 5·17 조치를 신속히 단행치 않았더라면 김대중의 기만적 수법과 공산당식 선동에 의한 민중봉기로 유혈 사태를 초래하고 일대 국가적 위기에 직면할 뻔했다"고 못박아[97] 자신들의 예비검속을 합리화하기도 했다.

2차 수사 결과를 발표한 7월 4일 계엄사령부는 김대중을 비롯한 37명을 내란음모 혐의로 계엄보통군법회의 검찰부에 정식으로 구속 송치할 방침을 정했다. 결국 이러한 시나리오에 따라 7월 12일 상오 김대중 등(문익환, 이문영, 예춘호, 고은태, 김상현, 이신범, 장기표, 심재권) 9명을 내란음모, 국가보안법, 반공법, 외국환관리법, 계엄포고령 위반 등의 혐의로 육군본부 계엄보통군법회의 검찰부로 구속 송치했다고 발표했다.[98]

김대중을 체포할 당시는 학생·노조의 소요를 배후에서 조종한 혐의였다. 당초 신군부는 김대중이 북한의 사주를 받아서 소요를 사주했다는 식으로 몰아가려 했으나, 5월 18일 광주에서 신군부에 항거하는 시위가 일어나 시위가 연일 계속되자 이를 이용해 김대중이 내란

---

96 「계엄사 발표 김대중 등 9명 군재에 송치」, 『매일경제신문』 1980년 7월 12일, 1면.
97 「류혈혁명유발 국가전복기도」, 『매일경제신문』 1980년 7월 4일, 1면.
98 「계엄사 발표 김대중 군재 송치」, 『동아일보』 1980년 7월 12일, 1면; 「계엄사 발표 김대중 등 9명 군재에 송치」, 『매일경제신문』 1980년 7월 12일, 1면.

음모를 획책했다는 시나리오를 검토했다. 더 나아가 광주항쟁이 심화·고조되자 위기에 봉착한 전두환은 이러한 위기를 극복하기 위해 광주항쟁을 김대중과 직접 연계시키는 작전을 실시했다. 김대중이 광주민주화운동을 배후 조종한 것으로 조작한 것이다.

광주민주화운동이 일어날 당시 이미 구금되었던 김대중이 시위를 배후에서 조종한다는 것은 불가능한 일이다. 물론 영어의 몸이 된 사실이 광주 시민들을 자극할 수는 있지만 그것은 간접적인 영향일 뿐이다. 김대중의 사전 기획대로 김대중의 하부조직이 일사분란하게 움직여 배후 조종을 할 수도 있겠지만 당시 김대중의 조직은 그렇게 주도면밀하지 않았으며, 핵심 측근이면서 시위를 주도할 만한 인물들도 연행된 상황이었기 때문에 이는 소설이나 전두환의 음모론에서나 그려질 수 있는 상황이었다. 더욱이 배후 조종은 직접 주도가 아니므로 (광주에서의) 이 경우 내란음모의 직접적인 주모자가 따로 있고 김대중은 간접적인 기여를 한 사람으로 기소되었어야 마땅하나 당시 그는 내란음모의 주모자로 처벌받았다. 내란음모의 증거는 고문에 의한 자백뿐이었다.

수사 담당자는 수사총책인 이학봉 대령을 비롯해 김근수 중앙정보부 안정국장, 이종남 및 정경식 검사 등이었다. 1980년 5월 17일 밤 12시경에 연행된 전남대 복학생 정동년은 광주 보안부대 지하실로 끌려가 1980년 4월 13일 김대중 자택을 방문했다는 방명록 때문에 고문을 받고 진술서를 써야 했다. 수사관들은 정동년의 진술서를 가지고 김상현을 고문해 역시 진술서에 서명토록 했다. 광주 학생운동권의 중심 세력인 전남대 학생 지도부는 사전에 예비검속으로 체포되거나 도주했으므로 실제 광주항쟁에서 큰 역할을 하지 못했다. 또한 김대중이 배후에서 시위를 사주했다는 구체적 증거도 없는 상황이었다. 그럼에도 신군부는 자백을 증거로 삼아 내란음모로 기소했다. 실제 신군부는 김대중을 비롯한 체포자들을 두 달 동안 육체적·정신적으로 혹독하게 고문해서 결국 원하는 시나리오대로 자백을 얻어냈다. 그리고 재판부는 구체적 증거 없이 유죄 판결을 내렸다. 고문에 의한 자백은 증거능력이 없지만 1980~1990년대만 해도 자백이 중요한 증거로 여겨졌다.

신군부는 김대중을, 학생과 광주 시민을 선동해 내란을 기도한 내란음모사건의 수괴(반국가단체 수괴[99])로 몰아 사형 선고까지 내렸다.[100] 민주화를 추구한 광주민주화운동과 집권을 도모한 김대중 내란음모사건은 본질적 목표 면에서 차원이 다른 사안이었다. 5·18 광주민주화운동이 점화되기 직전 이미 감옥에 있던 김대중이 광주민주화운동을 배후 조종할 수는 없었으므로 미국도 이를 믿지 않았다. 당시

---

99 1980년 8월 17일 일본 『아사히신문』은 전 주일 한국대사관 공사 최세현 인터뷰 기사를 일면 톱으로 실었다. 제목은 '전 한국 중앙정보부 일본 책임자 최세현 공사 증언, 김대중 조총련 돈 받은 적 없다'였다. 이 기사는 재미 언론인 문명자가 아사히신문 워싱턴 지국장 다나카와 함께 최세현을 인터뷰한 것이다. 문명자는 군사재판에서 김대중을 '반국가단체 수괴'로 몰아가려던 전두환 일당의 음모는 명분을 잃었다고 주장했다. 한일 양국은 1973년의 김대중 납치사건을 정치 결탁을 통해 해결하면서 납치사건 이전 김대중의 일본 행적을 문제 삼지 않기로 약속했었다. 그것을 문제 삼기 시작하면 김대중 납치사건을 묻어 버리기가 어렵기 때문에 문제 삼지 않게 하기 위해 보도했다. 그러나 전두환 일당은 김대중을 사형시키기 위해 박정희 정권과 일본 정부 간의 검은 약속까지 깨면서 1973년 결성된 한민통을 조총련의 자금으로 조직된 반국가단체로 몰고 갔다는 것이다. 문명자, 「[아사히] 80년 8월 17일 "김대중, 조총련 돈 안 받았다"」, 『내가 본 박정희와 김대중』(월간 말, 1999), 375쪽.

100 장우성, 「동아, DJ에 화해의 지면」, 〈한국기자협회〉(2009.8.26).

광주에 있었던 스톡스 뉴욕타임스 도쿄 특파원은, 김대중의 '기구'(김대중 지지자 혹은 정치인 김대중의 정치조직 – 인용자)가 시민군이 장악한 광주 시내의 막후에서 조용히 활동하고 있었지만 행동에 앞장서 있던 세력은 김대중파 사람들이 아니라 학생들이었으므로 김대중이 일을 조종했다는 것은 크게 잘못되었다고 주장했다. 시민군은 김대중파가 배후 조종할 수 없는 통제 불가능한 조직이었다. 그렇다고 김대중파가 아무 일도 하지 않았던 것은 아니며 다소 거리를 유지하며 사태의 추이를 주시하는 일종의 방관자였다고 할 수 있다. 따라서 몹시 흥분해 있는 학생들과 침착한 김대중 지지자들 간에는 큰 차이가 있었다. 학생들(시민군 – 인용자)의 입장에서는 기적이 일어나지 않는 한 살아날 희망이 없었으나 김대중계 사람들은 직접 총을 들고 싸우지 않았으므로 앞으로 전개될 상황을 견뎌내고 살아날 희망이 있었다는 것이다.[101] 당시 광주 시민들이 "김대중을 석방하라"는 구호를 외치기는 했지만 '전두환 퇴진'이나 '계엄령 해제' 등의 구호보다 그 빈도수가 적었다. 따라서 김대중은 최후진술에서 김대중 내란음모사건은 실체가 없는 거짓임을 조목조목 지적했다.[102]

그렇지만 신군부 세력은 자신들의 집권을 위해 김대중 내란음모와 광주민주화운동을 억지로 연결시켰다. '전두환 대통령 만들기'와 '김대중 부정적 이미지 만들기'가 동시에 진행된 것이다. 그러나 광주민

---

[101] 헨리 스코트 스톡스, 「「光州」의 마지막 날, 내가 본 그 現場: 특별기획 외국인이 證言하는 80년 5월 光州」, 『신동아』(1989.5), 294쪽.
[102] 김대중, 『김대중 자서전 1』(삼인, 2010).

주화운동이 김대중에 의해 계획된 반국가적 폭동으로 조작되었을 때 호남 사람들에게 김대중이란 정치인은 자신들의 집단적 수난을 상징하는 인물로 오히려 마음속 깊숙이 각인되는[103] 의도하지 않은 결과가 초래됐다. 호남인의 수난과 김대중의 수난이 동일시되어 이후 호남에서 김대중의 후광을 입은 후보들이 목표한 바를 얻게 된 것이다.[104]

김대중은 신군부의 조작된 시나리오에 억지로 동원된 희생양일 뿐이었다. 김대중 내란음모사건은 2003~2004년 재심에서 무죄가 선고되어 신군부의 조작임이 판명되었다. 재판부는 판결문에서 "79년 12·12 사태와 80년 5·18을 전후해 발생한 신군부의 헌정 파괴 범행을 저지하거나 반대함으로써 헌법의 존립과 헌정 질서를 수호하기 위해 행한 정당한 행위이므로 형법 제20조의 정당행위에 해당, 범죄가 되지 않는다"고 밝혔다.

1980년 5월 당시 신군부는 '광주사태가 좌익 폭도들의 소행'이라고 주장했다. 이는 신군부의 과잉 진압이 선량한 광주 시민을 무장하게 만든 사실을 부인하는 논리의 일단을 제공했다. 월남전에 참전해 게릴라와 맞서는 경험을 했던 전두환·노태우·정호용·장세동[105] 등은

---

103 최장집, 「지역감정의 지배이데올로기적 기능」, 김종철·최장집 외, 『지역감정 연구』(학민사, 1991), 34쪽.
104 강준만·김환표, 『희생양과 죄의식: 대한민국 반공의 역사』(개마고원, 2004), 218쪽.
105 전두환은 1970년 11월 23일부터 1971년 11월 2일까지 약 1년간 제9사단(백마부대) 29연대장으로 베트남에 있었고, 노태우는 1969년에 10개월 동안 수도사단(맹호부대) 제1연대 3대대장으로, 정호용은 제9사단 예하대대 대대장으로 참전했다. 한국군 중 유일하게 베트남에 세 번이나 파견된 장세동은, 세 번째 파견 당시에는 전두환이 연대장으로 있는 9사단 29연대 정보주임으로 근무했고, 베트남 임무를 완수한 후 전두환은 그를 자신이 지휘하던 수경사 30경비단 작전장교로 임명했다. 장세동은 베트남전쟁 때문에 경상도가 아닌 호남 출신임에도 불구하고 늦게 하나회

1980년 광주에서 민간인을 게릴라 내지는 게릴라에 동조할 수 있는 세력으로 간주했다. 이에 선제적으로 과잉 진압하는 공세를 취했고 이후에는 학살을 정당화하려 했다. 공수부대와 신군부의 입장에서는 적과의 또 다른 내전이라고 인식했다. 그들에게 광주 시민은 같은 민족 구성원이나 국민이 아니라 적이었고, 이 내전에서 적을 이길 수 있다면 적에 대한 잔혹성은 정당화될 수 있다고 믿었다. 작전 명령을 성실하게 수행하는 학살뿐만 아니라 작전 명령의 범위를 넘는 보복살인과 즉결처분이 벌어진 것도 이 때문이다.[106] 광주를 제대로 진압하지 않았으면 내전으로 번졌을 것이고, 북의 남침을 불러일으켰을 것이므로 시민군에 대한 신군부의 유혈 진압이 정당하다는 것이다. 그러나 만약 신군부가 타협에 나섰다면 내전으로 번지기보다는 시민군이 자발적으로 무장을 해제했을 가능성이 있다. 이는 계엄군이 물러간 힘의 공백기에 광주 시민들이 질서를 유지했던 사실 등을 통해 추정할 수 있는 부분이다. 보수 세력들은 광주 시민군이 '폭도'라고 주장하지만 시민군은 자신들을 지키기 위해서 어쩔 수 없이 무장한 집단이었고 질서 파괴자도 아니었다. 또한 북한의 남침은 미군이 있는 한 불가능했다는 것이 6·25 전쟁의 역사적 교훈이다.

  노태우는 다소 엉뚱하게도 유언비어가 시민들을 자극해 무장하게 만들었다고 회고했다. 2011년 8월 발간된 『노태우 회고록』에서 "경

    그룹에 참여하게 되었다. 김정한, 「광주 학살의 내재성 – 쿠데타, 베트남전쟁, 내전」, 『역사비평』 (2020년 여름), 72~73쪽.
106 김종욱, 「한국과 베트남의 베트남전쟁 인식과 교육」, 『아시아연구』 20-4(2017), 77~78쪽.

상도 군인들이 광주 시민들 씨를 말리러 왔다는 등 유언비어를 듣고 (광주) 시민이 무기고를 습격했다"며 "5·18은 유언비어가 진범"이라고 주장했다. 그는 광주 시민을 무장시킨 책임이 신군부가 아닌 유언비어에 있다며 자신의 책임을 회피하려 한 것이다. 이에 5·18기념재단과 5월 3단체(유족회, 부상자회, 구속부상자회)는 2020년 6월 3일 노 전 대통령 회고록의 개정을 요구했다. 이러한 요구는 2020년 5월 29일 노태우의 아들 노재헌이 국립5·18민주묘지 헌화·방문을 통해 5·18에 대한 노태우의 사죄 뜻을 전달했으나 미흡하다는 평가에 기반하고 있다.[107]

7. 성명서 발표에 그친 미국의 소극적 개입

당시 부정축재자로 구금된 오원철 전 청와대 경제수석에 의하면 5월 12일 사복 차림의 미국인이 찾아와 신군부가 자신을 체포할 것이라고 경고했다고 한다.[108] 또한 탐사저널리스트 셔록의 주장에 의하면 5·17 열흘 전에 카터 행정부의 고위 관료들이 5·17을 승인했다는 것

---

107 최경호, 「"5·18 진범은 유언비어" 주장…노태우 회고록 개정 이뤄질까」, 〈중앙일보〉(2020.6.4).
108 Hyung-A Kim, *Korea's Development under Park Chung Hee: Rapid industrialization, 1961-1979* (London: RoutledgeCurzon, 2004); 김형아, 신명주 역, 『박정희의 양날의 선택(유신과 중화학공업)』(일조각, 2005), 337쪽. 오원철은 결국 21억 7천여만 원을 환수당했다. 박찬희, 「부정축재 환수 재산의 그 뒤: 5·17당시 환수된 재산의 총액은 얼마이며, 그후 어떻게 처리됐나」, 『신동아』(1988.5), 545쪽.

이다.[109] 그러나 이는 5·17 이전부터 지속되어 온 미국과의 협의 과정(5월 8일자 전문)에 대한 확대 해석일 가능성이 높다.

글라이스틴은 비상계엄 확대 조치와 학원 급습 등 강경 탄압 조치가 군부 지도자들의 주도로 이루어졌음을 최광수 비서실장으로부터 확인했다. 신군부는 대통령과 각료들에게 강압적으로 그런 결정들을 수락하도록 만들었다. 학생들이 최후통첩을 통해 용납할 수 없는 요구사항을 내놓아 더 이상 그들을 회유할 수 없다는 것이 이유였다.[110]

1980년 5월 17일(미국 시간) 글라이스틴의 긴 전문을 접한 크리스토퍼(Warren Christopher) 국무부 부장관은 전두환과 그의 동료들이 글라이스틴과 위컴이 일전에 제기했던 SCM 연기 등을 포함한 경고들을 경시하고 있다고 평가했다. 이러한 상황은 양국 관계에 불가피한 영향을 미칠 것이며 3김의 운명과 국회의 조기 소집 전망 등과 같은 것들이 미국의 추가 행동에 영향을 미칠 것이라는 명시가 있어야 한다고 결론 내렸다. 크리스토퍼는 일요일에 최규하 대통령 및 이희성 계엄사령관과의 만남을 모색하라고 긴급 지시했다. 카터 대통령의 직함을 걸고 다음과 같이 강조하라는 것이었다. 글라이스틴의 위 건의에 대해 대통령의 지시라는 포장을 씌어 준 것이었다.

---

109 Tim Shorrock, "The US Role in Korea in 1979 and 1980," revised web edition, p. 2, in https://www.kimsoft.com/ (검색일: 2004.4.15).

110 William H. Gleysteen, Jr., *Massive Entanglement, Marginal Influence: Carter and Korea in Crisis* (Washington, DC: Brookings Institution Press, 1999), p. 122; 윌리엄 H. 글라이스틴, 황정일 역, 『알려지지 않은 역사: 전 주한미국대사 글라이스틴 회고록』(중앙 M&B, 1999), 176쪽.

미국은 5월 17일 결정과 사건들에 대해 매우 걱정스럽다. 왜냐하면 합법적인 정부의 신뢰를 약화시키며 국민들의 민주적 진보에 대한 희망을 좌절시키고 시민 저항의 위협을 높이며(미국은 시민 저항을 부정적으로 보았다 – 인용자) 북한 개입의 위험성을 증대시키기 때문이다.

미국은 이러한 행동들이 민간정부를 거의 고려하지 않고 취해진 것처럼 보이므로 매우 놀라고 있다.

더 나아가 다양한 분야의 상호 중요한 협조와 연관된 이러한 행동들에 대해 일전에 표명했던 심각한 우려가 무시되었다고 미국은 평가할 수밖에 없다.

이러한 사건들에 대한 미 국민과 의회의 반응은 매우 부정적일 것이다.

한국인들의 민주 발전에 대한 희망을 좌절시키는 행동들은 양국 간의 다양한 분야에서 이루어질 협조에 심각한 영향을 줄 것이다.

한국에서 벌어지는 사태의 진전에 대해 세계가 관심을 가질 것이므로 미국은 공개적인 논평을 피할 수 없다. 나(카터)는 이에 대해 당신(최규하)에게 사전에 개인적으로 알려줄 것이다. 지금 당신에게 전하는 성명서는 워싱턴에서 일요일 오후에 발표될 것이다.

미국은 상황에 기름을 붓거나 대한민국의 방위를 약화시키는 어떠한 조치도 하지 않을 것이지만 양국 관계가 매우 어렵게 변화하기 시작했다는 점을 당신은 이해해야 할 것이다.

광범위한 지지를 얻을 수 있는 선거를 향한 진전이 빠르게 재개될 것이라는 즉각적이고 공개적인 행동이 한국 국민과 국제사회를 향해 확실하게 취해지기를 희망한다.

3김이 억류에서 해제되고 5월 20일로 예정된 국회가 열릴지의 여부가 미국의 추후 판단에 심각하게 영향을 미칠 것이다.[111] 일요일로 예정된 성명도 상황에 따라 자제될 가능성이 있다. 며칠간의 사태 변화에 따라 미국의 공개적 성명과 행동의 방향이 결정될 것이다.

또한 크리스토퍼는 핵심적인 일을 제외하고 미국인들의 한국 여행 자제를 권고했다는 사실을 한국 정부에 통보하라고 글라이스틴에게 지시했다. 주 초반까지 상황에 긍정적인 진전이 있다면 미 수출입은행 존 무어 행장, 해외민간투자공사 루엘린 회장, 펜실베이니아·뉴올리언스 무역사절단 등의 방문 일정 조정 작업이 즉각 재개될 것이라고도 알려주라고 지시했다. 미국 정부의 성명문이 발표될 때까지 시간이 있으므로 최규하 대통령과 이희성 장군에게도 개인적으로 전달하라고 크리스토퍼는 다시 한 번 강조했다.

만약 글라이스틴의 추가 수정이 없으면 국무부 대변인이 일요일에 발표할 것이라면서 성명서 문안을 첨부했다. 글라이스틴이 보낸 초안을 골격으로 한 것이다.(밑줄은 국무부가 글라이스틴의 원안에 첨가한 부분임)

우리는 계엄령이 대한민국 전역으로 확대된 것과 대학의 폐쇄, 그리

---

111 최규하 대통령이 당선된 후 처음으로 열린 1980년 5월 20일 국회에서 여야 합의로 계엄령 해제가 건의될 것이라는 예측이 있던 상황에서 신군부는 이를 막기 위해 5·17 쿠데타를 급히 단행한 것이다. 샘 제임슨, 「항쟁지부 벽에 새겨졌던 '세계평화'」, 한국기자협회·무등일보·시민연대모임 공편, 『5·18 특파원리포트』(풀빛, 1997), 111쪽; Sam Jameson, "Reflections on Kwangju," Henry Scott-Stokes and Lee Jai Eui, eds., *The Kwangju Uprising: Eyewitness Press Account of Korean's Tiananmen* (Armonk, NY: M. E. Sharpe, 2000), p. 81.

고 상당수의 정치·학생 지도자들이 체포된 것을 심각히 우려하고 있다.

우리는 정치적 자유화를 위한 과정은 법의 존중이 수반되어야 한다는 점을 인정한다. 그러나 현재 한국 정부가 취한 행동은 대한민국이 안고 있는 문제를 용이하게 만들기보다는 오히려 악화시킬 것이라고 우려한다.

우리는 우리의 심각한 우려를 한국 지도자들에게 분명히 밝혔으며 최 대통령이 일찍이 밝힌 헌법 개정과 민의에 의한 민간정부 선출을 위한 노력이 즉시 재개될 것을 바라는 우리 희망을 재차 강조했다.

우리는 한국의 모든 사회 구성원이 이 어려운 시기를 맞아 자제해 주기를 촉구하는 바이다. 1979년 10월 26일 우리가 천명했던 것처럼 미국 정부는 대한민국의 현 상황을 이용하려는 어떤 외부의 기도에 대해서도 방위조약 의무에 의거해 강력 대응할 것이다.[112]

---

112 William H. Gleysteen, Jr.(1999), 앞의 책, 123~124쪽; 윌리엄 H. 글라이스틴, 황정일 역 (1999), 앞의 책, 177~178쪽.
We are deeply distressed by the extension[imposition: 글라이스틴 원안]([ ] 안 이하 동일) of [Emergency, 삭제] Martial Law throughout the Republic of Korea, the closing of universities[schools], and the arrest of a number of political and student leaders. We are making clear to the Korean government the seriousness of our concern.
We recognize that progress toward political liberalization must be accompanied by respect for the law. However, we are concerned that the actions which the government has now taken will exacerbate rather than alleviate problems in the Republic of Korea, we have made clear the seriousness of our concern to Korean leaders, and we have reiterated our earnest hope that progress toward constitutional reform and the election of a broadly based civilian government, as earlier outlined by president Choi, will be resumed promptly.
We urge all elements in Korean society to act with restraint at this difficult time.[.] as we affirmed on October 26, 1979, [We reiterate our statement of October 26, 1979 that] the U.S.[United States] Government [wishes to make clear that it] will react strongly in accordance with its treaty obligations [to the Republic of Korea] to any external attempt

이희성 장군과 최규하 대통령에게 전달하는 메시지의 내용을 전두환 장군에게도 알려주라고 크리스토퍼는 글라이스틴에게 지시했다.

크리스토퍼는 홀브룩 차관보가 토요일 오후 늦게 김용식 대사를 만나 미국의 실망감을 전달했던 사실도 알려주었다. 김 대사는 아직 한국으로부터 연락을 받기 전이었으며, 플랫·그레그·아머코스트·그래버(Graver)·리치가 동행했고, 김 대사와 박두옥 참사관이 열심히 메모했으며, 다음 날 아침에 연락하기로 했다고 했다.[113]

위 지시에 따라 1980년 5월 18일 글라이스틴은 이희성 계엄사령관과 최규하 대통령을 만나 카터 대통령의 지시라는 점을 강조하면서 5월 17일의 행동은 합법정부의 대외 신뢰도를 손상시키며 민주 발전에 대한 한국 국민들의 여망을 좌절시키고, 내란의 위협을 높임과 동시에 북한의 개입 위협을 높인다고 말했다. 한미 관계가 극히 어려운 시기에 돌입하고 있다면서 그 증거로 5월 18일자 미 국무부의 성명서를 읽어 보라고 요청했다.

최규하 대통령은 3김이 학생들에게 악영향을 미치고 있다며 맹렬히 비난했다. 그는 정치 개혁 일정을 계속 추진할 것과 3김은 체포된 것이 아니라 포고령 위반으로 조사받는 것이라고 주장했으나 글라이스틴은 그의 말은 설득력이 전혀 없다고 평가했다. 한국 정부가 동맹국

---

to exploit the situation in the Republic of Korea.

113 "Cable from the Situation Room to AmEmbassy Vienna: Crackdown in Seoul," Z 180520Z May 80, National Security Affairs, Collection # 16: Brzezinski Material: Cables File, Folder: Privacy Channels In/Out, 5-6/80, Box 128, Jimmy Carter Library (NLC-16-128-5-16-1).

인 미국에게 사전 통보하지 않은 것에 대해 글라이스틴이 이희성 장군에게 항의하자 이희성은 한국 국민들이 학생들에 대한 정부의 강경책을 이해하고 수용할 것이라는 점을 미국인들은 모를 것이라고 일축했다. 이희성 장군의 예언이 들어맞았다고 글라이스틴은 회고했다.[114]

한편 대한민국 보안사령부 문건에 의하면 당시 이희성 계엄사령관은 정치인들이 구속된 것이 아니라 단순한 연행 조사이며 최규하 대통령의 승인을 득했다고 강변했다.[115] 2020년 5월 한국 정부에 제공된 미국 문건 중 글라이스틴 대사가 1980년 5월 18일 밴스에게 보낸 전문에 따르면 이희성 사령관은 베트남에 비록 민주주의는 없지만 통일은 되었고, 한국 정부가 미·일의 자본주의자들을 지지하는 것에 문제를 제기하는 한국 대학생들의 사상 확산을 막지 못하면 베트남과 같이 공산화될 것이라고 했다. 또한 5월 19일로 예고된 학생 시위는 너무 대규모라서 경찰이 막지 못할 것이며 군대가 개입해야 할 상황을 우려해 계엄령을 확대했다는 변명을 했다.[116] 이승만·박정희 대통령 지배하의 권위주의 시대, 냉전 시대 안보 논리를 미국대사에게 설파해 미국의 민주화 추진과 군부 개입 제어를 무력화하려 했던 것이

---

114 William H. Gleysteen, Jr.(1999), 위의 책, 124~125쪽; 윌리엄 H. 글라이스틴, 황정일 역 (1999), 위의 책, 179~180쪽.

115 「글라이스틴 주한미국대사와의 대담 내용」(대한민국보안사령부문건, 1980.5.18) in 배진영, 「미, 신군부에 끌려가면서 당혹스러워 해: 1980년 '서울의 봄' 당시 한미관계를 보여주는 3건의 문건」, 『월간조선』(2013.5), 346쪽.

116 "Cable from AmEmbassy Seoul (Gleysteen) to SecState: MY CALL ON MARTIAL LAW COMMANDER GENERAL LEE HUI SUNG," O 181113Z May 1980, SEOUL 06284, Secret, 미 국무부 제공, 〈5·18민주화운동기록관〉(검색일: 2020.5.23).

다. 글라이스틴은 훗날 당혹스러운 장면이었다고 회고했다.[117] 이러한 자료 공개와 회고담 등은 당시 미국이 전두환의 야심을 못마땅하게 생각하면서도 제어하지 못하고 바라보기만 했던 상황을 사후에 변명하고 합리화하려는 의도로 이루어진 것이라고 할 수 있다.

그레그는 1980년 5월 20일(미국 시간) 작성된 비망록에서 대한민국 정부의 비상계엄 전국 확대 이유가 "계속되는 사회 혼란이 북한의 오판을 유발할 위험성이 있고, 북한 간첩들이 학원에 침투해 소요 사태를 확산시키려 하므로 온건책은 오히려 학생 시위를 격화시킨다는 우려 때문"이라고 인용하며,[118] 이는 자주 듣던 진부한 말이라고 평가했다. 그러나 군부 지도자들이 이를 진정으로 믿고 있다면서 미국이 보기에는 과민 반응이며 더 많은 폭력을 불러올 것이고 한국인들은 또 다른 군사독재를 견디지 않을 것이라고 판단했다.[119]

브레진스키는 5월 19일 일일보고서에서 다음과 같은 내용을 카터에게 보고했다. 최규하 대통령과 이희성 계엄사령관은 학생들의 대규모 시위 계획, 학생들의 공산주의적 선전 구호 사용, 그들의 강한 조직, 노동자와 고등학생들[120]로 시위가 확대될 가능성 때문에 비상계

---

117 김혜영, 「"전두환, 군부 장악 도움 원했다"…美 기밀문서 공개」, 〈SBS 뉴스〉(2020.5.16).

118 실제로 최규하 대통령은 전술한 바와 같이 5월 18일 하오 4시 특별성명을 발표해 "북한 공산집단의 대남 적화 책동이 날로 격증되고 우리 사회 혼란을 목적으로 무장간첩의 계속적 침투가 예상되고 있습니다. 그들은 […] 남침의 결정적 시기 조성을 획책하고 있습니다."라고 언급했다.

119 "Memorandum of Donald Gregg to Zbigniew Brzezinski: MBB Item: Korea After Martial Law," May 20, 1980, p. 1, Zbigniew Brzezinski Collection, Subject File, Folder: [Meeting - Muskie/Brown/Brzezinski: 5/80 - 6/80], Box 23, Jimmy Carter Library.

120 전두환은 브루스터와의 대담에서 만약 고등학생까지 가담하게 된다면 전방 군병력 동원 없이 2,500~3,000명의 후방 방위 병력만으로는 데모 저지가 불가능하다고 판단해 최규하 대통령이

엄 전국 확대 조치를 내렸다고 글라이스틴에게 설명했다. 이를 설명할 때 이희성 장군은 안정되어 보였지만 최규하 대통령은 명목상 지위만 가지고 있는 것처럼 보였고 그 영향력은 제한적으로 보였다고 했다. 최 대통령과 내각은 전두환에 의해 소집된 40명의 고위 장군(지휘관-인용자)들이 모여 결정한 비상계엄 전국 확대 조치를 별다른 토론이나 의욕 없이 승인했다. 그리고 3김 중 두 명(부패 혹은 학생 선동 혐의로)을 포함한 주요 정치 지도자 몇 명이 체포되었는데 최규하 대통령은 구속이 아니고 구금이라고 설명했다. 글라이스틴은 계엄령이 해제될 기미가 보이지 않는다면서 기정사실로 받아들여야 한다고 주장했다. 브레진스키는 고위정책조정회의(PRC)가 1980년 5월 22일 목요일 저녁에 열린다는 것도 카터에게 보고했다.[121]

이제 진정 붕괴가 시작되었고 파국이 멀지 않은 상황이었다. 변혁기 격동의 한국 내정에 지대한 관심을 가지고 가슴 졸이며 지켜봤던 미국은 "어려운 시기에 모든 한국 사회 구성원들이 (서로 적대하지 말고-인용자) 자제할 것"을 강력히 권고했다. 그러나 적어도 광주에서

중동 방문에서 귀국하는 즉시 청와대 심야 대책회의에서 비상계엄 확대 조치의 필요성이 인정되었다고 주장했다. 또한 전두환은 카터 대통령을 위시한 미국 정부의 기대에 어긋나지 않도록 한국 정부는 최선을 다할 것이며, 이란과 같은 정국이 없도록(정국 파탄이 일어나지 않도록) 학생 데모 악화를 방관하지 않을 것이라고 말했다.「브루스터 美CIA責 當部부장님 禮訪결과」(대한민국보안사령부문건, 1980.5.19), 배진영, 「미, 신군부에 끌려가면서 당혹스러워 해: 1980년 '서울의 봄' 당시 한미관계를 보여주는 3건의 문건」,『월간조선』(2013.5), 354쪽. 전두환은 고등학생까지 가담한다면 4·19와 같이 정권이 뒤집어질지 모른다고 우려했을 것이며, 당시 미국의 당면 과제인 이란 사태를 언급해 자신들의 계엄 확대를 정당화하려 했던 것이다.

121 Zbigniew Brzezinski, "Memorandum for President: Daily Report," Secret, May 19, 1980, National Security Affairs-Brzezinski Material, Collection # 1: President Daily Report File, Folder: 5/11/80-5/20/80, Box 15, Jimmy Carter Library(NLC-1-15-4-20-8).

는 미국의 성명에 따라 구성원들이 자제하지 못하고 오히려 격렬하게 충돌했다. 급변하는 상황 속에서 우려가 현실이 되어 충돌 예방을 위한 방안 제시는 휴지 조각이 되었다. 군부와 학생들에 대한 자제 호소는 광주에서의 유혈 충돌로 사후약방문이 되었다. 물론 먼저 사태를 자초한 책임이 군부에 있었다는 점은 반드시 지적해야 한다.

크리스토퍼 국무부 부장관은 1980년 5월 17일(미국 시간)에 비상계엄 확대 조치에 대해 카터에게 보고했다. 정치 활동을 금지하고 언론 검열을 강화하며 모든 대학을 휴교시키는 한편 근거 없는 루머를 막기 위한 조치라는 설명이었다. 또한 3인의 주요 대통령 후보가 체포되었다는 소문이 있다면서 오로지 대통령직만 민간정부의 상징물로 남았다고 적었다. 글라이스틴이 추후에 보고할 것이라고도 했다.[122]

1980년 서울의 봄 당시 미국은 한국의 학생 시위 및 한국 야당의 활동에 대해 한국 국내 정치 문제로 보아 적극적으로 개입하려 하지 않았다. 이러한 불개입주의는 1964~1970년대 초반의 주요한 이슈였던 베트남전 개입의 실패가 초래한 미국의 내적 반성에서 유래한 측면이 있다.(미국의 반제국주의 반전운동 141쪽 참고) 1975년 남베트남 패망 이래 국제정치 개입을 최소화하는 방향으로 전환되었던 것과 무관하지 않다. 물론 이후에도 미국의 대외 개입은 계속되었지만 상대적으로 제3세계에 대한 내정간섭의 강도가 약해지는 추세였던 점은 인정할 수 있다.

---

122 "Memorandum of Warren Christopher, Acting to the President[: Evening Report]," May 17, 1980, p. 2, Plains File, Subject File, Box 40, Folder: State Department Evening Reports, 5/80, Jimmy Carter Library(NLC-128-15-5-9-9).

1980년에 미국은 한국의 정치적 전망을 그렇게 밝게 보지 않았고 한국인의 민주화 능력을 과소평가했다. 1980년 8월 8일 위컴 주한 미군 사령관은 한국인들이 '레밍처럼' 시류에 휩쓸려 몰려다니는 존재이므로 민주주의가 적합하지 않다고 말했다. 이는 독재를 정당화하는 듯한 발언으로 볼 여지가 있는 일종의 망언이었다. 심지어 카터 미 대통령도 1980년 8월 21일 기자회견에서 한국인들이 완전한 민주주의에 준비되어 있지 않다고 말했다. 이렇듯 미국은 1980년 한국을 개인의 자유를 토대로 민주주의를 달성한 구미 선진국과는 다른 정치적 후진국으로 간주했다.

✦ ✦ ✦

참고

미국의 반제국주의 반전운동

19세기 말~20세기 초 미서 전쟁의 결과로 미국은 유럽식 제국주의를 닮아 갔다. 이 시기는 미국판 제국주의 시대였다. 당시 미국의 일부 지식인들은 미국식 제국주의에 대항했다. 마크 트웨인과 앤드류 카네기 같은 저명한 미국인들이 미국의 식민지화와 전쟁에 반대하며 '미국 반제국주의 연맹'을 결성했다.

존슨 행정부 시절인 1964년 8월 통킹만 사건으로 미국은 베트남에 적극적으로 개입하기 시작했다. 1965년 프린스턴대학 교수 R.A. 포크 박사를 위원장으로 조직된 '미국의 베트남 정책에 관한 법률가위원회'는 미국의 베트남 개입의 합법성을 조사·분석한 결과 미국이 몇 가지 사항에서 국제법을 위반하고 있다는 결론을 내렸다. 미 의회에서 정부의 베트남 정책에 관한 공청회가 열리고, 텔레비전·라디오 등에서도 각종 공개 토의가 행해졌다. 또한 북베트남에 대한 폭격이 강화되고 고엽 작전, 손미(미라이) 학살(1968년 3월 16일 남베트남 손미에서 미군이 민간인 504명을 학살함)의 실태가 밝혀짐에 따라 베트남 전쟁에 대한 의혹은 곧 반전운동의 움직임으로 확산되었다. 이후 정부 정책에 반대하는 집회와 데모가 빈발했는데, 그 가운데 가장 규모가 큰 집회는 1969년 10월 15일을 '베트남 반전일'로 삼아 워싱턴을 중심으로 미국 각지에서 행해진 대규모 '베트남 반전 통일 행동'이다.

미 국방부는 베트남 전쟁을 조사·연구하여 47권에 이르는 『미국 방부비밀보고(펜타곤 페이퍼)』를 만들었는데, 미 국방부 직원 다니엘 엘스버그가 이 자료를 1971년 『뉴욕타임스』 등에 제공해 공개하게 했다. 약 7천 페이지에 달하는 이 극비 문서는 베트남전이 하루아침에 우연히 발생한 전쟁이 아니라 오래전부터 사전 계획된 미국 측 '전쟁 시나리오'에 따라 일어났다는 주장의 증거로 간주되었다. 또한 전쟁의 미래가 그다지 낙관적이지 않다는 전망이 정권 내부에서 논의되었음에도 이를 은폐하며 전쟁을 계속해서 수행했다는 사실 등이 공개되었다. 이 문서의 공개로 베트남 정책의 실상이 알려졌으며 반전운동이 더욱 확산되었다.

베트남전을 확전시킨 통킹만 사건은 미국도 인정한 날조 조작극이다. 이 사건은 1964년 8월 미 해군이 북베트남 통킹만을 순찰하던 도중 베트콩 어뢰정의 공격을 받았다고 발표한 것이 시발점이었다. 그러나 정작 베트콩은 공격하지 않았고, 육상에서 지켜보다 퇴각한 사실이 훗날 밝혀지면서 파문이 크게 일었다. 통킹만 사건의 배후가 미국이라는 사실도 펜타곤 페이퍼에 나와 있으며, 이 역시 1971년 『뉴욕타임스』에 의해 폭로되었다. 반전운동은 미국뿐만 아니라 세계 여러 나라에서 전개되었다. 반전운동은 미국 정부가 베트남 폭격 중지→평화 교섭 개시→미군 철수→전쟁 종결의 순서로 결의를 잡는 데 영향을 미쳤다.

※ ※ ※

November 25, 1980

THE SECRETARY OF STATE
WASHINGTON

4부

광주민주화운동과 미국의 대응

SECRET

MEMORANDUM FOR: THE PRESIDENT
FROM: Edmund S. Muskie

GDS 11/25/86

DECLASSIFIED
E.O.12958, Sec.3.6

◀
광주 시민들이 탄 버스를 공격하는 무장한 계엄군들(1980.5.27). ⓒ경향신문사

1장

광주항쟁 진압에 대한
미국의 입장

1. 광주민주화운동의 시작과
미국의 초기 대응

1980년 5월 18일 일요일 서울에서는 대규모 거리시위가 없었지만 광주에서는 전남대와 조선대 학생들이 대규모 가두시위에 나섰다. 이 날 오후부터 경찰은 대체로 수세적으로 대응했으나, 특전사 소속의 군인들은 학생으로 보이는 청년들을 색출해 북한 요원 대하듯 무자비하게 구타하고 연행했다. 광주 시민들은 군인들의 행동에 경악했다. 5월 19일과 20일 공수부대원들의 과잉 진압이 자행되어 수많은 젊은이가 죽거나 부상당했다. 5월 20일 밤이 되자 군인들의 무자비한 폭력에 대한 소문이 광주시 전역으로 퍼졌다. 분노한 시민들이 모여들면서 학생 시위는 대규모 시민봉기로 변했다. 항쟁은 21일에 절정을 이루었다. 학생과 노동자, 분노한 시민들이 정부 청사를 공격·방화하고 수천 정의 무기와 탄약을 탈취해 광주시가 그들의 수중에 들어갔다. 21일 낮 12시 59분에 전남도청 앞에서 계엄군이 집단 발포를 한 직후인 오후 1시 30분 남평지서에서 최초의 무기 탈취 사건[1]이 있었다. 시민들이 무장하기 시작하여 시민군 집단이 형성된 것이다.

광주를 장악한 시민들이 일치단결해 진압군에 대항했으므로 군병력은 시 경계로 철수하여 시를 봉쇄했다. 위컴 사령관과 글라이스틴 대사는 군 지휘관 등에게 인내심을 가지고 대화를 통한 사태 수습에 나설 것을 모든 경로를 동원해 설득했다.[2]

미국은 1980년 5월 19일 오전 광주 미국문화원장 데이비드 밀러가 서울 미 대사관에 전화했을 때 광주의 상황이 서울과는 완전히 다르다는 소식을 처음 접했다고 1989년 6월 미국 정부 성명서 등에서 주장했다. 이때부터 사태의 심각성을 알게 되었다는 것이다.[3] 미국은

---

1 이는 5·18 직후 경찰이 발간한 『전남사태 관계기록』에 의한 것이다. 2007년 국방부 과거사진상규명위원회의 조사 결과 보고서에 인용된 『전남도경 상황일지』에는 시위대가 5월 21일 오전 8시 나주군 반남지서에서 총기 3정과 실탄 270발을 탈취했다고 나온다. 그런데 2017년 10월 11일 전남지방경찰청이 발표한 보고서 『5·18 민주화운동 과정 전남경찰의 역할』에 의하면 후자의 상황일지는 1988년 5·18 청문회를 앞두고 집단 발포의 정당성을 확보하기 위해 시위대가 먼저 무기와 실탄을 탈취한 것처럼 군이 상황일지를 조작한 것이라고 주장했다. 타자기로 생산된 상황일지의 활자체는 당시 경찰이 사용한 것과 다르며 표지 제목에 '全南道警'이라고 써야 할 것을 '全南道敬'이라고 잘못 적었다. 따라서 경찰이 아닌 군이 작성한 것이라는 해석을 가능하게 한다. 김호, 「군 당국, 5·18 집단발포 근거로 삼은 경찰 상황일지는 조작」, 『중앙일보』 2017년 10월 12일, 12면. 2007년 국방부 과거사진상규명위원회의 검증이 부족했으며 진상규명을 위해서는 계속 보완이 필요하다는 교훈을 보여 주는 사례이다. 시민군의 무장은 5월 21일 오전이 아니라 오후에 이루어졌으며 군의 발포에 대한 자위책이었다. 반남지서의 무기 탈취는 5월 21일 17시 30분에 이루어졌다. 「[FOLDER: 추적_5·18_40년] #2 군의 '화려한 은폐'」, 〈한겨레TV〉(2020.3.16).

2 William H. Gleysteen, Jr., *Massive Entanglement, Marginal Influence: Carter and Korea in Crisis* (Washington, DC: Brookings Institution Press, 1999), p. 132; 윌리엄 H. 글라이스틴, 황정일 역, 『알려지지 않은 역사: 전 주한미국대사 글라이스틴 회고록』(중앙M&B, 1999), 189쪽.

3 "United States Government Statement on the Event in Kwangju, Republic of Korea, in May 1980," June 19, 1989, Vertical File, Box 71, Presidential Papers of Jimmy Carter,

1979년 12·12 이후와 1980년 서울의 봄 당시 한국의 소요가 심각하게 전개되고 있음을 예의 주시했지만 서울 중심주의에 빠져 광주에서의 상황에 특별히 주목하지 않았으므로 5월 19일에 이를 알게 되자 매우 놀랐던 것으로 추정된다.

한편 글라이스틴은 회고록에서 5월 18일 밤 광주 미문화원을 통해 처음 소식을 접했고 20~21일에 사태의 심각성을 알게 되었다고 말한다.⁴ 5월 18일 밤이 미국 시간이라면 위 1989년 6월 미국 정부 성명서의 19일 오전과 일치하는데, 당시 서울에 있던 글라이스틴이 미국 시간을 기준으로 책을 썼을 가능성은 거의 없으므로 기억에 의존한 오류이거나 책임 회피일 가능성이 있다. 또한 20~21일은 급박한 정세에 비추면 너무 늦은 때이다. 미국문화원 직원들은 5월 22일까지 광주에서 완전히 철수했다. 글라이스틴은 자신의 회고록에서 "지금 와서 후회되는 것은 사태의 심각성을 알게 된 즉시 미국대사관 직원을 광주에 보내지 않은 점"이라고 토로했다고 한다.⁵

1980년 5월 21일 글라이스틴은 미 국무장관에게 보낸 보고서에서 광주 위기의 직접적 원인은 김대중 등 호남 출신 정치인들에 대한 강

Jimmy Carter Library; John Adams Wickham, Jr., *Korea on the Brink, 1979-1980: From the '12/12' Incident to the Kwangju Uprising* (Washington, DC: National Defense University Press, 1999), p. 204; 존 위컴, 김영희 감수, 유은영 외 공역, 『12·12와 미국의 딜레마: 전 한미연합사령관 위컴 회고록』(중앙 M&B, 1999), 307쪽. 이에 대해 평민당 등 야당은 미국 내 한국 정보기관의 능력 등을 고려할 때 분명한 위증이라고 주장했다. 김동철, 「광주특위 되살린 "미 답변서 파문"」, 『동아일보』 1989년 6월 22일, 3면.

4 William H. Gleysteen, Jr.(1999), 앞의 책, 129쪽; 윌리엄 H. 글라이스틴, 황정일 역(1999), 앞의 책, 184쪽.

5 하윤해, 「[단독] "또 다른 이란 안돼"… 반미 확산 우려 유혈진압 용인」, 〈국민일보〉(2016.5.18).

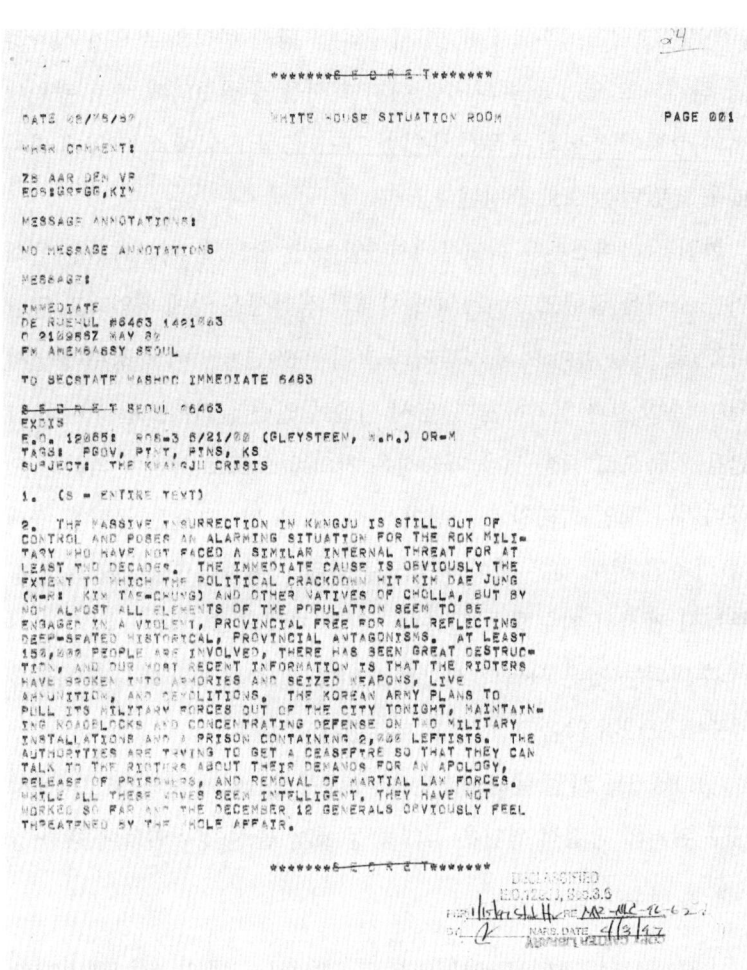

그림 3. 서울 미국대사관(글라이스틴)에서 국무부로 보낸 전보: 「광주 위기」(1980.5.21), 카터 대통령 기념도서관 소장

DATE 20/28/80   WHITE HOUSE SITUATION ROOM   PAGE 002

MESSAGE (CONTINUED):

3. GENERAL WICKHAM HAS AGREED TO A HIGH INTERNAL ALERT
STATUS AGAINST INFILTRATION, AND HE HAS INFORMALLY TAKEN
SOME MEASURES ASSOCIATED WITH DEFCON 3. HE HAS ALSO URGED
THAT DEFENSE CONSIDER WHAT FORCE AUGMENTATIONS MIGHT BE
POSSIBLE IF WE BECOME INCREASINGLY CONCERNED ABOUT THE
POTENTIAL FOR NORTH KOREAN EXPLOITATION. HE HAS BEEN
CAREFUL TO AVOID ANY FORMAL ACTIONS WHICH MIGHT BE
PROVOCATIVE AND LEAD TO AN ESCALATION WITH NORTH KOREA.

4. WE HAVE DISCUSSED, IN ADDITION, WHAT WE MIGHT DO. ONE
MAN WHO COULD HELP IF HE WERE WILLING WOULD BE KIM DAE JUNG,
BUT HE IS IN JAIL AND PROBABLY WOULD NOT BE WILLING TO BE
HELPFUL UNLESS HE COULD EXTRACT FAR-REACHING CONCESSIONS.
NO OTHER HEROES ARE LIKELY TO STEP FORWARD. IF THE RIOT-
ING GETS EVEN MORE SERIOUS, I SUGGEST THE DEPARTMENT
CONSIDER REITERATION OF THE MAY 18 STATEMENT FOCUSING IT
ON A CALL FOR ALL CONCERNED TO CALM THE SITUATION, ESTAB-
LISH A DIALOGUE WITH EACH OTHER, AND AVOID A FISSURE WHICH
COULD GREATLY INCREASE EXTERNAL THREATS. THE STATEMENT
COULD CONCLUDE BY TAKING NOTE OF PYONGYANG'S PROTESTATIONS
OF INNOCENCE AND STATE THAT WE INTEND TO HOLD THEM TO
THEIR DECLARATION. AS OF NOW, I AM AGAINST ANY LOCAL
AMERICAN STATEMENT BECAUSE IT COULD BACKFIRE WITH CHARGES
THAT WE WERE IN COLLUSION WITH THE GOVERNMENT. A STATE-
MENT IN WASHINGTON WHICH BALANCED THE CALL FOR MODERATION
TO BOTH SIDES WOULD POSE LESS DIFFICULTY. UNFORTUNATELY,
NO AMERICAN STATEMENT IN A SITUATION OF CENSORSHIP AND
RIOTING IS GOING TO BE HEARD BY MANY PEOPLE. GLEYSTEEN

PSN: 041255   TOR: 142/12:01Z   DTG: 212955Z MAY 80

경한 탄압 때문이었다고 분석했다.⁶ 2017년에 전두환은 회고록에서 "광주사태가 김대중 씨의 검거에 대한 반발에서 비롯된 측면이 크다는 사실은 시위대의 각종 발표문과 구호에서도 나타나고 있다"고 적었다.⁷ 1980년 7월 6일에 글라이스틴은 미 국무부에 보낸 전문에 "김대중이 박정희 대통령 시해 사건 후 신민당을 장악하고 여러 사조직을 동원해 현 최규하 대통령 정부를 전복하고 스스로 과도정부 수반이 됨으로써 권력을 장악할 계획을 세운 것으로 추정된다"고 적어 김대중이 광주 문제의 원인임을 시사하기도 했다.⁸

그런데 김대중 구속이 광주 초기 시위의 원인일 수는 있지만 글라이스틴도 다른 자료(회고록)에서 지적했듯이 공수부대의 무자비한 탄압이 시민군의 무장을 불러와 대규모 민중봉기를 촉발시켰으므로⁹ 광주 유혈 사태의 원인은 군부가 제공했다고 보는 것이 타당하다.¹⁰

---

6   "Cable from AmEmbassy Seoul (Gleysteen) to SecState: The Kwangju Crisis," O 210956Z May 1980, #24, National Security Affairs, Collection # 6, Brzezinski Material, Country File, Folder: Korea, Republic of, 1-5/80, Box 44, Jimmy Carter Library; William H. Gleysteen, Jr.(1999), 앞의 책, 127쪽; 윌리엄 H. 글라이스틴, 황정일 역(1999), 앞의 책, 182쪽.
7   전두환 저, 민정기 책임정리, 『전두환 회고록 1: 혼돈의 시대, 1979-1980』(자작나무숲, 2017), 514쪽.
8   「스스로 대통령 되려 한 김대중의 내란 음모: 비밀해제된 미 국무부-CIA 5.18 문건」, blog.daum.net/cjseong123/605 (검색일: 2019.6.19).
9   William H. Gleysteen, Jr.(1999), 앞의 책, 4쪽; 윌리엄 H. 글라이스틴, 황정일 역(1999), 앞의 책, 29쪽.
10 노태우는 2011년 발간된 회고록에서 "5·18 민주화운동은 유언비어 때문에 일어났다"고 평가했다. 공수부대 진압 작전에 대한 과장된 유언비어 때문에 광주 시민들이 무장했다는 주장인데 실제 과잉 진압이 시민군의 무장을 유발한 것은 움직일 수 없는 사실이므로 신군부의 평가는 본말을 전도한 왜곡이다. 신군부 측에서는 '정당한 진압 작전'을 당시 광주 시민들이 '의도적인 살상'이라고 과장한 것으로 평가했으므로 이러한 주장이 나온 것이다.

그렇다면 신군부는 왜 공수부대에 과잉 진압을 지시했을까? 1979년 10월 부마사태가 일어났을 때도 위수령을 발동했지만 광주에서와 같은 과잉 진압은 없었다. 광주 시민의 무장을 유발해 이를 진압하고 자신들의 권력 탈취를 위한 수단으로 이용하고자 했던 신군부의 음모는 없었을까? 신군부는 김대중이 시위의 제1원인이라는 여론을 조성하여 광주 유혈사태를 국지적인 지역 문제로 고립시키고 정권 탈취에 이용한 다음에 다른 지역으로의 확산을 저지하려 했던 것은 아닐까? 실제로 5월 22일 계엄사령부는 김대중이 대중 선동과 정부 전복을 기도하고 학생 시위를 배후 조종했다는 조작된 중간 수사 결과를 발표해 이미 무장 중이던 광주 시민을 더욱 자극하고 시위를 과격화시켰는데 이는 극렬한 시위를 김대중의 근거지 광주에 국한시키는 효과를 낳았다. 5·18 재판 과정에서 김대중을 주범으로 몰아 사형 선고까지 내렸는데, 이미 감옥에 있던 김대중이 어떻게 광주 시위를 주도할 수 있었는지에 대해서는 해명하지 못했다. 이렇게 김대중을 주범으로 앉힌 것은 신군부가 정권을 찬탈하기 위해 조작한 사전 시나리오가 있었음을 방증하는 사례라는 주장이 있다.

신군부의 과잉 진압에 겁먹은 듯 당시 서울의 시위 주도 세력은 광주의 지원 요청을 외면해 결국 광주항쟁이 국지화·고립화 상태로 종결되는 데 역할을 했다. 훗날 운동권에서는 당시 연대에 나서지 못한 것은 비겁한 행위였다고 스스로 비판하면서 광주에 대한 부채의식을 가지게 되었다.

시민군의 입장에서는 자신들의 행위가 공수부대의 과잉 진압에 맞선 정당방위라고 정당화할 수 있다. 진압군의 시각에서는 무장한 시민군에 대한 진압이 국가의 의무라고 할 수도 있다. 이 위기에 적어도 15만 명이 참가했다고 본 미국은 북한이 이 상황을 악용할 것을 우려했다. 글라이스틴은 시위대와 정부 양측을 중재하는 미국의 성명이 어려움을 줄여 줄 수 있겠지만 불행하게도 검열과 폭동 때문에 많은 사람들이 성명을 듣지 못할 것이라고 전망했다. 그리고 주한 미국대사관에서 미국의 공식 입장을 밝히는 것은 미국이 한국 정부와 공모했다는 비난을 불러일으킬 여지가 있다는 이유로 이에 반대했다. 따라서 글라이스틴은 워싱턴에서 성명을 발표하든가 5월 18일 국무부의 성명을 반복하는 것 등을 5월 21일자 문서에서 건의했다.[11] 글라이스틴은 "15만 명이 제멋대로 날뛰고 있다"든가 "소중한 재산이 파괴되고 있다"고 보고했는데 이는 5월 18일과 19일 사건이 터진 직후 "한국 군대가 길거리에서 시민들을 총검으로 찔러 죽였다"고 보고한 분위기와는 사뭇 달랐다.[12] 미국은 시민이 무장하는 등 시위가 과격화되자 북한의 개입을 우려해 질서 회복이 급선무라고 본 것이다.

---

11 "Cable from AmEmbassy Seoul (Gleysteen) to SecState: The Kwangju Crisis," O 210956Z May 1980, *24, National Security Affairs, Collection # 6, Brzezinski Material, Country File, Folder: Korea, Republic of, 1-5/80, Box 44, Jimmy Carter Library; William H. Gleysteen, Jr.(1999), 앞의 책, 215쪽; 윌리엄 H. 글라이스틴, 황정일 역(1999), 앞의 책, 298~299쪽,「서울 미대사관에서 국무장관급에게: 광주사태」(1980.5.21).

12 헨리 스코트 스톡스,「기자 사명과 외교 요청의 갈등 속에서」, 한국기자협회·무등일보·시민연대 모임 공편,『5·18 특파원리포트』(풀빛, 1997), 56쪽.

✦ ✦ ✦
참고

주한 미국대사관 무관보의
상황 인식

1980년 5월 당시 주한 미 대사관 무관보였던 제임스 영(James V. Young)은 2003년에 발간된 책에서 다음과 같이 적고 있다. 5월 20일 낮에 영 무관보는 약속도 없이 한 한국 육군 중령의 사무실에 들렀다. 한국군 중령은 광주 출신이며 전두환의 참모를 지낸 바 있는 사람이었다. 그 중령은 영을 주차장으로 데리고 나가 광주에서 일어나고 있는 일들을 이야기해 주었다. 그는 광주에 계신 부모님께 전화로 전해 들었다고 하며, 광주의 상황은 끔찍할 정도이며 특전사 군인들은 통제가 되지 않는다고 했다. 중령은 '이 사태를 당신네 정부가 막아 줘야 한다'고 했고, 영은 그에게 최선을 다하겠다고 약속하고 서둘러 대사관으로 돌아왔다. 영 무관보는 서울에 있던 미국 관리들이 5월 20일 늦게까지도 광주의 비극이 어느 정도인지 확신하지 못했다고 회고했다. 영은 (직속상관-인용자) 돈 블로티(Don Blottie) 대령과 밥 브루스터(Robert Brewster)에게 곧바로 보고했지만 광주가 그 정도로 악화되어 있다고 믿는 분위기는 아니었다고 회고했다.[13]

미 대사관의 무관보가 모든 사실을 파악할 수는 없었다. 광주 위

---

13 James V. Young, *Eye on Korea: An Insider Account of Korean-American Relations* (College Station, TX: Texas A&M University Press, 2003), p. 102.

기에 대한 보고가 5월 18일 밤에서 19일 오전 이후 광주 미문화원에서 서울 미 대사관으로 그리고 워싱턴으로 전해지는 상황이었지만 할 수 있는 일에 한계가 있어서 애써 무시하는 상황이던 것이다. 서울에 있던 주한 미국대사관은 중앙의 정치 상황에 집중했고 광주에 대해서는 주로 전문(傳聞)에 의존하고 있었으므로 피상적인 정보밖에 가질 수 없었던 것이 사실이다. 또한 전국적인 모순이 광주에서 폭발한 것으로 보는 후대의 역사 인식과는 달리 글라이스턴은 김대중(과 지역주의)을 직접적인 원인으로 보았다. 이는 당시 신군부의 '광주사태'에 대한 인식과 거의 유사한 부분이다.

✦✦✦
참고
당시에도 부정된 북한 개입설

2010년 전후 뉴라이트 세력 중 극히 일부가 광주항쟁을 간첩 및 북한 특수부대가 직접 개입한 폭동이었다고 규정했다. 북으로부터 온 간첩이나 특수부대가 광주의 폭도들을 조종했다는 것이다.[14] 그

---

[14] 자유북한군인연합 편, 『화려한 사기극의 실체 5·18: 5.18 광주사태의 진실을 공개하는 탈북자들의 생생한 증언록』(광명기획, 2009), 47쪽에는 북한 "특수부대 군인들이 직접 파견돼서 직접 싸운 것"이 바로 광주인민봉기라고 나온다. 증언자의 아버지가 1981년 4월경 한 말이라고 하는데, 이 책은 직접 파견된 특수부대의 증언이 아니라 모두 전해 들은 이야기에 의거하고 있어 신빙성에 문제가 있다. 만약 북한군이 파견되어 인민봉기를 이끌었다면 북한 역사책이나 선전물에 빛나는 전공으로 기술되어야 함에도 불구하고 그런 일말의 흔적도 없다. 전미영, 「북한에서의 5·18과 광주에 대한 인식」, 『현대북한연구』 13-3(2010), 52~82쪽; 김희송, 「1980년 5월 광주, 그리고 북한: '북한 개입설'에 대한 비판적 고찰」, 『민주주의와 인권』 16-4(2016), 33~74쪽. 따라서 이는 사실무근이라고 할 것이다.

들의 주장이 사실이면 전두환은 광주사태·광주폭동을 진압하여 북한의 개입과 공산주의 침략을 막은 구국의 영웅이므로 그의 원죄는 사라지는 것이다.[15]

이러한 북한군 특수부대 개입설은 2006년 탈북자 단체인 '자유북한군인연합'의 주장이 그 발단이다. 이 단체는 2009년 탈북자 16명의 증언을 엮은 『화려한 사기극의 실체 5·18』에서 "북한에 있을 당시 광주에 투입됐다는 특수부대에 대해 들었다"는 식의 확인되지 않은 내용을 담았다. 일부 세력은 이를 근거로 "5·18에 북한군 특수부대가 투입됐다"며 멀쩡한 시민을 '북한 특수부대원'이라 지목하며 북한군 개입설을 확산시켰다. 2017년 전두환의 회고록도 그 확산에 가세했다.

그러나 당시 현장을 취재했던 조갑제 기자는 계엄령하의 광주는 시계(市界)가 계엄군에 의해 완전히 봉쇄되어 있어 600명에 달하는 북한 특수군이 침투할 수 없었다고 주장했다.[16] 한국군은 5·17 조치 이전인 5월 11일부터 '대침투작전태세 강화조치'를 취하고 있었으며, 5월 14일 추가로 '대침투작전 강화지시'가 전군에 내려진

---

15 오승용·한선·유경남, 『5·18 왜곡의 기원과 진실』(5·18기념재단, 2012), 49쪽. 게다가 12·12 쿠데타는 박정희 살해로 인한 국가적 혼란을 극복하기 위한 혁명적 시도로 추앙되기도 한다. 지만원은 『솔로몬 앞에 선 5·18』(도서출판 시스템, 2010)에서 5·18은 김일성이 만들고 북한이 소유한 적화통일 역사이며 광주폭동이라고 규정했다. 1980년 당시 발간된 『새 시대의 개발: 직장교육 자료』(강원도, 1980), 2~3쪽에는 "적화혁명을 유도하려는 간첩들이 북괴의 지령을 받고 대거 데모 현장에 잠입하여 파괴 방화는 물론 방위산업체의 장갑차를 비롯한 각종 차량을 탈취토록 선동하고, 이에 앞장섬으로써 소요 사태는 폭동화되었고 예비군과 경찰의 무기와 탄약을 탈취한 난동으로 비화되었다."라고 적혀 있다. 이른 시기에 이미 광주항쟁을 북한의 지령하에 있는 간첩의 사주를 받은 시민들과 광주에 잠입했던 지방 불순분자들의 충동질에 의한 것으로 규정한 것이다.

16 조갑제, 『趙甲濟의 광주사태』(조갑제닷컴, 2013), 34쪽.

상태였다. 21일에는 진돗개 둘이 발령되어 최고의 경계 태세를 유지하고 있었다. 미군도 데프콘 3에 준하는 경계 태세를 유지하면서 5월 23일 조기경보기 두 대를 일본 미군기지에 배치하여 북한의 위협에 선제적으로 대응했다. 따라서 북한군이 대규모로 투입되는 것은 거의 불가능했다. 또한 그러한 침투가 발생했다면 당시 군부를 장악했던 신군부의 책임이 막대하다고 할 것이다. 광주항쟁 사후 재판에서 북한에서 내려온 피고가 한 명도 없었으므로 역시 북한군 개입설은 간접적으로나마 부정될 수 있다.

그렇지만 전두환은 회고록에서, 북한 공작원이 암약하고 있던 정황이 여러 곳에서 감지되었다면서 600명의 북한 특수군이 광주폭동을 일으켰다는 지만원의 주장과 "광주 학살 문제도 그들을 뒤에서 사주한 북의 공명주의자들이 책임을 전가한 일이다."라는 황장엽의 회고까지 인용했다.[17] 또한 광주교도소 습격이 북한의 고정간첩 또는 5·18을 전후해 급파된 북한 특수전 요원들의 개입이라고 추측하기도 했다. 고도의 심리전 훈련을 받은 전문가가 조직적으로 개입했다고 추측하면서 광주 효천역 부근에서 11공수여단 63대대 병력과 보병학교 교도대 간에 벌어졌던 오인 사격 사건에도 특수 훈련을 받은 게릴라 수준의 공작원들이 투입되었을 것이라는 증언

---

17 전두환 저, 민정기 책임정리(2017), 앞의 책, 530~535쪽. 540~541쪽에서도 전두환은 지만원 박사와 재미 사학자인 김대령 목사 등이 "북한 특수부대에 의한 도시게릴라 작전이었다고 주장하고 있다"면서 "당시 상황을 직접 목격하거나 체험하지는 않았지만 방대한 양의 수사 기록과 재판 기록, 피해자 측이 만든 자료들, 북한의 문서와 영상자료를 면밀히 분석한 결과"라고 긍정 평가했다. "1990년대 이후 탈북한 북한 고위층 인사와 군인들의 생생한 증언이 이를 뒷받침하고 있다"고 소개하기도 했다.

을 인용했다.

또한 계엄군이 광주에서 철수한 다음 날인 5월 22일 정체불명의 청년들이 등장했다면서 이들이 흔히 소개되는 것처럼 서울에서 온 500~600여 명의 연·고대생이 아니라 북한의 특수부대원들이라는 주장이 강력히 제기되었다고 했다.[18] 네 대의 장갑차까지 몰 줄 알고 몇 시간 만에 38개의 무기고를 습격하는 등 조직적이고 치밀하게 행동한 무장 시위대의 정체에 의문이 생긴다고도 했다.[19] 그러나 전두환은 2016년 4월 27일 오후 3시간 동안 이루어진 『신동아』와의 인터뷰(2016년 6월호 수록)에서 위와 정반대되는 증언을 했다. 지만원의 북한 특수군 개입 주장에 대해 처음 듣는다고 엇갈리게 증언한 것이다.

"5·18 당시 보안사령관으로서 북한군 침투와 관련된 정보 보고를 받은 적이 있습니까"라는 기자의 질문에 전두환은 "전혀"라고 답했다. 부인 이순자는 "지금 그 말(북한군 침투설)을 하는 사람은 각하가 아니고 지만원이란 사람인데, 그 사람은 우리하고 한 번도 만난 적이 없고, 독불장군이라 우리가 통제하기도 불가능해요. 그걸 우리와 연결시키면 안 돼요."라고 말하기까지 했다. 실제로 육사 22기 지만원은 비하나회 출신으로 하나회에 비판적이었으므로[20]

18　전두환 저, 민정기 책임정리(2017), 위의 책, 522, 526, 528쪽.
19　전두환 저, 민정기 책임정리(2017), 위의 책, 404~405쪽.
20　지만원, 「혁신돼야 할 군사문화」, 『한겨레신문』 1992년 11월 29일, 10면. 지만원은 김대중 집권 후 『한겨레신문』의 베트남 파병 장병 민간인 학살 문제 보도에 보수주의자로서 입장을 표명하기 전까지 매체를 가리지 않는 군사 전문가였다. 지만원은 실제로 김대중이 자신에게 자문을 구하기도 했다고 주장한다. 전두환과는 지만원이 전두환의 광주항쟁 진압을 정당화하고 전두환이 회고

전두환 측과 입장이 달랐다. 그러나 회고록에서는 5·18 강경 진압을 합리화하기 위해 이를 고려하지 않고 인용한 것이다.

고명승 장군은 "북한 특수군 600명 얘기는 우리 연희동에서 코멘트한 일이 없습니다."라고 논평했다. 이때 전두환은 "뭐라고? 600명이 뭔데?"라고 되묻기까지 했다. 김종인 당시 더불어민주당 비상대책위원회 대표를 아느냐는 질문에 전두환은 "나는 옛날얘기이지만 하나도 기억이 안 나. 나이도 많고."라고 말하기도 했다.[21] 고령에 기억이 가물가물한 전두환이 2017년에 스스로 회고록을 작성하는 것은 현실적으로 어려웠을 것이다.[22] 2017년 회고록은 전두환의 측근인 민정기 비서관 등이 수집한 정보를 바탕으로 대필한 것이 아닌가 하는 의혹을 제기하게 만든다. 회고록 집필자 등 신군부는 "5·18 유혈 진압은 북한으로부터 나라를 구한 것이었지 무고한 시민을 학살한 게 아니"[23]라고 합리화하려는 의도에서 이렇게 쓴 것이 아닐까 한다.

1980년 5월 24일 『동아일보』와 『조선일보』는 "시위선동 간첩 검거" 뉴스를 보도했다. 사회면 머리기사로 간첩 이창룡 검거를 보도한 것이다. 『동아일보』는 치안본부의 발표를 인용하면서 검거된 간

록에서 지만원의 주장을 인용하면서 서로 가까워졌다.
21 배수강·이혜민, 「전두환·이순자, 30년 침묵을 깨다!」, 〈신동아〉(2016.5.17).
22 전두환의 부인 이순자와 장남 전재국이 만든 초고를 이상희 전 내무장관이 검토하고, 권오준·김용진(아르바이트생으로 추정됨)이 각종 기록물과 자료들을 취합·정리·전산화했으며, 전 수석비서관들이 조언했다. 전두환 저, 민정기 책임정리(2017), 앞의 책, 7쪽.
23 강현석, 「[5공 전사-4화] 북한 개입 '가정법' 기술…전두환 회고록 '거짓' 다시 확인」, 〈경향신문〉(2018.5.15).

첩 "이창룡은 광주 시내에 들어가 학생·시민들의 시위를 무장 폭동으로 유도하고, 반정부 선동 임무를 띠고 남파되었으며, 광주 시내 잠입을 시도했다"고 보도했다. 그러나 2017년 국방부 5·18특별조사위원회 조사 과정에서 확인한 1980년 당시의 군 수사 기록에 따르면 이창룡은 광주 잠입을 시도하지 않았다. 이창룡은 검거되기 전 부산에는 다녀왔지만 광주에는 잠입 시도조차 하지 않았다. 특히 이창룡이 남파된 시기는 5·18 민주화운동 발발 이전으로, 이창룡은 광주의 상황을 인지하지 못한 채 출발했다. 따라서 언론의 보도처럼 이창룡이 광주사태를 폭동으로 악화시키려는 목적으로 남파되었다는 주장은 성립할 수가 없다.

당시 언론은 이러한 기본적인 사실관계의 확인도 없이 이창룡을 "광주 소요 사태와 연계된 간첩 사건"으로 보도했다. 더구나 군중에게 먹일 환각제를 소지했다고 보도함으로써 시민들의 시위가 비정상적인 상태에서 전개되는 것처럼 호도했다. 신군부는 보도 검열에 그치지 않고 보도자료 배포를 통하여 신군부가 원하는 방식으로 광주의 진실을 호도했다. 언론사는 계엄사에서 배포한 보도자료를 그대로 전제하여 보도하는 상황이었고, 일부 언론인은 이에 협조했다. 검열과 보도자료 배포 등을 통해 언론을 장악했던 신군부는 이와 같은 가짜뉴스를 통해 광주민주화운동이 북한 불순분자에 의해 조종된 것이라는 인식을 심어 주려고 했으나 훗날 사실이 아니라는 것이 확인되었다.

또한 당시 광주에서 가두방송을 하며 선전조로 활동했던 전춘심과 차명숙이 정보요원으로 추정되는 사람들에 의해 1980년 5월

22일 간첩으로 지목받아 계엄 당국에 넘겨졌지만 혐의를 찾지 못한 것이 신문에 보도되었다고 한다.[24] 이렇듯 당시 계엄 당국도 북한 간첩의 존재와 그 역할에 대해 적극적으로 긍정하지 않았다고 할 수 있다. 5월 24일 계엄군 측의 정보요원으로 추정되는 장계범이 간첩에게 독침을 맞았다며 택시 기사 정한규와 함께 도청으로 들어왔는데 이는 도청 지도부에 대한 교란 작전이었다고 평가된다.[25] 당시 북한 간첩의 개입설은 오히려 신군부의 조작된 공작 수준에서 유포되었다고 할 수 있다. 또한 5월 25일 최규하 대통령은 광주 상무대 전남북 계엄분소를 방문해 소준열 계엄분소장과 전남지사 장형태로부터 상황을 보고 받은 후 밤 9시, 10시, 10시 반 세 차례에 걸쳐 KBS 라디오와 텔레비전을 통해 발표한 특별담화에서 "우리의 대결 상황을 북한 공산집단들이 악용하고자 할 것임에 틀림없다"고 말했다.[26] 근거가 빈약한 '북한의 상황 악용설'은 오로지 시민군을 무력화하기 위한 목적에서 재생산되고 이용되었던 것이다.

1980년 5월 27일 작성된 '미국 국방부 정보보고서'에는 신군부가 5·18이 북한과 연계된 것처럼 왜곡한 정황이 나온다. "군중들 교도소 공격", "300명의 좌익수 수감돼 있음", "폭도들이 지하의 공산주의자들에 의해 조종되고 있는 것이 아닌가 우려가 일었음" 등

---

24 정기용, 『그 시절 그 사건 그때 그 사람들』(학영사, 2005), 311쪽.
25 박남선, 『피고인에게 사형을 선고한다』(샘물, 1999); 정기용(2005), 위의 책, 328~329쪽.
26 정기용(2005), 위의 책, 337쪽.

이 적혀 있다. 이 같은 신군부의 왜곡은 5·18 민주화운동을 북한과 연계시켜 5월 27일 계엄군의 광주 재진입 작전 과정에서 벌어진 학살을 덮으려는 '의도적 왜곡'으로 여겨진다.[27]

5·18 민주화운동 2년 뒤인 1982년 5월 전두환 대통령의 지시로 신군부에 의해 완성된 『제5공화국 전사(前史)(1979.10.28.~1981.4.11.)』(이하 『제5공화국 전사』로 약칭) 1736쪽에는 "만일 광주사태 기간 중 전남 지역에 무장공비들이 대거 침투하여 폭동 사태에 가세했었다면 광주사태는 더욱 혼란 상태에 빠지게 되었을 것임은 물론 국가의 생존마저 위협할 수도 있었기 때문에 우리는 어떤 형태의 사회적 소요나 폭력 사태도 결코 용납할 수 없는 것이다."라고 적혀 있다. 즉 무장공비 등 북한군 특수부대가 5·18 기간 광주·전남에 침투한 사실이 없음을 명확히 하고 있다. 『제5공화국 전사』에는 '고정간첩이나 일부 불순분자의 선동'이라는 표현이 나올 뿐이다.[28] '고정간첩의 개입'은 대국민 협박용의 최대치였을 뿐 당시 신군부는 북한의 특수군 파견을 전혀 언급하지 않았다.

2017년 회고록에서 전두환은 북한이 당시 어느 정도 개입했는지 정확히 알지 못한다고 실토했다. "왜 모르느냐. 당시 중앙정보부장 서리와 보안사령관을 겸임한 정보수사 책임자로서 책임을 소홀히 했거나 능력이 부족했다는 얘기인가?" 하고 따진다면 할 말이 없

---

27 정대화, 「미국, 5·18 발포명령 사전에 알고도 묵인했다」, 〈한겨레〉(2017.5.25).
28 강현석, 「[5공 전사-4화] 북한 개입 '가정법' 기술…전두환 회고록 '거짓' 다시 확인」, 〈경향신문〉(2018.5.15).

다고도 했다. "변명을 하자면 그땐 그럴 수밖에 없었다. 이유가 무엇이든 간에 역부족이었던 것은 사실이다."라고 넘어가려는 시도도 했다. 그러면서도 "5·18 사태 때에는 북한의 특수요원들 다수가 무장하고 있는 시위대 속에 시민으로 위장해 있을 터였다. 군 당국이 무전교신을 포착함으로써 북한 간첩들이 시위 현장에서 암약하고 있다는 사실을 추정할 수 있었지만 그들을 색출하기 위해 병력을 투입할 수는 없는 일이었다. 시민들 속에 섞여 있는 북한 특수부 대원들을 찾는다고 대규모 군병력을 투입한다는 것은 시가전을 한다는 의미다. 내전을 각오하지 않으면 생각할 수 없는 일이다. 내전이 벌어진다면 북한에 전면 남침의 초청장을 보내는 것이 된다"[29]고 변명해 북한의 남침을 막기 위해 북한 특수요원의 침투를 파헤칠 수 없었다고 합리화했다.

이러한 논리는 북한 특수요원의 존재를 기정사실화하면서도 정보 책임자로서 북한 특수군의 침투를 막지 못한 자신의 책임을 면하려는 궁색한 변명이라고 할 것이다. 당시 광주에 북한 간첩이 있었다 하더라도 봉쇄된 광주에 500~600명이나 침투한다는 것은 아무리 특수훈련을 받았다고 하더라도 불가능에 가깝지 않을까 한다. 또한 광주를 '수복'한 군 당국이 당시 2,000여 명을 체포하고 그 가운데 500명가량을 재판에 회부했는데 북한 특수요원으로 볼 수 있는 사람이 없었다면서 북한군이 그때까지 남아 있을 리 없었을 것이라는 판단까지 부기했다. 그러면서 북한의 5·18 광주사태 개

---

29 전두환 저, 민정기 책임정리(2017), 앞의 책, 531쪽.

입과 관련한 진상을 규명하는 일은 아쉽지만 미완의 과제로 남겨 놓을 수밖에 없다고도 했다.[30] 결론적으로는 "결정적 남침 기회를 노려 우리 대한민국의 내부 혼란을 집요하게 획책해 온 북한이 폭동 사태로 번진 5·18 광주사태 때 팔짱을 끼고 구경만 하지 않았을 것이라는 것은 두말이 필요 없는 일이다."[31]라면서 북한군 개입설을 두둔하는 입장으로 마무리했다.

지만원과 함께 한국군사평론가협회를 만들어 10년간 교우했다는 박경석 예비역 준장은 2000년대 중반 지만원이 북한군 침투설을 이야기하기 시작하자 그와 인연을 끊었다면서 북한군 침투설은 '어불성설'이라고 말했다. 당시 육군본부 인사참모부 차장이었던 박 장군은 "그때 보고받고 파악했던 광주 상황 중에 북한군이 와 있다는 내용은 전혀 없었다"며 다음과 같이 증언했다. "광주에서 그런 일이 벌어지니까 군에선 이북에 대한 경계에 초점을 두고 있었어요. 미군 7함대가 바다를, 미 공군이 하늘을 지키고 있었죠. 우리도 비상 경계하에 최고도로 철책선을 지키고 있었습니다. 국방부, 합동참모본부, 육군본부 모두 긴장하고 경계에 초점을 두고 있었기 때문에 600명은커녕 개미 새끼 한 마리 못 들어오는 경비 태세였던 거죠. 그런데도 그런 주장을 하는 건 정말 미친 짓입니다. 국제적, 군사적으로도 난센스예요." 박 장군은 당시 합참의장이었던 유병현 장군의 회고록에도 이러한 내용이 담겨 있다고 말했다. 『한미연

---

30 전두환 저, 민정기 책임정리(2017), 위의 책, 532쪽.
31 전두환 저, 민정기 책임정리(2017), 위의 책, 552쪽.

합사 창설의 주역 유병현 회고록』에는 "한미 공조로 북 개입 원천 봉쇄," "600명 침투시켰으면 정전협정 위반이고 한미연합사·유엔사 모두 가만히 있지 않았을 것," "북한군 침투설은 완전히 거짓말" 등의 내용이 담겨 있다며 책을 직접 인용했다.[32]

2017년 드러난 문건에 따르면 북한은 광주에서 벌어진 일들을 보고 당시 '놀라움'을 표했다고 한다. 북한이 광주의 배후로 작용하지 않았다는 사실을 방증하는 것이다.[33] 1992년 북한 사회과학원 력사연구소에서 저술하고 과학백과사전종합출판사에서 발간한 『조선전사 34』 353쪽에서도 광주 인민들이 주체라고 나올 뿐 북한의 개입은 전혀 언급되고 있지 않다.

반면에 박희도 당시 제1공수여단장은 2012년 5월 JTBC와의 인터뷰에서 외부 불순 세력(김일성)에게 우리(신군부 – 인용자)도 속고 광주 시민도 속았다고 회고했다.[34] 당시에는 김일성의 개입을 몰랐는데, 이제 와서 보니 북한이 개입했던 것을 알겠다는 투였다.

『제5공화국 전사』 1731쪽에는 1980년 5월 22일 판문점에서 남북 총리회담을 위한 제8차 실무자접촉 회의가 열렸다고 기술하고 있다. 최규하 대통령 치하의 대한민국은 정국이 어수선한 상황에도 1980년 2월부터 8월까지 무려 10차례에 걸쳐 북한과 남북 총

---

32 소중한, 「지만원과 가까웠던 장군, 왜 절연했을까: "5.18 북한군 침투설 주장해 소리질렀다"」, 〈오마이뉴스〉(2019.2.6).
33 스테판 해거드, 「1980년 광주 물줄기 바꾼 미 '체로키 작전'」, 『중앙일보』 2017년 10월 13일, 33면.
34 「5공 육참총장 박희도 인터뷰…전두환 주장과 '판박이'」(2012.5), 〈JTBC뉴스〉(2019.3.12).

리회담 준비를 위한 실무 대표 접촉을 이어 갔다. 제8차 실무접촉은 5월 22일 오전 10시부터 낮 12시 24분까지 판문점 북측 지역인 '판문각'에서 종전의 비공개회의와 달리 쌍방 합의에 따라 공개회의로 개최됐다. 이날 총리회담 준비를 위한 쌍방 대표들은 의제 문제를 협의할 예정이었으나 남측이 학원소요 및 5·17 비상계엄 확대 문제에 자신들을 이용했다며 북한이 항의해 토의에 들어가지 못했다.

회담 대화록에 따르면 북측 수석대표 현준극은 "의제 문제만 타결되면 남북 간 총리 접촉이 이루어질 수 있는 시기에 북과 남의 관계를 격화시키고 실무 대표 접촉 앞에 난관을 조성하여 이 접촉을 위태롭게 하는 사태가 벌어지고 있다"면서 "남조선 당국은 최근 특별담화를 발표하고 '북의 대남 적화 책동이 격증했다. 남침의 결정적인 시기를 노린다'는 등 우리를 걸고 들어가 북의 위협 때문에 비상계엄을 확대하고 있다고 하는데 이것은 대화 상대방인 우리에 대한 도발"이라고 했다. 이날의 회담은 5월 6일 판문점 남측 자유의집에서 열린 7차 접촉에서 이미 합의된 일정이기도 했다. 김희송 전남대 5·18연구소 교수는 "5·18 당시 광주에 북한군이 투입됐다면 예정됐던 남북회담이 취소됐거나 열렸다고 해도 남측 대표가 북한에 강력하게 항의했어야 한다"면서 "하지만 이날 회의에서는 오히려 북측이 '남한이 자신들을 이용한다'며 비난했다. 5·18에 북한 개입이 없었다는 명확한 증거"라고 설명했다.[35]

---

35 강현석, 「[5공 전사-4회] 북한 개입 '가정법' 기술…전두환 회고록 '거짓' 다시 확인」, 〈경향신

실제로 1980년 5월 25일 시민군이 배포한 전단 「80만 광주시민의 결의」(정수만 전 5·18 민주유공자유족회장 보관)에는 "후손들에게 떳떳한 민주사회를 안겨 주도록 하자", "민주인사 석방" 등을 요구하는 내용이 적혀 있다. 특히 "김일성은 순수한 광주의거를 오판 말라"는 문구도 있다. 북한이 시민군을 조종했다면 포함될 수 없는 부분이다.[36]

광주민주화운동 당시 육군참모총장 겸 계엄사령관이었던 이희성 육군 대장은 1980년 5월 21일 "소요는 고정간첩, 불순분자, 깡패들에 의하여 조종되고 있다"는 내용이 담긴 경고문을 배포했다. 그러나 이 전 사령관은 1995년 검찰 조사에서 북한 개입설에 대해 "다소 과장된 점이 있는데 당시로서는 그런 의심이 있어 그랬던 것"이라고 진술했다. 이학봉 전 국군보안사령부 정보처장도 "사태를 진정시키기 위해 한 성명으로 보이고 그 당시 분석 경위에 대해서는 아는 것이 없다"고 진술했다. 광주민주화운동을 '북한이 개입한 폭동'으로 왜곡했던 신군부의 주장은 근거가 없었던 것이다.[37]

당시와 훗날의 신군부가 북한군 개입을 의심하는 일각의 평가를 완전히 부인했던 것이 움직일 수 없는 진실이다. 후술하는 바와 같이 1980년 5월 10일 당시 일본으로부터 유포된 북한 남침설도 신

문〉(2018.5.15).
36 길진균·권오혁·정승호,「5·18 北개입설 광주 모독 행위」,〈동아일보〉(2013.5.18).
37 길진균·권오혁·정승호(2013), 위의 글.

군부(전두환이 장악한 중앙정보부)가 확대재생산하려 했지만 이도 대국민 협박용에 그쳤던 것으로 증거가 빈약함을 스스로 인정할 수밖에 없었다. 그러다가 시간이 지나면서 지만원 등이 북한군 개입설을 퍼뜨리자 처음에는 당시 국방을 책임지고 있던 자신들이 북한군을 막지 못한 책임도 있으므로 부인으로 일관하다가 박희도와 전두환 등이 이를 긍정하는 방향으로 전환하면서 자신들의 과도한 무력 진압 책임을 북한에 전가하려 한 것이 아닌가 한다.

※ ※ ※

2. 미국의 성명 발표와 신군부의 보도 통제

미 국무부 대변인 호딩 카터(Hodding Carter)는 1980년 5월 21일자로 즉각적인 논평을 내놓았다. 이에 대해 5월 22일 글라이스틴은 호딩 카터의 성명이 도움이 되었으나 광주에 있는 어느 누구도 호딩 카터의 성명을 전해 듣지 못했고 상황은 여전히[38] 극도로 심각하다고 썼다. 글라이스틴은 점점 더 많은 사람들이 미국의 입장을 알고 싶어 한다고 했다. 한국 정부도 미국이 성명을 발표해 주기를 원하고 있다고도 했다. 추가적인 성명이 오늘 언론에서 브리핑되어 내일 자 한국 신

---

38 이홍환, 「광주민주화운동 발발과 미국의 오판」, 〈신동아〉(2004.4.28)에는 '여전히'라는 단어를 생략한 채 "지금까지와는 천양지차로 긴박감이 배어난다"고 표현하면서 인식이 전환되었다고 평가했다.

문에 나와야 효과적이라면서 다음과 같은 내용이 담겨야 한다고 적시했다.

- 우리는 광주에서의 시민 항쟁에 경악했다.
- 우리는 모든 관련 당사자들이 최대한 자제해 평화적 해결을 모색하려는 대화를 해야 한다고 강력히 촉구한다.
- 계속되는 불안과 폭력의 확대는 외부적 힘의 위험한 오판과 악용을 초래할 위험성이 있다.
- 대한민국의 상황을 악용하려는 어떤 외부 세력의 기도에 대해서도 (한미상호방위-인용자) 조약의 의무 규정에 따라 미국 정부는 강력히 대응할 것을 재천명한다.

이러한 성명에 대해 한국 군부 핵심과 청와대가 모두 동의할 뿐 아니라 환영할 것이라고 글라이스틴은 주장했다. 2012년 전면 비밀 해제되어 2020년 5월 한국 정부에 제공된 판본에서 새롭게 비밀 해제된 부분에는 다음과 같은 내용이 있다. "미국 정부가 성명을 발표하면 광주에 대한 군부의 진압 작전을 늦춰 평화적인 협상이 가능할 것이다."[39]

글라이스틴은 시민 항쟁에 경악했다면서 시민군을 폭도로 간주하

---

[39] "Cable from AmEmbassy Seoul (Gleysteen) to SecState: Possible Future U. S. Statement on Kwangju Crisis," O 221024Z[22 May 1980], Seoul 06525, Secret, 미 국무부 제공, 〈5·18민주화운동기록관〉(검색일: 2020.5.23).: 이계상, 「미국 기밀문서 공개...진실 규명 자료 [목포MBC뉴스데스크]」, 〈목포MBC뉴스〉(2020.5.15).

는 듯했으며, 신군부에 대한 비판은 전혀 제기하지 않고 양측의 자제를 호소했을 뿐이다. 그래도 21일에 폭동(rioting[40] 혹은 riot[41])라고 규정했던 것과는 달리 폭동이라고는 하지 않았다. 미국은 비교적 객관적인 표현인 '위기(crisis)'라고 주로 규정했다. 따라서 한국 정부가 반대하지 않을 것이라는 글라이스틴의 예측은 어찌 보면 당연했다. 또한 글라이스틴은 상황이 악화되지 않는 한 정부 당국자와 광주 시민 사이에 최소한 2일 정도의 대화 시간이 지나기 전에는 군이 광주를 접수하지 않을 것이라는 약속을 받은 듯이 암시했다. 만약 미국이 성명을 발표하면 대한민국 정부는 이것을 공표할 뿐만 아니라 아마 내일 최 대통령이 발표할 성명을 통해 모종의 테마를 내세울 것이라고 전망했다.

글라이스틴은 호딩 카터의 성명 발표 전에 청와대에 전화해 이를 양해하는지 확인할 계획이었다. 미국 시간 5월 22일 오전 8시부터 8시 30분 사이에 감청 방지 장치가 설치된 비화기(祕話機)로 통화할 것이라고 부기할 정도로 상황은 급박했다.[42] 1980년 5월 22일 당시 미국의

---

40 "Cable from AmEmbassy Seoul (Gleysteen) to SecState: The Kwangju Crisis," O 210956Z May 1980, *24, National Security Affairs, Collection # 6, Brzezinski Material, Country File, Folder: Korea, Republic of, 1-5/80, Box 44, Jimmy Carter Library; William H. Gleysteen, Jr., *Massive Entanglement, Marginal Influence: Carter and Korea in Crisis* (Washington, DC: Brookings Institution Press, 1999), p. 215; 윌리엄 H. 글라이스틴, 황정일 역, 『알려지지 않은 역사: 전 주한미국대사 글라이스틴 회고록』(중앙 M&B, 1999), 298~299쪽.

41 "Cable from AmEmbassy Seoul (Gleysteen) to SecState: KWANGJU RIOT AND FUTURE POLITICAL STABILITY," O 210932Z May 80, SEOUL 6459, 미 국무부 제공, 〈5·18민주화운동기록관〉(검색일: 2020.5.23).

42 "Cable from AmEmbassy Seoul (Gleysteen) to SecState: Possible Future U. S. Statement

정책 결정자들은 계엄군의 재투입을 막을 수 없다고 생각했다. 물론 고위정책조정회의(PRC)가 미국 시간으로 5월 22일 '최소한의 필요한 무력 사용'으로 결론 내린 것은 글라이스틴의 전문보다 나중 일이었다. 글라이스틴은 신군부의 계엄군 재투입을 기정사실로 놓고 정치적 상황에 비중을 두고 브리핑하고 있었던 것이다.[43]

당시는 광주 시민과 정부, 서울의 미국 당국자 3자 간에 협상이 잘 되고 있다는 소식도 있어서 희망적인 면이 있었다. 또한 위컴이 그의 카운터파트이자 부관[44]인 한미연합사 부사령관 류병현 합참의장과 접촉해 5월 22일 밤과 23일에는 광주를 공격하지 않을 것이라는 이희성 계엄사령관(당시 군부의 최고참이었음)의 확인을 받았다.[45] 이에 앞서 류병현 합참의장은 주영복 국방장관, 전두환과의 회의에서 광주의 상황을 진압하는 데 군이 성급하고 과격한 본능적인 행동을 자제하고 문제를 원만히 해결할 것을 주장했으며, 적어도 48시간 동안 시위 군중을 온건한 자세로 바라볼 것을 촉구했다고 한다.[46] 위컴은 이

---

on Kwangju Crisis," O 221024Z[22 May 1980], Seoul 06525, Secret, National Security Affairs, Collection # 6, Brzezinski Material, Country File, Folder: Korea, Republic of, 1-5/80, Box 44, Jimmy Carter Library. 그런데 이 전문은 '화급(Flash)'보다 아래 등급인 '야간 긴급(NIACT Immediate)'이었다.

43   이흥환, 『대통령의 욕조: 국가는 무엇을 어떻게 기록해야 하는가』(삼인, 2015), 140~143쪽.

44   John Adams Wickham, Jr., *Korea on the Brink, 1979-1980: From the '12/12' Incident to the Kwangju Uprising* (Washington, DC: National Defense University Press, 1999); 존 위컴, 김영희 감수, 유은영 외 공역, 『12·12와 미국의 딜레마: 전 한미연합사령관 위컴 회고록』(중앙M&B, 1999), 55쪽.

45   John Adams Wickham, Jr.(1999), 위의 책, 135쪽; 존 위컴, 김영희 감수, 유은영 외 공역(1999), 위의 책, 207쪽.

46   John Adams Wickham, Jr.(1999), 위의 책, 133쪽; 존 위컴, 김영희 감수, 유은영 외 공역

러한 한국의 온건주의자들과 의견을 공유했으므로 상황을 비관하기만 하지는 않았던 것으로 추정된다. 한편 박동진 외무장관도 1980년 5월 8일 밴스 국무장관의 후임으로 부임한 머스키(Edmund S. Muskie)에게 미국의 성명 발표를 요청했다.[47] 글라이스틴 대사는 이 성명이 시간을 벌어 주어 군부가 광주를 장악하고 있는 그룹들과 대화하는 데 유익할 것이라고 예측했다.[48]

결국 위와 같은 요지의 성명(기존 입장을 재확인하며 안정을 강조)이 미국 시간으로 5월 22일 정오 브리핑에 발표되었다.[49] 머스키는 '미국의 소리(Voice of America)' 방송에 이 성명의 전문을 자주 반복해서 방송하라고 요청했다.[50] 그러나 글라이스틴의 기대와는 달리 신군부는 이에 대한 보도를 통제했다. 1980년 5월 23일자 『동아일보』 석간 1면 좌측 머리에 비교적 비중 있게 실린 5월 22일자 호딩 카터의 '광주사태에 대한 성명'의 전문(全文)은 다음과 같았다.

> 미국은 한국의 남쪽에 위치한 광주에서 일어난 소요 사태에 대하여

(1999), 위의 책, 204쪽.

47 "Memorandum of Edmund S. Muskie to the President[: Evening Report]," May 22, 1980, pp. 1-2, Plains File, Subject File, Box 40, Folder: State Department Evening Reports, 5/80, Jimmy Carter Library.

48 위의 자료.

49 William H. Gleysteen, Jr.(1999), 앞의 책, 136~137쪽; 윌리엄 H. 글라이스틴, 황정일 역 (1999), 앞의 책, 194~195쪽.

50 "Memorandum of Edmund S. Muskie to the President[: Evening Report]," May 22, 1980, pp. 1-2, Plains File, Subject File, Box 40, Folder: State Department Evening Reports, 5/80, Jimmy Carter Library.

깊은 우려를 표하며 이 사태와 관련되는 모든 당사자에게 최대한의 자제와 대화를 통해서 평화적인 사태 수습 방안을 모색하도록 촉구하는 바이다. 불안 상태가 계속되어 폭력 사태가 가열된다면 외부 세력(북한을 간접 지칭함 – 인용자)이 위험한 오판을 할 위험성이 있다. 미국 정부는 현재의 한국 사태를 이용하려는 어떠한 외부의 기도에 대해서도 한미상호방위조약 의무에 의거 강력히 대처할 것임을 재강조하는 바이다.[51]

같은 날 『경향신문』 1면 톱기사(지면 우측 머리에 위치, UP/동양통신 인용기사)로 실린 「미 정부 강력 경고: 광주사태악용 어떤 기도도 불용, 한미방위조약따라 강력대응, 관련당사자들 자제 – 평화해결촉구」는 아래와 같다.

[…] 미국은 한국의 불안 사태에 "깊이 우려"하고 있으며 폭력 사태의 확대는 "외부 세력의 위험한 오판을 야기시킬 위험이 있다"고 경고하고 모든 관련 당사자들의 자제와 사태의 평화적 해결을 위한 대화를 촉구했다. […] 이 성명은 특히 광주사태에 언급, 이 사태에 깊이 우려하고 있다고 말하고 "평온이 회복되면 우리는 모든 관련 당사자들에게 최규하 대통령이 앞서 밝힌 정치발전 계획을 재개할 수단을 모색하도록 촉구할 것"이라고 밝혔다.

---

51 강인섭, 「미국무성 성명: 광주사태 평화적 해결을」, 『동아일보』 1980년 5월 23일 석간, 1면. 이러한 외부세력에 대한 경고는 10·26 이후에도 나왔으므로 재강조라고 표현하고 있는 것이다.

『동아일보』에 실린 전문은 『경향신문』에서 인용한 후반부 일부('평온이 회복되면~수단을')가 빠져 있으므로 완전한 전문 인용으로 보기는 어렵다. 한편 1980년 5월 23일자 『매일경제신문』 1면 좌측 머리기사로 실린 「미정부 강력경고: 한국사태악용 외부기도불용, 폭력은 외세오판 위험」은 UP/동양통신의 전재이므로 『경향신문』 보도와 거의 같으나 후반부 도입부에서 "이 성명은 특히 수일간의 시위 사태로 수많은 사상자가 발생한 광주사태에 언급, 이 사태에 깊이 우려하고 있다고 말하고…"라고 인용되어 『경향신문』 기사에 생략된 '수일간의 시위 사태로 수많은 사상자가 발생한'이라는 문구가 살아 있다. 미국이 알리고자 했던 사태의 심각성을 담으려고 노력한 흔적이 보이는 보도였다.

　이렇듯 좀 더 구체적·세부적으로 보면 완벽한 왜곡까지는 아니었으나 글라이스틴은 희망적 중재 노력이 무산되었다고 자책했으며, 자신이 오판했다는 평가에 직면했다.[52] 글라이스틴은 정부 당국자의 보도 확약까지 받았지만 당시 이미 실권자로 부상한 신군부는 이를 간단히 무시했다. 글라이스틴은 회고록에서, 한국 전역에 대한 방송은 물론 광주 상공에 전단으로 살포한다는 약속까지 받아냈으나 계엄 당국이 약속을 지키지 않았다고 회고했다.[53]

52　이흥환(2004), 앞의 글.
53　"United States Government Statement on the Event in Kwangju, Republic of Korea, in May 1980," June 19, 1989, Vertical File, Box 71, Presidential Papers of Jimmy Carter, Jimmy Carter Library; John Adams Wickham, Jr.(1999), 앞의 책, 210쪽; 존 위컴, 김영희 감수, 유은영 외 공역(1999), 앞의 책, 318쪽.

5월 21일자 호딩 카터의 즉각적인 논평이 광주 시민에게 전달되지 못한 것은 전적으로 한국 정부의 언론 통제 때문이었다. 그러나 글라이스틴은 발표 시점이 효과적이지 않았다고 판단하고 22일자 추가 성명 발표를 요구하면서, "위컴 장군과 본인이 한국 군부로부터, 우리 정부의 입장을 밝힌 문안을 검열하지 않은 채 배포할 것이며 상황이 완전히 악화되지 않는 한 최소한 이틀 내에는 광주에서 강압적인 진압으로 우리의 입장을 난처하게 만들지 않겠다는 확약을 받았다"고 구체적으로 부언하여 워싱턴의 추가 성명서 발표에 낙관적 분위기를 조성했다. 글라이스틴은 순진하게도 신군부와의 약속을 믿으면서 추가 발표 문안까지 직접 코치했던 것이다.

　그러나 신군부는 글라이스틴과의 확약을 완전히 파기했다. 물론 한국 언론에 부분적으로나마 보도되고, 행간을 읽을 줄 아는 사람들은 미국의 뜻을 파악했을 것이며, '미국의 소리' 방송을 통해 전문을 파악한 사람들도 일부 있었을 것이므로 전혀 소득이 없었던 것은 아니다. 그럼에도 불구하고 소기의 목적을 달성하지는 못했다.

　광주 시민들은 전단을 통해 미국 성명서 전문을 접하는 대신 방송을 들어야 했다. 그것도 미국이 의도한 대로 양측의 자제를 촉구하는 내용이 아니라 오히려 미국이 군부를 지원한다는 내용이었다. 위컴이 광주 투입을 위한 병력(공수부대원) 사용을 승인했으며 공공질서 유지를 위해 병력을 동원하도록 '권장했다'는 방송을 들었던 것이다. 광주 시민들은 특전사 군인들의 만행을 미국이 병력 동원을 지지한 증거로 받아들였을 것이라고 글라이스틴은 추측했다. 그는 한국 신군부의 '비열한 속임수'라고 비난했다. 다만 교섭에 의한 평화적 해결을 모색할 수 있게 신군부가 최소 2일간은 군사적 해결을 기도하지 않겠다는 양해를 지켜 27일 새벽 4시까지 군사적 행동을 유보했다는 사실 하나만은 긍정적으로 평가했다.[54]

위컴은 국방장관, 합참의장, 계엄사령관 및 기타 한국군 수뇌부에 한국 방송 내용에 대해 강력히 항의했다. 위컴과 접촉한 한국군 수뇌부들은 그 방송이 '적합한 허가도 받지 않은 (광주의) 현지 당국자들의 일과성 행동'이라고 변명했다. 서울의 미국 관리들은 이에 대해 설득력이 없다고 생각했다. 글라이스틴은 최광수 청와대 비서실장에게 광주 시민의 비난에 대한 책임을 미국에게 전가하려는 이런 노골적인 행위가 계속된다면 한국 정부를 당혹케 할 강력한 부인 성명이 나올 것이며 머스키 국무장관도 심각하게 우려하고 있다고 말했다.[55]

글라이스틴은 위기 상황인 전라도에서 반미운동까지 번진다면 양국 관계에 그보다 더 나쁜 일은 없을 것이라는 점을 강조했고, 최광수 비서실장은 즉각적인 해결을 약속했지만 추후 납득할 만한 설명이

---

54 William H. Gleysteen, Jr.(1999), 앞의 책, 137~138쪽; 윌리엄 H. 글라이스틴, 황정일 역 (1999), 앞의 책, 195~196쪽.
55 글라이스틴과 홀브룩이 신군부에 거리를 두고 신중하게 접근한 것과는 달리, 1980년 5월 8일 부임한 신임 국무장관 머스키는 처음부터 신군부에 대한 강경 대응을 주장했다. 보수적 현실주의자인 글라이스틴은 전두환이 정권을 탈취한 현실을 인정해야 한다는 입장이었지만 인권을 중시하는 카터의 도덕주의를 공유했던 이상주의자 머스키는 전두환과의 타협을 꺼렸다. 그러나 이렇듯 전두환을 혐오했던 머스키와 카터도 미국의 안보를 고려해야 한다는 참모들의 건의에 수긍해 대외적으로 신중한 태도를 보여야 했다. 대통령과 국무장관도 미국 외교 정책 결정의 구조에 압도될 수밖에 없는 개인에 불과했던 것이다.

없었다.⁵⁶ 미국 또한 부인 성명을 내지 않았는데, 신군부에 대한 미국의 지지를 약화시킬 수 있는 성명으로 인해 데모가 확산된다면 공산주의자들에게 유리한 국면이 조성될 가능성을 우려했기 때문이었을 것이다.

그러나 1980년 5월 30일자 『쥐트도이체 차이퉁(Süddeutsche Zeitung)』에 실린 게브하르트 힐셔의 사설에서 지적한 바와 같이 공수부대의 과잉 진압이 오히려 북한을 이롭게 할 가능성도 있었다.⁵⁷ 미국은 시위대와 진압군 양측의 자제를 강조하는 등 시종일관 양비론⁵⁸을 개진하다가 마지막 단계에서는 진압군의 과잉 진압을 방관할 수밖에 없었다.

3. 군병력 투입을 사전 승인한 미국

미국은 민주주의를 외치는 시민의 손을 들어 주는 대신 안정을 도모할 가능성이 가장 높은 신군부의 행동을 묵인했다. 우선순위가 밀리는 민주화는 안정을 달성한 이후의 과제로 남겨 둔 것이다. 글라이스

56　William H. Gleysteen, Jr.(1999), 앞의 책, 138쪽; 윌리엄 H. 글라이스틴, 황정일 역(1999), 앞의 책, 196쪽

57　게브하르트 힐셔, 「목가적 전원도시에서 펼쳐진 악몽」, 한국기자협회·무등일보·시민연대모임 공편, 『5·18 특파원리포트』(풀빛, 1997), 91쪽.

58　William H. Gleysteen, Jr.(1999), 앞의 책, 141쪽; 윌리엄 H. 글라이스틴, 황정일 역(1999), 앞의 책, 200~201쪽.

틴과 위컴은 머스키의 지시에 따라 안정과 질서의 회복과 동북아 지역의 전략적 균형 유지를 최우선적인 목표로 두었으므로[59] 안보에 위협이 되는 방향으로의 정책 변화를 모색하지는 못했다.

1980년 5월 22일 홀브룩 차관보와 우드콕(Leonard Woodcock) 베이징 주재 미국대사는 차이쩌민 중국대사를 불러 미국의 우려를 거듭 언급하며 북한이 신중하게 행동하도록 당부해 달라고 요청했다.[60] 1980년 5월 말에 방미한 겅뱌오 중국 국무원 외교·군공·민항·관광 담당 부총리와의 회동에서도 북한에 대한 견제를 중국에 부탁했다.

머스키 국무장관은 광주를 장악하고 있는 비조직화된 세력들과 군부가 얼마나 오랫동안 대화할 수 있을지 불투명하다고 전망했다. 만약 이들 대화에서 조만간 가시적인 진전이 이루어지지 않으면 며칠 내로 광주를 재접수하고자 하는 군부가 유혈 사태를 불사할 것이라고 우려했다.[61]

한편 국가안전보장회의(NSC) 중국 담당으로 3년간의 근무를 마치고 1980년 봄부터 미시간대학교로 귀임한 옥센버그는 1980년 5월

---

59 "Memorandum of Edmund S. Muskie to the President[: Evening Report]," May 22, 1980, pp. 1–2, Plains File, Subject File, Box 40, Folder: State Department Evening Reports, 5/80, Jimmy Carter Library.

60 William H. Gleysteen, Jr., *Massive Entanglement, Marginal Influence: Carter and Korea in Crisis* (Washington, DC: Brookings Institution Press, 1999), p. 137; 윌리엄 H. 글라이스틴, 황정일 역, 『알려지지 않은 역사: 전 주한미국대사 글라이스틴 회고록』(중앙 M&B, 1999), 195쪽.; 설갑수, 「광주 학살은 어떻게 냉전 해체를 가로막았나?」, 〈프레시안〉(2019.2.20).

61 "Memorandum of Edmund S. Muskie to the President[: Evening Report]," May 22, 1980, pp. 1–2, Plains File, Subject File, Box 40, Folder: State Department Evening Reports, 5/80, Jimmy Carter Library.

23일 브레진스키에게 메모랜덤을 보내 암살, 쿠데타, 지역적 반란으로 이어지는 남한 정치체제의 점진적이지만 심각한 침식 또는 부식은 이란식 붕괴를 연상시킨다고 평가했다. 그러면서 중국의 대북 통제력이 최근 몇 달 동안 줄어들었을 것으로 보이며 최소한 북한이 베이징으로부터 이탈하려는 각성의 조짐이 보인다고 분석했다. 소련도 대북 통제 역할에 대한 의지가 약해졌다고 주장했다. 옥센버그는 이러한 상황에서 남한 정부의 통합이 와해되면 북한이 더욱 적극적으로 개입할 것이라고 전망했다.[62]

1980년 5월 23일 글라이스틴은 박충훈 총리 서리와 만났다. 박충훈 총리 서리 취임 후 첫 회동이었으며,[63] 그가 광주에 아무 성과 없이 다녀온 다음 날이었다. 국제표준시로 1980년 5월 23일 9시 3분 미 국무부에 전송된 '미국의 위치에 대한 한국 국내의 반응'이라는 전문에서 글라이스틴은 "국방부 대변인이 공식 회견 자리에서 미국이 광주에 병력을 떼 주었다(chop)고 발언한 것이 한국 조간지에 일제히 보도되었으며 이런 일은 사태를 악화시킬 수 있다. 앞으로 있을지 모르는 반미 분위기를 예방하기 위해서는 자세를 낮추고 불필요한 언급은 삼가기를 요망"한다고 했다. 그러나 5월 22일 뉴스브리핑에서 토머스

---

62 "Memorandum of Michel Oksenberg to Zbigniew Brzezinski: Korea," 23 May 1980, National Security Affairs, Collection # 6, Brzezinski Material, Country File, Folder: Korea, Republic of, 1-5/80, Box 44, Jimmy Carter Library.
63 경제 관료인 박충훈이 총리로 지명된 것은 그의 주요 임무가 정치가 아닌 경제 쪽이라고 그레그는 5월 21일 해석했다. "Memorandum of Don Gregg to ZB: Up-Date on Korea," 21 May 1980 9 a.m., Zbigniew Brzezinski Collection, Subject File, Folder: [Meeting--Muskie/Brown/Brzezinski: 5/80-6/80], Box 23, Jimmy Carter Library.

로스 미 국방부 대변인은 "존 위컴 주한 유엔군 및 한미연합군 사령관이 그의 작전지휘권 아래 있는 한국군의 일부를 군중 진압에 사용할 수 있게 해 달라는 한국 정부의 요청을 받고 이에 동의했다"[64]고 말했으며, 한국 내 보도에도 '떼 주었다'는 표현은 없었다.[65] 『경향신문』 1980년 5월 23일자 1면 기사 「미국방성 연합사 국군부대 수습 차출에 동의」에 '차출'이라고 표현되었는데, 차출이라는 표현이 떼 주었다는 표현과 비슷하기는 하다. 이렇듯 국내 언론에서도 광주항쟁 당시 한국군 동원에 미군이 동의한 내용이 보도되었다.

박 총리 서리는 전두환을 만난 적이 없다며 정치발전을 위해서 최선을 다하겠다고 말했지만, 글라이스틴은 그의 정치적 영향력이 제한적이라고 판단했다.[66] 글라이스틴은 박정희 대통령 시해 이후 미국의 대한 정책을 요약해 설명한 후 5월 17일 계엄령 확대 조치가 충격을 주었다고 말했다. 시위를 확고하게 진압하는 것이 필요할지 모르지만 정치적 탄압을 수반하는 것은 어리석은 일이며, 결국 광주에서 심각한 질서 붕괴 사태가 발생하는 데 일조한 것이 틀림없다는 견해를 피력했다. 그리고 김대중을 추가로 기소하는 5월 22일 한

---

64 "4개의 계엄군 부대가 광주시위를 진압하기 위해 광주에 투입됐다"는 사실을 확인했다고 한다. 김준태, 「"신군부, 5·18 때 광주 폭격 계획했다"」, 〈프레시안〉(2006.5.18).
65 「연합사 소속 한국군 병력 위컴, 데모진압동원 동의」, 『동아일보』 1980년 5월 23일 석간, 1면.
66 East Asia/Intelligence (Gregg), "Memorandum for Zbigniew Brzezinski: Evening Report," May 23, 1980, National Security Affairs–Brzezinski Material, Collection # 10: Staff Evening Reports File, Folder: 5/20–23/80, Box 29, Jimmy Carter Library (NLC-10-29-3-43-9).

국 정부의 성명도 상황을 악화시켰을 뿐이라고 평가했다.[67] 글라이스틴은 정치적 민주화 조치의 진전만이 항구적 안정을 가져온다고 말했다.[68]

전두환을 지지하는 등 권위주의(독재)로 단기적인 안정을 가져올 수 있지만 장기적으로는 민주주의를 해야 영구적인 안정을 가져올 수 있다는 것이 미국의 철학이었다. 따라서 미국은 이후 전두환 정부와 노태우 정부 등에 장기적인 민주화를 촉구했다. 1989년 "카터 행정부가 미국의 국익이 한국 민주화보다 더 중요하다고 생각해 군사당국의 폭력 사용을 묵인한 것 아니냐"는 대한민국 국회의 질문에 미국무부는 "카터 행정부가 그 전후의 다른 미국 행정부와 마찬가지로 진정한 안정과 안보는 국민의 광범한 지지를 받는 정부에 의해서만 이룩될 수 있다는 신념을 지켰다"고 우회적으로 답했다.[69] 결과적으로 신군부를 묵인했지만, 한국의 민주화를 완전히 저버리지 않았다

---

67 이날 계엄사는 김대중이 정부 전복을 기도했다는 중간 수사 결과를 발표했다. 5월 22일에 비공식적인 정전(停戰)이 선포되어 광주는 비교적 평온했음에도 불구하고 계엄 당국이 김대중을 정부 전복의 주모자라고 비난하여 중재 노력에 찬물을 끼얹었다며 글라이스틴은 계엄 당국자의 정신 상태에 실망했다고 회고했다. William H. Gleysteen, Jr.(1999), 앞의 책, 129~130쪽; 윌리엄 H. 글라이스틴, 황정일 역(1999), 앞의 책, 185쪽.

68 "Cable from AmEmbassy Seoul (Gleysteen) to SecState: Initial Call on Acting Prime Minister," 23 May 1980, National Security Affairs, Collection # 6, Brzezinski Material, Country File, Folder: Korea, Republic of, 1~5/80, Box 44, Jimmy Carter Library.

69 "Appendix to the United States Government Statement on the Event in Kwangju, Republic of Korea, in May 1980," June 19, 1989, Vertical File, Box 71, Presidential Papers of Jimmy Carter, Jimmy Carter Library; John Adams Wickham, Jr., *Korea on the Brink, 1979-1980: From the '12/12' Incident to the Kwangju Uprising* (Washington, DC: National Defense University Press, 1999), p. 227; 존 위컴, 김영희 감수, 유은영 외 공역, 『12·12와 미국의 딜레마: 전 한미연합사령관 위컴 회고록』(중앙 M&B, 1999), 349쪽; 손재호, 「"美 5.18 비상계엄 2시간 전에 통보 받았다"」,〈연합뉴스〉(2010.5.11).

는 변명이었다.

1980년 5월 22일 고위정책조정회의(PRC)에 임하여 머스키가 대통령에게 보고한 메모랜덤에 의하면 회의 참석자들 사이에 다음과 같은 의견 일치가 있었다고 분석되었다.

> 군부와 광주 시민 양측을 자극해 사태를 악화시키는 논평을 자제해야 한다.
> 유혈을 최소화해서 안정을 회복하는 것이 최우선적인 목표라는 점에도 동의한다.
> 동시에 미국은 현재 권력을 장악하고 있는 한국 군부의 정치 참여를 제한하며 단기적으로는 이들의 우위를 받아들이지만, 장기적으로 안정이 회복된 후 한국인들의 지지를 받는 정부로 나아가도록 다시 노력해야 한다.
> 그러나 몇 달 안으로 민간정부가 다시 권력을 장악할 가능성은 높지 않다.[70]

단기적으로는 관망하며 군부의 군사작전을 묵인하되 장기적으로는 민주화를 종용한다는 것이었다. 결국 머스키 미 국무장관 주재로 1980년 5월 22일 백악관에서 열린 PRC를 마친 후 아래와 같이 합의

---

[70] "Memorandum of Edmund S. Muskie to the President[: Evening Report]," May 22, 1980, pp. 1-2, Plains File, Subject File, Box 40, Folder: State Department Evening Reports, 5/80, Jimmy Carter Library.

했다.[71]

 한국의 현 상황에 대한 충분한 토의 끝에, 최우선 과제는 한국 당국이 향후 무질서 확산을 초래할 씨앗을 남기지 않는 데 필요한 최소한의 무력을 사용하여 광주에서 질서를 회복하는 것[72]이라고 일반적으로

---

[71] Presidential Review Committee, "Summary of Conclusions: Korea," White House Situation Room, May 22, 1980 - 4:00~5:15 p. m., National Security Affairs, Collection # 15: Brzezinski Material, Brzezinski Office File, Country Chron, Box 27, Folder: Korea: 1-7/80, Jimmy Carter Library(NLC-15-27-1-5-0에만 비밀 해제됨); Policy Review Committee, "Summary of Conclusions: Korea," White House Situation Room, May 22, 1980 - 4:00~5:15 p. m., National Security Affairs, Collection # 15: Brzezinski Material, Brzezinski Office File, Country Chron, Box 27, Folder: Korea: 1-7/80, Jimmy Carter Library(NLC-15-27-1-4-1에만 비밀 해제됨); Policy Review Committee, "Summary of Conclusions: Korea," White House Situation Room, May 22, 1980 - 4:00~5:15 p. m., attached in "Memorandum of Christine Dodson (Staff Secretary, NSC) to the Vice President, the Secretary of State, the Secretary of Defense, Joint Chief of Staff (Chairman), Central Intelligence (Director): Summary of Conclusions," May 30, 1980, http://timshorrock.com/wp-content/uploads/CHEROKEE-FILES-White-House-NSC-meeting-on-Kwangju-May-22-1980.pdf (검색일: 2011.7.14); 이흥환, 「광주민주화운동 발발과 미국의 오판」, 〈신동아〉(2004.4.28); William H. Gleysteen, Jr.(1999), 앞의 책, 135~136쪽; 윌리엄 H. 글라이스틴, 황정일 역(1999), 앞의 책, 193쪽. PRC 참석자는 다음과 같다. 국무부: 에드먼드 머스키 장관(의장), 워런 크리스토퍼 부장관, 리처드 홀브룩 동아시아·태평양 담당 차관보, 로버트 리치 한국과장, 중앙정보부(CIA): 국장 스탠스필드 터너 제독, 존 홀드리지 중국 및 동아시아 담당, 합참: 의장 데이비드 존스 장군, 부의장 존 푸스테이 중장, 육군 참모차장 존 베시 장군, 백악관: 즈비그뉴 브레진스키 국가안보보좌관, 데이비드 아론 국가안보부보좌관, 국가안보회의: 도널드 그레그, 국방부: 헤럴드 브라운 장관, 니컬러스 플랫 국제안보 담당 부차관보, 데이비드 맥기퍼트 국제안보 담당 차관보.

[72] 1989년 이후 미국 측에서는 "회복하도록 조언(advise)하는 것"이라며 '조언'을 첨가해 가필·왜곡했다. "United States Government Statement on the Event in Kwangju, Republic of Korea, in May 1980," June 19, 1989, Vertical File, Box 71, Presidential Papers of Jimmy Carter, Jimmy Carter Library; John Adams Wickham, Jr.(1999), 앞의 책, 207쪽; 존 위컴, 김영희 감수, 유은영 외 공역(999), 앞의 책, 312쪽. 사후적으로는 한국인들이 미국의 개입 정도를 '조언' 수준으로 인식해 내정 개입 논란과 반미주의가 수그러들기를 바라는 마음이었을 것이다. 그렇지만 다음 문장과 브레진스키의 요약 등에서처럼 미국은 한국의 정치발전을 위해 조언이 아니라 '압력'을 가하고자 했다.

합의했다. 일단 질서가 회복된 뒤에 더 많은 수준의 정치적 자유 신장을 위해 특히 군부를 중심으로 한국 정부에 압력을 가해야 한다는 데 동의했다. 브레진스키 박사가 이 접근 방법을 요약했다. "단기적으로는 지원하되 장기적으로는 정치발전을 위한 압력을 가한다."

이에 5월 23일에 미 국무부 대변인은, "카터 행정부는 한국에서 안보와 질서의 회복을 지원하는 한편 정치적 자유화에 대한 압력을 늦추기로 했다"고 발표했다.

브레진스키의 위 요약에도 미국의 철학이 극명하게 드러났다고 볼 수 있다. 또한 이어지는 부분에서도 온건한 대응과 무력 사용을 두고 갈 곳을 잃은 미국의 곤혹스러운 입장을 보여준다.

  2. 광주에서의 상황에 대한 미국의 태세: 지금까지 한 것 이상으로 무엇을 할 필요가 없다는 데에 동의했다. 우리는 온건하게 대응하라고 권고했으며, 무력 사용을 배제하지는 않았다. 한국 측은 질서 회복을 위해 무력을 사용할 필요가 있다고 주장한다.

또한 머스키 국무장관은 만약 한국군만으로 사태 진압이 어렵다고 판단되는 최악의 경우에 대비해 이미 북한에 대해 비상을 걸었던 미 국방부 측에 미군의 직접 개입 가능성을 검토하라고 요청했다. 특히 머스키 장관은 폭력이 광주 외곽으로 확산될 경우 어떤 조치를 취해야 하는지와 만약 한국군 재배치가 북한군 방어 임무에 지속적으로 위협이 될 경우 미 국방부가 대안을 준비해 줄 것을 요청했다.[73] 또한 한국 정부에는 미국 정부의 한국군 병력 동원 사전 승인을 일절 비밀로 해줄 것을 요청했다. 미국이 민주인사 대신 독재자 전두환을 지원하고 있다는 사실을 한국인들이 알게 되어 내정간섭에 반대하는 반미 역풍이 불 것을 우려하여 비밀 요청을 한 것이다. 그런데 전두환이 이를 공개하자 카터는 "광주 유혈 진압에 반대한다"는 성명을 직접 내는 등 화를 냈다고 한다.

미군이 직접 개입한다는 가정은 한국군이 광주에서 시위를 진압하지 못하거나 시위가 걷잡을 수 없을 정도로 번져 전국으로 확산되는 경우에 적용될 수 있었다. 시위가 확산되어 북한이 이를 이용하는 상황을 미국이 극도로 의식했음을 확인할 수 있으며, 이 경우 미국은 전두환 제거를 포함한 모종의 조치를 검토했을 것이다. 기존의 정설은 미국이 전두환을 비호했으며 미군의 직접 개입도 전두환 정권을 지원하는 차원에서 이루어졌다는 것이지만, 필자는 전두환 정권이 효과적으로 대처하지 못할 경우 미국이 정권을 교체하는 방안까지 검

---

[73] "Summary of Conclusions from the Policy Review Committee on Korea," White House Situation Room, May 22, 1980 - 4:00~5:15 p. m. attached in "Memorandum of Christine Dodson (Staff Secretary, NSC) to the Vice President, the Secretary of State, the Secretary of Defense, Joint Chief of Staff (Chairman), Central Intelligence (Director): Summary of Conclusions," May 30, 1980, http://timshorrock.com/wp-content/uploads/CHEROKEE-FILES-White-House-NSC-meeting-on-Kwangju-May-22-1980.pdf (검색일: 2011.7.14); Tim Shorrock, "U. S. Leaders Knew of South Korean Crackdown," *Journal of Commerce*, February 27, 1996, http://timshorrock.com/?page_id=21 (검색일: 2012.5.7); 박두식, 「5월 22일 백악관 고위회의 최악경우 미군 개입도 검토: 미지 비밀문서 입수… "위컴사령관이 최종승인서"; "미, 80년광주 군투입 사전승인"」, 『조선일보』 1996년 2월 28일, 1면.

토했다고 주장하는 바이다.

실제로 급하게 소집된 PRC 회의에 앞서 한국의 소요를 심각하게 받아들인 홀브룩은 상황을 파악하기 위해 5월 21일 밤 글라이스틴에게 전화를 걸었다. 홀브룩은 글라이스틴으로부터 "광주의 대규모 민중봉기는 여전히 통제 불가능하며 한국 군부로서는 최소한 20년은 겪어 보지 않은 국내적 위협에 직면하고 있는 심각한 상황이다."라는 대답을 들었다. 이에 더욱 긴장한 홀브룩은 다시 아래와 같은 질문을 던졌다.

> 광주의 혼란이 전국으로 확산될 가능성은?
> 주한 미군의 신변 안전에 문제는 없는가? 그들을 철수시켜야 하나?
> 북한이 도발할 가능성은?

주한 미군의 신변 안전에 대한 우려 때문에 주한 미군 철수를 언급했지만 미국은 줄곧 주한 미군 철수를 염두에 두고 있었다고 할 수 있다. 이러한 질문에 대해 글라이스틴은 아래와 같이 대답했다.

> 광주의 혼란이 한국 전역으로 확산될 가능성은 없다. 한국 국민들은 계엄령을 마지못해 받아들이고는 있지만 광주를 불안한 시선으로 바라보며 사태가 진정되기를 바라고 있다. 주한 미군은 무사하다. 한국 국민들은 북한을 견제하기 위해 미군의 계속 주둔을 바라고 있다. 그렇게 될 가능성은 희박하지만 혼란이 전역으로 확산되고 국민들이 우리 군에 등을 돌리는 상황이 오면 우리는 철군 준비를 해야 할 것이다.

나는 확답할 수는 없지만 북한이 당장 도발하지는 않을 것이라고 예측한다.[74]

글라이스틴 역시 북한의 개입 가능성에 대해 회의적이었다. 홀브룩은 글라이스틴의 답변에 만족했으며 이에 입각해 5월 22일 열린 PRC 회의에서 '최소한의 무력 행사'에 기반한 지원을 결정했던 것이다. 1977년 카터에 의해 제기된 주한 미군 철수안에 시종일관 반대했던 글라이스틴은 이 시점에도 '한국인들이 원하는 한' 주한 미군이 계속 주둔할 것을 권고했다. 또한 광주 시위가 전국으로 확산될 가능성이 높지 않다고 희망적으로 관측했다.

미국은 광주 시위에 대해 처음에는 방관했다. 그러다가 대규모 시위가 발생하자 최소한의 무력을 사용하고 시민들의 피해를 최소화하라고 한국 정부에 권고했다. 그러나 신군부는 공수부대를 동원해 과잉 진압에 나섰고, 이에 맞서 무장한 시민들을 제압하고자 다시 대규모 병력을 동원했는데, 미국은 이를 묵인할 수밖에 없었다. 이렇게 해서 결국 많은 이들이 피 흘리는 상황에 이르렀음을 부인할 수는 없었다. 미국에 비판적인 한국 연구자들은 미국이 PRC 회의 통해 무력 동원을 승인했으며 결국 지원한 결과가 되었다고 훗날 평가했다. 앞의 "단기적으로 지원"이라는 브레진스키의 표현대로 지원했음은 부인할 수 없는 역사적 사실이다. 글라이스틴은 지원이라는 말을 사용한 것

---

74 William H. Gleysteen, Jr.(1999), 앞의 책, 135쪽; 윌리엄 H. 글라이스틴, 황정일 역(1999), 앞의 책 192~193쪽.

은 적절하지 못했지만 '최소한의 무력을 동원한 질서 회복'을 지칭한 것이라며[75] 전폭적 지원이 아니라 질서 회복을 위한 어쩔 수 없는 수동적 지원임을 강조했다. 최대치가 공모이며, 그다음이 지원이고, 최소치가 묵인이라면 승인은 지원과 묵인 사이에 있다고 할 수 있다.[76] 광주로의 병력 이동에 대한 미국의 태도는 승인보다는 묵인에 가깝다고 할 수 있다.

그런데 광주민주화운동에 미친 미국의 영향에 대해서 한국인들은 사태를 부추긴 선동자, 신군부를 도와 유혈 사태에 개입했던 방조자, 최소한 사태가 어떻게 돌아가는지 알고 있으면서 모르는 척했던 '방관자'로 여겼다.[77] 과연 미국은 1980년 서울의 봄 당시 한국 신군부의 시위 진압에 어느 위치에서 대응했을까? ① 공모자, ② 선동자, ③ 적극적 지원자, ④ 간접적 조장자, ⑤ 묵시적 방조자, ⑥ 무언의 묵인자, ⑦ 수수방관자, ⑧ 관망자, ⑨ 정치 개입과 강경 진압에 대한 경고자, ⑩ 쿠데타 기도에 대한 적극적 진압자 중 어느 위치에 있었을까?[78]

필자는 국면마다 상황 변화에 따라 미국의 대응 양식도 달라졌다는 유동적·가변적인 시각을 가지고 문제를 봐야 한다는 의견을 제시

---

75 William H. Gleysteen, Jr.(1999), 앞의 책, 136쪽; 윌리엄 H. 글라이스틴, 황정일 역(1999), 앞의 책, 193쪽.
76 김준형 교수도 『영원한 동맹이라는 역설: 새로 읽는 한미관계사』(창비, 2021)에서 공모와 묵인 사이에 있다고 평가했다.
77 이흥환, 「전두환, 정권 승인 대가로 美에 핵포기, 전투기 구매 약속」, 『신동아』(2004.8), 488~501쪽.
78 정일준 교수는 미국의 한국 정치 개입이 공개 개입, 은밀한 개입/방조, 불개입의 스펙트럼으로 분류할 수 있다며 시기에 따라 개입 방식과 강도가 달라진다고 보았다. 정일준, 「총론」, 정일준 외, 『한국의 민주주의와 한미관계』(대한민국역사박물관, 2014), 13쪽.

하고자 한다. 즉 1980년 1~2월에는 한국군의 역쿠데타 모의에 대한 지원을 검토하는 등 신군부의 정치 간여를 적극적으로 진압하려 했으나 무리라고 판단하고 3월 이후로는 군부의 개입을 경고하는 데 그쳤으며, 5월 이후 광주에서 소요가 일자 방관하다가 결국 묵인할 수밖에 없었다고 해석하고자 한다. 미국과 신군부가 공모한 적은 없었고, 둘의 결합은 시시각각 변하는 유동적인 것이었으므로 시종일관 공모했다는 고정적 시각으로 보면 사실을 왜곡할 뿐이다. 당시 신군부는 '광주사태'의 진압이 미국의 용인과 지원 아래 단행됐다는 정보를 흘렸다.[79] 따라서 반미주의자들의 공모설은 신군부의 잘못된 홍보에 기인한 측면이 있다. 그런데 미국이 광주민주화운동 전후로 신군부와 공모한 적은 없지만 전반적으로 묵인자보다는 능동적인 태도를 취했다고 볼 수 있다. 공모이건 '비판적이며 매우 소극적이고 못마땅한 어쩔 수 없는 묵인'이건 결과는 거의 같았다는 것이 비극이었다.

4. 미국의 딜레마, 시민군과 신군부 사이에서

1980년 5월 21일 아침 9시(미국 시간) 고위정책조정회의(PRC)가 열리기 전에 그레그가 브레진스키에게 보고한 문건에 따르면 미국의 행동에 대해서 한국 정부는 내정간섭이라고 여기며, 재야에서는 강하

79　池東旭, 『韓國大統領列傳』(東京: 中央公論社, 2002).

게 대처해야 하는데 너무 약하게 행동한다며 비판했다고 한다. 정부와 야권 모두 강하게 미국을 비판하므로 반미주의를 의식해 조심스럽게 대처해야 한다는 것이었다. 또한 최근 광주에서 일어난 사건들에 대해 조심스럽게 조정된 정도의 불만을 공개적으로 그리고 개인적으로 표명하라면서도 정부 반대파들을 자극해 불안하게 만들지는 말라는 조건을 첨부했다. 한반도의 안보를 유지하고 동북아의 전략적 안정을 유지하는 것이 미국의 목적이라는 것이었다. 미 의회가 우려하는 대로 '제2의 이란'이 되는 것을 방지해야 한다는 것이었다. 글라이스틴이 5월 21일자에 건의한 대로 미국은 현재 지도부(최규하 정부-인용자)와 상대해야 하며, 안보 공약으로부터 멀어져서는 안 되고, 공작을 하려면 비밀스럽게 해야 한다는 데 대해 그레그도 기본적으로 동의했다. 그레그는 5월 21일 이후 다음 주가 결정적인 시기임을 예견하고 5월 22일 목요일에 PRC에서 결정할 때까지 행동을 취하지 말 것을 건의했다.[80] 그는 5월 20일에 작성된 메모랜덤에서 "미국이 한국에서 손을 씻으려는 미군 철수론이 부활할 것"을 우려하면서 이는 매우 무책임하고 위험한 발상이라고 비판했다.[81] 미군 철수 등을 지렛대로 활용해 전두환을 권력에서 퇴진시키려는 방안이 계속 검토

---

80 "Memorandum of Don Gregg to ZB: Up-Date on Korea," 21 May 1980 9 a.m., pp. 1-2, Zbigniew Brzezinski Collection, Subject File, Folder: [Meeting--Muskie/Brown/Brzezinski: 5/80-6/80], Box 23, Jimmy Carter Library. 이 문건은 Declassified Document Reference System. made by Gale co., US Library of Congress에도 있다.

81 "Memorandum of Donald Gregg to Zbigniew Brzezinski: MBB Item: Korea After Martial Law," May 20, 1980, p. 1, Zbigniew Brzezinski Collection, Subject File, Folder: [Meeting--Muskie/Brown/Brzezinski: 5/80-6/80], Box 23, Jimmy Carter Library.

되고 있었음을 알 수 있다.

당시 그레그 등이 선호했던 한국 문제 해결책은 최규하 대통령을 통한 정치의 복원이었다. 미국은 한국에 무자비한 군사정부가 출현해서 정치발전이 무한정 지연되는 것을 피하고 싶어 했다.[82] 미국은 군사정부 앞에 무자비하다는 표현을 첨가할 정도로 전두환 세력을 좋지 않게 보았다. 미국이 전두환 정부의 출현을 진정 원하지 않았음을 확인할 수 있는 대목이다. 미국은 최규하 대통령, 새 내각과 함께 정치일정이 재개될 수 있도록 협력하는 방안을 추구했다. 한국인들이 자제한다면 헌법은 개정될 것이며 계엄령은 해제될 것이고 일종의 대통령 선거 같은 것이 있을 것이라는 인식을 심어 주는 방안이었다.

이러한 방안은 학생들이 원하는 것에는 미치지 못해도 군부가 부여하기를 원하는 것보다는 많은 것이었다. 양측을 모두 만족시키지 못하는 중재안(타협안)이지만 당시 상황을 진전시킬 수 있는 것이었기에 그레그는 이러한 안을 제시했다.[83] 군부와 학생 중간에서 어느 쪽도 일방적으로 편들지 않는 일종의 양다리 작전이자 등거리 전술이었다. 완전한 민주화와 군부 집권의 지속을 원하는 양측의 중간에 위치한 온건한 타협안이었던 것이다.(5월 17일 이른 오후에 최광수 비서실장이 글라이스틴 대사에게 언급한 리버럴한 방안과 유사함) 민주화 욕구를 개량적으로 발산시킬 수 있는 안이었다.

미국은 4·19와 같은 혁명적 사건이 서울에서 다시 발생한다면 북

---

82 위의 자료, 2쪽.
83 위의 자료, 2쪽.

한을 이롭게 할 수 있고, 군부가 집권한다면 반대 세력이 뭉쳐 또 다른 혁명이 일어날 가능성이 있으며, 이 경우에는 역시 북한이 사태를 악용할지도 모른다고 판단해 온건한 타협안을 해결책으로 제시했다. 그런데 광주에서 유혈 사태가 확산되면서 혁명이 일어날 가능성을 의식하게 되었다. 1980년 5월 21일 그레그의 비망록에서 언급한 바와 같이 비무장지대(DMZ)에서 멀리 떨어진 남부에서 발생했기에 그나마 다행이라고 생각했으며 만약 서울에서 이러한 폭동이 발생했다면 상황은 더 폭발적이었을 것이라고 평가했다.[84]

그런데 전남도청 앞에서 공수부대의 집단 발포로 시민 34명이 현장에서 숨진 1980년 5월 21일 미국 국방정보국(DIA)이 작성한 '광주 상황'이란 제목의 문서에 의하면 "공수여단은 만약 절대적으로 필요하거나 자신들의 생명이 위태롭다고 여겨지는 상황이면 발포할 수 있는 권한을 승인받았"다는 것이다. 1995~1997년 12·12 및 5·18 검찰 수사와 재판에서 전두환과 신군부는 일관되게 1980년 당시 공수여단 부대원들이 위험에 처하자 '자위' 차원에서 우발적으로 발포했을 뿐이라고 발포 명령을 부인해 왔다.

위 문서를 공개한 팀 셔록은 "미국이 집단 발포 당일 발포 명령에 대해 알고 있었는데도 이를 묵인했다는 것을 보여 준다"며 "다만 이 자료만으로는 발포 명령자를 파악하기 힘들었다"고 말했다.[85] 그런데

---

84 "Memorandum of Don Gregg to ZB: Up-Date on Korea," 21 May 1980 9 a.m., p. 1, Zbigniew Brzezinski Collection, Subject File, Folder: [Meeting--Muskie/Brown/Brzezinski: 5/80-6/80], Box 23, Jimmy Carter Library.
85 정대화, 「미국, 5·18 발포명령 사전에 알고도 묵인했다」, 〈한겨레〉(2017.5.25).

위 문서의 내용이 전두환 측이 말하는 자위 차원의 발포였다는 내용과 일치하지 않는다고 보기 어렵다. 전두환 측은 발포 명령을 승인 내린 것을 숨기면서 우발적이며 개인적인 차원의 발포라고 강변하지만 위 문서가 말하는 사실은 (개인적 발포 차원을 넘어선) 집단적인 발포가 승인되었다는 것이다. 한편 발포에 대한 미국의 묵인이 있었다는 증거로는 부족한 점이 없지 않다. 왜냐하면 미국 워싱턴 시간으로 5월 21일 일과 시간은 한국 시간으로 34명이 숨진 이후인 21일 밤 이후이므로 집단 발포가 이미 이루어진 이후에 발포 권한 승인 사실을 사후에 보고받았다고 해석할 수도 있기 때문이다.

당시 광주에 있었던 주한 미군 방첩 휴민트(Humint) 비밀 정보요원의 통역관[86]이던 김용장은 2019년 3월 14일 「JTBC 뉴스룸」과 「이규연의 스포트라이트」를 통해 보도된 인터뷰 등에서 전두환이 1980년 5월 21일 점심 때 헬기를 타고 광주 K57 전투비행장에 왔으며(당시 보안사령부 산하 505보안부대 광주 요원[수사관] 허장환도 전두환 보안사령관이 21일 다녀갔다는 말을 부대 내에서 들었다고 증언했다. 정보요원이 아닌 통역관의 전문(傳聞)이므로 증언 당시에도 그 신빙성에 의문이 제기됨) 발포 명령을 내렸다고 주장했다. 21일 전일빌딩 위에서의 헬기 사격도 있었다고 증언했다.[87] 허장환은 5월 21일의 집단 발포 당시 정

---

86 『죽음을 넘어 시대의 어둠을 넘어』 영문판 번역자 설갑수는 김용장이 군사정보관(Military Intelligence Specialist)이 아니라 통역관(Language Specialist)이라고 주장했다. 김용장은 9급 통역으로 501 정보단에 1974년 입단했고, 1990년대 중반 통역관으로 은퇴했다는 것이다. 설갑수, 「[기고] 5·18의 '꿈 같은 증인' 김용장은 '미 육군 군사정보관'이 아니었다」, 〈경향신문〉(2019.6.2).

87 김용장은 북한 특수군 600명의 잠입 주장에 대해서는 당시 광주로 접근할 수 있는 육로와 해로가

보 수집 중 직접 목격했다면서 만약 대응 사격이었다면 서서쏴 자세를 취해야 하는데 앉아쏴 자세를 취하는 것으로 보아 조준 사격이 틀림없다고 주장했다.

전두환은 2017년 회고록을 통해 5월 18일부터 27일까지 10일 동안 광주를 방문한 적이 없다고 주장했다.[88] 특히 전두환 측에서는 『제5공화국 전사』에서 1980년 5월 21일 11시에 용산에서 회의를 하고 있었다는 부재증명을 인용하고 있다. 광주항쟁 기간 동안 전두환의 소재를 확인할 수 있는 기록을 공개하지 않은 상태에서 유독 5월 21일 11시의 기록만이 남아 있는 것은 5월 21일 광주행을 은폐하려는 조작이 아닌가 하는 평가도 있다.

전두환은 보안사령관이던 자신은 상관인 이희성 계엄사령관으로부터 명령을 받고 움직이는 계엄사령관의 부하이므로 독자적으로 발포 명령을 내리는 것이 불가능했다고 계속 강변해 왔다. 그런데 당시 이희성이 계엄사령관으로 보임한 데에는 전두환의 보이지 않는 손이 작용할 수밖에 없는 상황이었다. 비록 이희성이 전두환의 상관이지만 당시 신군부의 실세는 엄연히 전두환이었으며 전두환의 괴뢰이자 허수아비에 다름없었던 이희성은 전두환을 의식해야 했다. 따라서 발포 명령자가 형식적으로는 이희성일 수 있지만 실제적으로는 당시 군부의 최고 실세인 전두환의 책임이며, 백보 양보하더라도 전두환

모두 봉쇄되었고, 미군 군사첩보위성이 광주 상공을 집중 감시하고 있었으므로 잠입하는 것이 불가능한 상황이었다고 주장했다.

88 전두환 저, 민정기 책임정리, 『전두환 회고록 1: 혼돈의 시대, 1979-1980』(자작나무숲, 2017), 464쪽.

이 실권자로 있는 신군부 그룹이 총체적으로 책임을 져야 한다.

한편 1980년 5월 22일 열리는 PRC를 주재하는 머스키 국무장관을 위해서 미 국무부의 리치 한국과장 등이 기안해서 1980년 5월 21일 보낸 문서에 의하면 미국은 광주에서 발생한 소요가 서울로 번질 가능성에 대비했다. 미국은 저항 세력들을 자극해서 시위가 확산되고 과격화되는 상황이 벌어지지 않도록 공식 논평을 자제했으며, 군부를 자극할 수 있는 논평도 하지 않았다.[89] 무엇보다도 안정이 최우선 과제였던 것이다. 아직 광주에서 광범위한 유혈 사태(5월 27일 새벽)가 발생하기 전이었으므로 연합사 예하 병력의 차출 요청 등에 대비했으며 사태가 어떻게 진전될지 예의 주시하는 것이 현실적인 방안이었다. 지난 4월 전두환의 중앙정보부장 서리 겸직에 대한 항의 표시로 연기된 SCM(한미 [연례]안보협의회)의 일정을 새로 잡지 않는 것도 건의되었다. 그런데 민간·상업 분야에 관계된 미국인 방문까지 제한하면 민족주의적 역풍을 맞을 수 있다는 점도 우려했다.[90]

대한민국 외교문서에 의하면 정부가 1980년 5월 광주민주화운동 당시 주변국들도 바짝 긴장했음을 의식한 것을 확인할 수 있다. 에드먼드 머스키 국무장관이 지휘하는 미 국무부는 1980년 5월 22일 주미 중국대사를 초청해 "북한이 한국 내 정세를 오판해 모험에 나서지 않도록 영향력을 행사해 달라"고 요청했다. 한편 같은 달 31일엔 독

---

89 "Action Memorandum to the Secretary: PRC Meeting on Korea," [5/21/80], pp. 1-2, National Security Affairs, Collection # 17: Staff Material: Office, Folder: Institutional File, #3000s-3100s: 5-6/80, Box 41, Jimmy Carter Library(NLC-17-41-3-13-1).
90 위의 자료, 3~5쪽.

일개신교협의회(EKD) 소속 한인 목사들이 프랑크푸르트를 비롯한 독일 주요 도시에서 광주민주화운동을 지지하는 시위를 벌였다고 대한민국 외교 전문이 밝혔다.[91]

1980년 5월 25일 저녁 최규하 대통령은 광주를 방문하여 방송을 통해 선무 활동을 했다. 신군부 측 역사서인 『제5공화국 전사』에 의하면 전두환 합동수사본부장 겸 보안사령관이 계엄군의 광주 무력 진압을 이틀 앞두고 최규하 당시 대통령이 광주 현지에서 시민들의 자제를 요청하는 선무 방송(5월 25일)을 하도록 주도했다고 한다. 이는 당시 전두환 보안사령관 등 신군부가 5월 27일 새벽 이뤄진 5·18민주화운동 무력 진압을 준비하면서 최 대통령을 동원해 마지막으로 설득하는 모양새를 갖추는 등 치밀한 명분 쌓기 전략까지 구사했다는 뜻이다.

1980년 5월 24일 전두환 보안사령관은 주영복 국방장관 및 각군 참모총장과 '광주사태 대책회의'를 한 뒤 국방부에서 오찬을 같이했다. 합수본부 안전처장 정도영 장군은 "합수본부장 전두환 장군께 보고키 위하여 국방부로 갔다"고 한다. 당시는 "계엄군이 상무충정작전, 즉 무력에 의한 (광주) 기습 작전을 준비하고" 있던 때이다.[92] 정 장군은 "최규하 대통령의 대광주 시민 선무 방송은 군 작전 개시 전에 정부 차원에서 마지막으로 대통령이 광주 시민에게 호소하는 것

---

91 김태경, 「정부, 30년 지난 외교문서 전격 공개.역사적 사실 공식 확인 계기」, 〈파이낸셜뉴스〉(2011.2.21); 김진명, 「정부, 동해에 방사능물질 투기. 외교문서 공개」, 〈조선일보〉(2011.2.21).
92 권혁은, 「5·18 항쟁기 시위 진압의 기원: 충정훈련, 특전사, 그리고 대반란(counterinsurgency) 전략」, 『역사문제연구』 45(2021.4), 11~48쪽.

이 될 것"으로 생각했다. 그가 국방부에 갔을 땐 "이미 회의가 끝나고 회의 참석자들은 (국방부 울타리 안) 육군회관에서 오찬 중"이어서 정 장군은 "시일이 촉박한 것인지라 육군회관으로 가 메모로 오찬 중인 합수본부장을 뵙자고 했다"고 한다. 『제5공화국 전사』는 "정 장군이 합수본부장에게 '최 대통령의 광주 선무 활동이 시급히 필요하다'는 건의를 하자 전 장군은 '그것 참 좋은 생각이다.'라고 희색을 띠면서 들어가 식사를 빨리 마쳤다"고 한다. 전두환 보안사령관의 결심이 서자 일은 일사천리로 진행됐다. 이 책은 "(전두환 합수본부장이) 국방부 장관에게 최 대통령의 광주 선무 활동을 건의"했고 "주영복 국방부 장관은 그 길로 청와대로 직행, 최 대통령에게 건의했다"고 한다.

최규하 대통령은 광주에 가기로 결정했다. 다음 날인 5월 25일 오후 5시 40분께 최 대통령은 광주로 가서 전투교육사령부를 방문해, 라디오를 통해 광주 시민의 자제를 호소하는 담화문을 발표했다.[93] 그러나 이는 시기를 놓친 것이었고 대화는 결렬되었으며 이튿날 한국 정부는 출국하기를 원하는 외국인들에게 협조했다. 5월 26일 오후 류병현 합참의장은 군이 수 시간 내로 광주에서 무력을 동원해 진압할 것이라고 미국 측에 공식 통보했다.[94]

항쟁 마지막 날인 1980년 5월 27일, 즉 군부의 광주 재진입 작전

---

[93] 정대하, 「5·18 진압 이틀전 '최규하 광주방문 담화'는 전두환 작품」, 〈한겨레〉(2016.5.20).

[94] William H. Gleysteen, Jr., *Massive Entanglement, Marginal Influence: Carter and Korea in Crisis* (Washington, DC: Brookings Institution Press, 1999), p. 131; 윌리엄 H. 글라이스틴, 황정일 역, 『알려지지 않은 역사: 전 주한미국대사 글라이스틴 회고록』(중앙 M&B, 1999), 186~187쪽.

일 하루 전인 5월 26일에 글라이스틴은 전두환의 권력이 불안한 상태에 놓일 것이라고 예언했다. 광주의 유혈 사태 때문에 전두환은 한국 불안의 큰 원인이라고 적시하기도 했다. 따라서 전두환 주위 장군들은 이것(전두환에 대항하는 역쿠데타-인용자)을 실현할 수 있지만, 용기 부족 혹은 동원 가능한 수단 부족이 문제라고 지적했다. 아울러 "전두환에 대한 미국의 입장을 결정해야 할 상황이 조만간 올 것이며, 우리의 결정이 전두환의 입지를 결정할 수 있을 것"이라면서도 "현 상황에서는 아무런 행동도 취하지 않는 것이 현명하다"고 밝혔다.[95] 역시 미국은 역쿠데타를 의식하고 있었음을 확인할 수 있는 대목이다.

글라이스틴의 위 견해를 인용한 그레그는 5월 26일 전두환에 대한 미국 정부의 입장이 몇 주 동안 민감한 문제가 될 것이라고 평가했다. 박정희 피살 이후 워싱턴의 최대 관심사가 전두환으로 귀착되었던 것이다. 해야 할 일과 하지 말아야 할 일을 분간해야 하며 현재는 아무것도 하지 않고 관망하는 것이 필요하다고 썼다. 또한 결정적 시점이 언제인지 인지하는 것이 미국이 해야 할 일이라고 언급해 결정적 시점까지 관망해야 한다는 의견을 냈다. 그레그는 당시 북한이 기본적으로 평온해 보이고 군사·정치적 전방에서는 전 장군이 명백히 군부 지배자로 계속 부상하고 있다고 평가했다. 그레그는 전두환을

---

[95] "Memorandum of Donald Gregg to Zbigniew Brzezinski: Korea," 26 May 1980, National Security Affairs, Collection # 6, Brzezinski Material, Country File, Folder: Korea, Republic of, 1–5/80, Box 44, Jimmy Carter Library; 정다슬, 「'전두환 반대' 逆쿠데타 제보자 드러났다… 美문서에 나온 '이범준 장군'」, 〈이데일리〉(2021.9.16).

정점으로 하는 혁명위원회 구성이 다음 수순이라고 전망하면서 언제 그렇게 될지는 미정이라고 적었다. 광주에서 전두환은 중심 주제이며 급진파들은 그의 퇴진을 요구하지만 대한민국 권력체(authorities, 신군부를 지칭함-인용자)는 그것은 받아들일 수 없는 요구라 생각한다고 지적했다.[96]

사실 미국으로서도 무엇을 해야 할지 난감한 데다가 힘의 한계를 잘 알고 있었으므로 계속 주시하면서도 대응을 자제하고 애써 무시할 수밖에 없었다. 시민군이나 신군부 양측 모두가 미국이 자신들 편에서 보다 확실하게 대응하기를 바랐지만 미국은 이러지도 저러지도 못했다. 신군부를 지지했다가 시민군의 반미주의가 격화되고, 최악의 경우에는 지역 갈등이 전국적으로 확대되어 북의 침공을 초래할지도 모를 일이었다. 전두환의 편이 아니라고 공개적으로 선언하여 역쿠데타를 유발했다가 후임자가 더 좋은 대안이 아니거나 권력투쟁이 계속 확산되어 북의 침공을 불러일으킬 가능성도 있었다. 어느 쪽 편을 들어도 북의 침공이 우려되었다. 따라서 당시와 같이 극도로 변화무쌍한 시기에는 관망하면서 조금이라도 더 안정되기를 기다리는 것이 최선이라고 생각했을 것이다.

결국 시위가 국지적인 틀을 벗어나지 않고 진압되자 미국은 사태를 관망하면서 전두환의 집권을 막아 보려고 노력했다. 전두환 제거를 내부적으로는 계속 검토했으나 제거 공작이 시행되었을 때 신군

---

96 "Memorandum of Donald Gregg to Zbigniew Brzezinski: Korea," 26 May 1980, National Security Affairs, Collection # 6, Brzezinski Material, Country File, Folder: Korea, Republic of, 1-5/80, Box 44, Jimmy Carter Library.

부가 민족주의적인 국민 정서를 반미주의로 몰고 가 미국을 몰아낸다면 소련 공산주의를 봉쇄할 수 있는 교두보를 잃을 수도 있다고 판단해 신군부를 인정할 수밖에 없었다. 미국은 한국에서 공산화 방지를 최고의 국가 이익과 개입의 목표로 가지고 있었다. 공산화 방지와 동시에 민주화를 기할 수 있다면 최선이겠지만 민주화의 추구가 공산화로 이어질 우려가 있는 경우에는 민주화 대신 안정을 선택했다.

✢✢✢

참고
5·18 당시 미 국무부 보고서에 대한 보수 유튜버들의 의도적 왜곡

2020년 5월 미국 정부의 5·18 민주화운동 자료 전달 국면에서 보수 유튜버들은 5·18 당시 미국이 광주항쟁을 폭동(riot), 반란(insurrection), 봉기(uprising)라고 규정했다며 '민주화운동'이라는 한국 정부의 공식 규정을 비판했다.[97] 보수 진영에서는 이 중에서도 폭동, 반란이라는 당시 신군부의 일방적 규정에 공감했다. 5·18 민주화운동[98]이라는 공식 규정 대신 광주사태라는 당시 신군부의 성

---

97 이병열, 「언론에서 공개하지 않는 5·18기밀문서 전격 공개」(2020.5.17), 〈가로세로연구소〉(검색일: 2020.5.23).

98 노태우가 대통령에 당선된 후 1988년 2월 25일 취임하기 전까지 선거공약에 따라 민주화합추진위원회를 발족시켰는데 이 기구에서 당시 집권 세력에 의해 광주사태로 불리던 것을 '광주민주화운동'이라고 규정하기 시작했다. 김학준, 「대통령의 정책결정과정」, KAIST–SJ(과학저널리즘대학원) 강의안(Spring, 2018), 65쪽. 그 이후 '5·18 광주민주화운동'이 되었다가 전국적으로 의미 있는 운동이므로 '광주' 자를 떼고 '5·18 민주화운동'이라고 공식 호칭되었다.

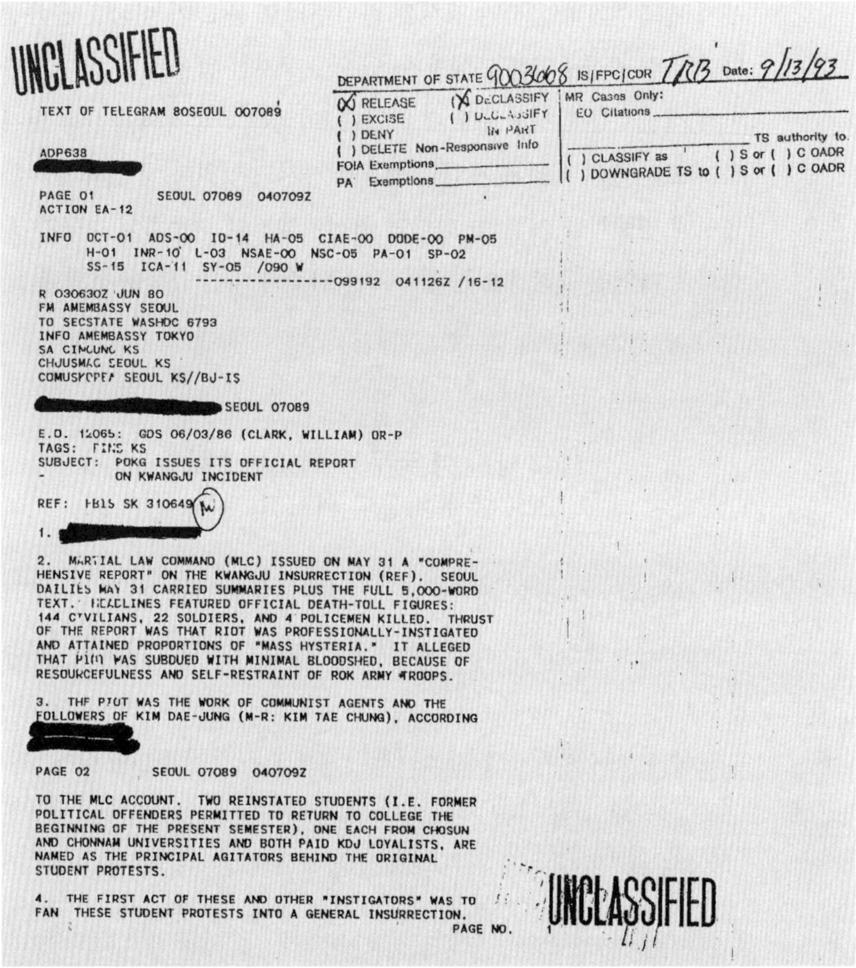

그림 4 주한 미 대사가 워싱턴의 국무장관에게 보낸 「한국 정부가 발행한 광주 사건 공식 보고」(1980. 6.3)의 일부

TEXT OF TELEGRAM BOSEOUL 007089

THIS THEY DID BY FABRICATING AND SPREADING RUMORS. THE OFFICIAL ACCOUNT ADMITS THAT "YOUNG SOLDIERS...DEALT ROUGHLY WITH SOME STUDENTS," BUT SAYS THAT THE ATROCITY RUMORS WHICH THEN QUICKLY SPREAD WERE "INCOMPREHENSIBLE TO MEN OF REASON." NEVERTHELESS THE RUMORS APPARENTLY CARRIED ENOUGH FORCE TO DRAW IN THE MASS OF CITIZENS, AND, WITHIN 24 HOURS, "MASS HYSTERIA PREVAILED" IN KWANGJU.

5. THE INVOLVEMENT OF THE CITY'S MASSES IS NOT DENIED, AND VIGNETTES OF THE RIOT LEADERS--"A MOTHER-OF-PEARL CARVER, CHIEF OF THE STRIKE FORCE; A TRUCK DRIVER, CHIEF OF THE SITUATION ROOM;" ETC.--CONVEY RATHER DRAMATICALLY THE SENSE OF A PLEBEIAN UPRISING. THERE IS EVEN MENTION OF A 33-YEAR-OLD ARMY RESERVE CAPTAIN CONDUCTING AD HOC SQUAD-TACTICS TRAINING IN THE YMCA. THERE IS A DISTINCTION DRAWN HOWEVER BETWEEN THE HIGHLY SUGGESTIBLE CITIZENRY AND THE "HARD CORE" OF "IMPURE ELEMENTS" WHO INSISTED ON A BLOODY FIGHT TO THE END.

6. CREDIT FOR CASUALTIES' BEING NO HIGHER THAN THEY WERE IN KWANGJU IS GIVEN ENTIRELY TO THE TROOPS, WHO "RESTRAINED THEMSELVES FROM USING THEIR RIGHT OF SELF-DEFENSE." THEIR RESOURCEFULNESS IS PRAISED AS WELL: AWARE THAT RIOTERS HAD MINED THE PROVINCIAL GOVERNMENT BUILDING, "MARTIAL LAW

PAGE 02   SEOUL 07089   040709Z

TROOPS INFILTRATED...THE BUILDING AND DEFUSED THE CHARGES," THUS PREVENTING A MASSIVE BLAST WITH MANY CASUALTIES WHEN KWANGJU WAS RETAKEN. FINALLY, SECURITY FORCES ARE CREDITED WITH GREAT GENEROSITY OF SPIRIT IN RELEASING WITH ADMONITIONS 1,010 OF THE 1,740 PERSONS TAKEN INTO CUSTODY DURING AND AFTER THE INSURRECTION.

7. THE REACTION OF KOREANS WE HAVE SPOKEN TO, INCLUDING THOSE NORMALLY CONSERVATIVE AND PRO GOVERNMENT, HAS BEEN SKEPTICAL. THE OFFICIAL REPORT DENIES THE TALES OF TROOP ATROCITIES ON MAY 18 WHICH BY NOW MOST KOREANS HAVE HEARD AND SEEM TO BELIEVE. THE REPORT DOES NOT REALLY ACCOUNT FOR THE PHENOMENON OF THE CITIZENS' JOINING THE STUDENTS; LURID RUMORS ARE A FACT OF LIFE IN KOREA AND THEY DO NOT NORMALLY RESULT IN MASS HYSTERICS. THE REPORT GIVES A CASUALTY COUNT WHICH MOST TO WHOM WE TALK CONSIDER VERY LOW. IT CONTAINS SOME INTERESTING AND COLORFUL DETAILS, SUCH AS THE INFILTRATORS' DISARMING THE EXPLOSIVES, BUT IT IS NOT LIKELY TO GAIN WIDESPREAD ACCEPTANCE AS THE LAST WORD ON KWANGJU. GLEYSTEEN

NNN

격 규정에 집착하면서 폭동이라고까지 비하한 것이다. JTBC는 이러한 폭동 규정이 당시 신군부 계엄사령부가 5월 31일 작성한 보고서를 인용한 것에 불과하다며 가짜뉴스라고 평가했다.[99]

지만원은 1980년 6월 3일 서울 주재 주한 미국대사가 워싱턴 D.C.의 미국 국무장관에게 보낸「한국 정부가 발행한 광주 사건 공식 보고(ROKG issues its official report on Kwangju incident)」에 실린 "그 폭동은 전문적으로 선동되었다."나 "그 폭동은 공산당 요원들과 김대중 추종자들의 작품이었다."와 같은 구절을 인용했다. 미 국무부가 5·18 민주화운동을 공산당원들과 김대중 추종자들이 전문적으로 선동한 폭동이라고 규정했다고 주장했다.[100]

그러나 지만원의 주장은 원문에서 필요한 부분만을 잘라낸 것으로 첫 번째 문장에서 누락한 앞부분을 포함하면 "그 보고서의 요지는 그 폭동이 전문적으로 선동되었다는 것이다."이다. 박종찬 기자는 해당 문장의 앞에 "계엄사령부(MLC)가 5월 31일 광주사태에 관한 종합 보고서를 발표했다"는 문장이 있다고 지적한다. 두 번째 문장에서 지만원이 누락한 뒷부분을 포함하면, "계엄사령부의 설명에 따르면, 그 폭동은 공산당 요원들과 김대중 추종자들의 작품이었다는 것이다."이다.[101]

---

99 이가혁, 「[팩트체크] 미국 기밀문서가 증거? 또 나온 5·18 왜곡⋯확인해보니」, 〈JTBC 뉴스〉 (2020.5.19).
100 지만원, 「40년만에 개봉된 미국무부 비밀문서 광주 5·18은 폭동으로 기록」, 〈뉴스타운TV〉(2020.5.17)(검색일: 2020.6.6).
101 박종찬, 「미국 국무부가 5.18을 공산 폭동이라고 했다?」, 〈쩌널리즘〉(2020.5.20). 1993년 9월 13일에 공개된 1980년 6월 3일자 문서 원문은 그림과 같다. "From AMEMBASSY SEOUL TO

문용제는 위 논란에 개입하여 "그 폭동은 공산당 요원들과 김대중 추종자들의 작품이었다."는 미 국무부의 보고 내용이라며 JTBC 팩트체크가 대국민 사기극이라고 주장했다. 원본 문서 중 according 다음에 먹으로 지운 것에 대한 논쟁이 다른 댓글에 있었다.[102] 그러나 먹으로 지워진 부분은 페이지 하단의 비밀 등급 해제이거나 비밀 수신인 등 문서 형식에 관한 것으로 본문 내용은 아니다. 따라서 문용제의 주장은 사실이 아니다. 위 문서는 주로 신군부 계엄사의 주장을 인용하고 있다.

　　결론적으로 미 국무부는 5·18 민주화운동을 공산주의자와 김대중 주동자가 전문적으로 선동한 폭동이라고 규정하지 않았으며, 이는 전두환 계엄사령부의 주장을 옮긴 것일 뿐이다. 다만 미국이 폭동이라는 용어 규정을 다소 유보적이지만 제한적으로나마 사용하기는 했다. 그럼에도 불구하고 미국은 폭동이라는 지배 세력(신군부) 편향적인 규정보다는 민중적 용어인 항쟁(strife)이라는 성격 규정에 더 주목했다고 해석된다.

＊ ＊ ＊

SECSTATE WASHDC 6793: ROKG issues its official report on Kwangju incident," R 030630Z June 80, U.S. Department of State-Freedom of Information Act, Virtual Reading Room Documents Search Results, "kwangju" file:///C:/Users/aks/Downloads/_DOCUMENTS_foiadocs_8871.PDF (검색일: 2020.6.6).

102　문용제, 「(518광주폭동) JTBC의 미 국무부 왜곡」, *Christian Institute Journal*, (2020.5.26); https://blog.naver.com/120christian/221978800026 (검색일: 2020.6.6).

2장

5·18 민주화운동 지도부의 대미 인식 변화[1]

1980년 5·18 민주화운동[2]은 대중들의 기억 속에 한국 반미주의가 본격적으로 등장하게 만든 사건으로 남아 있다. 신군부가 미국의 지원을 받아 광주민주화운동을 진압했다는 사실에 주목하여 미국이 신군부의 광주 진압 배후에 있었다고 간주하기도 하고, 이런 맥락에서 광주 시민들이 반미적인 운동을 한 것으로 확대 해석되기도 한다. 그러나 당시에 대다수 광주 시민들은 미국에 대해 별다른 반감이 없었다. 두드러진 반미 감정이 없었던 것은 다른 지역과 크게 다르지 않았다고 할 수 있다. 오히려 미국이 전두환의 전횡을 견제할 수 있을 것으

---

[1] 4부 2장의 내용은 필자의 다음 논문을 수정·보완한 것이다. 이완범, 「5·18민주화운동 지도부의 대미(對美)인식과 미국의 대응: 시민군 대변인 윤상원의 미국에 대한 개입 요청과 미국 정부의 거부, 1980년 5월」, 『청계사학』 24(2022.12).

[2] 공식 문서와 교과서에 사용되고 있는 5·18 민주화운동이라는 법적 명칭은 보수적 정치권이 타협한 결과물인 측면이 있으므로 이와 함께 5·18 주체들이 지속적으로 사용하고 있는 '광주(민중)항쟁'이라는 용어를 혼용하고자 한다.

로 기대했던 광주 사람들도 많았다.

　그렇다면 광주항쟁을 이끈 무장한 시민군의 대미 인식은 어땠을까? 당시 전남도청을 마지막까지 지켰던 윤상원은 시민군 대변인을 자임했으며 계엄군의 마지막 진압 국면에서 항쟁의 대의를 설명하면서 미국의 중재를 요청했던 인물이다. 그는 '대변인'이라는 직위에 걸맞게 당시 시민군의 입장을 일정 부분 대표했다고 할 수 있다. 윤상원의 미국관을 알아보는 것은 광주항쟁 당시 지도 그룹의 대미 인식의 일면을 파악하는 한 방법이 될 수 있다.

1. 광주 시민군의 중재 요청을 거부한 글라이스틴 대사

1980년 5월 20일 한국군 보병 20사단은 미국의 동의하에 전라남도 광주로 이동했다. 1980년 5월 22일 뉴스브리핑에서 토머스 로스 미 국방부 대변인은, "존 위컴 주한 유엔군 및 한미연합군 사령관은 그의 작전지휘권 아래 있는 일부 한국군을 군중 진압에 사용할 수 있게 해달라는 한국 정부의 요청을 받고 이에 동의했다"고 밝혔다.[3] 이러한 동의 사실은 5월 23일자 한국 언론에 보도되었다.[4] 5월 18일 이후 신

---

[3]　안종철, 『5·18때 북한군이 광주에 왔다고?』(아시아문화커뮤니티, 2016), 194쪽.
[4]　「연합사 소속 한국군 병력 위컴, 데모진압동원 동의」, 『동아일보』 1980년 5월 23일, 1면; 「미국 방성 연합사 국군부대 수습 차출에 동의」, 『경향신문』 1980년 5월 23일, 1면.

군부가 외부로의 교통을 차단해서 소통에 문제가 있었던 광주 시민들도 방송 등을 통해 이 사실을 간접적으로나마 들을 수 있었다. 그런데 광주 시위 진압이 미국의 승인 아래 이루어졌으며, 미국이 진압에 동조했다는 엄연한 사실이 다른 지역은 물론 광주 시민들에게도 널리 알려지지 않았으며, 정확히 인식할 여유도 없었다. 여유가 있었더라도 외면하고 싶은 현실이었을 것이다.

1980년 5월 26일 글라이스틴 대사는 광주 시민군 측으로부터 신군부를 진압하거나 제어하는 적극적 개입 혹은 최소한 중재의 역할을 해달라는 요청을 받았다. 당시 광주의 시민군 일각에서는 미국이 그렇게 할 수 있는 능력이 있다고 생각했으며 그렇게 해주기를 기대했다. 미국이 한국 민주주의의 수호자 편이라고 믿었던 광주의 청년들은 글라이스틴과 미 대사관 직원들이 즉각 휴전을 성립시킬 수 있다고 생각했다. 시민군 대표들은 헨리 스콧 스톡스 『뉴욕타임스』 기자, 테리 앤더슨 AP 통신 기자 등을 통해 글라이스틴 대사에게 그들의 의사를 전달하고자 했다.[5]

글라이스틴 대사는 1980년 5월 26일 24시까지의 한국 상황을 일일보고서로 만들어 밴스 국무장관에게 보냈다.

『뉴욕타임스』가 광주 특파원 헨리 스콧 스톡스의 기사를 게재할 것이라는 보고를 받았다. 미 정부가 글라이스틴 대사에게 협상 중재역을

---

[5] 헨리 스코트 스톡스, 「光州」의 마지막 날, 내가 본 그 現場: 특별기획 외국인이 證言하는 80년 5월 光州」, 『신동아』(1989.5), 293쪽.

말도록 해 달라고 광주 현지의 학생 지도부가 스콧 스톡스 기자에게 요청했다는 내용의 기사이다. 서울 주재 『뉴욕타임스』 기자인 헨리 캄 (Henry Kamm)은 이 문제를 미 대사관 공보관에게 알려왔으며, 공보관은 캄에게 대사관은 그런 요청을 받은 사실이 없다[6]고 통보했다.[7]

그런데 이흥환이 최초 발굴하여 2004년 부분 공개된 위 문서는 5·18 40주년을 맞아 한국 정부의 진상규명 요청에 응했던 미국 정부에 의해 전체가 공개되어 2020년 5월 한국 정부에 제공되었다. 이어지는 글라이스틴의 논평 부분은 다음과 같다.

    5. (C) […] 논평: 현재와 같은 혼란 상황에서 대사가 중재 역할을 맡으면 미국대사관은 어느 한쪽이나 다른 쪽 또는 쌍방의 인질이 될 수 있다. 논평 끝. 한편 5월 26일 밤 10시 주한미군방송(AFKN)은 반정부 반도들이 서울에 있는 대사와 다른 외교관들이 위기 중재에 나설 것을 원한다고 보도했다. 이 뉴스 내용은 워싱턴이 아닌 서울 뉴스룸에서 작성된 것이다.[8]

당시 글라이스틴은 위와 같이 중재에 부정적인 입장을 견지했다.

---

6   중재 요청 사실을 언론에 확인해 주지 않았거나 공보관이 아직 몰랐거나 미 대사관의 대사 등만 공유했던 비밀이었을 가능성이 있다. 이 정보는 3급 비밀(confidential)이었다.

7   이흥환, 「글라이스틴의 고뇌와 한 선교사의 현장기록, "광주엔 무자비한 진압만 있었을 뿐 어떠한 폭동도 없었다"」, 『신동아』 537(2004.6), 354~368쪽.

8   "From Gleysteen to Vance: KOREAN SITREP," 2400, MAY 26, 1980[O 261513Z May 80], SEOUL 06666, Secret, 미 국무부 제공, 〈5·18민주화운동기록관〉(검색일: 2020.5.15).

```
C16534577 U.S. Department of State Case No. F UNCLASSIFIED 34577  Date: 07/18/2012

        Current Class: SECRET                                      Page: 3
        Current Handling: n/a
        Document Number: 1980SEOUL06666                            Channel: n/a


     5. (C) WE HAVE A REPORT THE NEW YORK TIMES WILL PROBABLY
     CARRY A STORY THAT THEIR CORRESPONDENT IN KWANGJU,
     HENRY SCOTT-STOKES, WAS ASKED BY STUDENT LEADERS THERE TO
     REQUEST THE USG TO INSTRUCT AMBASSADOR GLEYSTEEN TO ACT AS
     MEDIATOR IN FASHIONING A TRUCE. NYT'S HENRY KAMM,
     CURRENTLY IN SEOUL, RAISED THIS WITH INFO OFFICER WHO
     INFORMED KAMM THE EMBASSY HAD RECEIVED NO SUCH REQUEST.
     COMMENT: FOR AMBASSADOR TO ASSUME MEDIATION ROLE IN THIS
     MESSY SITUATION WOULD MAKE EMBASSY HOSTAGE TO ONE SIDE OR
     OTHER OR BOTH.   END COMMENT.   MEANWHILE, AFKN BROADCAST
     AT 10 P.M. MAY 26 THAT ANTI-GOVERNMENT REBELS WANTED
     AMBASSADOR AND OTHER DIPLOMATS IN SEOUL TO MEDIATE CRISIS.
     NEWS ITEM WAS PREPARED IN LOCAL AFKN NEWS ROOM.

     6. (LOU) A USAF C-130 ARRIVED AT OSAN FROM KWANGJU AT
     1800 ON MAY 26 CARRYING 23 EVACUEES (INCLUDING FOUR
     CANADIANS AND ONE SOUTH AFRICAN). WE PROVIDED NAMES
     SEPTEL. WE TALKED WITH FOUR OF THESE AMCITS AND ACCORDING
     TO THEM, TROOPS DID ENTER KWANGJU THIS MORNING, BUT WITH-
     DREW WITHOUT CLASHING WITH THE STUDENTS. AMCITS AGREED
     THAT KWANGJU STUDENTS PROBABLY NOT INCLINED TO FIGHT WITH

        SECRET


     NNN

        SECRET

     PAGE 01         SEOUL 06666  02 OF 02  261526Z
     ACTION EA-12

     INFO  OCT-01  ADS-00  SS-15  SP-02  PM-05  CIAE-00  INR-10
           NSAE-00 SY-05   DCT-02 HA-05  OCS-06 CA-01    OC-06
           CCO-00  PC-01   DODE-00 NSCE-00 SSO-00 ICAE-00
           INRE-00 ANAE-00 SYE-00  /071 W
                          ------------------031597  261551Z /42
     O 261513Z MAY 80
     FM AMEMBASSY SEOUL
     TO SECSTATE WASHDC IMMEDIATE 6573
     INFO AMEMBASSY TOKYO
     SA CINCUNC KS
     CHJUSMAG SEOUL KS
     COMUSKOREA SEOUL KS//BJ-IS


        Current Class: SECRET                                      Page: 3
```

그림 5. 글라이스틴이 밴스에게 보낸 「한국의 상황 보고」(1980.5.26) 문서의 일부, 2020년 공개

여전히 미해결인 이란 인질사건을 또다시 만들게 될지 모른다고 의식했다고 할 수 있다. 이렇게 1980년 5월 26일 24시까지의 상황 보고를 보냈던 글라이스틴은 1999년에 발간한 자신의 회고록에서 한국군이 광주에 진입할 것이라는 공식 통보를 이미 받은 상태인 1980년 5월 26일 밤 11시에 이 휴전 중재 요청을 알게 되었다면서 시간이 2~3시간밖에 남지 않았으므로 자신이 나서더라도 성공할 수 없다는 생각 때문에 거절했다고 자신의 행동을 합리화했다. 만약 미국의 직접 개입이 양측의 대화 진척에 도움이 된다는 생각이 들었다면 서슴지 않았을 것이라고 일견 모순되어 보이는 주석을 덧붙였다.[9] 글라이스틴은 당시 원칙에서 벗어나는 일을 할 수는 없었다고 합리화하기도 했다. 한국에서 미국을 대표하는 최고위직이던 자신이 한국 국내 정치 문제인 광주 문제에 개입하는 것은 내정간섭이 되므로 할 수 없었다는 변명이다.[10]

---

9   William H. Gleysteen, Jr., *Massive Entanglement, Marginal Influence: Carter and Korea in Crisis* (Washington, DC: Brookings Institution Press, 1999), p. 140; 윌리엄 H. 글라이스틴, 황정일 역,『알려지지 않은 역사: 전 주한미국대사 글라이스틴 회고록』(중앙 M&B, 1999), 199~200쪽.

10   그러나 12대 개원 국회에서 광주 문제에 대한 공방이 벌어진 1985년 6월 초 워싱턴 DC 듀퐁 플라자 호텔에서 인터뷰를 가진 글라이스틴은 1982년 7월 12일자『뉴욕타임스』에 개재된 자신의 편지의, "우리는 광주사태에 경악했으며 종교계를 통한 중간 협상으로 평화스런 타협이 거의 이루어진다고 봤고, 사태를 인도적인 방법으로 해결하도록 하는 노력에 공헌하였다"는 내용을 인용하면서 미국은 당시 가톨릭교회(광주의 윤공희 대주교와 서울의 김수환 추기경), 한국 군부와 접촉하여 군부와 광주 시민이 서로 협상하도록 진지하게 노력했다고 증언했다. 물론 이는 원칙적인 입장 표명이며 일상적인 접촉일 수 있지만 내정간섭이 있었다는 증거이다. 다만 가톨릭교회와 같은 온건파와는 접촉해도 시민군 내 과격파와 접촉하지는 않았던 것이다. 이에 더하여 글라이스틴은 미국은 협상이 성공될 것이라고 내다보았으나 협상이 결렬된 것은 과격 분자가 시위 기간 중 탈취한 무기를 포기하려 하지 않았기 때문이라고 생각했다며 이른바 '과격파'에게 유혈 사태의 책임을 묻고 있다. 안재훈,「광주사태 당시 주한미국대사 윌리엄 글라이스틴의 증언: 미국은 사과

한편 정상용·이해찬·조홍규 등이 광주항쟁 10주년을 기념하여 간행한[11] 『광주민중항쟁: 다큐멘터리 1980』에 따르면 1980년 5월 26일 "진압작전이 실시되기 몇 시간 전에 광주 도청에 있는 누군가[12]로부터 글라이스틴 미국대사가 계엄사와 중재에 나서 달라는 요청을 받았다"고 나와 있다.[13] 글라이스틴 대사는 이 전화 요청을 거절했다. 거절한 사유는 "그러한 역할이 미국대사에게 합당치 않으며, 또 한국 당국이 받아들이지 않을 것으로 그는 믿었기 때문이다."라는 미국 정부의 광주 문제에 관한 1989년 6월 19일자 공식 성명[14]이 인용되었다. 이 부분에서는 미국 정부의 공식 성명에 의존하고 있다.

그런데 당시 광주에서 "미국의 지원이 필요하다"고 인식한 것은 윤상원 혼자만이 아니었다. 광주 가톨릭교회의 아일랜드 출신 신 고르넬리오(Cornelius Cleary) 신부는 시내에 나가 시민들과 대화할 때면 나이가 지긋한 사람들이 "미국 대통령에게 연락하라"는 부탁을 해오

할 일이 없다」, 『신동아』(1985.7), 318~323쪽; 전남사회문제연구소 편, 『5·18 광주민중항쟁자료집』(출판사 광주, 1986), 326쪽.

11 https://archives.kdemo.or.kr/isad/view/00041672 (검색일: 2023.2.17).

12 Chung Sangyong, Rhyu, Simin, et al., *Memories of May 1980: A Documentary History of the Kwangju Uprising in Korea*, translated by Park Hyejin (Seoul: Korea Democracy Foundation, 2003), p. 344.

13 이해찬·유시민 외, 『광주민중항쟁: 다큐멘터리 1980』(돌베개, 1990), 297쪽.

14 "United States Government Statement on the Event In Kwangju, Republic of Korea, in May 1980," June 19, 1989, Vertical File, Box 71, Article 61, Presidential Papers of Jimmy Carter, Jimmy Carter Library; John Adams Wickham, Jr., *Korea on the Brink, 1979-1980: From the '12/12' Incident to the Kwangju Uprising* (Washington, DC: National Defense University Press, 1999), p. 208; 존 위컴, 김영희 감수, 유은영 외 공역, 『12·12와 미국의 딜레마: 전 한미연합사령관 위컴 회고록』(중앙M&B, 1999), 315쪽; Chung Sangyong, Rhyu, Simin, et al.(2003), 앞의 책, 344쪽.

곤 했다고 술회했다. 광주 시민들은 광주를 구할 수 있는 유일한 길이요, 희망은 미국에 있다고 생각했다고도 해석했다.[15] '생명 유지'와 '대 군부 투쟁'이라는 당시로서는 양립하기 힘든 과업을 수행하려 했던 광주 시민들은 이를 계속 이어 나가기 위해서는 '서울 등 타지역의 봉기'와 '미국의 지원'이 필요하다고 생각했다. 다른 지역으로 확산하는 것은 자신들의 능력 밖이었으므로 미국대사의 중재 등을 통한 미국의 지원이 더 절박한 과제였다.[16] 절체절명의 위기를 최전선에서 누구보다 절감했던 시민군 대변인 윤상원이 광주 시민을 대변했던 것으로 추정된다.

나중에 글라이스틴은 "그 사람들(시민군)이 누구를 대표하는지 알 수 없었다"면서 접촉에 응하지 않은 이유를 해명했다.[17] 미국은 광주에 관해서는 끝까지 제3자의 입장으로 비추어지기를 바랐고 그런 원칙이 글라이스틴 대사의 행동반경을 결정지었다. 공식적인 통로로 접수된 요청이 아니라는 점도 협력 거절의 한 사유가 되었다. 제임스 영 국방 무관보 등 주한 미 대사관 직원 일부는 당시 글라이스틴이 광

---

15 또한 최규하 대통령이 광주에 온다는 소식에 대해 "대통령이 광주에 오면 사태의 전후 사정을 올바로 파악한 다음 군인들을 처벌하고 광주 시민들을 구해줄 것으로 생각했다"고도 적었다. 신 고르넬리오 신부, 「나도 광주사람입니다」, 윤공희 외, 『저항과 명상: 윤공희 대주교와 사제들의 오월항쟁 체험담』(개정판)(심미안, 2017), 133~134쪽. 한편 이해찬·유시민 외(1990), 앞의 책, 297쪽에도 25일 최규하 대통령이 광주를 방문해 실상을 보고 광주 시민의 억울한 사정을 이해해 줄지 모른다는 한가닥 기대를 가지고 기다렸다고 적혀 있다. 그러나 최 대통령은 소탕작전 격려 행사만 하고 갔다고 한다.
16 최정운, 『오월의 사회과학』(풀빛, 1999), 217~218쪽.
17 손제민, 「"그때 미국이 박정희 체제에 대한 시민들 반감 알았다면…"」, 〈경향신문〉(2017.4.13).

주 시민과 군부를 중재해야 한다고 주장했지만[18] 미국 공관의 수뇌는 적극적으로 나서지 않았다. 제임스 영 등은 현상 유지적인 경향을 가진 직업 외교관 글라이스틴 대사보다 적극적이며 민주화 운동가들에게 온정적이었다. 글라이스틴은 중재 요청 당사자가 도청을 사수하려던 과격 투사 중 하나였다는 사실을 나중에 알게 되었을 때 중재 요청을 거절한 것이 잘못된 것이 아니었다고 안심했다며 1999년 회고록에 다음과 같이 변명했다.

> 그의 이름은 윤상원으로 철저한 반정부운동가에다 이론가로 박정희 정권의 핍박으로 강경해질 대로 강경해진 그에게 타협이란 불가능했다.

글라이스틴은 스콧 스톡스 기자가 윤상원을 '제퍼슨식 순수 민주주의자'라고 묘사했으며 브래들리 마틴 기자도 동정적으로 썼음[19]을 자신의 1999년 회고록에 적시하면서도 이는 극단적인 미화라며 윤상

18　Gregg Brazinsky, *Nation Building in South Korea: Koreans, Americans, and the Making of a Democracy* (Chapel Hill, NC: University of North Carolina Press, 2007); 그렉 브라진스키, 나종남 역, 『대한민국 만들기 1945-1987: 경제성장과 민주화, 그리고 미국』(책과함께, 2011), 397쪽.

19　블레들리 마틴, 「윤상원 그의 눈길에 담긴 체념과 죽음의 결단」, 한국기자협회·무등일보·시민연대모임 공편, 『5·18 특파원리포트』(풀빛, 1997); Bradley Martin, "Yun Sang Won: The Knowledge in Those Eyes," Henry Scott-Stokes and Lee Jae Eui, eds., *The Kwangju Uprising: Eyewitness Press Accounts of Korea's Tiananmen*, Foreword by Kim Dae Jung, Pacific Basin Institute Book (Armonk, New York: M. E. Sharpe Inc, 2000).

원은 미국식 민주주의의 신봉자가 아님을 암시했다.[20] 과격파와의 협상은 어차피 불가능하므로 거절하기를 잘했다는 결과론적인 사후 합리화이다. 그러나 윤상원이 무장 시민군이 된 것은 그의 과격함 때문이라기보다는 전두환의 신군부가 과잉 진압으로 당시 광주 시민들을 그렇게 몰았기 때문이다. 광주 시민군은 자신을 지키기 위해 총을 든 것이지 계엄군을 죽이기 위해 무장한 것이 아니었다. 또한 윤상원을 처참하게 살해한 신군부가 '극단주의자(폭도)는 죽어야 마땅하다'고 합리화하는 일방적인 분위기를 글라이스틴 대사가 무비판적으로 동조하여 인용한 면이 있다. 글라이스틴의 윤상원에 대한 사후 평가는 현상 유지를 선호하는 미국 주류 외교관의 보수주의에 경도된 합리화이며 사후 변명이 아닌가 한다.

글라이스틴은 1999년 12월 16일 미국 워싱턴 D.C. 브루킹스 연구소에서 개최된 자신의 회고록 출판기념회 자리에서 "한국에 막강한 군사·경제적 영향력을 갖고 있는 미국이 당시 사태에 깊숙이 말려들었으나 별로 효력을 발휘하지 못했다"며 "미국이 고위 관료를 즉각 광주에 보내 입장을 밝혔어야 했는데도 원격 제어 방식을 취한 것은 잘못이며 '미국의 소리(VOA)' 방송이나 주한미군방송(AFKN)을 더 활용했어야 했다"고 시인했다.[21] 즉각 광주에 보낼 수 있는 고위 관료는 대사인 자신이나 부대사 정도였으므로 이는 자신이 직접 개입하지

---

20   William H. Gleysteen, Jr.(1999), 앞의 책, 140쪽; 윌리엄 H. 글라이스틴(1999), 앞의 책, 200쪽.
21   이도선, 「글라이스틴 전주한대사 회고록 출간」, 〈연합뉴스〉(1999.12.17).

않은 것을 후회하는 듯한 회고였다고 볼 수도 있다.

이렇듯 미국 정부의 한국 현지 대표는 중재를 거부했지만 미국인들 중에는 중재에 나서야 한다고 생각했던 사람들이 있었다는 사실에 주목할 필요가 있다. 다원주의 국가였던 미국은 정부의 공식 입장과는 달리 다양한 목소리가 표출될 여지가 있었다.

2. 미국이 윤상원의 중재 요청을 알게 된 경위

시민군 대변인 윤상원은 1980년 5월 26일 4시부터 1시간가량 헨리 스콧 스톡스, 테리 앤더슨 등이 참석한 기자회견 자리에서 미국에 중재를 요청했다. 기자회견이 끝난 후에도 재차 개별적으로 중재를 요청했다. 주최 측은 외신기자를 제한 없이 참석시킨 반면 국내 언론 기자들은 엄격한 통제하에 『전남 매일』, 『동아일보』, 『경향신문』 등 극소수 매체의 참석만을 허락했다.[22] 외부와 단절되었던 광주 시민들은 국내 매체들의 왜곡 보도에 분노하면서 외신기자들이 사실을 가감 없이 공정하게 보도해 줄 것으로 기대했다.[23]

---

22 윤석진, 「윤상원 통해 본 광주항쟁」, 『월간중앙』(1989.5), 299, 388쪽; 광주광역시 5·18사료편찬위원회 편, 『5·18 광주민중항쟁』(1998), 129~130쪽.

23 실제로 1980년 5월 21일 오전 9시에 취재차 광주로 들어간 『뉴욕타임스』 심재훈 기자는 무질서와 폭력이 난무하지 않았던 첫인상에 감명받아 폭동(violence)이 아닌 봉기(insurrection)로 인식했다고 한다. 심재훈, 「광주사건은 폭동이 아니라 봉기였다」, 한국기자협회·무등일보·시민연대모임 공편, 『5·18 특파원리포트』(풀빛, 1997), 65~66쪽.

이재의[24]의 회고에 의하면 윤상원은 기자회견 직후 『르몽드』의 필립 폰스, 『뉴욕타임스』의 헨리 스콧 스톡스 기자를 별도로 만나서, 미국 기자들은 단지 보도만 할 것이 아니라 글라이스틴 대사 등 서울의 미국 관리와 접촉해 유혈 사태를 종식시켜 달라고 부탁했다.[25] 스콧 스톡스 기자는 윤상원 대변인이 필립 폰스, 심재훈 등 자신들 일행 외에 다른 사람들에게도 별도로 중재 요청을 한 것으로 나중에 들었다고 증언했다.[26] 아마도 그때 있었던 기자회견 전후로 외신기자들에게 개인적으로 부탁한 것을 여러 사람이 회고한 것이 아닌가 한다. 마틴 기자도 이런 부탁을 공개적으로 들었다고 했다.[27] 독일 『쥐트도이체 차이퉁』의 게프하르트 힐셔 기자도 자치위원회(수습대책위원회)의 한 인사가 "가능한 한 빠른 시일 내에 미국대사를 만나 이곳의 상황을 설명해 줄 수 있다면 좋겠습니다."라고 말했다고 회고했다.[28]

---

24 이재의는 1980년 5월 당시 시민군 본부이자 마지막 항쟁 거점이던 전남도청 상황실에서 활동했다. 「증언 자료」 도청 상황실에서/이재의」(1988.8), 〈전남대학교 5·18연구소〉.

25 Lee Jai Eui, "Operation 'Fascinating Vacation,'" Henry Scott-Stokes and Lee Jae Eui, eds., *The Kwangju Uprising: Eyewitness Press Accounts of Korea's Tiananmen*, Foreword by Kim Dae Jung, Pacific Basin Institute Book (Armonk, New York: M. E. Sharpe Inc, 2000), pp. 34-35.

26 Henry Scott-Stokes with Shim Jae Hoon and Phillippe Pons, "A Scream for Freedom," Henry Scott-Stokes and Lee Jae Eui, eds.(2000), 앞의 책, 112~113쪽.

27 헨리 스코트 스톡스, 「기자 사명과 외교 요청의 갈등 속에서」, 한국기자협회·무등일보·시민연대모임 공편(1997), 앞의 책, 41쪽에는 같은 날 이른 시간에 윤상원이 브래들리 마틴에게 요구한 것으로 되어 있다. 마틴은 "단 하루밖에 광주에 머물지 않았지만, 1980년 5월 26일 그날 하루만으로도 죽음을 걸고 폭압에 맞서 투쟁했던 용감한 광주 시민들의 모습이 나의 뇌리 속에서 지워지지 않는다."라고 평가했다. 국가기록원·대한민국역사박물관 편, 『오월 그날이 다시 오면』(국가기록원, 2020), 87쪽.

28 게브하르트 힐셔, 「목가적 전원도시에서 펼쳐진 악몽」, 한국기자협회·무등일보·시민연대모임 공편(1997), 앞의 책, 88쪽; Gebhard Hielscher, "A Nightmare in Broad Daylight," Henry

현장에 있었던 마틴 기자의 회고적 연구에 따르면 미국이 광주 문제의 중재를 위해 글라이스틴 대사를 파견해야 하는 이유를 윤상원은 다음과 같이 말했다고 한다.

> 우리는 한국 정부 당국을 믿을 수가 없습니다. 최근 사북탄광 광원들의 파업 사태(1980년 4월 21~24일 – 인용자)에서 알 수 있듯이 정부는 사태의 주동자들이 파업을 중단하면 어떠한 처벌도 하지 않겠다고 약속해 놓고서는 사실상 얼마 되지 않아 그들을 구속해 버리고 말았기 때문입니다.[29]

그렇다면 미국인들이 중재 요청을 언제 어떻게 알게 되었는지가 중요하다. 광주민주화운동이 진행될 당시 한국에 있었던 마크 피터슨 미국 브리검영대학교 교수는 5월 26일 밤 10시 AFKN 뉴스[30]에서 광주의 중재 요청 보도(보도원은 AP 같은 주요 통신사임)를 들었다고 사후 증언했다. 피터슨 교수는 미국대사관에 가서 아직 이 사실을 모르고 있던 지인에게 전했으며 이 요청이 접수되었다는 전화를 받았다

Scott-Stokes and Lee Jae Eui, eds.(2000), 앞의 책, 58쪽.

29 블레들리 마틴, 「윤상원 그의 눈길에 담긴 체념과 죽음의 결단」, 한국기자협회·무등일보·시민연대모임 공편(1997), 앞의 책, 134쪽; Bradley Martin, "Yun Sang Won: The Knowledge in Those Eyes," Henry Scott-Stokes and Lee Jae Eui, eds.(2000), 앞의 책, 90쪽.

30 당시 한국 신군부는 언론을 장악해 완전히 통제했으므로 AFKN은 내외국인들에게 미국의 입장을 전달할 수 있는 귀한 통로였다. 실제로 글라이스틴은 1980년 6월 16일 국무부로 보낸 전문에서 AFKN을 통해 미국이 무엇을 하고 있으며 왜 그렇게 하는지를 방송할 것을 권하기도 했다. 정기용, 『그 시절 그 사건 그때 그 사람들: 격동의 한국정치사를 정밀하게 타전했던 미국 극비문서 긴급입수』(학영사, 2005), 376쪽.

고 증언했다. 따라서 당시 한국에 있었던 미국 등 서방 언론인과 한국에 있었던 글라이스틴 대사 등 미국인들은 5월 26일 밤에 중재 요청을 알게 되었다고 할 수 있다. 피터슨 교수는 후일 이 요청이 "가망성이 없어서" 혹은 "이러한 일에 말려드는 것을 원하지 않아서" 거부되었다는 소식을 접했다고 한다.

하버드 옌칭 연구소 부소장인 에드워드 베이커(Edward J. Baker)는 메사추세츠주 브루클린에서 라디오 방송을 통해 중재 요청 소식을 접하고, 미 국무부 한국과의 맥나일(Doug McNeil)에게 전화해서 긍정적으로 반응할 것을 부탁했다. 그러나 맥나일은 공식적인 연락이 없었음을 지적했다고 한다. 이에 베이커는 광주 시민들은 병력에 둘러싸여 있으며 정상적인 연락 통로가 막혔기 때문에 공식적인 요청을 할 수 없다고 설명하였으나, 잠시 후 맥나일은 "미국은 광주에 관심이 없다"고 대답했다고 한다. 광주가 아닌 서울에서 일이 터져야 개입한다는 의미로 확대 해석할 수도 있다.

스콧 스톡스는 광주항쟁 지도부의 마지막 대변인 윤상원에게서 광주의 유혈 충돌을 종식시키기 위해 글라이스틴을 만나든가 전화로 미국의 중재를 요청해 달라는 부탁을 받았다고 회상했다. 윤상원은 기자회견 당시 이름을 밝히지 않았고 계엄 당국은 자기 이름을 알고 있겠지만 이름을 말하지 않는 것이 시민군의 정책이라 말했다고 마틴은 회고했다.[31] 마틴 기자 등은 13년이 지난 1993년에야 이름을 알

---

31 「시민군 윤상원 제2부」, 〈광주MBC-YouTube〉.

게 되었다.³² 스콧 스톡스와 동행했던 『뉴욕타임스』 심재훈 기자의 회고에 의하면 단독으로 만났던 시민군 대변인은 복면을 하고 있었다고 한다. 대변인의 두 가지 주문은 국제적십자사에 대한 구호 요청과 글라이스틴 대사와 협상하는 것이었다. 전두환과는 협상하지 않겠다고 단호하게 말하면서 글라이스틴에게 이 사실을 전달해 달라고 요구했다.³³

그러나 스콧 스톡스와 심재훈 기자는 봉쇄된 광주에서 전신·전화가 단절·불통되어 전화를 하지 못했다. 요청을 받은 직후인 오후 5시경에 스콧 스톡스가 미국대사의 개입을 시민군이 요청한다는 기사를 전화 대신 문서로 작성했다. 스콧 스톡스는 곧바로 심재훈을(필립 폰스와 함께) 광주 시외(전주³⁴)로 내보내 뉴욕으로 기사를 송고했다고 증언했다.³⁵ 따라서 중재 요청 소식 등을 외부에 전한 것은 『뉴욕타임스』뿐만 아니라 『르몽드』, AP 통신을 포함하는 복수의 매체 기자들이

---

32 마틴은 1980년 5월 28일자 『볼티모어 선』 1면 머리기사를 장식한 "반군의 눈빛은 평온했지만 자신의 죽음을 내다보고 있었다(Rebel's gaze was even but it foretold death)"라는 제목의 기사를 쓸 때 윤상원의 정확한 이름을 모르고 있었다. 윤상원은 신념에 찬 어조로 "'마지막 한 사람까지 대항해 싸울 것입니다.'라고 말했다"고 적었다. "그 학생의 이름을 알았다면 여기에 쓸 수 있었을 것을"이라고 아쉬워했다. 「5.18다큐」 그날 5.27」, 〈광주KBS-YouTube〉; 블레들리 마틴(1997), 앞의 글, 138쪽; Bradley K. Martin(2000), 앞의 글, 92쪽. 스콧 스톡스는 마틴의 기사가 매우 훌륭했다면서 당시 윤상원과 만난 적이 있다고 회고했다. ヘンリー·S·ストークス, 『英国人記者が見た連合国戦勝史観の虚妄』(東京: 祥傳社, 2013).

33 심재훈, 「광주사건은 폭동이 아니라 봉기였다」, 한국기자협회·무등일보·시민연대모임 공편(1997), 앞의 책, 71쪽.

34 심재훈(1997), 위의 글, 73쪽.

35 이러한 노력 등으로 광주민주화운동의 진상이 국외에 알려졌다. 그런데 당시 언론 기사를 취급하는 담당자들이 객관성이 부족하다며 못마땅해했다는 논평이 다음 회고담에 담겨 있다. 필립 폰스, 「「光州」사망자, 3백명은 넘는다: 특별기획 외국인이 證言하는 80년 5월 光州」, 『신동아』(1989.5), 302쪽.

었음이 확인된다.

『뉴욕타임스』 1980년 5월 27일자 A16면에는 "광주봉기의 학생 지도자들은 오늘 윌리엄 글라이스틴 대사로 하여금 '휴전'을 주선하여 유혈 사태를 중단할 수 있게 할 것을 미국에 요청했다."[36]는 내용의 스콧 스톡스 기자의 5월 26일 광주발 기사가 보도되었다. 그런데 이 신문이 배포된 미국 시간 5월 27일 아침은 한국 시간으로 5월 27일 밤이다. 그날 새벽 광주에 있던 시민군의 무장이 모두 해제되었으므로 일종의 뒷북 보도가 되었다. 같은 날짜의 신문에서 "남한군이 새벽 작전을 통해 광주를 다시 접수했다"는 후속 보도에 밀렸다. 어려운 상황에서 보도하려고 애썼으나 진압이 너무 빨랐던 것이다.

신문 보도는 늦었으나 AFKN 등에서 한국 시간으로 5월 26일 밤 10시 뉴스로 방송된 것은 전술한 마크 피터슨 교수의 회고담과 같이 그 보도원이 AP 등 통신사였다. 따라서 테리 앤더슨 기자 등 통신사 기자는 AFKN 등에 비교적 적시에 전달해 방송이 이루어졌으며 이러한 소식과 정보원의 활약 등으로 인해 글라이스틴이 5월 26일 밤 11시에 알게 된 것이다. 5월 26일 저녁 심재훈에 의해 전주에서 『뉴욕타임스』로 송고된 기사의 게재 예정 정보가 전술한 바와 같이 서울 주재 『뉴욕타임스』 기자인 헨리 캄에 의해 서울 주재 미국대사관에 제공되었다. 따라서 글라이스틴은 이렇게 피드백된 정보를 통해 중재 요청을 알게 되었다.

---

36 Henry Scott Stokes, "Rebels Seek U.S. Help; 18 Americans Leave Kwangju," (May 27, 1980), 〈The New York Times〉(검색일: 2020.1.18).

스콧 스톡스는 뉴욕의 편집국 사람들이 어떻게 반응할지 판단할 수 없었다고 했다.[37] 심재훈 기자는 시민군 대변인의 요구를 글라이스틴에게 직접 전달하는 메신저 노릇을 하게 되면 어느 한쪽 편에 서는 것이 되므로 당황했다고 한다. 심재훈은 스콧 스톡스와의 토론을 거쳐 '기자는 기사로 말한다'는 결론을 내리고 미국 인사들과 직접 접촉하는 대신에 인터뷰 내용을 충실하게 기사로 써서 보도하는 선택을 했다고 한다.[38] 스콧 스톡스는 신문에 보도하는 것이 윤상원의 미국 개입 요구를 미국에 전달할 수 있는 적절한 방법이라고 판단했던 것이다. 그런데 『뉴욕타임스』의 캄 기자가 보도 이전에 글라이스틴 대사에게 정보를 의도적으로 유출하여 윤상원이 의도했던 소기의 목적이 일종의 부작용으로 달성된 것은 전술한 바와 같다.

3. 친미·반공·자유민주주의 정향의 광주 시민

1980년 5월 26일 밤 광주의 여인숙에 홀로 잔류했던 스콧 스톡스 기자는 저녁 8시에 다른 대학생으로부터 글라이스틴과 연락을 취하거나 무슨 수를 써서라도 사태에 개입해 달라는 요청을 다시 한 번 받았

---

[37] 헨리 스코트 스톡스, 「기자 사명과 외교 요청의 갈등 속에서」, 한국기자협회·무등일보·시민연대 모임 공편(1997), 앞의 책, 41쪽.
[38] 심재훈(1997), 앞의 글, 71~72쪽.

다.[39] 이렇듯 시민군들은 미국에 마지막 기대를 걸고 있었다. 기자회견 직후 도청 앞에 걸린 아래와 같은 내용의 대자보에는 시민군의 과도한 희망이 표출되기도 했다. 이 역시 미국에 대한 기대의 표출이고, 불안해하는 광주 시민들을 안심시키려는 몸짓이었다.

> 광주 시민 여러분 안심하십시오. 시민군 지도부는 뉴욕타임스 기자와 회견을 했는데 그 과정에서 확인한 바에 따르면 미국이 광주 문제의 원만한 해결을 위해 곧 개입할 것이라는 정보를 확인했습니다.[40]

그렇다면 윤상원은 왜 미국에 중재를 요청했을까? 당시 그를 포함한 한국인 대부분이 미국을 민주주의의 수호자라고 생각했으며 그 때문에 미국에 중재 요청을 하게 되었다는 점이 다음과 같이 확인된다.

윤상원의 생가[41]에 보관된 장서(藏書) 중에 광주미문화원 도서관

---

39 헨리 스코트 스톡스, 「기자 사명과 외교 요청의 갈등 속에서」, 한국기자협회·무등일보·시민연대모임 공편, 『5·18 특파원리포트』(풀빛, 1997), 42~43쪽. 한편 스콧 스톡스 기자의 의견을 직접 듣고 싶어서 그를 학생들이 집결한 본부로 데려가려고 한 학생이 여관 주인의 제지로 스톡스 기자를 만나보지도 못하고 돌려보내졌다고도 한다. 헨리 스코트 스톡스, 「「光州」의 마지막 날, 내가 본 그 現場: 특별기획 외국인이 證ुह는 80년 5월 光州」, 『신동아』(1989.5), 295쪽.

40 이 대자보에 헨리와 심재훈의 이름까지 적혀 있었으므로 계엄 당국은 심재훈이 나서서 미국과의 거중 조정에 나섰다고 오해하게 되었다. 따라서 심재훈은 광주 진압 후 군 수사기관에 연행되어 조사를 받기도 했다. 실제로 광주 현지 취재에 나섰던 한국인 외신기자 거의 대부분이 진압 직후 연행되었다고 한다. 심재훈, 「광주사건은 폭동이 아니라 봉기였다」, 한국기자협회·무등일보·시민연대모임 공편(1997), 앞의 책, 72~73, 76쪽.

41 윤상원은 음력 1950년 8월 19일 전쟁 중에 출생했다. 생가는 전라남도 광산군 임곡면 천동부락 신룡리(新龍里) 507번지이다. 고종석, 「발굴 한국 현대사 인물 67: 윤상원〈1950-80〉- 새날이 올때까지 영원한 '5월의 전사'」, 『한겨레신문』 1991년 5월 3일, 7면.

에서 빌리고 반납하지 않은 책이 있었다고 한다.[42] 그 책은 시드니 버바(Sidney Verba)의 『소그룹과 정치적 행동(Small Group and Political Behaviour)』으로 미국 정치학의 주류인 자유민주주의를 옹호하는 정향을 반영한 대표적인 저작이다. 윤상원이 미국식 자유민주주의에 어느 정도 공감하고 있었거나 적어도 호기심을 가지고 있었다고 할 수 있다.(아니면 소그룹 조직의 지도와 활동을 위해 빌렸을 수도 있다.) 1980년대 중반 이후 반미적 정향에 기울었던 운동가들은 이런 부류의 책이 미국식 제국주의를 합리화한다고 비판하며 미국 주류 학파의 학문적 견해를 배척했다. 그들은 미 제국주의자들의 이념을 전파하는 전초기지와 같은 미국문화원을 기웃거리지도 않았다. 그와 다르게 1979년대 말~1980년대 초에 윤상원은 미국식 자유민주주의에 공감하고 있었다는 근거로 그가 광주미문화원에서 빌린 한 권의 책을 제시한다면 지나친 비약일까?

윤상원 생가 장서 목록에는 새뮤얼 헌팅턴의 『변화하는 사회의 정치질서』, 존 M. 허츠의 『정치적 현실주의와 이상주의』, 잭 그레이와 패트릭 카벤디쉬의 『위기의 중국 공산주의』 등(모두 영어 원서임[43]) 미국 주류 정치학 저서들이 몇 권 더 포함되어 있다. 물론 게오르게 리

---

42 블레들리 마틴, 「윤상원 그의 눈길에 담긴 체념과 죽음의 결단」, 한국기자협회·무등일보·시민연대모임 공편(1997), 앞의 책, 147쪽: Bradley Martin, "Yun Sang Won: The Knowledge in Those Eyes," Henry Scott-Stokes and Lee Jae Eui, eds., *The Kwangju Uprising: Eyewitness Press Accounts of Korea's Tiananmen*, Foreword by Kim Dae Jung, Pacific Basin Institute Book (Armonk, New York: M. E. Sharpe Inc, 2000), p. 97.
43 박남선은 1980년 당시 윤상원이 영어를 잘해서 기자회견을 몇 차례 주관했다고 회고했다. 「5.18광주민주항쟁 박남선 시민 상황실장」, 〈와이뉴스-YouTube〉(검색일: 2020.1.26).

히트하임의 『사회주의의 기원』, 폴 바란과 폴 스위지의 『독점자본』, 모리스 돕의 『정치경제와 자본주의』, 죄르지 루카치의 『역사와 계급의식』, R.N. 커류 헌트의 『공산주의의 이론과 실제』 등 사회주의 관련 서적도 장서 목록에 포함되어 있다. 그러나 이들은 극단적 유물론 내지 교조주의적 마르크스주의자의 저작이 아니며 인간주의적인 마르크스주의를 소개하는 수준이다.

1980년 5월 26일 광주에서 계엄군은 "27일 새벽 4시까지 무기를 반납하라"는 최후통첩성 경고를 전달했다. '시민학생수습위원회'의 강경파 항쟁지도부 대변인 윤상원은 이에 반발했다. 미국이 도우러 온다는 소문을 5월 26일 오전 광주 시민들과 함께 접했던 윤상원은 그에 영향받아 그날 오후 4시부터 전남도청 홍보실에서 한 시간가량 내외신 기자들과 회견하면서 미국의 중재를 요청했다. "우리는 우리의 우방이라는 미국의 태도를 예의 주시하고 있습니다. 미국은 계엄 군부에 영향력을 행사할 수 있으리라 믿고 있습니다."[44]라고 말했다고 한다. 마틴 기자는 이를 자신이 아래와 같이 받아쓰기했다고 회고했다.

> 우리는 미국이 우방으로서 한국 정부에 영향력을 행사할 수 있다고 봅니다. 이제껏 그렇게 하지 않았기 때문에 우리는 미국이 전두환 장군을 지지하는 것으로 의심하고 있습니다.[45]

---

44 박호재·임낙평, 『윤상원 평전』(개정판)(풀빛, 2007), 394쪽.
45 블레들리 마틴(1997), 앞의 글, 134쪽; Bradley Martin(2000), 앞의 글, 90쪽.

마틴 기자의 두 번째 문장은 사후적 기억에 의해 왜곡된 것이라고 생각된다. 당시 윤상원은 미국의 지원을 갈망했으므로 이렇게 말했을 가능성이 크지 않다. 전술한 심재훈의 기록에서 보았듯이 윤상원은 전두환과 협상하지 않겠다고 분명히 말했으며 미국이 전두환을 확고히 지지한다고 생각하지 않았다. 다만 지지할 수도 있다는 일말의 우려를 가지고 있었으며 지지하지 않게 만들 수 있다는 희망을 가지려고 노력했다. 결과적으로는 이러한 기대와 희망이 나이브했다는 것이 후일 판명되었으므로 마틴의 사후 회고담에 이렇게 결과론과 당시의 사실이 혼재된 것이 아닌가 한다.

당시 윤상원은 미국이 한국 정치를 움직일 수 있다고 보았으며 민주주의의 옹호자라고 판단했으므로 중재를 요청했다. 그러나 미국은 윤상원이라는 인물에 대해 잘 알지 못했을 뿐만 아니라 독재권력으로부터 자신들을 지키기 위해 자발적으로 무장했던 광주 시민군을 긍정적으로 평가하지 않았다. 따라서 미국은 언론인을 중재자로 삼아 우회적으로 들어온 개입 요청에 적극적으로 반응하지 않음으로써 우회적으로 거절한 셈이 되었다. 결과적으로 윤상원은 믿었던 미국으로부터 배신당했다고 할 수 있다. 어찌 보면 독재권력에 저항했던 한국 민중이 미국으로부터 배신당한 것이다. 따라서 미국의 중재 요청 거부는 광주민주화운동 이후 민주화운동 세력이 반미적인 방향으로 기울게 만든 계기가 된 사건 중 하나였다고 할 수 있다.

1980년 5월 29일 『뉴욕타임스』는 5월 28일 거의 한나절 동안 개최되었던 머스키 장관 주최 국무부 각 부서 간 주례[분석]보고회의를 보도했다. 그 기사는 이 자리에 참석한 한 국무부 관리가 "남한 사회의 모든 부문은 이란과 달리 친미적이다." "그것은 북한이 제기하는 군사적 위협 때문이며 또 군부나 민간인 모두 미국의 도움을 바라기 때문이다."라고 발언했다고 밝혔다.[46] 윤상원도 이들 민간인에 포함될 수 있다. 미국 국무부 관리는 이렇게 말하면서 윤상원 등 광주 시민의 친미적 분위기를 염두에 두지 않았을까 한다. 윤상원과 같은 광주 시민군까지 미국의 도움을 바랐으므로 한국 사회는 대체로 친미적 분위기가 주조였다.

당시 언론을 장악한 신군부 측은 광주에 침투한 북한(고정) 간첩과 불순분자가 선량한 국민을 선동해 폭도가 되도록 만들었다고 선전했다. 이는 5월 21일 이희성 계엄사령관의 경고문[47] 등에 나타난다. 이러한 거짓 보도에 직면한 항쟁 주체들은 신군부의 선전에 대항하기 위해서 의식적으로 반공 구호를 외치며 일과를 시작했다는 증언이 있다.

1980년 5월 25일 인요한이 3시간에 걸쳐 통역한[48] 30대 초반의 마른 시민군 대표[49]는 "북쪽에 향하고 있는 총이 왜 남쪽을 향하는지 모르

---

[46] 이 관리는 "만일 미국이 압력을 가한 결과로 한국 정부와 사회가 무정부 상태로 뒤바뀐다면 (이란과) 유사점이 있다고 할 수도 있다"고 말해 미국의 내정간섭을 비판하는 한국인들의 역풍(반작용)을 우려하기는 했다. 그러나 이란과 달리 한국에서는 대체로 반공·친미가 유지될 것이라고 당시 미국은 낙관했다. 남찬순, 「미국은 광주사태를 어떻게 보았나」, 『신동아』(1985.7), 307~308쪽; 이삼성, 「광주민중봉기와 미국의 역할」, 『사회와사상』(1989.2).

[47] 길진균·권오혁·정승호, 「5·18 北개입설 광주 모독 행위」, 〈동아일보〉(2013.5.18).

[48] 1980년 5월 25일 일요일 아침에 인요한(John Linton)은 자신이 미국대사관 직원이며 광주에 있는 선교사들의 안위를 확인하기 위해 방문한다고 속이고 순천에서 광주로 들어갔다. 당시 그는 연세대학교 의예과 1학년이었으며 『뉴스위크』 기자 앤드류 나고스키의 부탁으로 기자회견 통역을 했다고 회고했다. 「선을 넘는 녀석들: 마스터-X」, MBC TV(2021년 5월 16일 방송); 「[대화의 희열 #4] 전라도 순천이 고향?! 한국의 위대한 역사를 함께한 시골 촌놈 인요한」, 〈KBS Star TV: 인물사전-YouTube〉(검색일: 2021.5.12).

[49] 인요한의 여러 회고담에 언급되는 인상착의와 장소 등을 종합하면 윤상원으로 추정되기도 한다.

겠다. 우린 너무너무 억울하다. 우리 빨갱이라고 하는데 우리 아침에 반공 구호를 외치고 우리 애국가 부르고 나간다. 너무나 어처구니없는 일이다. 우리가 무슨 공산주의냐 우린 반공이다."라고 말했다고 한다.[50] 이와 같이 태극기를 들고 애국가를 부르는 상황이 상징하듯 항쟁 주체들은 '폭도'나 '빨갱이'로 불리는 데 극심한 거부 반응을 보이며 적극적으로 부정했다고 증언했다.[51] 2013년 5월 16일 채널A TV의 「박종진의 쾌도난마」에 출연했던 인요한은 시민군 대표로부터 '내부에서 (간첩으로 추정되는) 수상한 사람을 잡아 맞서고 있던 군인들에게 백기를 들고 그 사람을 넘겨주고 왔다'는 얘기를 들었다"고 증언했다.[52]

윤상원은 전두환 중심의 신군부가 권력의 핵심으로 부상하려는 상황에서 유신독재체제의 연장에 맞서 대한민국의 진정한 자유와 민주주의 실현을 위해 노력하는 등 자유민주주의에 대해 긍정적으로 인식했다.[53] 당시 계엄군의 과잉 진압에 대한 정당한 항거를 '공산주의자의 책동'이라고 매도하는 정부 당국의 발표에 대한 저항과 애국심

홍인화 5·18민주화운동기록관 연구실장은 인요한이 윤상원의 통역을 맡았다고 주장했다. 김해나, 「"1980년 5월, 광주 남구는 처절한 피신처였다"」, 〈전남일보〉(2021.5.11). 그러나 5월 25일 오후 시민 수습대책위원의 한 사람이던 장세균 목사가 외신기자들을 불러놓고 간첩의 독침에 두 명이 죽었다고 발표했다는 김종배의 증언이 있다. 「김종배(당시 학생투위 위원장) 증언」, 『월간조선』(1985.7), 460쪽. 따라서 윤상원이 대변인으로 임명되기 전인 5월 25일에는 수습위원회에서 개최한 기자회견이 있었다고 확인할 수 있으며 인요한이 만났던 사람은 윤상원이 아닐 가능성이 높다.

50 박인규, 「"광주항쟁때 시민군 통역, 미국으로 추방될 뻔"」, 〈프레시안〉(2006.6.22).
51 이종인, 「5·18 광주민주화운동 관련인물의 미국에 대한 인식: 윤한봉과 윤상원을 중심으로」, 『사회과학연구』 36-2(2012), 113쪽.
52 길진균·권오혁·정승호(2013), 앞의 글.
53 이종인(2012), 앞의 글, 132~136쪽.

의 표현으로 시위대들은 애국가를 불렀으며, "대한민국 만세! 민주주의 만세!"를 외쳤다. 따라서 친미·반공·자유민주주의의 틀에서 벗어나지 않았다.[54] 5·18 항쟁 주체들은 자유민주주의를 비판하고 기각하는 것이 아니라 오히려 자신들이 빨갱이나 공산주의 세력으로 규정되는 데 반대해 질서정연한 민주 시민의 정체성을 유지하고자 했으며, '아리랑'과 애국가를 합창하고 태극기를 흔들며 '국민 그 이상의 국민' 혹은 '국민보다 더한 국민'이 되고자 했다고 평가된다.[55]

이렇듯 당시 광주를 지배한 담론은 '우리 국민을 보호해야 하는 군인이 왜 우리에게 총을 쏘는가'였다. 1980년 5월 26일 '광주시민일동'이라는 명의로 발표된 「대한민국 국군에게 보내는 글」이라는 유인물에서는 다음과 같이 주장했다.

> 국군은 국민을 위해 있는 것이고 군대는 국민의 군대 아닙니까? 몇 사람의 절대적 권력자의 사병은 결코 아닌 것입니다. 그런데 불행하게도 부산·마산 사태와 광주사태[56]는 군인이 국민의 군대가 아니라 몇 사람의 절대적 권력자의 사병으로 전락해 버렸습니다. 민족 반역자 전두환의 권력의 욕망을 채우기 위해서 군인이 민간을 학살하고 탄압하

---

54 게브하르트 힐셔, 「목가적 전원도시에서 펼쳐진 악몽」, 한국기자협회·무등일보·시민연대모임 공편(1997), 앞의 책, 86쪽; Gebhard Hielscher, "A Nightmare in Broad Daylight," Henry Scott-Stokes and Lee Jae Eui, eds.(2000), 앞의 책, 57쪽.
55 김정한, 『1980 대중 봉기의 민주주의』(개정판)(후마니타스, 2021), 117쪽.
56 당시 광주 시민들은 정부가 규정한 '사태'라는 명칭을 사용하고 있었다. 군인들이 자신들을 무자비하게 살육한 '사태'로 본 것이다. 진압 이후에는 자신들의 정당한 항거에 주목해 '항쟁'이라는 명칭을 선호했다. 동시에 항쟁을 격하시키는 사태라는 군인들의 규정을 거부했다.

는 것은 국가적 비극이요 민족의 비극이 아니겠습니까? […]

　국민과 군은 결코 원수일 수 없습니다. 우리는 사랑하는 한 형제요 자매인 것입니다.

　국군 여러분!

　우리들은 국군을 상대로 싸우고 있지 않습니다. 우리가 힘을 합하여 민주주의를 수호하고 민주사회를 건설하기 위해 투쟁하고 있는 것이 아닙니까?

　이제 국군 여러분께 다시 한 번 전하오니, 더 이상 군사독재에 눈깔이 뒤집힌 살인마 전두환의 시녀가 되지 말고 다 같이 민족의 역적 살인마 전두환 놈에게 총부릴 겨누십시오![57]

또한 '우리는 빨갱이가 아닌데 왜 우리에게 총을 겨누냐'는 냉전 시대 한국의 지배적 조류인 반공주의에 입각한 주장이다. 이는 전형적인 '건전한 국가관'이며 자신들이 교육받은 지배 이데올로기(자유민주주의)를 지키기 위해 싸웠다고 해석된다. 당시 주요 구호는 '전두환 물러가라,' '계엄령 해제하라' 등에 머물러 있었으며 『투사회보』를 비롯한 유인물과 성명서, 증언 등을 통해 군부독재와 쿠데타 세력을 비판하며 민주사회를 건설하는 것이 5·18 광주항쟁의 지배적 담론이었다. 이러한 시각은 자유민주주의의 틀에서 벗어나 있지 않았다.[58] 김

---

[57] 광주시민일동, 「대한민국 국군에게 보내는 글」(1980.5.26.), 광주광역시 5·18사료편찬위원회 편, 『5·18광주민주화운동자료총서 2』(광주광역시 5·18사료편찬위원회, 1997), 96쪽.
[58] 최영태, 「극우 반공주의와 5·18광주항쟁」, 5·18기념재단 편, 『5·18민중항쟁과 정치·역사·사회 2』(심미안, 2007), 79쪽; 이종인(2012), 앞의 글, 113쪽.

정한 교수는 그런 점에서 시민군도 자유민주주의를 지키려는 평범한 사람들이라고 평가했다. 광주는 새로운 사회를 건설하려는 혁명이라기보다 우리 사회의 지배 이데올로기인 자유민주주의를 지키기 위한 항쟁이었다는 주장이다.[59] 광주항쟁의 이데올로기는 6·25 전쟁 이후 지배 이데올로기로 확립된 반공과 자유민주주의였다는 것이다.[60]

불가피하게 무장투쟁이 벌어진 상황에서도 항쟁 지도부와 시민군은 '반폭력의 정치'를 견지하려고 필사적으로 애썼다.[61] 신군부는 그들을 폭도라고 매도했지만 시민군의 폭력은 공수부대의 무자비한 강경 진압에 맞선[62] 정당방위였으며 신군부의 폭력에 맞서면서도 신군부와 같은 무도한 폭력 행사에 반대해 자신들의 폭력 행사를 철저하게 자제하려고 노력했다. 윤상원의 미국에 대한 중재 요청은 폭력에 대한 원초적인 혐오에서 기인한 반폭력적 성향의 표출이었다고 평가할 수 있다. 시민군은 단순한 방어적 목적을 가지고 움직였고 민주주의를 벗어난 대안적 이념을 갖고 있지 않았다. 1980년대 중후반에 등장했던 민중권력론이나 프롤레타리아 혁명론[63]과 같은 사회주의적

---

59 김정한, 『1980년 대중 봉기의 민주주의』(소명출판, 2013); 허환주, 「'민주화 승리사관'을 벗어나서 광주항쟁의 '시민군'을 들여다보다」, 〈프레시안〉(2021.5.18).

60 김정한, 「5.18 광주항쟁에서 시민군의 주체성」, 『사회과학연구』 18-1(2010), 127쪽; 이종인(2012), 앞의 글, 113쪽.

61 김정한(2021), 앞의 책, 257~258쪽.

62 다른 지역과 같이 자연발생적으로 일어난 민주화 요구 학생 시위가 광주에 집중된 군부의 초기 과잉 진압으로 인해 유독 광주에서만 시민 항쟁으로 전환되었다. 노영기, 「5·18항쟁 초기 군부의 대응: 학생시위의 시민항쟁으로의 전환 배경과 관련하여」, 『한국문화』 62(2013.6), 279~309쪽. 따라서 광주를 고립화시켜 본보기를 보여주어서 다른 지역으로의 확산을 막아보려는 신군부의 계획이 있었다는 의구심을 가질 수 있다.

63 김정한(2021), 앞의 책, 252~253쪽.

혁명운동권의 이념은 당초부터 없었다.

실제 증언에 따르면 시민군들은 공수부대의 만행에 분노하고, 때로는 원한의 감정으로 복수심을 갖기도 했지만, 오히려 군인들을 측은하게 여기고 빵과 우유를 나눠 주거나 포로로 잡혀 온 병사들을 죽이거나 상해를 입히지 않고 풀어주는 경우가 대부분이었다고 한다.[64] 실제 시민군은 국군과의 정당방위형 전투에 적극적으로 나서지도 못했다. 5월 27일 전남도청에서 최후의 시민군으로 공수부대원들에 의해 '토벌'되었던 오기철은 "솔직한 말로는 못 쐈어요. … 내가 군인을 죽일 수 없잖아요. 적도 아닌데. 근데 그 군인도 똑같은 대한민국 국민이잖아요."라고 증언했다.[65] 이러한 사실은 시민군들이 반외세 반미주의, 사회주의와 같은 혁명적 대안 이념을 가지고 임하지 않았다는 방증이기도 하다.

물론 시위 군중 가운데는 이념적으로 사회주의적인 성향을 갖거나 남한 사회의 반공 일변도 정책에 불만을 가진 사람, 혹은 반미의식을 가진 사람도 극히 일부나마 있었을 것이다. 그러나 항쟁 기간 내내 그런 구호나 내용을 담은 유인물들은 거의 발견되지 않았다. 이런 현상은 당시 처참한 분위기가 시위에 참여한 사람들에게 민주화와 인권 이외의 다른 주제에 관심을 가질 여유를 주지 않았기 때문일 수도 있고, 계엄군에게 학살의 명분을 주지 않기 위해 자제한 의식적 결과일

---

[64] 김정한(2021), 위의 책, 250쪽.
[65] 「[5.18다큐] 그날 5.27 by 광주KBS」, 〈광주KBS-YouTube〉(검색일: 2021.12.19).

수도 있다.[66]

그러나 당시 다음과 같이 반미에 대한 미국 측의 우려도 있었으므로 광주항쟁 주체들의 친미(반공) 표방이 일종의 의도적인 과장이라고 보는 견해도 가능하기는 하다. 1980년 5월 21일 미 국방부의 비밀 정보보고에는 "현지 시간 5월 21일 19:39 현재 …(삭제)… 3곳의 독립적인 정보원으로부터 최근의 사태에 대해 반미 조짐이 점증하고 있다는 보고를 받았다고 함. …(삭제)…는 이러한 감정들이 극에 달했다고 보았으며, 그것은 미국의 작전 통제 하에 있는 부대들을 광주 폭동 진압 임무를 위해 그 통제에서 풀어주기로 한 결정이 이와 같은 반미 분위기를 크게 고조시켰다고 말했음"[67]이라고 나와 있으므로 일부에서 반미 조짐이 등장하는 상황이기는 했다.

그렇지만 아직 이러한 반미주의가 광주항쟁 지도부의 주도 이념의 하나로 등장하지는 않았다. 그런데도 글라이스틴 대사는 1980년 6월 16일 국무장관에게 보낸 전문에서 "광주에서 저지른 정부의 잔인한 행동을 미국이 묵과했으며 이를 조장까지 했다고 믿고 있는 한국인과 현지 미국인이 너무 많음. 이러한 일은 우리가 사태를 진압하기 위해 군대의 광주 이동을 마지못해 동의한 핵심적인 사실이 부풀려진 것임. 대개는 그들이 좌절 속에서 아무것이나 되는대로 믿으려고 했기 때문이지만, 현지 당국도 신빙성이 없는 주장을 하고 다닌 탓도 있음. 많은 전라도 사람들, 그리고 이보다 수는 적지만 다른 지역 사람

---

66 최영태(2007), 앞의 글, 79쪽.
67 정기용, 『그 시절 그 사건 그때 그 사람들』(학영사, 2005), 303쪽.

들까지 위험스럽게 왜곡된 견해를 갖고 있음"[68]이라고 보고했다.

글라이스틴은 미국이 광주에서의 비극을 묵과나 조장했다고 믿는 왜곡된 견해의 근원이 과장에 있다고 분석했다. 그러나 그는 반미가 전국적으로 퍼져 있다고 판단하지는 않았다. 항쟁 주도 세력들이 의식적으로 친미·반공적인 태도를 보였다기보다는 그들이 원래 친미와 반미의 중간 지대에서 친미 쪽으로 기울어 있었다고 평가하는 것이 합당할 것이다.

1980년 광주항쟁의 주체는 1970년대 자유민주주의와 반공의 틀에서 벗어나지 않았다는 것이 확인할 수 있는 기존의 평가이다. 필자는 기존 평가에 기반해 광주항쟁 주체들의 세계관에 친미적 정향을 하나 더 추가해 반공·친미로 보고자 한다. 주체들이 반공을 외쳤으므로 친미로 당연히 귀결될 수 있지 않을까 한다.

그런데 이후의 반미주의자들은 당시 미국 정부가 전두환과 같은 독재자와 긴밀한 친구였다고 주장하지만 이는 당시 상황에 비추어 보면 사실이 아니다. 오히려 미국 정부는 한국 민중의 민주주의적 열망에 대해 연민의 정을 가지고 있었다. 다만 광주에서의 시위가 전국적으로 확산되어 북한이 정치 불안을 기회로 삼아 개입한다면 냉전시대 반공의 보루인 남한이 공산화될까 우려하여 전두환을 마지 못해 방조하거나 방관할 수밖에 없었다. 그러나 전두환을 혐오했던 카터는 '전두환 제거'를 끝까지 검토했다. 반미가 (학생)운동권을 강타

---

68 정기용(2005), 위의 책, 375쪽.

하기 시작한 것은 1983년 이후였고,[69] 대중들에게까지 파고든 것은 1980년대 중반 이후였다.

✦ ✦ ✦
참고
광주 시민과 함께한 미국 평화봉사단원들의 증언

5·18 당시 광주와 인근 지역에서 활동한 미국 평화봉사단원 팀 원버그(Tim Jay Warnberg, 한국명 원덕기, 1954년생, 1993년 작고)[70]는 1980년 5월 26일 늦은 오후에 스콧 스톡스 기자를 만났다고 1987년 그의 논문에서 밝혔다. 이 자리에서 스콧 스톡스 기자는 미국 정부가 광주 폭격을 하지 말라고 한국인들(한국 공군으로 추정됨-인용자)을 설득했었다는 사실을 원버그 일행에게 말했다고 한다.[71] 팀 원버그는 주디스 체임벌린(Judith Chamberlin)과 함께 5·18 당시 전남대학교병원, 기독병원, 보건소 등에서 봉사 활동을 했으며 1980년 5월 27일 계엄군의 전남도청 진압 작전 이후에는 도청에 들어가 시신을 수습하기도 했던 것으로 알려졌다.[72] 원버그는 정치적 문제에 개입해서는 안 된다는 평화봉사단의 규율을 어겼다는

---

69 허은, 「한국 학생운동의 '주권' 인식 변화와 반미자주화 운동」, 『기억과전망』 15(2006년 가을), 267쪽.
70 소중한, 「광주항쟁 곳곳에 등장한 이 미국 청년을 아십니까」, 〈오마이뉴스〉(2020.5.12).
71 Tim Warnberg, "The Kwangju Uprising: An Inside View," *Korean Studies*, Vol. 11 (1987) p. 45.
72 배동민, 「'5·18 광주 폭격을 저지시켰다' 다시 주목받는 증언들」, 〈뉴시스〉(2017.8.22).

판정을 받고 한국을 떠날 수밖에 없었다.[73]

　1979년 한국에 파견된 미국 평화봉사단원 폴 코트라이트(Paul Courtright)[74]는 1981년까지 전남 나주시 남평읍 한센병 환자 수용시설인 호혜원에서 환자들을 돌보는 일을 배정받아 활동하고 있었다. 코트라이트는 1980년 5월 19일에 광주 시외버스터미널에서 무장한 공수부대원이 한 학생의 머리를 곤봉으로 때리는 모습을 목격한 후 그 학생을 돕지 못했다는 죄책감에 시달리고 있었다. 5월 21일 광주에서 활동하던 동료 팀 원버그가 그에게 전화를 해 광주에서 '큰일'이 벌어졌다고 했다. 교통편이 끊겨 자전거를 타고 광주로 향한 그는 광주시 남구 송암동 인근에서 총탄 흔적 수십 개와 핏자국까지 뚜렷한 버스가 논두렁에 넘어져 있는 것을 보았다. 그는 용기를 내 광주 시민들과 함께하기로 결심했다. 미국 정부가 자국민들에게 광주 밖으로 대피하라고 지시한 시점이었지만 그를 비롯한 평화봉사단원 중 일부는 개의치 않았다. 외국인인 자신들이 광주에 머물러 활동하면 한국 군인들이 함부로 시민들을 대하지 못할 것이라고 생각했다. 코트라이트는 평화봉사단원 데이비드 돌린저(David Dolinger, 한국명 임대운)[75]와 함께 독일 제1공영방송의 위

73　이완범·김인수·정수남, 「오수잔나와의 인터뷰: 해방 이후 한미 관계와 민간 교류」(2019.10.14. 13:30 이후).

74　안과 의사로 한국에서 연구 방향을 잡아 훗날 박사학위를 취득해 아프리카 지역에서 20년간 거주하며 실명 예방을 연구했다. 「40년 만에 한국을 다시 방문한 미평화봉사단, 이들의 이야기를 들려드립니다」(2021.11.9), 〈KOICA〉 블로그(검색일: 2022.1.7).

75　소중한, 「5·18 회고록 낸 미국인 "왜곡 반복 안 돼, 윤석열 진실 알아야"」, 〈오마이뉴스〉(2022. 5.14.); 소중한, 「[최초공개] 5.18광주 목격한 미국인이 눈물로 쓴 '한글 수기'」, 〈오마이뉴스〉(2022.5.10.).

르겐 힌츠페터(Jürgen Hinzpeter) 기자, AP 통신의 테리 앤더슨, 미국 『타임』의 로빈 모이어 기자 등과 함께 광주 곳곳을 다니며 광주 참상 취재(통역)를 지원했다.

당시 대부분의 언론은 광주 시민이 폭동을 일으켰다고 보도하고 있었다. 미국 정부에 사실을 알려야겠다고 생각한 코트라이트는 5월 26일 어렵게 서울로 올라와 미국대사관을 찾아갔지만 아무도 그를 만나주지 않았다. 그는 미국 정부가 정치적인 이유로 자신의 이야기를 묵살했다고 판단하고, 훗날에라도 반드시 진실을 알려야겠다고 다짐하고 회고록을 썼다. 한국과 미국에서 동시 발간된 책에는 1980년 5월 14일 서울의 민주화 요구 시위부터 5월 19일 계엄군의 광주 진압, 5월 26일 서울 미국대사관 방문 등 코트라이트가 서울·광주·나주 등에서 보고 들은 13일간의 기록이 담겨 있다.[76] 코트라이트는 1981년까지 한국에서 봉사 활동을 이어 나갔다.

1980년 5월 26일 당시 광주에는 원버그와 채임벌린, 돌린저 외에도 줄리 피커링(Julie Pickering), 에릭(Eric)[77] 등이 있었고, 광주 외 전라도 지역에 있었던 24명 중 전라도 밖에 있는 것으로 여겨진 데니스 라자루스(Dennis Lazarus) 외에는 모두 서울로 오라는 연락을 받았다고 한다.[78]

---

76 폴 코트라이트, 최용주 역, 『5·18 푸른 눈의 증인』(한림출판사, 2020); Paul Courtright, *Witnessing Gwangju: A Memoir* (Seoul: Hollym International Corp., 2020); 김용희, 「"계엄군 만행 말리지 못한 죄책감에 '5월 광주' 동참했다"」, 〈한겨레〉(2020.4.1); 소중한, 「40년 후 광주 할머니와의 약속 지킨 미국 청년」, 〈오마이뉴스〉(2020.5.13).

77 소중한, 「계엄군 곤봉에 맞은 미국인, 그가 광주를 위해 남긴 선물」, 〈오마이뉴스〉(2020.5.12).

78 "From Gleysteen to Vance: KOREAN SITREP," 2400, MAY 26, 1980[O 261513Z May 80],

1980년 7월 19일자 미 국무부 전문(電文)에 의하면 광주봉기 희생자가 2,000명에 달한다는 한국에 있던 전 평화봉사단원 2명의 주장이 AFP 통신 스톡홀름발 7월 15일자로 보도되었다고 한다.[79] 이개철 한국 외무부 미주국장은 이것이 과장된 것이라며 주한 미 대사관 정치 담당 참사관에게 항의했다고 한다. 이에 주한 미 대사관은 한국이 지목한 2명과 이름이 매우 비슷한 2명이 1980년 6월 13일에 한국을 떠났음을 확인했다. 또한 미 대사관은 이개철 국장에게 미국 시민은 표현의 자유가 있음을 말했으며, 평화봉사단원이 유포한 이야기가 언론에 직접 보도되어 원치 않는 주의를 끄는 것을 막을 것이라고도 말했다.[80] 또한 당시 한국에 있던 평화봉사단원 3인은, 수백 명에서 2천 명에 달하는 사람들이 군인에 의해 죽었다고 주장해『밀워키 저널(The Milwaukee Journal)』(1980.8.12)에 보도되었다. 이들 3인 중 2명은 군부의 비밀작전에 대한 논문 한 편을

SEOUL 06666, Secret, 미 국무부 제공, 〈5·18민주화운동기록관〉(검색일: 2020.5.15).

79 팀 윈버그(평화봉사단 K-45기)는 전남도청에서 환자를 이송하고 시신을 수습하는 등 광주시민을 도왔다. 팀 윈버그와 함께 보건요원이었던 폴 코트라이트(K-48), 데이비드 돌린저(K-45)는『타임』지와 AP 통신 등 외신기자들의 취재와 통역을 도왔다. 스티븐 헌지커(K-45)와 캐럴린 투비필(K-45)은 일본을 거쳐 덴마크와 스웨덴에 가서 당시의 광주 사진과 기사를 현지 언론에 제보했다. 서나래, 「대사관 명령 어기고 5월 광주를 도운 미국인들이 있었다」, 〈시사IN〉(2023.5.22). 따라서 마지막 2인이 스톡홀름발 보도의 제보자로 추정된다.

80 "From AMEMBASSY SEOUL TO SECSTATE WASHDC 7834: AFP Interview with Former Peace Corps Volunteers in Korea," DEPT PASS PEACE CORPS WASHINGTON FOR HUSTON, R 190328Z July 80, U.S. Department of State - Freedom of Information Act, Virtual Reading Room Documents Search Results, "kwangju" returned 117 results, Page 4 of 6, https://foia.state.gov/search/results.aspx?searchText=kwangju&beginDate=&endDate=&publishedBeginDate=&publishedEndDate=&caseNumber= (검색일: 2020.6.6).

작성해 발표했다.[81]

이렇게 평화봉사단을 둘러싼 갈등이 발생하자 미국은 한국에 대한 평화봉사단 파견을 재고하기 시작한 것으로 추정되며 1981년에는 새로운 인원 파견이 중지되었다.(1979년 입국한 인원은 1982년까지 활동함) 당시 전두환은 평화봉사단의 존재를 불편하게 생각했다고 하며,[82] 이 점이 1981년 평화봉사단 파견 국가에서 한국이 제외된 중요한 이유 중 하나였을 것으로 여겨진다.

평화봉사단원들의 회고에 따르면 일부 광주 시민은 "미국이 광주 사람을 사살하는 것을 허가한 것이냐"고 항의하는 등 적대감을 드러내기도 했으나 대다수 시민들은 먹거리를 나눠주는 등 단원들을 보호해 주었다고 한다.[83] 광주 시민의 깊은 정을 느낀 일부 단원들은 5월 25일 "즉시 광주를 떠나라"는 미국대사관의 지시를 따르지 않고 광주 시민을 돕기로 결정했으며, 5월 27일 오전 단원 3명은 피가 낭자한 도청에 들어가서 시신을 수습하는 등 끝까지 광주 시

---

81   *Information Bulletin* (Washington, DC), #11, December 1980, pp. 9-15 수록. William Blum, *ROGUE STATE: A Guide to the World's Only Superpower* (London: Zed Books, 2000); https://www.cia.gov/library/abbottabad-compound/5F/5FC9177D115DFAE199E5204183A6F3E2_Rogue_state__By_sout_al_khilafah.pdf, p. 127 (검색일: 2021.1.8).

82   김경일·이완범·정수남, 「이용복·제임스 메이어(James Mayer)와의 인터뷰: 해방 이후 한미 관계와 민간 교류」(2019.11.2. 10:10 이후). 제임스 메이어는 1978~1981년 한국 미 평화봉사단원들을 총괄하는 업무를 수행했고, 당시 자신을 보좌하던 이용복과 결혼했다. 「40년 만에 한국을 다시 방문한 미평화봉사단, 이들의 이야기를 들려드립니다」(2021.11.9), 〈KOICA〉 블로그(검색일: 2022.1.7).

83   김용희, 「5·18 광주시민과 함께한 미국평화봉사단원들 재조명해야」, 〈광주일보〉(2019.5.15.). 이 회고담도 반미주의가 등장하기 시작한 상황을 반영한 회고일 가능성이 있다. 결과론과 당대 사실이 뒤섞이면서 과장되거나 정확하지 않은 회고를 한 것일 수 있다.

민과 함께했다.

미국 국무부에서 1980년 5월 25일 작성한「한국 감시단 상황 보고 제7호」(3급 비밀)에는 이들 평화봉사단원들에 대해, "광주 잔류 인원은 광주를 떠나라는 미국대사의 강력한 경고를 어리석게도 무시하고 철수하라는 명령을 정면으로 위반했다"고 적혀 있다. 그런데 5·18 민주화운동이 무참히 진압된 5월 27일로부터 2주 뒤인 1980년 6월 10일에 주한 미국대사관이 미 국무부 장관에게 보낸「광주 소요에 대한 거주자의 견해」(3급 비밀)를 보면 "월요일(5월 19일) 평화봉사단원들은 비폭력 개입을 통해 좋은 미국인의 이미지를 얻었음"이라며 "미국인으로서 우리는 평화봉사단원들이 정말 자랑스럽다"고 기록하고 있다. 이 보고서는 5월 21일 헬기 사격을 비롯해 진압군의 만행(집단 발포)을 가감 없이 적었고, 옳은 일을 위해 기꺼이 희생한 한국인들을 존경하게 됐다는 소감도 담겨 있다. 이 문건을 작성한 사람은 5·18 당시 광주에 있던 장로교 선교사 존 언더우드로 추정된다. 이 문서는 미 대사관이 지금까지 접한 견해 중에서 '가장 균형 잡힌 5·18 기록이자 분석'이라고 평가한 자료이기도 하다.[84] 또한 1967년 평화봉사단원으로 목포에서 영어교사를 일했던 미 대사관 직원 리처드 크리스텐슨[85]은 1980년 7월 광주와

---

84 김용희(2019), 위의 글.
85 송용회,「[인터뷰] 7월 한국을 떠나는 크리스텐슨 미부대사」,〈주간한국〉(2000.4.30). 1973년 미 국무부에 들어가 한국을 첫 부임지로 선택했고 1994년 주 오키나와 총영사 시절 카터 전 미국 대통령을 수행해 평양을 방문하기도 했으며 1996년 8월부터 2000년까지 주한 미 부대사직에 봉직한 후 본국으로 귀임했다.

목포 주민들을 인터뷰해 보고서를 작성했다. 이 두 건의 보고서는 5·18 당시 현장의 참상을 알리는 데 기여했다고 평가된다.[86]

한편 도널드 N. 클라크가 작성한 광주항쟁 일지 1980년 5월 27일 항목에는 아래와 같은 내용이 있다.

> 미 국무부는 "우리는 한 주요 도시 안에서 일어난 총체적 무질서와 분열 상태를 불명료하게 계속되도록 허락할 수 없다는 것을 인식한다."라고 발표하고 중재하는 일에 나선다. 그러나 바로 한 시간 뒤에 수천 명의 계엄군들이 광주를 공략한다. 수많은 사람들이 죽고, 신군부는 광주를 장악한다.[87]

과연 미 국무부 일각에서 1980년 5월 27일 새벽 중재에 나섰는지는 확인이 필요한 대목이다. 그랬다고 하더라도 이미 너무 늦었다. 아마도 이 대목은 사후 합리화를 위한 윤색이라고 할 것이다. 아니면 글라이스틴 대사 등이 5월 26일 밤 11시 중재 요청을 확인한 후 내부적으로 검토한 것을 '중재하는 일'이라고 다소 과장되게 기술한 것일 수도 있다.

※ ※ ※

---

86 김유진, 「기밀문서로 확인된 미국의 5·18 인식…"전두환이 실세, 최규하는 무력"」, 〈경향신문〉(2021.6.2); 김도원, 「5·18 광주 알린 '미국판 힌츠페터'들…美 기밀문서 추가 공개」, 〈YTN-N 뉴스〉(2021.6.2).

87 Donald N. Clark, ed., *The Kwangju Uprising: Shadows over the Regime in South Korea* (Boulder, CO: Westview, 1988); 김준태, 「"신군부, 5·18 때 광주 폭격 계획했다"」, 〈프레시안〉(2006.5.18).

4. 5월 26일 '미군이 도와주러 온다'는 소문

광주의 시민·대중들은[88] 1980년 5월 26일 아침 미 제7함대 소속 항공모함 2척이 부산에 정박한 사실을 알게 된 후, 이를 전두환 군부에 대한 미국의 견제로 자의적으로 해석하고, 대자보와 유인물 등을 통해 이 사실을 낭보라며 알렸다.

> 미 제7함대 소속 항공모함 2척이 부산에 정박하여 전두환 일파의 더 이상의 무모한 만행을 견제하고 있으며 […][89]

> 지금 부산에는 미항공모함 2대가 정박 중에 있습니다. 잔인무도한 저들의 살육을 더 이상 방지하고 광주 시민을 지원하기 위하여 왔습니다. 시민 여러분 안심하십시오.[90]

88　임낙평, 「윤상원 열사의 삶과 투쟁」, 『월간말』(1989.5), 103쪽.
89　「80만 민주시민의 결의」(1980.5.26), 광주광역시 5·18사료편찬위원회 편, 『5·18 광주민주화운동자료총서 2』(광주광역시 5·18사료편찬위원회, 1997), 73쪽; 광주시민일동, 「광주 민주시민 여러분께」(1980.5.26), 광주광역시 5·18시료편찬위원회 편(1997), 위의 책, 81쪽. 후지의 전단 끝에는 "김일성은 순수한 광주의거를 오판하지 말라"라는 구호가 있다. 박병순, 『전남대병원 의사가 지켜본 5·18 광주항쟁』(개정판)(전남대학교출판문화원, 2019), 84쪽. 당시 광주 시민들은 반공의 입장을 의도적으로 견지했음이 드러난다. 또한 광주사태가 아닌 '광주 의거'로 칭했음도 확인된다.
90　민주화투쟁 대학생 대책본부, 「홍보문: 가두방송 원고」(1980.5.26), 광주광역시 5·18사료편찬위원회 편(1997), 앞의 책, 80쪽.

또한 궐기대회를 통해 위 소문을 전파하면서 희망을 가졌다. 5월 26일 학교 선생님을 자처하는 30대 남자가 "외신을 통해 우리를 돕기 위해 미국 항공모함이 오고 있다는 소식을 들었다."라며 전남도청 앞 광장의 '제5차 범시민 궐기대회'에서 연설했다는 것이다.[91] 금남로와 도청 앞 분수대에 모여든 수만 명의 시민들은 "우리의 우방인 미국은 계엄군의 학살 만행을 결코 간과하지 않을 것이다.", "지금 부산 앞 바다에는 미 7함대 소속인 항공모함이 도착했다."라는 말을 주고받았다. 미 함대 입항 소식에 미국이 곧 광주 시민을 구하러 올 것이라는 희망을 품고 흥분하여 술렁술렁했다고 한다.[92] 금남로 주변 상가 벽 곳곳에는 미국 항공모함의 부산항 입항을 알리는 크고 작은 대자보가 광주항쟁의 끝자락에 뒤늦게 나붙었다.[93] 여기에는 미국이 살인 군부의 만행을 저지해 주었으면 하는 바람이 담겨 있었다.[94]

한편 5월 25일경 새로운 항쟁 지도부가 형성되면서 계엄 당국과 동등한 자격으로 협상을 전개하여 정치적 성과를 얻을 수 있는 시간을 벌기 위해 광주에 거주하는 모든 미국인을 도청에 수용 억류하는 안이 윤상원 등에 의해 은밀하게 검토되었다. 군부 쿠데타는 작전권을 쥐고 있는 미국의 개입이 없이는 불가능한 것이므로 미국인을 억류

---

91 「[증언 자료] 극렬분자 34번/유석」(1988.11), 〈전남대학교 5·18연구소〉(검색일: 2021.12.14). 이 증언에 따르면 5월 24일 오전 12시부터 3시까지 광주 시내에서 '제2차 민주수호 범시민 궐기대회'가 열렸다는 것이다. "도청을 며칠만 더 사수하면 시위가 전국적으로 확산되고, 광주 시민들의 민주화에 대한 피의 대가를 보상받을 수 있다."라는 이야기가 오갔다고 한다.
92 박병순(2019), 앞의 책, 83쪽.
93 김준태, 「"신군부, 5·18 때 광주 폭격 계획했다"」, 〈프레시안〉(2006.5.18).
94 임낙평(1989), 앞의 글, 103쪽; 박호재·임낙평, 『윤상원 평전』(개정판)(풀빛, 2007), 375쪽.

하고 있으면 계엄군이 함부로 진압할 수 없을 것으로 생각했던 것이다.[95] 미국인 억류 구상은 민주주의를 위한 수단이었지[96] 이란의 미국인 인질 사태와 같은 반미주의의 발로는 아니었다. 당시 윤상원 등 시민군은 미국에 호의적이었으며 미국 언론인 등에게 온갖 편의를 제공했다.

당시 광주 시민들은 "미국이 아마 우리를 도우려고 오는가 보다. 우리가 이렇게 학살당한 것을 안다면 전두환 일당을 용서치 않을 것이다."라는 순진한 말을 주고받았다.[97] 당시 광주 시민들은 공수부대의 강경 진압에 사람들이 희생된 사실을 미국 정부가 모른다고 나이브하게 판단했다. 그런데 당시 미국은 자체적인 정보원과 외신 보도 등을 통해 완벽하지는 않지만 이미 많은 것을 알고 있었으며 미국의 국가이익을 지키기 위해 비교적 치밀하게 준비하고 있었다. 미국 정부는 필리핀 수빅만에 정박 중이던 항공모함 코럴시호와 오키나와에 있던 두 대의 공중 지휘용 공군기(조기경보기)를 한반도 근역에 파견했다는 사실을 5월 23일 미국 언론을 통해 공개했다.[98]

---

95 박호재·임낙평(2007), 앞의 책, 379~380쪽; 이종인, 「5·18 광주민주화운동 관련인물의 미국에 대한 인식: 윤한봉과 윤상원을 중심으로」, 『사회과학연구』 36-2(2012), 122~123쪽.

96 미국에 대한 막연한 기대감만을 간직하고 있었다면, 미국인을 수단으로 이용하는 계획을 구상하지는 않았을 것이라는 평가도 있다. 임낙평(1989), 앞의 글, 103쪽; 이종인(2012), 앞의 글, 134쪽. 그렇지만 이는 플랜비에 불과했으며 실제로 실현된 것은 아니었으며 말 그대로 수단에 불과했다. 또한 친미주의적 본질에 크게 벗어나는 것이 아닌 예외적인 대안 검토에 불과했다.

97 전남사회운동협의회 편, 황석영 기록, 『죽음을 넘어 시대의 어둠을 넘어: 광주5월 민중항쟁의 기록』(풀빛, 1985), 152쪽; 황석영 외, 『5·18 그 삶과 죽음의 기록』(풀빛, 1996), 153~154쪽.

98 The New York Times, May 23, 1980. 한편 한국의 국내 정치 문제에 관해서도 미 행정부 입장의 후속 조치를 마련할 것이라고 보도했다고 한다. 정기용, 『그 시절 그 사건 그때 그 사람들: 격동의 한국정치사를 정밀하게 타전했던 미국 극비문서 긴급입수』(학영사, 2005), 312쪽.

한국군 20사단의 광주 투입은 서울을 비롯한 전방 지역의 전투력을 약화시켰으므로 미국의 항모와 공군기 파견은 전방 지역의 전투력 공백을 다소 메워 줌으로써 무력 부대의 광주 이동을 전략적으로 보조하는 한편 북의 위협을 강조하는 이데올로기적 역할도 수행했다.[99] 미국이 보낸 두 대의 공중경보통제기(AWACS)와 전투기 편대는 남한에 대한 지지를 북한에 직접 시위하기 위한 것이었다. 미국의 정보망은 북한의 이상한 움직임을 전혀 찾지 못했지만, 전두환을 비롯한 남한 군부의 지원 요청도 있었던지라 미국과 한국 군부의 이해는 이 점에서 일치했다.[100] 한국군이 전방에서 부대를 빼서 광주를 진압하고 있으므로 미국은 힘의 공백에 편승한 북한의 남침을 우려해 항공모함을 파견한 것이다.

글라이스틴은 공수부대의 재투입을 피하여 광주 시민을 보호하기 위해 공수부대보다 상대적으로 덜 과격한 20사단의 파견을 승인했다고 회고했다.[101] 그러나 국지적인 차원에서는 그랬을지라도 항모와 공군기 파견까지 포함한 전체적인 차원에서 보면 20사단은 진압군의 일원에 불과했으며 20사단 파견 승인을 포함해서 당시 미국이 한 일은 모두 결과적으로 신군부의 진압을 도와준 것이었지 광주 시민을 보호하려는 조치는 아니었다.

---

99 이삼성, 『미국의 대한정책과 한국민족주의: 광주항쟁·민족통일·한미관계』(한길사, 1993), 49~50쪽.
100 이재봉, 「전두환 쿠데타 이후, 미국은 어떤 역할을 했나」, 〈프레시안〉(2015.3.20).
101 전남사회문제연구소 편, 『5·18 광주민중항쟁자료집』(출판사 광주, 1986). 글라이스틴이 그런 생각을 가지고 20사단 파견을 승인했을 수도 있지만 이는 사후 합리화에 가깝다고 할 수 있다.

그런데도 미국의 7함대 파견과 항공모함 부산 급파가 한국 민주주의 실현을 돕기 위한 것이라는 확인되지 않은 소문이 5월 26일 아침부터 광주를 술렁이게 했으며, 무기도 일부 반납하고 정부와 계엄군의 기만책에 다소 침체되어 있던 광주 시민들에게 다시 활력소를 제공했다. 이재의의 증언에 따르면 5월 26일 "우리의 투쟁은 앞으로 1주일 정도만 더 버티면 반드시 승리한다. 미국이 우리를 도울 것이다"라는 유인물이 광주 시내에 뿌려졌다는 것이다.[102] 그러나 이는 희망에 기반한 확대 해석이며 헛된 꿈이었음이 판명되는 데는 하루이틀밖에 걸리지 않았다. 윤상원의 미국에 대한 중재 요청은 5월 26일의 낙관적 분위기에서 나온 것이었다.

실제로 5월 25일 계엄군 수뇌부(주영복 국방장관, 이희성 계엄사령관, 황영시 육군참모차장, 전두환 보안사령관, 노태우 수경사령관)는 오후 12시 15분부터 오후 2시 30분까지 열린 오찬회의에서 광주에 계엄군을 투입할 경우 발생할지도 모를 북한군 측 도발을 견제하기 위해 미국에 해군의 증강을 요청하기로 했다. 수뇌부는 최규하 대통령에게 보고한 후 류병현 합참의장을 통해 미국 정부에 해군력 강화를 정식 요청하여 미 항공모함이 한국 해역에 증파되었다고 했다.[103] 그러나 실제로는 5월 22일 오키나와 주둔 E3A 조기경보기 2대와 항공모함 코럴

---

102 「이재의 증언」, 조문숙, 『전두환 vs 광주혁명』(도서출판 be, 2010), 147쪽.
103 김용삼, 「美 항공모함 증파는 계엄사에서 요청했다: 이희성 계엄사령관의 『動靜日誌』 내용」, 『월간조선』(1995.9), 630~631쪽; 김용삼, 「전두환 부장, 계엄사령관과 세 차례 만나: 5·18 당시 이희성 계엄사령관의(육군참모총장) 『동정일지』」, 『월간조선』(1996.1) 별책부록, 379쪽. 그런데 실제 일지의 제목은 '근무일지'로 나온다.

시호의 긴급 출동이 이미 결정되었고 전술한 바와 같이 5월 23일 미국 언론에 공개되었으므로 항공모함 배치 한국 요청설은 한국 정부의 과장이거나 한미 간에 이해가 일치하는 부분이라고 할 것이다. 미국 정부가 "광주에 남코리아군 20사단 추가 투입 허용, 경보기 2대 일본 기지로부터 출동, 항공모함 함대 파견 등을 구체적으로 지시하며 미군을 직접 광주 진압 작전에 투입하려 했다"는 친북적인 주장까지도 있다.[104] 미 정부의 직접 투입설은 물론 왜곡된 주장이지만 계엄군의 편에 서서 항공모함을 파견한 현실을 전혀 알지 못한 채 '계엄군을 견제하고 시민군을 도와주러 온다'는 풍문을 믿고 착각한 것은 역시 안일한 현실 인식이었다.

당시 시민군을 이끌던 김종배와 정상용의 증언에 의하면 시민군 자신들이 계엄군과 맞서 싸우면서 시간을 끌면 미국이 그들을 지원하러 올 것이라 생각했고, 미 7함대 파견도 그런 성격으로 해석했다고 했다.[105] 광주항쟁의 시발점이 되었던 1980년 5월 18일 '피의 일요일' 이후 5월 19일 16시 50분 공수부대의 최초 발포 직후인 18시에 시위대는 전두환을 공수부대 동원의 배후 인물로 간주해[106] '전두환 타

---

104 민중민주당(환수복지당) 대변인실, 「광주민중항쟁정신 따라 미군을 철거시키고 미래통합당을 해체시키자」(2020.5.23), 『항쟁의 기관차: 민중민주당이 만드는 진보정치시사월간지』 (2020.7), https://blog.naver.com/pdpmagazine/222004786611 (검색일: 2022.2.10).
105 김종배, 「군사법정에서 한 사람도 잘못했다고 하지 않았어요」, 나간채 편, 『5·18항쟁증언자료집』(전남대학교 출판부, 2003), 49, 57, 69쪽; 최영태, 「극우 반공주의와 5·18광주항쟁」, 5·18기념재단 편, 『5·18민중항쟁과 정치·역사·사회 2』(심미안, 2007), 82~83쪽; 이종인, 「5·18 광주민주화운동 관련인물의 미국에 대한 인식: 윤한봉과 윤상원을 중심으로」, 『사회과학연구』 36-2(2012), 114쪽.
106 게브하르트 힐셔, 「목가적 전원도시에서 펼쳐진 악몽」, 한국기자협회·무등일보·시민연대모임

도' 구호를 외쳤다. 금남로 대공방의 대유혈극으로 가장 많은 희생자가 발생한 '피의 초파일' 5월 21일 10시에는 '전두환은 물러가라'라는 구호를 트럭 등에 내걸었고, 11시 50분에는 '때려잡자 전두환' 등의 구호[107]가 적힌 벽보를 부착했다. 그렇지만 같은 시간 '물러가라 최돼지(최규하 – 인용자),' '사라져라 신현확' 구호도 적히는 등[108] 윤상원 등은 전두환 일파가 권력은 물론 군도 완전히 장악하지 못했다고 평가했다. 따라서 미국이 영향력을 발휘한다면 살인 군부를 지지하지 않고 민주화를 촉진시킬 수 있다는 낙관론을 가지고 있었다.[109]

민주화 열망을 가지고 외롭게 고립되어 투쟁하던 광주 시민은 일주일만 더 버티면 미국이 도와줄 것이라면서 먼 길을 달려온 미국인들에게 감사했고 형제보다 더 진한 정을 느꼈다고 한다.[110] 미국이 도와줄 것이라는 기대가 시민군의 무장론을 더 강화시켰던 것이다. 시

공편, 『5·18 특파원리포트』(풀빛, 1997), 83쪽; Gebhard Hielscher, "A Nightmare in Broad Daylight," Henry Scott-Stokes and Lee Jae Eui, eds., *The Kwangju Uprising: Eyewitness Press Accounts of Korea's Tiananmen*, Foreword by Kim Dae Jung, Pacific Basin Institute Book (Armonk, New York: M. E. Sharpe Inc, 2000), p. 55.

107 1980년 5월 22일 전남도청 앞 광장에 모인 광주시민궐기대회의 주된 구호는 '살인마 전두환을 찢어 죽이자'였다. 김양우, 「아직도 광주는 끝나지 않았다」, 한국기자협회·무등일보·시민연대모임 공편(1997), 앞의 책, 232쪽; Kim Yang Woo, "Kwangju Is Not Over Yet," Henry Scott-Stokes and Lee Jae Eui, eds.(2000), 앞의 책, 208쪽.

108 「광주5월민중항쟁 관련 일지」, 한국기자협회·무등일보·시민연대모임 공편(1997), 앞의 책, 212, 317, 318쪽.

109 임낙평(1989), 앞의 글, 103쪽.

110 김현채, 「최후의 일인까지 최후의 그날까지」, 5·18광주의거청년동지회 편, 『5.18 광주민중항쟁 증언록 I: 무등산 깃발』(도서출판 광주, 1987), 123~124쪽; 김정한, 「5·18 광주항쟁 이후 사회운동의 이데올로기 변화」, 『민주주의와 인권』 10-2(2010), 170쪽; 김정한, 『1980 대중 봉기의 민주주의』(소명출판, 2013), 182~183쪽. 그런데 김정한의 두 글에서는 김현채가 김현태로 잘못 표기되어 있다.

민군이 온건파의 타협주의를 거부하고 끝까지 항쟁을 결의하게 된 데에는 정부의 사과 없이 이대로 물러설 수 없다는 명분론 외에도 시위를 조금만 더 끌면 미국이 지원할 것이라는 기대감을 가졌던 것이 작용했다.[111] 따라서 윤상원은 기자회견을 통해 마지막까지 미국의 개입을 요청하며 희망을 가졌던 것이 아닌가 한다.

　그러나 윤상원은 미국 개입 요청이 결실을 맺기에는 시간이 너무 없다고 생각해 실패할지도 모른다고 전망했으므로 죽음을 예측하기도 했다. 그가 끝까지 항전한 주요 원인은 무기력하게 항복할 수 없다는 명분론과 민주주의에 대한 갈망·신념 때문이었으며 미국 요인은 하나의 주변적 배경이며 '버티면 살 수도 있다'는 희망사항이었을 뿐이다.

　이재의의 회고에서도 이러한 주장이 뒷받침된다. 이재의는 1980년 5월 23일에 윤상원을 만나 "미국이 도와줄 것이라고 진짜 믿느냐"고 물었다. 이에 윤상원은 "미국이 도와줄 것인지 확신이 서지 않지만 … 만약 그렇지 않을 것이라고 사람들 앞에서 말하면 어떻게 대중을 동원할 수 있겠냐"면서 "우리는 사람들에게 희망을 주어야 하며 그들에게 이 비참한 사건에서 평화적 결과가 산출될 수 있다는 희망을 주어야 한다"고 말했다고 한다. "나는 미국이 우리를 도울 것이라고 매우 강하게 믿고 있다"는 말을 마지막으로 이재의와의 인터뷰를 마무리했다.[112] 그런데 이재의는 5월 23일 밤 집에 잠시 들렀다가 가족들에

111　최영태, 「극우 반공주의와 5·18광주항쟁」, 5·18기념재단 편(2007), 앞의 책, 83쪽.
112　Lee Jai Eui, "Operation 'Fascinating Vacation,'" Henry Scott-Stokes and Lee Jae Eui, eds. (2000), 앞의 책, 37쪽.

게 붙들려 눈물을 머금고 광주를 떠나야 했으므로[113] 그 이후의 증언은 전해 들은 말에 토대를 둔 것이다.

윤상원의 후배 박성현(1980년 당시 수배 중이라 광주에는 있지 않았음)도 1993년 마틴과의 인터뷰에서 "윤상원과 몇몇 사람들은 비록 '마음속으로는 그러리라고 믿고 있지 않았지만, 미국이 개입하여 더 이상의 유혈사태를 막아줬으면' 하는 희망을 피력하기도 했다"고 회고했다. 윤상원이 의도적으로 희망적인 뉴스를 전파했다는 것이다.[114]

죽음에 직면하여 지푸라기라도 잡아야 했던 윤상원은 가능성을 아주 높게 잡지는 않았겠지만(시간을 벌기 위한 수단이었다는 해석도 가능하다.) '미국이 도우러 온다'는 5월 26일의 소문에 기대어 최후의 보루로 미국의 도움에 집착했다고 보아야 한다.[115] 그런 의미에서 당시 윤상원은 골수 반미주의자가 아니었으며 당시 광주 시민들의 미국에 대한 기대를 진정으로 공유했던 친미적 인사였다.

물론 그는 노동운동가 출신이었으며 전국민주노동자연맹(전민노

---

113 이재의, 「1045. 도청 상황실에서」, 1988년 8월 증언, 한국현대사사료연구소 편, 『광주오월민중항쟁사료전집』(한국현대사사료연구소, 1990), 333쪽. 그가 도청 상황실장을 했다고 나오는데, 이재의의 이탈로 상황실장은 박남선에게 돌아갔다고 할 수 있다.

114 블래들리 마틴, 「윤상원 그의 눈길에 담긴 체념과 죽음의 결단」, 한국기자협회·무등일보·시민연대모임 공편(1997), 앞의 책, 154쪽; Bradley Martin, "Yun Sang Won: The Knowledge in Those Eyes," Henry Scott-Stokes and Lee Jae Eui, eds.(2000), 앞의 책, 101쪽. 1990년대 말 이재의가 집필할 당시와 1993년 박성현이 인터뷰할 당시에는 사회 일각에 형성된 반미적인 분위기에 영향받아 윤색된 해석을 가미하여 회고했을 것이다.

115 최정운 교수는 윤상원이 미 항공모함은 광주를 도우러 온 것이 결코 아님을 잘 알고 있었다고 근거 없이 주장했다. 최정운, 『오월의 사회과학』(풀빛, 1999), 223쪽. 훗날 도우러 온 것이 아니라고 판명되었으므로 결과론적으로 이러한 해석을 내놓은 것이다.

련)의 실질적인 광주 조직책(1979년 가입)이며[116] 광주항쟁 당시 끝까지 싸우다 죽은 유일한 혁명적 지식인으로 훗날 평가받기도 했지만[117] 1970년대 노동운동은 1980~1990년대의 반미적 노동운동과는 분위기가 사뭇 달랐다. 윤상원은 '고립 지역 사수' 전략을 통해 광주항쟁을 죽음으로 종결하든가 배수진을 치고 버틸 경우 다른 지역에서 항쟁이 이어질 것이라는 희망을 가지고 있었다.[118] 그런데 윤상원이 투쟁을 이어간 주된 동인은 민주주의에 대한 갈망이며 미국 중재에 대한 기대는 부차적 이유였다고 평가하는 것이 보다 합당하지 않을까 한다.

116 보수주의자 이상흔은 노동운동가인 윤상원이 혁명적 노동운동 단체인 전민노련의 중앙위원으로 활동한 전력이 있다고 했다. 이상흔, 「'임을 위한 행진곡' 노래의 주인공 윤상원은 어떤 인물인가?」, 『조선 pub』(2016.5.19), http://pub.chosun.com/client/news/viw.asp?cate=C03&nNewsNumb=20160520347&nidx=20348 (검색일: 2018.3.19).

117 블래들리 마틴, 「윤상원 그의 눈길에 담긴 체념과 죽음의 결단」, 한국기자협회·무등일보·시민연대모임 공편(1997), 앞의 책, 157, 159쪽; Bradley Martin, "Yun Sang Won: The Knowledge in Those Eyes," Henry Scott-Stokes and Lee Jae Eui, eds.(2000), 앞의 책, 103, 104쪽. 마틴 기자가 학림사건(1981년 발각)의 주모자 이태복(김대중 정부에서 청와대 복지노동수석, 보건복지부 장관 역임)으로부터 1993년에 들었던 증언에 따르면 "1979년 중반에 윤상원은 '전민노련' 광주지부 조직책이 되었으며, 1978년에는 전민노련 방계 조직인 '전민학련' 조직책이 되었다. 윤상원과 이태복은 이 두 조직에서 동지가 되었다. 훗날 학림사건 때 경찰은 전민학련과 전민노련의 총칭으로 '학림'이라고 불렀다"고 나와 있다. 또한 마틴은 위의 책에서 서울역 회군에 대한 이태복과 윤상원의 논쟁을 소개했다. "시위대는 다음에 무엇을 할 것인가에 대하여 각기 생각이 달랐다. 이태복 그룹은 방송국 등 서울 중심부의 주요 지점들을 점거하기를 원했다. 그러나 대다수는 5월 16일 시위를 취소하고 정부의 반응을 보기로 했다. '윤상원 씨는 이 말을 들었을 때 서울에서의 패배를 격렬하게 비판했다'고 이태복은 나에게 말해 주었다. 이렇듯 이태복과 윤상원의 조직들은 광주항쟁으로 치닫는 주요 사건들에 깊이 개입되어 있었다." 충남 보령 출신인 이태복은 1979년 1월 서울에서 광주로 내려와 동갑내기 윤상원에게 전국민주노동자연맹이라 불리게 될 전국적 규모의 노동운동 조직에 가담할 것을 권유했고, 이를 수락한 윤상원은 얼마 뒤 전민노련의 중앙위원이 되었다고 한다. 고종석, 「발굴 한국 현대사 인물 67: 윤상원〈1950-80〉-새날이 올때까지 영원한 '5월의 전사'」, 『한겨레신문』 1991년 5월 3일, 7면. 이태복은 윤상원기념사업회 이사장을 지냈다. 김정환, 「이태복 前 보건복지부 장관 별세」, 『조선일보』 2021년 12월 6일, A12면.

118 블래들리 마틴(1997), 앞의 글, 153~154쪽; Bradley Martin(2000), 앞의 글, 101쪽.

5. 도청에 남은 윤상원과
   민주시민투쟁위원회

1980년 5월 21일 광주 시민들은 경찰서와 무기고에서 무기를 탈취하기 시작했고 인원 수송 차량을 탈취하기 위해 아시아자동차 공장을 공격했다. 이에 광주시장은 군대와 협상할 수습대책위원회를 구성했다. 시청과 도청의 관리들로 구성된 수습대책위원회는 탈취 무기를 전부 회수해서 군에 돌려주기로 결정했다. 대부분의 무기는 회수되었고 이때부터 윤상원은 아래와 같이 일정한 역할을 하기 시작했다.

윤상원은 1980년 5월 23일 오후 5시경 무기 반납을 주장하는 '도청 시민학생수습위원회' 내 김창길 등 온건파의 '비무장론'에 맞서 "무기 반납은 반민족적인 계엄 쿠데타 집단에 대항해 싸울 것이냐 무력하게 항복할 것이냐가 결정되는 중요한 문젭니다. … 싸워야 합니다."라며 무장론을 주장했다고 한다.[119] 윤상원은 수습대책위원회의 온건한 접근 방식[120]에 동의하지 않으면서도 위원회 자체에는 협력하는 태도를 보이며 보다 적극적인 인사들을 규합해 위원이 되게 했다. 그는 무장할 젊은이들을 광주YWCA에 모아 군사훈련을 시키고 도청 건물을 지키게 했다. 그는 위원회에 더 이상 무기를 넘겨주지 말고 최후까지 저항하자는 입장이었다. 이에 동의하지 않는 사람들은 떠났고 윤

---

119 박호재·임낙평, 『윤상원 평전』(개정판)(풀빛, 2007), 357쪽.
120 수습위는 동질적인 집단은 아니었지만 계엄사의 입장을 대변하지 않는 의구심을 받기도 했다는 증언도 있다. 최정운, 『오월의 사회과학』(풀빛, 1999), 186~187쪽.

상원 그룹이 위원회를 장악했다.

윤상원은 위원회의 대표가 되지는 않았다. 남아 있기로 결정한 위원들의 사기를 북돋아 주기 위해 그들 중에서 두 사람을 위원장과 부위원장으로 있게 하고 자신은 대변인 직책을 맡았다. 즉 윤상원은 5월 25일 22시에 학생수습위원회를 대체하면서 밤사이 새로 조직된 민주투쟁위원회의 대변인으로 활동하였다.[121] 윤상원과 함께 끝까지 싸우고자 했던 김상집은 이 과정을 투항파와 결사 항쟁파의 대립으로 파악했다.[122]

항쟁 공간에서 명망가와 지도자가 예비 검속되거나 몸을 피한 상태에서 부상한 인물이 29살의 '젊은 지도자' 윤상원이었다.[123] 그는 구 수습위원회 출신 인사 두 명을 위원장·부위원장으로 잔류하게 하고 자신은 선전·기획·보급 등 운영 부문을 이끌었다. 실질적인 무장투쟁은 상황실장 박남선에게 맡겼다.[124] 윤상원은 박남선이 맡은 무

---

121 「광주5월민중항쟁 관련 일지」, 한국기자협회·무등일보·시민연대모임 공편, 『5·18 특파원리포트』(풀빛, 1997), 327쪽. 투쟁위원회 위원장은 학생수습위원회 부위원장이었던 김종배였으며 허규정, 정상용 부위원장 밑에 대계엄사 협상 관할 대변인 윤상원, 대외 공식적인 발표 상황실장 박남선 등의 이름이 나온다. 정기용, 『그 시절 그 사건 그때 그 사람들: 격동의 한국정치사를 정밀하게 타전 했던 미국 극비문서 긴급입수』(학영사, 2005), 335쪽. 한편 김종배의 증언에 따르면 김종배 위원장 휘하에 외무부위원장 정상용, 내무부위원장 허규정, 대변인 윤상원, 기획실장 김영철(위원 이양현 윤강옥), 민원실장 정해직, 상황실장 박남선, 기동타격대장 윤석루(부대장 이재화) 등을 선출했다고 한다. 「김종배(당시 학생투위 위원장) 증언」, 『월간조선』(1985.7), 461쪽.
122 김상집, 『윤상원 평전: 1980년 5월, 광주를 지킨 최후의 시민군 대변인 윤상원의 삶과 죽음』(동녘, 2021).
123 천유철, 『오월의 문화정치: 1980년 광주민중항쟁 '현장'의 문화투쟁』(오월의 봄, 2016).
124 블래들리 마틴, 「윤상원 그의 눈길에 담긴 체념과 죽음의 결단」, 한국기자협회·무등일보·시민연대모임 공편, 『5·18 특파원리포트』(풀빛, 1997), 152~153쪽; Bradley Martin, "Yun Sang Won: The Knowledge in Those Eyes," Henry Scott-Stokes and Lee Jae Eui, eds., *The Kwangju Uprising: Eyewitness Press Accounts of Korea's Tiananmen*, Foreword by Kim Dae

장 투쟁을 제외한 모든 운영을 관할했다. 5월 25일 대부분의 무기는 반환한 터라 고작 200정가량의 총기만 남아 있었다.[125] 당시 26세의 골재 운반 트럭 운전기사 출신으로 도청에 잔류했던 박남선은 자신이 상황실장으로서 '시민군 대장'이었다고 회고했다.[126] 1980년 12월 29일 육군계엄고등군법회의는 박남선에게 사형을 선고했으나 고등군법회의 관할관인 이희성 계엄사령관은 12월 31일 선고 형량을 확인하는 과정에서 무기징역으로 감형시켰다.[127]

5월 25일 이전까지 윤상원의 활동을 살펴보면, 그는 5월 19일 광주 시가지에 배포된 최초의 호소 전단 『광주시민민주투쟁회보』를 제작했다.[128] 이후 윤상원은 녹두서점을 연락사무소로 삼아[129] 광주항쟁의 소식을 바르게 전달하려는 목적으로 들불야학에서 『투사회보』를 간행했다.[130] 당시 녹두서점은 사실상의 시위 상황실로 간주되었으므로

Jung, Pacific Basin Institute Book (Armonk, New York: M. E. Sharpe Inc, 2000), pp. 100-101.

125 안종철, 『5·18때 북한군이 광주에 왔다고?』(아시아문화커뮤니티, 2016), 226쪽.
126 「[와이뉴스] 5.18광주민주항쟁 박남선 시민 상황실장」, 〈세상을 향한 깊이 있는 질문 와이뉴스-YouTube〉.
127 『경향신문』 1981년 1월 5일, 7면; 『동아일보』 1981년 1월 5일, 7면. 박남선은 1981년 3월 31일 대법원에서 무기징역이 확정되었으나 4월 3일 징역 20년으로 감형되었으며, 1982년 3월 3일 전두환 대통령의 12대 대통령 취임 1주년을 맞아 치러진 사면에서 10년으로 감형되었다. 1982년 12월 24일 형 집행정지로 석방되었다.
128 고종석, 「발굴 한국 현대사 인물 67: 윤상원〈1950-80〉- 새날이 올때까지 영원한 '5월의 전사'」, 『한겨레신문』 1991년 5월 3일, 7면.
129 김상윤·정현애·김상집, 『녹두서점의 오월: 80년 광주, 항쟁의 기억』(한겨레출판, 2019).
130 집단 발포일이자 시민의 무기 탈취 개시일인 1980년 5월 21일부터 26일까지 총 10회 발행되었다. 25일에 발행한 9호부터 『민주시민회보』로 제호를 변경했다. 10호는 5월 26일에 『민주시민회보』 제10호로 발행되었다. 11호는 계엄군 진입으로 배포되지 못했다. 최정운(1999), 앞의 책, 35~36쪽. 『투사회보』 발행 초기에 윤상원은 이에 전념하느라 시민군과 다소 거리를 둘 수밖에

윤상원은 무명의 상황실장이나 다름없었다고 평가된다.[131] 또한 윤상원은 5월 23일 오후 3시 개최된 '민주수호범시민궐기대회'(23일부터 26까지 총 5차례 진행)를 주도한 이후 시민군의 일원으로 참여해 시민군의 비공식 상황실장으로 활동했다.

 윤상원은 노동 현장에서 단련된 야학 조직을 유인물 제작·배포 조직으로 전환하여 『투사회보』를 제작하였다. 『투사회보』는 신문 발행이 중단되고 외부와 차단되어 눈과 귀를 잃은 광주 시민의 대안 언론이었다.[132] 그런데 윤상원은 광주민주화운동 직전까지 광주양동신협[133]이라는 작은 금융기관에서 일했다고 전해졌으며, 그 어떤 집회나 시위 현장에 있었다는 공식 기록은 발견되지 않았다고 한다.[134] 그러나 공식 문건에 이름이 나오지 않는다는 것은 경찰의 조사를 받지 않았다는 것이지 그가 단지 평범한 은행원이었음을 증명하는 것은 아니다.

없었다.
131 박호재·임낙평, 『윤상원 평전』(개정판)(풀빛, 2007), 301쪽. 변변한 회의실 내지는 연락책이 없었던 당시에 녹두서점은 각 시위 주체들을 연결하는 징검다리 역할을 했으며, 이 상황실을 책임지고 있는 윤상원은 광주 시민을 대표하는 대변인 역할을 받아들였을 것이라는 평가가 있다. "녹두서점은 전 부문의 운동에 걸쳐 활동 인자를 배출하는 제일의 양성소였다. […] 그곳은 광주 지역의 진보적 활동가들이 가장 애용했던 '사랑방'이기도 했다. […] 윤상원은 '사랑방 시절'에 활동 인자로서 부족함이 없을 만큼 충분한 사회과학적 소양을 갖추었다. 새로운 항쟁 지도부에서 윤상원은 대변인을 맡았다. 그것은 그가 '지도부 내에서도 가장 상황 판단이 정확하고 집행부 내부의 모든 일을 전체적으로 꿰뚫고 있는 사람'이라는 전체 의견에 따라 맡겨진 직책이었다. 윤석진, 「윤상원 통해 본 광주항쟁」, 『월간중앙』(1989.5), 377, 387쪽; 이종인, 「5·18 광주민주화운동 관련인물의 미국에 대한 인식: 윤한봉과 윤상원을 중심으로」, 『사회과학연구』 36-2(2012), 119쪽.
132 천유철(2016), 앞의 책.
133 「KBS 인물현대사-산 자여 따르라, 윤상원」(2003년 방영), 〈KBS역사저널 그날-YouTube〉. 광주양동신협 본점은 광주 서구 양동에 있는데 윤상원의 당시 거주지인 광천동에서 멀지 않다.
134 「KBS 인물현대사-산 자여 따르라, 윤상원」(2003년 방영), 〈KBS역사저널 그날-YouTube〉.

1977년 9월 김상윤은 광주 계림동에 사회과학 서적 유통처이자 광주 운동권 인사들의 모임터인 녹두서점을 열었다.[135] 윤상원의 전남대학교 선배인 김상윤은 1974년 민청학련 사건[136]으로 15년형을 선고받았으나 1975년 2월 단행된 특별사면으로 풀려난 인물로 윤상원이 운동에 투신하는 데 결정적 영향을 미쳤다. 윤상원은 김상윤이 주축이 된 독서서클에 가입해 의식화 과정을 거쳤으며,[137] 녹두서점을 통해 운동권 인사들을 만나 교분을 쌓았다. 윤상원은 졸업반 때인 1977년 자신이 기획한 4·19 17주년 시위가 불발로 끝나고, 1978년 1월 대학 졸업 즈음 외무고시에 낙방하자[138] 현실에 떠밀려[139] 서울 주택은행에 입사했다. 그러나 고향에서 못 배우고 가난한 사람들을 도와야 한다는 의무감 때문에 1978년 7월 10일 6개월 만에 사직하고 낙향했다고 한다.[140] 윤상원은 1978년 10월 이후 광천공단 한남플라스틱 공장 절단직 사원으로 일했다.[141]

　광주가 공수부대에 의해 장악된 항쟁 초기에 지식인 출신 운동가

135　김상윤, 「김상윤의 이야기」, 박병기 편, 『5·18항쟁 증언자료집 Ⅲ』(전남대학교 출판부, 2003), 13~51쪽.
136　윤상원은 군 제대 말년에 민청학련 사건으로 충격을 받았을 정도로 이 사건을 인지하고 있었으므로 김상윤 선배를 만난 것이 삶의 전환점이 되었다고 한다. 이종인(2012), 앞의 글, 119쪽.
137　고종석(1991), 앞의 글.
138　「시민군 윤상원 제1부 - 광주MBC 다큐드라마」, 〈광주MBC - YouTube〉.
139　고종석(1991), 앞의 글.
140　고종석(1991), 앞의 글. 「시민군 윤상원 제1부 - 광주MBC 다큐드라마」, 〈광주MBC - YouTube〉에 나오는 윤상원의 일기 1978년 7월 10일에 "5개월여 은행 생활 끝"이라고 나온다.
141　안종철, 『5·18때 북한군이 광주에 왔다고?』(아시아문화커뮤니티, 2016), 223~224쪽.

대부분이 일시적으로 떠났던 것에 비해[142] 윤상원은 시종일관 광주를 지키며 도청 접수에 참여하여 도청을 사수하려고 노력했다.[143] 윤상원은 광주에서 죽을 때까지 싸운 거의 유일한 혁명 인텔리로, 이 지역에서 과학적인 노동운동을 지도한 최초의 인사였다고 평가되기도 한다. 그는 당시 항쟁에 참여한 각계각층의 세력들을 하나로 조직해 항쟁에 질서를 부여했으며 농민운동의 힘이 압도적인 광주, 전남 지역에 노동운동의 씨앗을 뿌린 사람이자 자신의 기득권에 눈 돌리지 않았던 올곧은 자세의 운동가라고 평가된다.[144]

그런데 김창길 학생수습위원회 위원장 등 온건파·협상파는 당시 전남북 계엄분소 김기석 부소장과의 협상 과정에서 일말의 기대를 버리지 못해 '투항론'을 개진했다고 한다.[145] 지역 유지들로 구성된 수습대책위원회가 활동하고 있었던 상황에서 광주에서의 사건은 학생들이 책임져야 한다며 이와는 별도로 5월 22일 학생수습위원회가 만들어졌다. 이러한 조직의 분립은 내부적 분열 양상을 어느 정도 반영

---

142 윤상원은 학생운동 지도부의 공백을 원망했다. 자신이 가장 아끼고 믿었던 박관현에 대해서도 "도대체 그토록 시민들의 큰 호응을 받았던 학생 지도부 … 그리고 박관현은 어디로 잠적해 버렸단 말인가"라며 문제를 제기했다고 한다. 박호재·임낙평(2007), 앞의 책, 308쪽.

143 고종석(1991), 앞의 글. 그러나 지만원은 5·18에서 좌익들이 가장 높이 평가한 윤상원이 5월 18일부터 21일까지 시위대를 구성하거나 지휘한 바가 없으며 5월 21일 총이 쏟아져 나오는 그 순간까지 녹두서점 점원으로 후배와 함께 숨어 지냈다고 주장했다. 그러면서 광주에 광주인이 지휘한 시위대는 없었고 시위를 지휘한 사람도 전혀 없었다고 평가하며 북한이 지휘했음을 암시했다. 지만원, 『5·18분석 최종보고서』(시스템, 2014), 86~87쪽.

144 안종철(2016), 앞의 책, 228~229쪽.

145 광주광역시 5·18사료편찬위원회 편, 『5·18 광주민중항쟁』(광주광역시 5·18사료편찬위원회, 1998), 129쪽.

한 것이다.[146] 학생수습위원회도 내부적으로 온건론으로 통일된 것은 아니었다.[147] 학생수습위원회든 시민수습위원회든 수습위원회는 대체로 투쟁노선이 아닌 수습에 공감했다.[148]

수습파들도 민주주의를 지키려고 항쟁에 참여한 시민군의 일원이었지만 계엄군의 진압이 임박하자 내부적인 갈등이 일어났다.[149] 무기를 계속 들어야 한다는 항쟁파와 내려놔야 한다는 수습파의 노선 대립이었다. 수습파는 계엄군과 타협하려 했다. 그들이 내걸었던 조건은 계엄군 투입 차단, 전원 석방, 과잉 진압 인정, 사후 보복 금지 등이었다.[150] 그러나 계엄군이 이러한 조건을 받아들일 가능성은 높지 않았다. 따라서 수습파는 도청에서 힘을 잃게 되었다. 계엄군이 도청

---

146 정기용(2005), 앞의 책, 307, 309~310쪽.
147 정기용(2005), 앞의 책, 316쪽.
148 정기용(2005), 앞의 책, 325쪽.
149 최정운은 시민군의 등장으로 인해 모두 하나가 되었던 '절대공동체'에서 '총을 잡은 사람들'과 '총을 잡지 않은 사람들' 사이에 갈등과 균열이 일어났다고 보았다. 무장 시민군들이 도청을 점령했을 때 특별한 경우 외에는 2층 도청 간부들 사무실과 회의실에는 올라가지 않았으며, 시민군 본부를 상황실, 시민군 사령관을 상황실장이라는 겸손한 명칭으로 지칭했다. 또한 세상이 바뀐 듯한 혁명적 분위기에서도 기존 지배계급(광주 유지들)으로 구성된 수습위원회의 존재를 부정하지 않았다. 시민군들은 수습위원회를 싫어했지만, 수습위 자체를 없애버리려고 하지는 않았다. 따라서 5·18 주체들은 혁명의 의도가 없었다고 해석된다. 그러나 수습위, 운동권, 재야, 시민군, 대학생이 시위대의 구호에 따라 도청으로 모여들자 절대공동체 상태에서 유보되었던 정치가 시작되었다. 계엄군의 첩자와 불순분자의 준동이 예상되었으므로 신분 확인이 요구되었다. 온 광주 시내가 절대공동체의 화기애애한 분위기 속에서 투사들이 민주시민으로 자리 잡아갈 때, 도청에서는 수습 방안을 가지고 서로 쏘아보고 의혹의 눈초리로 훑어보며, 여차하면 총을 들이대고 천장에 공포를 쏘아대는 살벌한 분위기가 난무하는 내란 지역이 되어 갔다는 것이다. 최정운(1999), 앞의 책, 180, 231, 236, 241쪽; 김정한, 『1980년 대중 봉기의 민주주의』(개정판)(후마니타스, 2021), 57~58쪽.
150 수습파의 요구사항 7개항은 다음과 같다. ① 사태 수습 전에 군경 투입을 하지 말라, ② 연행자 전원을 석방하라, ③ 군의 과잉 진압을 인정하라, ④ 사후 보복을 금지하라, ⑤ 책임을 면제하라, ⑥ 사망자에 대해 일체 보상하라, ⑦ 이상의 요구가 관철되면 무장해제 하겠다.

에 진입하기 전날인 5월 26일에 항쟁파는 도청에서 싸워야 한다고 하고 수습파는 도청 밖으로 나가면서 27일 항쟁의 마지막 날에는 항쟁파만 남아 계엄군과 싸우게 되었다. 그때 무기를 든 사람들은 민주주의를 지키기 위해 끝까지 목숨 걸고 싸워야겠다는 생각도 있었지만, 의리가 작용하기도 했다. 항쟁파 지도부는 "어린 학생들과 여성, 그리고 집으로 갈 수 있는 사람들은 도청에서 나가라. 누군가 여기에 남아 있기만 하면 된다."라고 계속 말했다. 항쟁파 지도부는 끝까지 남아 싸워서 이길 수 있다고 생각했던 것은 아니었다. 그들이 남아서, 그리고 죽음을 맞으면서 광주항쟁의 의미는 한 차원 높아졌다.

김정한 교수는 마지막 도청의 밤이 현존 질서에서는 찾을 수 없는 '새로운 주체'가 탄생한 밤이었다고 평가했다. 도청의 밤을 지킨 이들의 모습이 남아서 이후 1980년대 사회운동의 무대가 만들어졌다는 것이다. 당시 도청에 남은 사람들은 국민으로, 시민으로 남았다기보다는 역사의 과정에서, 아직 주어지지 않은 의미를 찾기 위해, 그때는 존재하지 않았던 어떤 '정체성'의 자리를 차지한 것이라고 해석된다.[151]

이종인은 5월 27일 최후의 밤을 맞이하게 된 항쟁의 주체인 시민군들이 새로운 정치적 주체로 탄생했으며, 그 주체들은 자유민주주의를 뛰어넘는 새로운 사회건설 과정으로 발전·극복 되었다고 평가했다. 1980년 윤상원으로 대표되는 시민군의 미국에 대한 우호적 인식이 1980년 이후 윤한봉 등의 실천적 사회운동가들에 의해 지양되

---

151 김정한, 『1980년 대중 봉기의 민주주의』(소명출판, 2013); 허환주, 「'민주화 승리사관'을 벗어나서 광주항쟁의 '시민군'을 들여다보다」, 〈프레시안〉(2021.5.18).

고 자주적 운동으로 발전되었다는 것이다.[152] 정희진 선생은 5·18이 미국에 대한 기대감에서 출발했다고 평가했다. 신군부에게 미국이 정권 안보를 보장해 주는 후견국이었다면, 5·18 민주 세력에게 미국은 민주주의를 보호해 주는 후견국으로 인식되었으며, 미국은 한국을 지배하지만 구원할 권력도 가지고 있었다고 부연했다. 정희진은 5·18이 한국 사회에서 반미 자주의식을 각성시키는 계기였다는 기존의 역사 인식을 탈식민주의적 관점에서 재확인하려 한 것이다.[153] 자유민주주의를 주장하면서 혁명적 투쟁을 했던 시민군들이 5월 27일 최후의 새벽을 맞으면서 새로운 정치적 주체를 탄생시킴과 동시에 1980년대 후반 반미주의의 매개체가 되었다고도 해석된다.[154]

전두환의 2017년 회고록에 따르면 1980년 5월 23일 오전 중에는 1,000정 이상의 총기가 회수되었고 김창길은 오후 1시경 회수된 무기 가운데 200정의 총기를 계엄사에 반납한 후 연행되어 있던 34명을 인수받아 돌아왔다고 한다. 학생수습위원회 내부적으로는 5월 24일 오후 4시까지만 해도 온건파가 수습의 주도권을 가지고 있었는데 이날 저녁 9시경부터는 강경파가 주도권을 장악했다고 한다.[155] 김성섭은 윤상원이 5월 24일 도청으로 들어가 수습대책위원회에서 기회주의

---

152 이종인(2012), 앞의 글, 96, 139쪽.
153 정희진, 「탈식민주 관점에서 보는 '5·18의 반미'」, 조희연·정호기 편, 『5·18민중항생에 내한 새로운 성찰적 시선』(한울아카데미, 2009); 이종인(2012), 앞의 글, 101쪽.
154 김정한, 「5·18 광주항쟁 이후 사회운동의 이데올로기 변화」, 『민주주의와 인권』 10-2(2010), 183쪽.
155 전두환 저, 민정기 책임정리, 『전두환 회고록 1: 혼돈의 시대, 1979-1980』(자작나무숲, 2017), 429~430쪽.

파(수습파·온건파)를 축출하는 작업을 했다고 증언했다.[156]

　광주항쟁 직후 이를 단죄하기 위해 마련된 「공소장」에 의하면 5월 25일 낮에 계엄분소에 다녀온 김창길은 같은 날 오후 6시경 전남도청 부지사실에서 열린 시민 대표 및 학생 대표 회의석상에서 계엄 당국이 금일 24시가 무기 반납 시한이라고 말했음을 전달했다. 이에 25일 밤 10시에 수습위원회를 대체하려고 새롭게 구상하던 민주(시민)투쟁위원회[157] 위원장을 자처했던 김종배는 "지금 총기를 반납하면 전부 죽으란 말이냐? 나는 여태까지 시민들의 의사에 따라 행동하여 온 것이다."라며 무조건 무기 반납에[158] 반대 의사를 표명한 후 2층 복도에서 시민군 상황실장 박남선을 만나 "지금 김창길이 우리들을 계엄군에 넘기려 한다"고 주장했다. 이에 박남선은 회의장에 들어가 회의를 무산시켰다고 한다.[159] 이와 같이 「공소장」에는 김종배·박남선이 무장 지속을 주장했다고 나올 뿐 윤상원에 대한 언급은 없다. 광주민주화운동 주모자들에 대한 재판 당시 윤상원은 사망했으므로 이름이 빠진 것으로 추정된다. 김종배의 회고담에는 윤상원과 의논해 투쟁위원회를 구성했다고 나온다.

　새로운 항쟁 지도부가 구성되자 TV 뉴스에서 "강경파가 주도권을 장악했다"는 보도가 나왔는데 이는 군부가 실시간으로 정보를 계속

---

156 「[증언 자료] 투사회보와 나의 5월/김성섭」(1988.12), 〈전남대학교 5·18연구소〉(검색일: 2021.12.14).
157 「KBS 인물현대사 – 산 자여 따르라, 윤상원」(2003년 방영), 〈KBS역사저널 그날–YouTube〉.
158 최정운(1999), 앞의 책, 221쪽.
159 황석영 외, 『5·18 그 삶과 죽음의 기록』(풀빛, 1996), 538쪽.

수집하고 있음을 확인할 수 있는 대목이다.[160] 5월 26일 저녁 무렵 전 수습위원장이었던 김창길이 여기저기 찾아다니며 "계엄군이 곧 공격해 온다. 빨리 여기를 떠나라"고 소리쳤다. 김종배, 윤상원 등은 김창길의 행동을 제지했고 상황실장 박남선은 군복을 입은 채 권총을 빼들고 공포탄을 발사하면서 "누가 무기를 반납하라고 하는가. 무기를 반납할 수 없다"고 소리쳤다. 이때까지도 온건파 일부가 도청에 남아 방송을 통해 무기 반납을 호소하고 있었다.[161] 박남선은 방송실 문을 박차고 들어가 마이크를 빼앗고는 "무기를 반납하라고 하는 놈은 모두 계엄군의 앞잡이다. 어느 놈이라도 항복하려 하는 놈은 죽여 버리겠다"고 하면서 권총으로 위협했다. 전두환은 '시민군' 150여 명이 도청을 떠났고 시민수습위원도 무기 반납 권고를 포기하고 모두 귀가했다"고 적었다.[162]

한 보수주의자는 김창길에 대항한 박남선의 시민군 장악 과정이 일종의 쿠데타[163]였다고 규정했다. "윤상원은 무장 투쟁을 촉구하는 궐기대회를 연일 개최하는 동시에 1980년 5월 25일 윤상원과 그의 동지들이 도청 접수 계획을 실천에 옮겼다. 이들은 무기 반납을 주장하는 학생수습위원회 회의의 다수 의견을 무산시키고, 김창길 위원장

---

160 최정운(1999), 앞의 책, 222~223쪽.
161 김창길은 이날 수습위원회의 오후 6시 회의에 참석하여 다수결로 무기 반납과 조직 해산을 결정했다고 증언했다. 김창길, 「1013. 학생수습대책위원회 위원장을 맡아」(1989년 11월 증언), 한국현대사사료연구소 편, 『광주오월민중항쟁사료전집』(한국현대사사료연구소, 1990), 205쪽; 최정운(1999), 앞의 책, 225쪽.
162 전두환 저, 민정기 책임정리(2017), 앞의 책, 433쪽.
163 최정운(1999), 앞의 책, 222쪽.

에게 압력을 행사해 위원장직을 사퇴하게 만들었다. 김창길은 위원장직 사퇴 의사를 밝힌 후 그의 말에 동조하는 다수 시민군들과 함께 도청에서 철수했다. 윤상원 일행이 일종의 쿠데타를 감행한 것이다"라는 주장이다.[164]

전술한 바와 같이 도청에 진입한 윤상원은 무장 투쟁의 지속을 주장해 온 소수파 지도자들에 합세해 청년학생 투쟁위원회라는 새로운 항쟁 지도부를 구성했다. 새 위원장이 된 김종배의 회고에 의하면 자신이 윤상원과 의논해 YWCA에 있던 학생 백 명을 5월 25일 밤 10시에 도청으로 진입시켜 무장시킨 후 김창길 등 온건파 10여 명을 쫓아냈으며, 박남선이 앞장섰다고 한다. 또한 김종배는 장상용·윤상원 등과 의논해 수습위를 투쟁위로 개편했다고 증언했다. 계엄사가 시민들의 요구를 들어주지 않을 뿐더러 계엄군 진입설이 본격화된 판국에 수습은 불가능하다고 생각했다는 것이다.[165] 실제로 26일 오후 계엄사는 수습위를 통해 5시까지 무장을 해제하지 않으면 계엄군을 투

---

164 이상훈, 「'임을 위한 행진곡' 노래의 주인공 윤상원은 어떤 인물인가?」, 『조선 pub』(2016.5.19), http://pub.chosun.com/client/news/viw.asp?cate=C03&nNewsNumb=20160520347&nidx=20348 (검색일: 2018.3.19)에 따르면 5월 26일 계엄군의 진압 작전이 예고되자 새 항쟁 지도부는 투쟁 방침을 결의하고, 진압군이 진격해 오면 가능한 많은 시민들을 무장시켜 저지하고, 저지에 실패하면 게릴라전으로 대항하고 최후의 순간이 오면 다이너마이트를 폭파시켜 전원 자폭하기로 결정했다는 회고를 인용했다. "당시 도청 지하실에는 8톤 트럭 1대 분량의 다이너마이트가 뇌관까지 설치돼 있었다고 한다. 이 다이너마이트는 이리역 폭발사고의 10배 위력을 가진 양으로, 만약 윤상원 등이 계획대로 이 다이너마이트를 폭발시켰더라면 수만 명의 광주 시민이 떼죽음을 피할 수 없었을 것이다. 다행히 온건파들이 군의 폭약 전문가와 협조하여 뇌관을 제거할 수 있었다."라면서 윤상원을 비판했다. 그러나 이렇게 윤상원을 과격파로 보려는 시도는 그 근거가 확인되지 않았다.

165 「김종배(당시 학생투위 위원장) 증언」, 『월간조선』(1985.7), 460~461쪽.

입하겠다고 알려왔다고 한다.

한편 5월 25일 오후 2시쯤 기존 수습위원들이 거의 빠져나간 상황에서 광주 남동성당 측이 청년·학생들의 강력한 요구에 따라 수습위에 합류하면서 수습위가 재편되었다. 가톨릭이 수습위에 참여했음이 확인되는데 윤공희·김수환과 접촉했다는 글라이스틴의 중재 노력[166]이 계속 개입될 수 있는 여지가 있는 부분이었다. 대변인을 맡게 된 남동성당의 김성용 신부는 4개의 요구사항을 제안했고 만장일치로 통과시켰다.[167] 또한 이날로 계획되었던 시민궐기대회에서의 '무기 반납식'은 백지화되었고 궐기대회는 계속 투쟁 분위기로 지속되었다. 이날부터 박남선은 자신이 통제하고 있는 무력을 바탕으로 도청의 여러 부서를 자신의 통제하에 두기 시작했다. 박남선이 사실상의 사령관이 된 것이다. 25일 저녁 7시쯤 윤상원은 YWCA에서 대학생 70명을 이끌고 도청으로 들어왔으며 박남선은 그들을 도청 안에 있던 30명과 합쳐 100명의 대학생으로 도청 경비를 교체했다고 한다. 그리고 학생수습위원들과 도청 3층 식산국장실에서 회의를 열어 새 집행부를 만들 것을 결의했다. 거사 시간은 김성용 대변인[168]의 지시에 따라 김창길이 계엄사에 협상차 가 있어 자리를 비운 사이였다. 김

---

166 안재훈, 「광주사태 당시 주한미국대사 윌리엄 글라이스틴의 증언: 미국은 사과할 일이 없다」, 『신동아』(1985.7), 318~323쪽; 전남사회문제연구소 편, 『5·18 광주민중항쟁자료집』(출판사 광주, 1986), 326쪽.

167 김성용(프란치스코) 신부, 「분노보다는 슬픔이」, 윤공희 외, 『저항과 명상: 윤공희 대주교와 사제들의 오월항쟁 체험담』(개정판)(심미안, 2017), 70쪽.

168 김성용(프란치스코) 신부(2017), 위의 글, 71~75쪽에 따르면 김성용 신부는 1980년 5월 26일 오전 10시부터 오후 2시 30분까지 계엄사에서 협상을 마치고 오후 4시에 가톨릭센터에 도착해 도청으로 간 후 탈출 권고를 받아들였고, 9번의 검문을 거쳐 27일 밤 10시경 명동성당에 도착했다.

창길의 회고에 의하면 자신이 계엄사에서 도청으로 돌아와 보니 장상용·윤상원 등이 김종배와 함께 완장을 두르고 도청을 활보하고 다녔다는 것이다.[169] 도청으로 돌아온 김창길은 밤 9시경 사퇴했고, 10시에 학생수습위원회를 무력화하고 '민주시민투쟁위원회'라는 새 항쟁지도부가 도청 내무국장 부속실에서 출범했다고 한다. 이렇게 강경한 항쟁파가 수습파를 무력화시키고 새로운 항쟁 지도부를 구성하면서 남동성당 김성용 신부 등 가톨릭의 수습 시도가 한계에 봉착했으므로 미국의 가톨릭을 통한 중재 노력도 성과 없이 막을 내렸다고 할 수 있다. 광주항쟁의 마지막 단계에서 나타난 강경파의 주도권 장악은 내정개입 논란과 신군부의 반발 등으로 미국의 중재를 없던 것으로 돌릴 수 있는 자기 합리화 명분을 제공한 것이라고 할 수 있다.

수습파의 전면적 무기 회수 주장에 대해 항쟁파(강경파)는 계엄사의 협박에 굴복해 질서 유지를 기한다는 미명 아래 시민군의 전면 무장 해제와 계엄군의 무혈 입성이라는 결과를 초래할 것이라며 1980년 5월 24일 이후로 대립했다. 항쟁파 입장에서는 수습파의 질서 유지론이 계엄사의 입장과 동일하거나 적어도 계엄사의 입장을 대변한다고 생각했다. 수습파는 계엄사에 총기를 반납해 22일에는 구금된 848명을, 23일에는 34명을 석방시켜 궐기대회에서 군중들의 요란한 박수를 받았으며, 시민들의 투쟁 분위기가 가라앉고 시민군의 수가 몇백에 불과할 정도로 급격히 줄어드는 등 항쟁파를 궁지에

---

169 김창길(1990), 앞의 글, 204쪽; 최정운(1999), 앞의 책, 221~222쪽.

몰아넣으려는 계엄사의 의도[170]가 관철되었다. 이에 박남선은 무기 반출 금지명령을 내렸으며 시민군들 사이에서 무기 회수에 대한 불만과 위기의식이 팽배해 갔다. 합리적 토론으로는 해결될 수 없음이 명백해졌다.[171] 수습파나 항쟁파나 모두 시민들의 목숨을 구한다는 대의와 목표는 공감한 상태에서 그 수단을 가지고 대립한 것이었으나 마지막 국면에서 이들을 파국으로 내몬 것은 계엄사의 분열 책동에 이은 계엄사의 강경 진압 최후통첩이었다. 이제 광주항쟁 지도부에서 수습을 외치는 목소리는 설 자리를 잃었다.

그런데 끝까지 도청을 사수했던 윤상원은 맹목적인 무장 지상주의자는 아니었다. 5월 26일 저녁 윤상원은 다음 날 아침 신군부 진압 작전을 예견하면서 300여 명의 도청 시위대 중 특히 여자들과 아직 고등학교를 졸업하지 않은 학생들에게 다음과 같이 말했다. "너희들은 이 모든 과정을 지켜보았다. 이제 너희들은 집으로 돌아가라. 우리들이 지금까지 한 항쟁을 잊지 말고 후세에도 이어가길 바란다."[172] 이에 절반 정도가 집으로 돌아가고, 마지막 잔류파들은 아래와 같은 논리로 무장했다. "지금은 우리가 패배할 수밖에 없지만 역사 속에서 우리가 영원히 승리하기 위해선 끝까지 도청을 사수해야만 한다."[173]

윤상원 등 30여 명[174]은 끝까지 도청 2층에서 사수하려 했으며 윤상

---

170 최정운(1999), 앞의 책, 198쪽.
171 최정운(1999), 위의 책, 217쪽.
172 안종철(2016), 앞의 책, 227쪽.
173 안종철(2016), 앞의 책, 228쪽.
174 박병순, 『전남대병원 의사가 지켜본 5·18 광주항쟁』(개정판)(전남대학교출판문화원, 2019),

원은 결국 수성에 실패한 채 산화했다. 만약 살려는 희망에 따라 다수결을 빙자해 무기를 놓고 도청을 계엄군에게 비워줬더라면 지금 우리에게 남겨진 5·18의 유산은 지금만 못했을 것이다. 역설적이지만 우리의 민주주의는 민주적 절차가 아닌 궐기대회의 대중 선동과 윤상원의 쿠데타, 권총을 빼어 든 박남선의 위협 등과 같은 비민주적인 행동을 통해 가능했다.[175] 당시 윤상원이 김창길의 '자발적 무장 해제론'과 대립한 것은 사실이지만, 윤상원이 죽음을 무릅쓰고 시민군으로서 끝까지 항전하게 된 근본 원인인 신군부의 과잉 진압에 대해서 언급하지 않고 그를 과격분자라고 규정하는 것은 본말이 전도된 해석이 아닌가 한다. 윤상원은 "항복을 거부하고 최후까지 버팀으로써 정권이 치러야 할 대가를 크게 만든다"는 논리로 끝까지 전남도청을 지켰던 것이다.[176]

윤상원은 미국의 중재를 끝까지 기대했던 자유민주주의자였으므로 박남선 등과 비교하면 당시 시민군 지도부 중에서 비교적 온건한 인사로 보는 것이 합당하다. 5월 26일 궐기대회의 마지막 군중이 스크럼을 짜고 도청으로 몰려들면서 "무기 반납 반대," "끝까지 싸우자"

93쪽. 그런데 KBS 광주 집계는 5월 27일 민원실 2층 회의실 등 본관 2층 좌측 일대에서 34명이 붙잡혔고 윤상원 1명이 사망한 것으로 조사되었다. 계엄군의 총성이 울린 지 30분 만에 상황은 종료되었고 도청에서의 연행자는 205명, 사망자는 16명으로 확인되었다. 따라서 대다수 사람들이 연행되었고 목숨을 잃은 사람은 소수였다. 「5.18다큐」 그날 5.27 by 광주KBS」(2017년 5월 방송), 〈광주KBS-YouTube〉. 따라서 30여 명은 민원실 주변 인원만을 지칭하며 도청을 마지막까지 지킨 인원은 200여 명이다. 그러나 도청에서 계엄군에 의해 연행된 사람은 버스 4대 약 200명이며, 사망한 사람은 160~400명이라는 주장도 있다. 최정운(1999), 앞의 책, 230쪽, 각주 69.

175 최정운(1999), 앞의 책, 234~235쪽.
176 안종철(2016), 앞의 책, 226쪽.

라는 구호를 외치며 진입하려 하자 윤상원은 도청 진입을 제지하면서 곧 무기를 지급할 테니 YWCA에서 대기하라고 말했다고 한다.[177] 결국 윤상원은 이들의 도청 진입을 제지해 그들 중 일부를 살릴 수 있었다. 윤상원은 노동자 출신 시민군들과 동지 의식을 느끼며 끝까지 현장을 지켰지만 어떻게 하면 시민들의 목숨을 살릴 수 있을까 하는 심정에서 비교적 합리적으로 사고하고 고민했기에 결국 미국에 중재를 요청했다고 할 수 있다. 시간을 끌고, 미국이 도와준다면 모두 살 수 있다는 희망을 버리지 않고 최후의 수단으로 미국의 중재를 요청했던 것이다.

한편 광주에서 선교활동을 했던 아놀드 피터슨(Arnold A. Peterson, 한국명 배태선) 미국 남침례교 소속 목사도 '미국이 광주 시민들을 도와 한국이 군사독재로부터 자유를 얻도록 할 것인가'라는 희망 섞인 기대를 가지고 있었다고 한다. 그는 당시 한국 공군이 광주에 폭탄을 떨어뜨릴 계획을 가지고 있다는 소문을 들었다.

> 1980년 5월 26일 오전 10시 이후 광주 공군기지에 있는 데이브 힐 하사와 통화하던 중 그가 다시 한번 우리가 떠날 것을 주장했다. 그는 자신이 알고 있지만 밝힐 수 없는 어떤 것에 대해 불길하게 말했다. 후에 나는 그로부터 한국 공군이 공격의 일환으로 도시에 폭탄을 떨어뜨릴 계획을 했다는 것을 들었다.[178]

---

177 정기용(2005), 앞의 책, 346쪽.
178 김준태, 「"신군부, 5·18 때 광주 폭격 계획했다"」, 〈프레시안〉2006.5.18).

피터슨 목사는 미군이 한국군에 계획을 변경시키도록 압력을 가했기 때문에 이런 일이 일어나지 않았을 것이라고 주장했다. 그는 1980년 5월 26일 오전 10시경에 미 CBS 방송 기자와의 인터뷰에서 소요의 근본적인 원인은 학생들이 아니라 군인들의 잘못된 행동에 있음을 분명히 밝혔으며 공산주의자나 공산주의 동조자들에 의해 조장되었다는 한국 정부의 주장에 대해서도 "사건을 조장한 사람은 군인들임을 분명히 밝혔다"고 적었다. 이 인터뷰는 22시간 지난 오후 6시 미 CBS 저녁 뉴스에 보도되었다고 한다.[179] 피터슨 목사는 1990년 2월 증언록을 탈고했다. 테리 앤더슨 기자 역시 광주는 사실상 군인들의 폭동이었다고 평가했다.[180]

한편 피터슨 목사는 1995년 5·18 사건 검찰 조사 과정에서 한국군 헬리콥터가 시민들을 향해 기총소사를 했다고 주장했다. 전두환은 회고록에서 이를 인용하면서 목사가 아니라 '가면을 쓴 사탄'이라고 매도했다. 같은 주장을 한 조비오 신부와 마찬가지로 성직자라는 말이 무색한 '파렴치한 거짓말쟁이'라고도 했다.[181] 이에 전두환은 조비오 신부의 유족 등으로부터 허위사실 유포에 의한 사자에 대한 명예훼손 혐의로 고발당해 2018년 5월 3일 형사재판에 넘겨졌다. 그 후 2019년 3월 11일 광주지방법원 법정에 서야 했다. 전두환은 변호인

---

179 아놀드 A. 피터슨, 정동섭 역, 『5·18 광주사태: 아놀드 A. 피터슨 목사의 '80년 광주' 증언록』(풀빛, 1995), 152~154쪽.
180 테리 앤더슨, 「날아오는 총알을 피하며」, 한국기자협회·무등일보·시민연대모임 공편, 『5·18 특파원리포트』(풀빛, 1997), 24쪽.
181 전두환 저, 민정기 책임정리(2017), 앞의 책, 479~480. 484쪽.

을 통해 "5·18 당시 헬기 기총소사는 없었고 전일빌딩의 탄흔은 간접 증거라고 해도 고 조비오 신부가 증언한 5월 21일 오후 1시 30분부터 3시 사이 기총소사의 증거는 될 수 없다"고 주장했다.[182]

2019년 6월 10일 광주지법 형사8단독 장동혁 부장 심리로 열린 전두환의 사자명예훼손 사건 3차 공판기일에 정수만 전 5·18유족회장은 5·18 당시 헬기 사격 자료를 공개했다. 정 전 회장은 육군 항공대 상황일지, 전투병과교육사령부(전교사) 보급지원 현황 자료, 계엄군의 진술 기록 등을 토대로 1980년 5월 당시 군의 헬기 사격을 증언했다. 정 전 회장이 공개한 자료에는 군 헬기가 항쟁에 참여한 시민을 사살했다는 내용이 담겨 있었다. 해당 자료는 육군 1항공여단 상황일지로 1980년 5월 27일 오전 5시 10분 상황에 대해 '전과 폭도사살 2명'이라고 기재됐다. 1항공여단은 전남도청에서 항전하던 광주 시민을 진압하고자 계엄군을 광주 도심에 다시 투입한 상무충정작전의 지원부대다.

정 전 회장은 전교사가 광주에 투입한 헬기에 지급한 보급품을 기록한 군 자료도 공개했다. 1980년 5월 전남북 계엄분소였던 전교사는 20mm 벌컨포탄 1,500발을 항공대에 지급한 것으로 기록됐다. 정수만 전 회장은 무력 진압 지시를 받았다는 계엄군 증언을 담은 자료도 공개했다. 자료에는 1980년 5월 22일 오전 10시쯤 육군 31사단장이 505항공대 소속 500MD 무장헬기 조종사를 호출해 '로켓포를 쏴서

---

182 강현석, 「전두환 재판 75분 만에 종료…명예훼손 전면 부인」, 〈경향신문〉(2019.3.12).

라도 때려라'며 출동 명령을 내렸다는 증언이 담겨 있다.[183] 비무장 시민에 대한 기총소사가 사실이라면 자위권 발동 차원에서 발포했다는 기존의 신군부 주장을 무력화시킨다. 전두환은 2017년 회고록을 통해 1980년 5월 19일 오후 5시경 공수1여단의 장갑차가 시위대에 포위되어 방화 공격의 위기에 직면하자 최초로 위협사격을 한 이후 5월 21일 오후 1시경 시위대가 버스와 트럭으로 공수부대원을 향해 돌진해 죽을지도 모를 위기에 처한 군인들이 자기방어를 위해 본능적으로 방아쇠를 당겨 여러 발이 발사된 것에 불과하다고 왜곡되게 일방적으로 강변했다.[184]

미국 정치의 주류 이념인 자유민주주의 정향에 반감보다는 기대감을 가지고 있던 광주 시민군 대변인 윤상원은 1980년 5월 26일 외신 기자회견장에서 글라이스틴 주한 미국대사에게 중재를 요청했다. 언론 등을 통해 이러한 요청을 접한 글라이스틴 대사는 제임스 영 무관보의 중재 건의가 있었음을 인지했으나 내정에 개입할 수 없다는 외교관 특유의 현상유지적·원칙적 세계관에 입각해 중재 요청을 거절했다. 신군부가 이미 무력 진압을 준비한 상황에서 중재에 나서기에는 시간이 너무 없었던 점도 원인으로 작용했다. 결과적으로 미국은 전두환을 정점으로 하는 신군부가 5월 27일 새벽 무력 진압하는 것을 방조한 셈이다. 반사실적 가정이라 무의미하지만, 만약 미국이 중재에 나섰다면 적어도 시민군이 시간을 벌 수 있었을 것이며, 참극이 완

---

183 최치봉, 「"로켓포 쏴서라도"… 전두환 재판서 나온 헬기 사격」, 〈서울신문〉(2019.6.11).
184 전두환 저, 민정기 책임정리(2017), 앞의 책, 469~470쪽.

화되었을 가능성도 없지 않았다.

　당시 광주 시민들은 미국이 항공모함을 보내 전두환 세력을 견제하고 있다는 풍문에 의지해 민주주의의 옹호자 미국이 광주 시민의 편에 설 수 있다고 기대했다. 이러한 분위기가 윤상원으로 하여금 중재를 요청하게 만들었다. 오래 버티면 시위가 전국으로 확산되어 신군부를 이길 수 있다고 생각한 점도 시민군이 결사 항쟁을 벌인 이유였다. 그러나 항쟁이 무참하게 진압된 이후에야 진압 당시 미국이 결코 신군부를 견제하지 않았으며 오히려 진압을 묵인했다는 사실이 서서히 밝혀졌다. "나중에 미국의 승인하에 광주 진압 부대가 이동해 왔었다는 사실을 알고, 난생 처음으로 미국이 우리가 생각했던 그런 나라가 아니구나 하고 처음 알게 되었다"[185]는 사후 회고가 그러한 상황을 증언한다. 광주 시민들은 그들의 기대가 헛된 꿈이었다는 것을 뒤늦게 절감했으며, 이는 1980년대 중반 이후 반미주의가 본격 발아하는 토양을 제공했다. 항쟁의 주체들은 죽음을 통해 미국에 대한 환상을 버리게 했으며 이것이 결국 1980년대 중반 반미로 이어지는 모멘텀이 되었다. 윤상원식 친미·반공 노선의 좌절에 따라 미국 짝사랑이 종식되고, 1960~1970년대식 일방적 대미 의존에서 벗어나게 되었으며, 1980년대 중반 운동권의 '반외세 자주화' 이념의 단초가 마련되어 오늘날 상호의존적이고 수평적인 관계 설정을 가능하게 했다고 할 수 있다.

185　박병순, 『전남대병원 의사가 지켜본 5·18 광주항쟁』(개정판) (전남대학교출판문화원, 2019), 86쪽.

3장

광주항쟁에서 촉발된
반미 감정

1. 광주 책임론에 대한 미국의 변명

계엄군의 광주 재진입으로 사태가 막을 내린 이후 1980년 5월 29일 12시 15분 글라이스틴이 직접 작성해 머스키 국무장관에게 보낸 보고문 「[한국 초점] 최근 상황에 대한 한국인의 대응: 5·17 조치와 광주 민중봉기에 비춰본 기본적 제안」을 보면 관망의 태도를 읽을 수 있다.[1]

---

[1] 이 전문은 아래 두 자료(모두 부분 인용임)를 종합한 것이다. 「〈한국 초점〉 최근 상황에 대한 한국인의 대응」, 이흥환, 「글라이스틴의 고뇌와 한 선교사의 현장기록」, 『신동아』(2004.6), 354~368쪽; "Some Basic Recommendations in Light of May 17 and Kwangju Rebellion," May 29, 1980; 「5·17 조치와 광주 민중봉기에 비춰본 기본적 제안」(1980.5.29.) in William H. Gleysteen, Jr., *Massive Entanglement, Marginal Influence: Carter and Korea in Crisis* (Washington, DC: Brookings Institution Press, 1999), pp. 142–143; 윌리엄 H. 글라이스틴, 황정일 역, 『알려지지 않은 역사: 전 주한미국대사 글라이스틴 회고록』(중앙 M&B, 1999), 202~203쪽.

전두환 및 그 그룹이 실제로 정권을 장악한 것과 관련해 한국인이 어떤 반응을 보이고 있는지를 워싱턴의 고위정책검토반이 궁금해하고 있으며 곧 주요한 고위정책 검토회의가 열릴 것이라는 점을 본인도 알고 있다. […] 불변하는 우리의 안보상 이해관계를 감안해 우리에게 핵심 변수는 한국인의 진정한 반응이다. 만약 대부분의 한국 국민이 새롭게 등장하는 권력 구조에 편안히 적응해 살려는 의지가 있는 것이라면, 우리도 그 상황에 따라갈 수가 있다. 그러나 만약 한국민 대다수가 새로운 지도부를 용납할 수 없다는 입장이며 새로운 권력과 대결 구도로 가게 된다면 우리의 입장에 변화가 있든지 아니면 우리는 철수해 개입하지 않아야 할 것이다.[2]

불행하게도 현재 우리는 한국 국민의 여론 향배에 대해 어떠한 신뢰할 만한 판단도 내릴 수 있는 입장이 아니다. 우리는 이 여론을 사전에 파악할 수 있는 모든 정보력을 동원하고 있으며, 다음 주 중에 이에 대한 보고가 있을 것이다.

많은 미국인은 한국 국민들 사이에 부정적인 여론이 형성되어 있는 것으로 가정하고 있으나, 여러 증거를 종합해 볼 때 상황이 반드시 그런 것만은 아니다.

더 자세한 정보를 전하지 못해 유감이며, 우리 보고서가 제때 시간을 맞추지 못해 워싱턴이 당혹스러워한다는 점도 알고 있다. 그렇긴 하지만 우리의 정책은 미국의 예측이 아닌 현실에 바탕을 두어야 한다

---

2   William H. Gleysteen, Jr.(1999), 앞의 책, 143쪽; 윌리엄 H. 글라이스틴, 황정일 역(1999), 앞의 책, 202~203쪽.

고 보며, 한국민이 어떻게 반응하며 어떤 일이 일어날지에 대해서는 좀 더 시간을 가지고 지켜볼 필요성이 있다고 본다.³ 우리의 상대는 모순되게도 법과 질서의 유지를 원하면서도 변화를 추구하는 사회이기 때문이다.⁴

한국인들의 태도에 따라 신군부를 묵인하는 기존의 정책을 유지하든지 아니면 정책 변경을 고려할 수 있는데 이는 한국인들의 반미를 우려한 전형적인 관망이었다.

글라이스틴은 "많은 국민들이 광주의 비극에 분노하고 있음에는 틀림없지만 새로운 권력자들에게 도전하려는 사람은 없었다. 한국 사회의 중도 온건 계층은 사라지고 없었다"고 회고했다.⁵ 반정부 세력들은 공개적으로 비판적이었지만 행동으로 옮기지는 못했음에 비해 군은 법과 질서, 사회 기강이 필요하다는 점에서 비교적 단결된 모습을 보였으며 전부는 아니지만 많은 기업인들이 같은 견해를 피력하거나 최소한 정치적 자유가 뒷걸음치는 것에 대해 큰 우려를 나타내지는 않았다고 평가했다.

만약 한국인들이 신군부 지도자들에 대항해 광주에서와 같은 강력한 저항운동을 계속해서 전국적으로 펼쳤다면 한국의 안보와 대미

---

3   이흥환(2004), 앞의 글, 354~368쪽.
4   William H. Gleysteen, Jr.(1999), 앞의 책, 143쪽; 윌리엄 H. 글라이스틴, 황정일 역(1999), 앞의 책, 203쪽.
5   William H. Gleysteen, Jr.(1999), 앞의 책, 145쪽; 윌리엄 H. 글라이스틴, 황정일 역(1999), 앞의 책, 206쪽.

경제 의존 문제 등의 이슈로 전두환 정부를 압박할 수 있었을 것이다. 만약 1960년 4·19와 같이 서울을 중심으로 전국적인 유혈 투쟁이 벌어졌다면 미국이 개입했을 가능성도 있다. 그러나 광주항쟁과 같은 저항운동은 적어도 중심부에서는 재발되지 않았고 정치 불안은 수습 국면으로 나아갔으므로 미국은 기존 정책을 크게 변화하지 않고 관망·방관하면서 전두환 정부를 묵인하는 수순을 밟아 갔다.

글라이스틴은 회고록에서 한국 국민들의 대대적 저항이 있었다면 미국이 더 영향력을 발휘했을 것이라는 점을 시사했다.[6] 만약 시위가 전국적으로 확대되었다면 신군부에 대한 미국의 묵인이 철회되었을 것이다. 신군부에 대한 저항의 원천이 일부 학생과 반체제인사, 광주시민 외에 더 광범위하게 서울까지 퍼져서 혁명적 분위기가 만연했던 4·19의 상황처럼 되었다면 미국은 이에 부분적으로나마 호응해 전두환을 지지하지 않으면서 대안을 모색해 무질서를 제어했을 것이라는 암시이다. 그러나 이는 전두환 독재를 지지했던 자신의 행동을 합리화하고 그 책임을 서울 시민에게 전가하는 뜻이 숨어 있는 회고라고도 할 수 있다.

미국은 광주 시위가 민주주의를 요구하는 전국적 운동으로 번지는 것을 우려했다. 광주에서의 시위는 민주화운동이라기보다는 김대중의 체포에 대한 항의와 지역주의를 기반으로 하는 국지적 폭동 수준이라고 판단했으므로 전두환을 묵인했으며 만약 서울을 중심으로 전

---

6   William H. Gleysteen, Jr.(1999), 위의 책, 195쪽; 윌리엄 H. 글라이스틴, 황정일 역(1999), 위의 책, 274쪽.

국에 확산되었다면 4·19 당시 이승만에 대한 지지를 철회했던 것과 같이 전두환에 대한 묵인을 철회했을 가능성이 있었다. 미국은 광주 시위에 대해서 한국 정부와 신군부에 항의하고 자제를 요구하기보다는 법과 질서의 회복을 통한 안정에 최우선 순위를 두고 신군부의 진압 작전을 묵인했던 것이다. 신군부로서도 만약 대규모의 시위가 전국으로 확산되면 자신들도 위험할 수 있다고 생각했을 것이므로 그 확산은 막아야 했다.

그런데 1980년 5월 23일 금요일 글라이스틴 대사는 이동원 당시 국회 외무위원장의 주선으로 열린 국회(신군부에 의해 해산된 상태임) 여야 의원들을 상대로 한 오찬 모임[7]에서 한국의 현 상황에 대해 비공식적인 견해를 밝혔다. 한 국회의원이 한국의 안보를 유지하려는 미국의 역할에 감사하며 광주사태에 대한 우려를 표명했다. 이에 글라이스틴은 카터 행정부가 한국 문제를 이란·아프가니스탄 문제보다 중요하게 생각하며 남한에 대한 북한의 개입에 대해 미국의 공약이 확고하다는 명확한 메시지를 외교 경로로 북한에 전달했다고 말했다.[8] 전남대학교 3학년 재학 중에 『죽음을 넘어 시대의 어둠을 넘어』를 공동 집필했던 이재의는 당시 글라이스틴이 당연히 관심 가져야 할 광주 문제의 평화적 해결 방법이 아니라 한국의 안보(북한)에 관심을 가

---

[7] William H. Gleysteen, Jr.(1999), 위의 책, 141쪽; 윌리엄 H. 글라이스틴, 황정일 역(1999), 위의 책, 200~201쪽.

[8] Jae-Eui Lee, *Kwangju Diary: Beyond Death, Beyond the Darkness of the Age*, translated by Kap Su Seol and Nick Mamatas (Los Angeles: University of California, Los Angeles, 1999), p. 119.

지고 있었다고 평가했다.⁹

글라이스틴 대사의 이날 발언 내용은 이튿날 『코리아헤럴드』와 『코리아타임스』에 영문으로 정확하게 게재되었으나, 일부 한국어 신문은 글라이스틴 대사가 5·17을 '이해한다'거나 '승인했다'고 발언한 것으로 보도했다. 이에 글라이스틴은 1980년 5월 29일 '5·17 관련 미국 대응에 대한 언론 조작'이라는 제목의 보고서를 국무부에 보냈다. 그는 5·17 조치에 사용된 비상계엄 전국 확대 등의 강경 방법에 대해서는 판단을 유보하면서 학생 시위에 대해서는 엄정하게 대처해야 한다는 첫 발언을 했다는 것이었다. 그다음 그는 정치 지도자 체포와 국회 해산, 그리고 5월 17일에 시작된 전반적인 정치적 탄압에 반대한다는 강력한 의견을 개진했다고 주장했으므로¹⁰ 한국 언론의 보도는 심각한 왜곡이라고 했다.¹¹ 글라이스틴 대사는 이런 자신의 현 한국 정국에 대한 입장이 5월 18일 워싱턴 국무부 대변인의 공식 언

---

9 Lee Jai Eui, "Operation 'Fascinating Vacation,'" Henry Scott-Stokes and Lee Jae Eui, eds., *The Kwangju Uprising: Eyewitness Press Accounts of Korea's Tiananmen*, Foreword by Kim Dae Jung, Pacific Basin Institute Book (Armonk, New York: M. E. Sharpe Inc, 2000), p. 37.

10 "United States Government Statement on the Event in Kwangju, Republic of Korea, in May 1980," June 19, 1989, Vertical File, Box 71, Presidential Papers of Jimmy Carter, Jimmy Carter Library; John Adams Wickham, Jr., *Korea on the Brink, 1979-1980: From the '12/12' Incident to the Kwangju Uprising* (Washington, DC: National Defense University Press, 1999), pp. 207-208; 존 위컴, 김영희 감수, 유은영 외 공역, 『12·12와 미국의 딜레마: 전 한미연합사령관 위컴 회고록』(중앙 M&B, 1999), 312~313쪽.

11 "Telegram from AmEmbassy (Gleysteen) to SecState: Press Distortions of the U.S. Reaction to May 17 and Other Events," May 29, 1980, in William H. Gleysteen, Jr.(1999), 앞의 책, 215~216쪽; 윌리엄 H. 글라이스틴, 황정일 역(1999), 앞의 책, 299~300쪽.

급과 일치한다는 것도 국회의원들에게 상기시킨 바 있다"고 적었다.[12] 미국은 자신들의 신군부에 대한 반대 의사 표명이, 언론을 장악한 전두환에 의해 지지 혹은 이해, 찬동으로 둔갑하는 것을 특히 못 참아했다.[13] 이 대목에서 미국은 신군부의 정치 참여에 반대했음을 다시 한 번 확인할 수 있다. 실제로 전두환의 정권 장악에 대한 미 정부의 냉담하면서도 노골적인 불쾌감을 당시 세계가 알고 있었으나 언론을 장악한 신군부의 왜곡 때문에 한국 국민에게는 알려지지 않았다고 미국 정부는 사후에 주장했다.[14]

그런데 글라이스틴과의 대화를 보도한 『경향신문』 1980년 5월 24일자 기사 「광주사태 평화적 해결을: 미 대사관 고위관리 밝혀」에는 미국이 최규하 과도정부를 지지했다고 나오며 신군부를 지지한다는 암시적 표현은 없었다. 따라서 미국이 전두환과 공모했다는 주장은 신군부 측이 고의로 유포한 것으로서 미국으로서는 받아들이기 어려운 것이었다. 1981년 2월 전두환-레이건 정상회담에 때맞추어 미국에 책임을 지우는 주장이 확산되었다.[15]

---

12 William H. Gleysteen, Jr.(1999), 위의 책, 216쪽; 윌리엄 H. 글라이스틴, 황정일 역(1999), 위의 책, 300쪽; 이흥환(2004), 앞의 글, 354~368쪽.

13 "United States Government Statement on the Event in Kwangju, Republic of Korea, in May 1980," June 19, 1989, Vertical File, Box 71, Presidential Papers of Jimmy Carter, Jimmy Carter Library; John Adams Wickham, Jr.(1999), 앞의 책, 210~211쪽; 존 위컴, 김영희 감수, 유은영 외 공역(1999), 앞의 책, 318쪽.

14 위의 자료; John Adams Wickham, Jr.(1999), 앞의 책, 210쪽; 존 위컴, 김영희 감수, 유은영 외 공역(1999), 앞의 책, 318쪽.

15 Mark Peterson, "Americans and the Kwangju Incident: Problems in the Writing of History," Donald N. Clark, ed., *The Kwangju Uprising: Shadows over the Regime in South Korea* (Boulder, CO: Westview, 1988), p. 62; 마크 피터슨, 「「光州」는 全斗煥집권의 단계적 쿠

1980년대 내내 비등하던 미국 책임론과 반미주의에 맞서 1989년 미 국무부는 백서를 발간했으며 당시 주한 미 대사 글라이스틴의 기자회견(1985년 6월과 1987년 초)으로 대응했다. 당시 미 국무부 동아시아·태평양 담당 차관보였던 홀브룩(Richard Holbrooke)은 "광주 학살에 미국이 한국 장성들과 적극적으로 공모했을 것이라는 의심은 솔직히 기상천외의 엉뚱한 생각이다. 이러한 공모 행위는 우리 미국이 추구해 왔던 모든 정치적 가치에 배치될 뿐 아니라 역겨운 짓이다. 전두환이 특전사를 광주에 투입한다는 정보를 접했을 때 미국은 그 사태를 중지시키기 위해 모든 노력을 다했다"고 말하여 미국은 법적·외교적 책임은 물론 도덕적 책임도 없다고 변명했다. 미국은 특전사에 대한 어떠한 관할권도, 광주 이동에 대한 사전 정보도 가지고 있지 않았다는 것이다. 또한 학생 데모에 대항했던 경찰을 지원하기 위해 군대를 사용한다는 정책에 미국은 경악했으며 위컴은 공수부대가 초기에 행한 잔혹한 조치를 모르고 있었다는 것이다. 그리고 20사단의 광주 투입을 승인한 것은 질서 회복을 위한 조치이며 공수부대의 재투입으로 인한 초기 과잉 진압을 막기 위한 불가피한 조치였고 인명 살상을 최소화한 조치였다고 평가했다. 광주에서 시민군이 무장했던 배경에는 공수부대의 과잉 진압이 있으며 이를 전혀 인지하지 못

데타였다: 특별기획 외국인이 證言하는 80년 5월 光州」, 『신동아』(1989.5), 315쪽. 전두환에게 주된 책임을 돌리는 마크 피터슨은 미국의 책임은 그다지 강조하지 않는다. 마크 피터슨, 이삼성 역, 「미국은 광주사태에 책임이 없다」, 『사회와 사상』(1989.5), 106~110쪽. 이에 비해 이삼성 교수는 미국에 책임이 있다고 주장했다. 이삼성, 「'미국의 광주사태무책임론'을 반박한다」, 『사회와 사상』(1989.5), 72~98쪽.

했던 미국은 전혀 책임이 없고 시민군을 진압하는 국가 권력의 정당한 절차를 시행하는 데 인명 살상의 최소화를 강조했으므로 문제가 없다는 것이었다. 같은 맥락에서 미국은 이 사태의 처음부터 끝까지 배후에서 평화적 해결을 촉구했으므로 광주의 비극에 어떠한 도덕적 책임도 없다는 것이다. 반미주의는 한국군 내의 몇몇 인사들이 한국 국민들의 분노를 미국에 전가하려는 의도로 유포한 '거짓 정보' 때문이었다고 글라이스틴은 주장했다.[16] 2000년 4월 5·18 광주민중항쟁 기념심포지엄에 연설자로 참여했던 글라이스틴은 "미국은 신군부가 저지른 잔인한 행동의 공모자이자 무력했다는 비난이 있는데, 공모라는 주장은 근거가 없으며 무력했다는 것은 부분적으로 맞다"고 말했다.[17]

위컴과 글라이스틴은 위기 상황에서 신군부의 발호를 막지 못한 책임은 미국에 있는 것이 아니라 한국 국민들의 수동적 자세, 지도층의 리더십 부재, 사회 분열 등 한국 내부에 있다고 주장했다.[18] 그런

---

16 William H. Gleysteen, Jr.(1999), 앞의 책, 128쪽; 윌리엄 H. 글라이스틴, 황정일 역(1999), 앞의 책, 183쪽.

17 배진영, 「미, 신군부에 끌려가면서 당혹스러워 해: 1980년 '서울의 봄' 당시 한미관계를 보여주는 3건의 문건」, 『월간조선』(2013.5), 340쪽.

18 정일준, 「미국 개입의 선택성과 한계: 전두환·노태우-레이건·부시 정부 시기」, 『역사비평』 편집위원회 편, 『갈등하는 동맹: 한미관계60년』(역사비평사, 2010), 105쪽. 그런데 위컴은 "한국은 정치적으로 미숙하고 단순해서 민주주의를 할 준비가 안 되어 있다는 전두환의 주장은 허황된 날조"였다고 회고했다. John Adams Wickham, Jr.(1999), 앞의 책, 179쪽; 존 위컴, 김영희 감수, 유은영 외 공역(1999), 앞의 책, 267~268쪽. 필자가 보기에는 내부적 요인 중에서 이러한 피해자들의 미성숙과 분열보다는 가해자들의 정권 탈취 욕망이 가장 중요한 변수가 아닐까 한다. 그런데 카터는 1980년 8월 22일 『보스턴 글로브』와 9월 18일 『뉴욕타임스』에 보도된 인터뷰에서 "한국인들은 그들 자신의 판단에 의해서라도 […] 민주주의를 할 준비가 되어 있지 않다"고 주장했다. 또한 위컴도 1980년 8월 8일 미국 기자들과 만난 자리에서 "한국민의 국민성은 들쥐와 같

데 글라이스틴은 회고록에서 "인명 살상을 최소화하면서 진행된 5월 27일의 군병력 재진입은 우리와 사전 협의하에 진행됐다"고 밝혔다.[19] 전남도청 진압 작전이 '인명 살상을 최소화하면서 진행'됐다는 대목에 대해 이 작전에 의한 민간인 사망자 수가 160~400명으로 추정된다는 연구 결과가 있기 때문에 한국인의 입장에서는 받아들이기 쉽지 않다.[20]

미국은 한국인들의 문제는 한국인들이 해결해야 한다는 원칙에 따라 내정간섭 우려가 있는 광주 시민 편들기에 나서지 않았다. 그러나 미국이 광주항쟁에 관련해 아무 일도 하지 않은 것은 아니다. 미국은 한국인들 편에 서서 군부의 만행을 규탄하고 지지하기보다는 질서와 안보를 명분으로 군부 편에 서서 항쟁을 진압하는 데 협조하는 묵시적 지원을 했다고 할 수 있다. 미국이 전두환을 당초 지지하지 않았고 광주 문제에 책임이 없다는 변명은 책임 회피성 성격을 갖는다.

1980년 3월 위컴 주한 미군 사령관은 한국 정치에서 한국군의 역할을 정식으로 인정했는데, 여기에는 "불안을 조성할 수 있는 정치 활동을 감시하고 어떤 의미로는 정치 후보자들의 자격과 신뢰도를 판

아서 누가 지도자가 되든 그 지도자를 따라갈 것이며 한국민에게는 민주주의가 적합하지 않다"는 망언을 했다. 따라서 전두환의 민주주의 준비 부족 주장이 날조였다는 위컴의 회고는 사후적 평가이며, 자신도 그렇게 말했다는 사실을 망각한 일관성 없는 주장이다. 전두환을 인정하기 싫어하는 증오감이 내포된 회고였다고 할 수 있다.

19 William H. Gleysteen, Jr.(1999), 앞의 책, 134쪽; 윌리엄 H. 글라이스틴, 황정일 역(1999), 앞의 책, 191쪽.
20 하윤해, 「[단독] 당시 '강경진압' 동의 안 했다더니… 서록 기자 "美 NSC, 무력 반대 안해" 보도」 〈국민일보〉(2016.5.18).

단하는 일"이라는 대목도 포함되어 있다.[21] 이흥환은 주한 미군과 미대사관이 작전지휘권 문제에만 매달려 광주의 인권에 대해서는 침묵으로 일관했다고 비판한다. 글라이스틴이 국무장관 앞으로 보낸 1980년 5월 7일자 전문에 의하면 한국군이 특전사의 병력 이동을 통지해 왔으며 해병1사단은 한미연합사의 작전통제하에 있으므로 병력 이동 시 미군의 승인을 받아야 한다고 명시되어 있다.[22] 이 문서는 특전사가 미국의 승인 대상이 아님을 암시하고 있다. 그러나 제13특전여단은 한미연합사의 통제 대상이었으며 이 문서에서도 이를 인지하고 있었다. 그리고 이 문건은 광주민주화운동이 발화하기 전 학생시위가 서울을 중심으로 전개되던 상황에서 작성된 것이므로 광주의 인권에 눈을 돌리는 대신에 작전지휘권 문제만 관심을 가졌다는 이흥환의 비판은 다소 적실성이 떨어진다.

미국이 광주의 인권에 침묵한 것은 도덕과 인권에 호소하다가 10·26 이후 한국이 또 다른 이란이 되어[23] 카터의 인권외교가 실패하고, 나아가 미국에도 부담을 주게 되어 다가올 대통령 선거에서 카터

---

21 *Asian Wall Street Journal*, March 11, 1980.
22 "Cable AmEmbassy Seoul (Gleysteen) to SecState: ROK Shifts Special Forces Units," O 070906Z May 80[07 May 1980], National Security Affairs, Collection # 6, Brzezinski Material, Country File, Folder: Korea, Republic of, 1-5/80, Box 44, Jimmy Carter Library; 이흥환 편, 『미국 비밀 문서로 본 한국현대사 35장면』(삼인, 2003), 266쪽; 『대통령의 옥조: 국가는 무엇을 어떻게 기록해야 하는가』(삼인, 2015), 149쪽.
23 Tim Shorrock, "The US Role in Korea in 1979 and 1980," revised web edition, p. 1, in https://www.kimsoft.com/ (검색일: 2004.4.15). 따라서 한국 내 기독교 강경파의 급진적 개혁 요구에 대해 글라이스틴 대사는 군부와 대결하지 말고 온건한 방법을 모색해 보라며 압력을 가하기도 했다. Tim Shorrock, "The US Role in Korea in 1979 and 1980,"(1996), pp. 4-5 in https://www.kimsoft.com/ (검색일: 2004.4.15).

가 패배할지도 모른다는 인식에 도달했기 때문이다. 카터는 외국의 인권 문제보다는 미국 국내 정치에 치중하고, 군사정부라도 지지하여 안정을 꾀하는 것이 좋다는 방향으로 선회했다. 즉 인권보다 안보를 중시하는 신보수주의자 레이건과의 대선 경쟁을 의식한 것이다. 카터는 1~2년 전(1979년 중반)과는 달리 한국 문제에 열성적으로 개입할 여력이 없었다.[24]

또한 미국은 자신들이 12·12와 5·17 이후 군부를 제재하여 전두환 그룹을 지지하지 않는 것처럼 보인다면 북한이 이를 역이용해 도발할 가능성이 있다고 생각했다. 미국은 이러한 사태 진전을 가장 우려했기 때문에[25] 한국에서는 안정을 최우선 순위에 둔 것이다. 카터는 개인적으로는 전두환 제거를 검토했지만 김대중 사형 집행을 막기 위한 마지막 카드로 남겨 놓고 결행에 옮기지 않았다. 글라이스틴은 전두환 그룹에게 개혁을 계속하라고 권유하는 방법 외에 다른 제재는 불가능했다고 회고했다.[26]

---

24 정진석, 『총성 없는 전선』(한국문원, 1999), 132~134쪽.
25 Tim Shorrock(1996), 앞의 자료, 5~6쪽.
26 Tim Shorrock(1996), 위의 자료, 6쪽. 전두환은 글라이스틴을 '총독'이라고 부르면서 혐오했다고 글라이스틴은 회고했다.

2. 한미연합사 사령관의 작전통제권 묵인

한국 신군부의 한미연합사 작전통제권(OPCOM) 훼손 문제는 당시나 지금이나 논란의 핵심에 있다. 미국은 12·12 쿠데타와 광주의 비극을 가능하면 막고 싶었다고 회고했지만 1980년 5월 휴전선 부근 전방부대를 광주에 보내는 것까지 승인했으므로 결국 군사정권 수립에 동조한 것으로 보아야 한다는 평가가 한국 학계에 퍼졌다. 그런데 1980년 5월 15일 서울에서 시위가 걷잡을 수 없을 만큼 대규모로 확산되자 위컴이 20사단의 광주 차출을 묵인했던 것[27]이 최대한이었으며, 5월 17일 이후 광주로의 병력 이동에 대해서 미국은 긍정적으로 반응하지 않았다.

물론 그 이전인 1980년 5월 8일로 예정된 13특전(공수)여단(한미연합야전군사령부 예하)의 서울 동남부 이동, 포항 한국군 제1해병사단(한미연합야전군사령부 예하)의 대전·부산 지역 이동 등 한국군의 학생 시위 대응 목적 부대 이동 요청이 오면 유엔군 사령관은 5월 7일

---

27 "Appendix to the United States Government Statement on the Event in Kwangju, Republic of Korea, in May 1980," June 19, 1989, Vertical File, Box 71, Presidential Papers of Jimmy Carter, Jimmy Carter Library; John Adams Wickham, Jr., *Korea on the Brink, 1979-1980: From the '12/12' Incident to the Kwangju Uprising* (Washington, DC: National Defense University Press, 1999), pp. 221-223; 존 위컴, 김영희 감수, 유은영 외 공역, 『12·12와 미국의 딜레마: 전 한미연합사령관 위컴 회고록』(중앙 M&B, 1999), 337~342쪽. 1979년 10월 27일 한미연합사로부터 작전통제권이 이미 이양되었으므로 20사단의 광주 이동에 대해 연합사에 통보할 의무가 없었다.

당시에 이를 승인할 예정이었다.[28] 이를 반대한다면 미국은 모든 친구를 잃게 될 것이라고 판단했다.[29] 1980년 5월 둘째 주가 지나고 셋째 주 월요일인 12일 이후 학생들이 거리로 진출해 시위가 격화되자 청와대는 연합사 예하 일부 부대의 작전통제권을 연합사로부터 한국군 측으로 이양받아야 할 가능성이 있다고 글라이스틴 대사에게 통보했으며 한국군 당국도 이를 위컴 장군에게 통보했다.[30] 역시 미군은 반

28 "Cable AmEmbassy Seoul (Gleysteen) to SecState: ROK Shifts Special Forces Units," O 070906Z May 80[07 May 1980], #17, National Security Affairs, Collection # 6, Brzezinski Material, Country File, Folder: Korea, Republic of, 1-5/80, Box 44, Jimmy Carter Library 에 의하면 5월 7일 한국군의 병력 이동에 관해 유엔군 사령부와 상의한 내용 중에는 5월 10일로 예정된 11특전(공수)여단([원주] 1군단 지역에 주둔, 이동 시 유엔군 사령관의 승인 필요 없음)의 김포1특전여단 주둔지로의 이동 등도 포함되었다. 서울로 이동 중인 2개 여단의 인원은 모두 2,500명으로 파악되었다. 이 전문은 국무장관만 읽을 수 있는 배포금지(NODIS) 급이었다. 이홍환, 『대통령의 욕조: 국가는 무엇을 어떻게 기록해야 하는가』(삼인, 2015), 148~150쪽. 한편 5월 7일 미 국방부에 보고된 전문에는 병력 이동 상황이 다음과 같이 더 자세히 기술되어 있다. "특전사 전체 여단 병력에 비상이 걸렸음. 13특전여단은 5월 6일 서울 지역으로 이동했으며, 11특전여단 62대대가 5월 7일 서울로 이동했음. 11여단 62대대가 서울로 이동한 마지막 대대 병력이며, 원주 지역에 주둔했던 11특전여단 61대대와 62대대는 서울로 이동하기 전에 광부들의 소요 사태에 대비해 대기 상태에 있었던 부대임. 인천 주둔 5특전여단 병력을 수도권 지역 병력으로 간주할 경우, 7특전여단만이 유일하게 수도권 지역 외곽에 남은 병력임. 7특전여단 병력은 유사시 전주 및 광주 지역 대학들을 목표로 삼았던 것으로 보이며, 11특전여단은 5월 4일 일요일 참모·지휘관 모임을 가진 바 있음." 이렇듯 13특전여단 등 이미 전체 혹은 일부가 서울로 이동한 상태에서 이동 날짜를 5월 7일 이후로 잡고 유엔사와 상의하거나 승인을 요청했던 것이다. 그런데 병력의 이동 현황뿐 아니라 내부 상황, 부대 이동 경로 및 이동 목표에 이르기까지 특전사 내부 상황을 상세히 기술하고 있는 이 문서에서 문서 내용의 기술 주체가 누구인지는 확인되지 않는다. '누가' 혹은 '어느 부대(또는 기관)'가 보고했다는, 모든 문단의 앞이나 뒤 주어 부분을 알아볼 수 없도록 까만 띠로 가려 놓았기 때문이다. 문서 성격으로 미루어 볼 때 내용을 전달한 보고자는 특전사 내부 인물(미군 스파이)이거나 최소한 특전사 상황을 상세히 알 수 있는 위치에 있는 인물인 것으로 추정된다. 이홍환, 「한미연합사 작전통제권(OPCOM)과 5·18 이후」, 『신동아』(2004.7), 418~431쪽.

29 문부식, 『잃어버린 기억을 찾아서: 광기의 시대를 생각함』(삼인, 2002), 61~62쪽.

30 "United States Government Statement on the Event in Kwangju, Republic of Korea, in May 1980," June 19, 1989, Vertical File, Box 71, Presidential Papers of Jimmy Carter, Jimmy Carter Library; John Adams Wickham, Jr.(1999), 앞의 책, 201쪽; 존 위컴, 김영희 감

대하지 않을 것이 예견되었던 상황이었다.

신군부의 광주 재탈환(recapture)[31] 작전이 임박해 있던 1980년 5월 26일 글라이스틴은 아래와 같은 전문을 국무장관에게 보냈는데 5항이 관련 부분이다.

> 2. 오늘 자정에 광주 재점령 작전이 시작될 것이라는 믿을 만한 정보를 얻었다.
> 3. 어젯밤 전화 통화 후 오늘(26일) 아침 최광수 비서실장을 만났다.
> 4. 우리는 위컴을 통해 군 수뇌부에게 (아래와 같은 내용이 담긴 – 인용자) 메시지를 보냈다고 최 실장에게 말했다.
> 광주 군사작전은 인명 희생과 연행자를 최소화하라고 강권했다.
> 광주 무법 상황 장기화의 심각성에 대해 인식하고 있으므로 한국 정부에게 군사작전을 하지 말라고 말하지는 않았다.
> 그러나 모든 비군사적인 수단이 소진된 후 군사작전이 가장 조심스럽게 수행되어야 한다고 강권했다.
> 나는 특전사의 과거 행태를 매우 유감스럽게 생각하며 이번 탈환 작전에서 배제되어야 한다는 희망을 매우 솔직하게 더했다.(아마 그렇게 할 가능성이 있다.)[32]

수, 유은영 외 공역(1999), 앞의 책, 300쪽.
31 당시 미국 외교정책 결정자가 자국 군부의 군사중시적 시각에 경도되어 있음을 보여주는 용어이다. 하윤해, 「[단독] 당시 '강경진압' 동의 안 했다더니… 서독 기자 "美 NSC, 무력 반대 안해" 보도」, 〈국민일보〉(2016.5.18).
32 하윤해 기자는 「[단독] 글라이스틴 "전남도청 진압작전 포기하라고 말하지 않았다"」 〈국민일보〉(2016.5.18)에서 1980년 5월 26일 백악관 상황실 기밀해제 문서(「5월 26일 최광수 청와대

5. 위컴 사령관이 광주로의 병력 이동을 승인했을 뿐만 아니라 광주를 장악하기 위한 군대의 작전 전개를 권장했다는 광주 지역의 방송에 우리는 매우 괴로웠다.[33]

우리는 병력 이동과 관련해 우리를 욕하는 비열한 노력들에 대해 받아들일 수 없다. 만약 이것이 계속된다면 미국은 단호하게 부인해야 한다. 군부는 이 문제를 인식했을 것이지만 바로잡는 행동을 취했는지 우리는 아직도 확신하지 못했다.

나는 머스키 국무장관이 개인적인 관심을 가지고 있다는 사실과 전라도에 광범위하게 확산된 반미운동이 다른 어떤 문제보다 더 심각하다고 최 실장에게 강조했다.

6. 결론적으로 내가 생각하건대 광주의 문제들은 근본적으로 서울에서 취해진 정치적인 행동들 때문이다. 국민들에게 긍정적인 정치적 시그널이 보여 지지 않는 한 한국의 상황은 우리 모두에게 최악의 결과를 가져올 정도로 더 악화될 가능성이 있다고 최 실장에게 주지시켰다.

비서실장과 회의」)에 의존해 미국이 전남도청 진압 작전을 사전에 알고 있었으면서도 이를 묵인했고 "글라이스틴 대사는 공수부대의 만행을 알고 있었으면서 이들의 진압 작전 투입도 막지 못했다."라고 평가했다. 물론 불과 하루 전에 알게 된 것이었으므로 묵인 외에 다른 대안을 찾기에 시간이 부족했던 점은 인정해야 하지 않을까 한다. 또한 위 본문의 인용 구절에서 드러나듯이 글라이스틴은 공수부대 투입에 대해 의식해 최광수 비서실장에게 탈환 작전 시 공수부대 배제라는 희망사항을 전달하는 등 이를 막으려고 애를 썼고 하윤해 기자는 이에 주목하지 않았던 것이 아니가 한다.

33 한미연합사의 한국군 부대 이동 동의는 이미 5월 23일 한국 조간신문에서도 보도되었으므로 광주 현지에서도 이를 인지했다. 이러한 인지 사실을 미국도 이렇게 일찍부터 알고 있었다. 또한 광주 지역 방송은 미국이 진압군을 후원하고 있다고 생각했다. 한편 미국 LA 교포들도 한미연합사가 신군부에게 부분적인 통제권을 이양하는 데 미국 정부가 승인했다는 소식에 대해 듣고 미국 시간 5월 25일 카터에게 편지를 발송했으며 이로써 미국이 유혈 사태를 방지하는 미국의 개입을 이끌어내려고 시도했다. (미국의 광주 개입을 촉구한 LA 한인들 297쪽 참고)

일부 군 장교들은 이 점에 공감했지만 몇몇 핵심적 개인들은 그렇지 않았다고 내가 말했다. 그 핵심 분자들이 이해할 수 있게 납득시켜야 한다.[34]

한편 위컴은 특전사 부대가 5월 18일 광주로 내려갔다는 사실을 몰랐으며 20사단과 30사단이 주영복 국방장관의 명령에 의해 광주로 이동했다는 사실만 알고 있었다고 했다. 이 사단들을 이동시킬 때 연합사의 동의를 구할 필요가 있다고 생각했는데 그러한 승인을 요청받은 일이 없었다고 회고했다.[35] 광주민주화운동 때 미국의 병력 이동 승인에 관한 논란의 초점은 20사단이었다. 신군부가 광주 재진입 때 사용하겠다고 한미연합사령관에게 상의한 부대가 바로 20사단의 일부 병력이다. 위컴과 글라이스틴은 당시 부대 이동에 미군(한미연합사 사령관)의 승인이 필요하다고 생각했다. 그런데 이미 언급한 바와 같이 국무부의 다른 해명[36]에는 한국 정부가 연합사에 통보할 의무는 없었다고 나온다.

---

34 "Cable from AmEmbassy Seoul (Gleysteen) to SecState: May 26 Meeting with Blue House SYG Choi," 26 May 1980, National Security Affairs, Collection # 6, Brzezinski Material, Country File, Folder: Korea, Republic of, 1-5/80, Box 44, Jimmy Carter Library.
35 John Adams Wickham, Jr.(1999), 앞의 책, 133쪽; 존 위컴, 김영희 감수, 유은영 외 공역(1999), 앞의 책, 203~204쪽.
36 "Appendix to the United States Government Statement on the Event in Kwangju, Republic of Korea, in May 1980," June 19, 1989, Vertical File, Box 71, Presidential Papers of Jimmy Carter, Jimmy Carter Library; John Adams Wickham, Jr.,(1999), 위의 책, 221쪽; 존 위컴, 김영희 감수, 유은영 외 공역(1999), 위의 책, 338~339쪽.

윌리엄 글라이스틴은 1985년 6월 초 미국 워싱턴 시내의 듀퐁 플라자호텔에서 이뤄진 『신동아』와의 인터뷰에서 당시 광주의 상황을 포함해 특수부대 투입에 대해서는 몰랐으며 20사단 진입은 승인했다고 회고했다. 이어서 "광주사태는 두 가지 측면, 두 개의 단계가 있습니다. 첫 번째 단계는 사상자가 발생한 단계로서, 이 단계는 미국이 어떠한 형태로든 관련되어 있지 않습니다. 그렇기 때문에 나는 우리가 사과할 일이 전혀 없다고 말하는 것입니다. 두 번째 단계는 한국 정부 당국이 광주에 다시 군대를 투입시키는 과정입니다. 이때는 미국이 보병 20사단의 사용을 승인함으로써 간접적으로 개입했습니다. 미국은 끝까지 20사단 병력을 조심스럽게 사용하도록 부탁했는데 이것이 간접적인 관련이라면 관련인 것입니다."[37] 20사단 문제에 관해서 간접적으로 개입한 것이 미국의 광주 문제 개입의 최대치이며 직접 개입이 아니므로 사과할 필요가 없다는 것이다. 그런데 1986년 이전까지 미국 정부는 20사단 이동을 승인했다는 입장을 견지하다가 그 이후로는 승인이 필요 없다는 입장으로 전환해 책임을 회피하고 발뺌하려고 했다. 이는 미국이 수세적 입장을 보다 더 심화시킨 것이다.

'승인이 필요 없다'는 입장은 1986년에 위컴이 이 문제에 관한 기록을 정리할 때 미 국방부 변호사가 행한 다른 해석에 기반하고 있다. 즉 승인은 필요 없으며 단지 통보하기만 하면 되고 한미연합사 사령

---

[37] 윌리엄 글라이스틴·안재훈, 「광주사태 당시 주한미국대사 윌리엄 글라이스틴의 증언: 미국은 사과할 일이 없다」, 『신동아』(1985.7), 320~321쪽.

관은 보완 조치를 취할 수 있다는 것이다.[38] 따라서 글라이스틴 등은 당시에는 승인했다(approved)고 생각했지만 1986년 이후에는 '통보에 반대하지 않은 것'(nonobjection, 필자는 이를 묵시적 동의로 해석하고자 함)으로 정리했다.[39] 당시 부대 이동에 대해서는 통보만 하면 되고 미군은 이에 대해 반대하거나 묵시적 동의를 하면 되는 것이라는 해석이 가능한 지점이다.

그런데 만약 통보에 대해 반대한다면 그것은 일종의 불승인이 되는 것이 아닐까 한다. 따라서 법적으로는 승인받을 사항이 아니지만 통보에 대해 반대해 사실상 불승인할 수 있으며 통보에 대해 묵시적 동의를 하면 사실상 승인받은 것으로 간주할 수 있다. 따라서 통보하는 조치는 사실상 승인을 요청하는 행위이다. 물론 승인의 경우 사전 승인이 필요해 통보보다 구속력이 크지만, 통보의 경우도 완전히 자유롭지 않다고 할 수 있다. 통보만 해도 된다고 하면 그것으로 끝이므로 허가받아야 하는 것과는 다른 '신고'의 일종이라고 할 수도 있지만 실제 관례상으로 통보했다고 해서 그 의무를 다했다고 볼 수는 없으며 통보받은 쪽의 반응을 확인해야 하는 것이다. 따라서 통보 행위는 사전 허가, 사전 승인과 신고의 중간에 있는데 상황에 따라서는 승인에 가까운 경우가 많으며 1980년 5월에는 '실질적인 승인'이었다고

---

[38] William H. Gleysteen, Jr., *Massive Entanglement, Marginal Influence: Carter and Korea in Crisis* (Washington, DC: Brookings Institution Press, 1999), p. 133; 윌리엄 H. 글라이스틴, 황정일 역, 『알려지지 않은 역사: 전 주한미국대사 글라이스틴 회고록』(중앙 M&B, 1999), 190쪽.

[39] William H. Gleysteen, Jr.(1999), 위의 책, 134쪽; 윌리엄 H. 글라이스틴, 황정일 역(1999), 위의 책, 191쪽.

할 수 있다. 당시 신군부와 미군은 승인으로 받아들였으므로 형식적으로는 통보였지만 사실상 승인이었다.

제임스 릴리 주한 미 대사는 1988년 여름 국회 광주특위 설치가 논의되어 광주 문제가 이슈가 될 무렵에 행한 인터뷰에서 한미연합군사령부(CFC)의 협정 아래서 한국 군부가 연합사로부터 1개 사단을 뺄 경우 통고(통보의 동의어로 간주됨 – 인용자)만이 필요할 뿐 미국의 동의를 얻을 상황은 아니었으며 승인을 얻을 성질의 것은 더더욱 아니라고 주장했다. 단지 12·12 사태 때 한국군이 9사단을 움직이면서 통고하지 않아 미군이 항의했던 적이 있었을 뿐이라는 것이다.[40] 12·12 때도 승인이 불필요했으며 이미 통고가 관례라는 주장이다. 그러나 미군의 항의를 접한 신군부는 이를 사전에 통고해 동의·승인받아야 할 사안으로 받아들였을 가능성이 있다. 1980년 5월 글라이스틴은 20사단 동원을 '승인'했다고 했는데 이 승인의 의미가 무엇인지 릴리 대사는 모르겠다고 말했다.[41]

그러나 1980년 당시에는 한국군과 미군 모두 '통보'가 아닌 '승인 요청'으로 받아들였으므로 미국 당국자가 병력 이동을 승인한다고 말했을 때 별문제가 되지 않았다.[42] 통보와 승인·동의 사이에 실질적으로 큰 차이는 없다. 그러나 미군이 당시 승인이라고 말했고 1986년

---

40 *The New York Times*, December 15, 1979.
41 제임스 릴리, 「광주사태 전면조사 환영한다: 제임스 릴리 주한미대사 인터뷰」, 『월간조선』 (1988.7), 397쪽.
42 William H. Gleysteen, Jr.(1999), 앞의 책, 133쪽; 윌리엄 H. 글라이스틴, 황정일 역(1999), 앞의 책, 190쪽.

이후에는 통보(묵시적 동의)라고 해석했으므로 미군 측은 미묘한 차이가 여전히 존재한다고 판단했을 것이다.

20보병사단의 포병대와 예하 3개 연대의 작전통제권은 이미 1979년 10월 27일 한미연합사에서 한국 육군으로 넘어갔다. 한국군이 박정희 시해 사건 이후 수습책의 일환으로 20보병사단을 서울로 파견하겠다고 위컴에게 통보했고, 위컴은 이에 동의했다. 한편 글라이스틴은 1979년 10월 27일의 조치는 20사단 중 2개 연대 병력에 대한 것이었다고 적었다.[43] 그런데 미 정부 성명서에 따르면 "한국군은 10월 27일 작전통제권이 넘어간 20사단의 포병대와 3개 연대, 총 4개 연대 가운데 포병대(10월 30일)와 1개 연대(60연대, 11월 28일)를 각각 한미연합사 작전통제권에 다시 귀속시켰으나, 20사단의 나머지 2개 연대가 한미연합사 작전통제권에 귀속되었다는 기록은 없다"고 되어 있다.[44] 따라서 글라이스틴의 '기억에 의존한 회고'는 '성명서 기록'에 의해 아래와 같이 보완될 필요가 있다.

1979년 10월 27일 한국군에 귀속된 20사단 4개 연대 중 2개 연대는 1980년 5월 16일 당시 한국군에 군 통제권이 넘어가 있는 상태였고 2개 연대는 작전통제권이 연합사에 반환된 상황이었으므로 그날 한국군은 추가로 2개 연대(포병연대와 60연대)의 작전권을 회수하겠다고

---

43 William H. Gleysteen, Jr.(1999), 위의 책, 132~133쪽; 윌리엄 H. 글라이스틴, 황정일 역(1999), 위의 책, 189쪽.

44 "United States Government Statement on the Event in Kwangju, Republic of Korea, in May 1980," June 19, 1989, Vertical File, Box 71, Presidential Papers of Jimmy Carter, Jimmy Carter Library; John Adams Wickham, Jr.(1999), 앞의 책, 196쪽; 존 위컴, 김영희 감수, 유은영 외 공역(1999), 앞의 책, 291~292쪽.

통보했다. 부재중인 위컴 사령관(5월 14일 출국해 19일 귀임함)을 대리해 백석주 부사령관은 5월 16일 오후 6시 4분에[45] 이를 받아들이면서 20사단에서 빠진 병력을 다른 병력으로 충원해 줄 것을 한국군에 요청했다.[46] 1980년 5월 20일 당시에 최소한 20사단의 일부 병력은 이미 광주 일원에 배치되어 있었다.[47] 다른 미국 자료에는 5월 20일 20사단 예하 부대의 광주 이동을 통고했다고 나오는데 12·12 당시 사전 통고 없이 병력을 이동한 것에 대한 위컴 장군의 수 차례 항의를 의식한 조치라고 평가했다.[48]

그런데 20사단의 병력 이동 사례를 통해 연합사 사령관의 작전통제권이 형식적임을 알 수 있다. 연합사 사령관 입장에서 보면 '한국 육군이 20사단 작전통제권을 행사하겠다고 적절한 절차를 밟아 연합사 사령관에게 통보해 온 것'이 되지만, 실제 20사단을 움직인 신군부 입장에서는 '20사단을 빼서 광주로 배치하되 위컴에게는 통보만 하

---

45 김동철, 「광주특위 되살린 「미 답변서 파문」」, 『동아일보』 1989년 6월 22일, 3면. 또한 광주특위 당시 평민당 등 야당은 5월 23일 33사단 1개 대대의 작전통제권이 한국군으로 이양되었다고 주장했다.

46 "United States Government Statement on the Event in Kwangju, Republic of Korea, in May 1980," June 19, 1989, Vertical File, Box 71, Presidential Papers of Jimmy Carter, Jimmy Carter Library; John Adams Wickham, Jr.(1999), 앞의 책, 202쪽; 존 위컴, 김영희 감수, 유은영 외 공역(1999), 앞의 책, 302~303쪽; William H. Gleysteen, Jr.(1999), 앞의 책, 133쪽; 윌리엄 H. 글라이스틴, 황정일 역(1999), 앞의 책, 189쪽.

47 William H. Gleysteen, Jr.(1999), 위의 책, 133쪽; 윌리엄 H. 글라이스틴, 황정일 역(1999), 위의 책, 189쪽.

48 "United States Government Statement on the Event in Kwangju, Republic of Korea, in May 1980," June 19, 1989, Vertical File, Box 71, Presidential Papers of Jimmy Carter, Jimmy Carter Library; John Adams Wickham, Jr.(1999), 앞의 책, 206쪽; 존 위컴, 김영희 감수, 유은영 외 공역(1999), 앞의 책, 310쪽.

면 되는 일'이었다. 20사단은 정규 부대로는 드물게 폭동 진압 훈련을 받은 부대였다. 한국 당국은 "광주 시민들이 광주에 투입된 특전사 부대에 비해 20사단이 공격적이지 않다고 생각할 것"이라고 주장했다. 위컴은 사태의 평화적인 해결을 위한 대화가 실패할 경우 특별히 훈련된 20사단 병력을 투입하는 것이 특전사 부대를 계속 동원하는 것보다 낫다는 데에 한국 측 고위 당국자와 의견을 같이해 이에 동의했다.[49] 위컴이 이 문제로 글라이스틴과 상의했을 때 글라이스틴은 군병력 동원에는 반대했지만 대화가 실패할 경우 다른 계획이 필요하다는 점은 인정했다. 그러면서 시간을 달라고 요청해 워싱턴에 상의한 후 동의를 얻어냈다.

그 후 위컴과 글라이스틴은 한국 측과 얘기하면서 진압이 아닌 대화를 촉구했다. 위컴은 20사단이 공수부대보다 광주 시민에게 덜 적대적이어서 시민의 피해를 줄이기 위해 계엄군을 대체한 것이라고 사후에 주장했지만[50] 20사단의 투입은 병력 대체가 아니라 '증원'이었다.[51] 이때 동원된 20사단 일부는 이미 위컴의 작전통제권하에 있지

---

[49] William H. Gleysteen, Jr.(1999), 앞의 책, 133쪽; 윌리엄 H. 글라이스틴, 황정일 역(1999), 앞의 책, 189~190쪽.

[50] "United States Government Statement on the Event in Kwangju, Republic of Korea, in May 1980," June 19, 1989, Vertical File, Box 71, Presidential Papers of Jimmy Carter, Jimmy Carter Library; John Adams Wickham, Jr.(1999), 앞의 책, 205~206쪽; 존 위컴, 김영희 감수, 유은영 외 공역(1999), 앞의 책, 309쪽.

[51] 이삼성, 「광주를 통한 한국 민주주의에의 유혈통로와 미국의 위치: 1979-80년 미국 대한정책의 치명적 비대칭성」, 한국정치학회 5·18 학술심포지엄 자료집(1997), 36쪽; 정희진, 「탈식민주의 관점에서 보는 '5·18의 반미'」, 조희연·정호기 편, 『5·18 민중항쟁에 대한 새로운 성찰적 시선』(한울, 2009), 96쪽.

않았다. 따라서 20사단 예하 부대 중 일부는 광주 이동을 위컴에게 통고할 의무가 없었다. 그러나 가능한 한 광주사태에 미국을 깊숙이 끌어들이려 했던 신군부는 위컴에게 부대 이동을 통고했고 '승인'(묵인)을 받아냈다. 1980년 5월 16일 이희성 육군참모총장은 위컴 한미연합사령관에게 "소요 사태 악화에 따라 수도권 질서 유지를 위하여 20사단 작전통제권 이양"을 요청했다. 이에 연합사령관은 전문 접수를 확인한 후, "귀하의 요청을 승인한다"는 답신을 보낸 기록이 남아 있다. 또한 신군부는 5월 20일, 20사단을 원래의 목적이 아닌 "광주 소요를 진압하기 위해 광주로 보내도 되겠느냐"며 연합사에 부대 이동을 문의했는데, 위컴은 미국 정부와 협의한 후 이에 동의함으로써 작전통제권을 이양했다는 것이다.[52]

따라서 한국군이나 미군이나 실질적으로는 한국군의 승인 요청에 따른 미군의 승인으로 받아들였지만, 미군 개입에 대한 한국 사회의 비판적 여론이 반미주의로 번진 1980년대 후반에 미국은 법적인 규정을 면밀히 검토해 1979년 10월 이미 한국군이 작전통제권을 이양받은 것이라며 책임을 회피하려고 했다. 법적으로는 이미 이양받은 것으로 보이지만 당시 한국군이나 미군은 모두 다시 승인을 받아 보다 확실히 해야 하는 사항으로 받아들였으며 이를 관행이라고 여겼다

---

[52] 오해영, 「[회원마당: 이 달의 역사] 광주민중항쟁」(2019.5.7), 〈노동사회과학연구소〉(검색일: 2020.1.18). 전술한 바와 같이 1980년 5월 22일 뉴스브리핑에서 토머스 로스 미 국방부 대변인이 "존 위컴 주한 유엔군 및 한미연합군 사령관은 그의 작전지휘권 아래 있는 일부 한국군을 군중진압에 사용할 수 있게 해 달라는 한국 정부의 요청을 받고 이에 동의했다"고 밝혔는데 이는 20일에 일어난 일로 추정된다.

고 할 것이다. 따라서 재차 승인을 받거나 최소한 통보하지 않고 병력을 이동하면 미군은 이를 항의하는 관행이 지속되었다고 할 수 있다.

+ + +
참고
미국의 광주 개입을 촉구한 LA 한인들

1980년 5월 24~26일 아침까지(미국 시간) 만 72시간 동안 미국의 한인 민주화 요구 인사들은 LA 적십자사를 점거해 헌혈한 피를 광주에 보내 달라고 압박했다. 이로써 전두환 계엄군이 유혈 사태를 인정하게 만들고 이와 동시에 미국 정부가 유혈 진압을 막도록 촉구하는 청원 캠페인을 전개하여 미국 정부의 개입을 이끌어내고자 한 것이다. 농성자들은 1980년 5월 25일 카터 대통령에게 다음과 같은 전문을 보냈다.

"우리는 양식 있는 한국계 미국 시민으로서 전두환 중장이 이끄는 한국 정부가 저지르는 군부의 만행에 대해 항의하는 바입니다. […] 대통령 각하! 우리는 당신이 인권을 가장 앞장서 주장해 온 인물로 믿기 때문에 자유와 민주주의를 사랑하는 사람들로서 당신이 한국에 민주적인 정부를 수립하여 한국인의 인권이 보장되도록 노력해 줄 것을 호소합니다. […] 불행히도 한미연합사령부가 또 다른 독재정권을 모색하는 한국의 계엄 당국에게 부분적인 통제권을 이양시키는 것을 미국 정부가 동의했다는 나쁜 소식을 접하기에 이르렀습니다. 우리는 이 점에 대한 진실을 매우 간절히 알고 싶습니다. 또한 한국인의 인권과 생명을 대통령께서 적극적으로 보호해 주시길 원하고 있습니다. 우리는 최악의 사태에 처한 한국에 대해 적절한 대응과 도움을 주도록 대통령의 선처를 바랍니다."

훗날 쟁점화된 5·18에 대한 미국의 개입과 그 책임에 대해 로스앤젤레스 한인들은 당시에 이미 문제를 제기하고 있었다.[53] 카터는 이 편지로 인해 전두환에 대한 기존의 부정적 인식을 심화시켰을 것으로 여겨진다. 다만 카터는 편지 작성자의 의도대로 적극적으로 개입하지는 못했다. 그렇지만 미국의 신군부에 대한 부정적 인식이 심화되어 1980년 5월 당시는 아니지만 훗날 김대중 구명을 이끌어냈다. 또한 이러한 편지 발송 등이 차곡차곡 쌓여 미국이 1986~1987년 한국 국민들의 민주화운동을 후원해 전두환 정권을 견제하고 군부독재를 종식시키는 데 기여했다. 1980년 카터의 전두환 제거 의지가 훗날인 1987년 우회적으로 달성되어 장기 집권을 원하던 전두환을 권좌에서 끌어내리는 데 기여했던 것이다. 결과적으로는 이러한 편지 등이 민주화운동 과정에서 작은 밀알이 되었다고 할 수 있다.

* * *

---

53 양필승, 「5·18 LA 적십자사 점거와 헌혈 압박」, 전남대학교 세계한상문화연구단 국내학술회의 (2005); 장영숙, 「LA 적십자사 점거와 헌혈 압박 사건」, 〈세계한민족문화대전: 북미편〉.

3. 미국의 국가이익에 밀린 한국의 민주화

1987년 초 마크 피터슨과의 면담에서 글라이스틴은 20사단이 한미연합사에서 빠져나가는 것은 광주에서의 협상이 결렬되었을 때에 한하는 조건부였다고 회고했다.[54] 위컴에게는 20사단 병력의 광주 투입 결정에 대한 묵인이 후일 그를 곤혹스럽게 만드는 선택이 되었다. 광주 시민들은 미국이 우방이라고 생각해 중재까지 요청했는데 그런 미국이 전두환이라는 독재자 편에 서서 병력 이동과 진압을 승인했다고 비난했다. 그들은 독재자를 승인한 미국에 반대하는 감정을 점차 가지게 되었으며 반미 감정은 다른 지역으로도 확산되었다.[55]

1980년 5월 21일 특전사 부대가 광주 외곽으로 철수했을 무렵에 미국 정부는 사태가 극도로 심각하다는 점을 깨달았다. 한국 정부가 미국 정부에 대해 북한이 한국에서의 불안한 상황을 이용하지 못하게 억지하는 일에 협력해 달라고 요청하자 미국은 이에 대응해 5월 21일 북한의 대남 도발 활동이 있는지 감시하기 위해 두 대의 E-3A 조기 공중 경보 통제기(Early Warning-3A, 7월 파견 예정이었음)를 오키나

---

54 Mark Peterson, "Americans and the Kwangju Incident: Problems in the Writing of History," Donald N. Clark, ed., *The Kwangju Uprising: Shadows over the Regime in South Korea* (Boulder, CO: Westview, 1988), p. 61; 마크 피터슨, 「「光州」는 全斗煥집권의 단계적 쿠데타였다: 특별기획 외국인이 證言하는 80년 5월 光州」, 『신동아』(1989.5), 314쪽.

55 William H. Gleysteen, Jr., *Massive Entanglement, Marginal Influence: Carter and Korea in Crisis* (Washington, DC: Brookings Institution Press, 1999), p. 134; 윌리엄 H. 글라이스틴, 황정일 역, 『알려지지 않은 역사: 전 주한미국대사 글라이스틴 회고록』(중앙 M&B, 1999), 191쪽.

와에 조기 파견했다. 또한 주한 미군에 '데프콘 3' 발동, 위컴 한미연합사 사령관 귀임, 동중국해에 있던 키티 호크 항공모함의 한국 방향 항진 등 주요 미 해군 함정들도 한반도 근해로 파견했다.[56] PRC는 1980년 5월 22일(미국 시간 기준) 필리핀 북부 수빅만(Subic Bay)에 정박해 있던 항공모함 코럴시호를 북한의 남침을 우려해 동해로 이동시킬 것을 결정했다.[57] 5월 23일 오키나와 기지에 도착한 E-3A는 1만 미터 상공에서 사방 400킬로미터까지 관망할 수 있는 레이더를 갖추고 북한의 군사적인 움직임을 주시했다. 5월 24일 항공모함 미드웨이도 요코스카항에서 한국 해역으로 항진했다. 이러한 실제적 무력 시위로 북한의 모험을 차단했던 것이다.

그런데 국방부 과거사진상규명위원회는 『12·12, 5·17, 5·18 사건 조사결과보고서』(2007) 결론 부분에서 "군 지휘부는 5월 23일경부터 최종 진압 작전을 준비했다. 이 과정에서 군 지휘부는 사실을 왜곡하

---

56 "United States Government Statement on the Event in Kwangju, Republic of Korea, in May 1980," June 19, 1989, Vertical File, Box 71, Presidential Papers of Jimmy Carter, Jimmy Carter Library; John Adams Wickham, Jr., *Korea on the Brink, 1979-1980: From the '12/12' Incident to the Kwangju Uprising* (Washington, DC: National Defense University Press, 1999), p. 206; 존 위컴, 김영희 감수, 유은영 외 공역, 『12·12와 미국의 딜레마: 전 한미연합사령관 위컴 회고록』(중앙 M&B, 1999), 310쪽.

57 강인섭, 「미조기경보기 2대 한국지역으로 급파」, 『동아일보』 1980년 5월 23일, 1면; "Summary of Conclusions from the Policy Review Committee on Korea," White House Situation Room, May 22, 1980 – 4:00~5:15 p. m. attached in "Memorandum of Christine Dodson (Staff Secretary, NSC) to the Vice President, the Secretary of State, the Secretary of Defense, Joint Chief of Staff (Chairman), Central Intelligence (Director): Summary of Conclusions," May 30, 1980, http://timshorrock.com/wp-content/uploads/CHEROKEE-FILES-White-House-NSC-meeting-on-Kwangju-May-22-1980.pdf (검색일: 2011.7.14); 이흥환, 「광주민주화운동 발발과 미국의 오판」, 〈신동아〉(2004.4.28).

고, 시민들의 수습 방안을 거부하며, 미국의 협조를 기다리며 작전에 대비했다"고 서술했다. 여기서 신군부가 '미국의 협조'를 기다렸다는 부분은 신군부의 기존 주장과 일치하는 서술이다. 1988년 설립된 대한민국 국회의 광주민주화운동 진상조사 특별위원회(광주특위) 보고서에 의하면 항공모함 미드웨이를 비롯한 미국 함대가 한국 해역에 도달할 때까지 광주항쟁 진압군은 3일을 기다렸다가 광주로 진입했다고 했다.[58] 그런데 당시 미국은 신군부에 비판적이었으며 이들을 제어하려 했으므로 신군부가 미국의 압력에 대항해 결국 묵인하게 만들었다고 하는 것이 정확한 서술이 아닌가 한다. 또한 신군부가 최종 진압 작전을 준비한 것은 5월 23일 이전이라고 판단된다.

항모 등의 발진 소식을 들은 광주 시민들은 미국이 한국의 민주주의를 지켜 줄 것이라고 오판했다. 5월 21일 광주로부터 군부대가 철수해 시민들이 광주를 접수한 저녁 이후 "미국이 광주 시민군을 지원하기 위해 부산항에 항공모함을 파견했으니 시민군 승리가 눈앞에 있다"는 내용의 대자보가 걸리기도 했다. 실제로 5월 25일 부산항에 미군 함대가 도착했으나 광주의 시민군은 진압되었으므로 이는 후일 유언비어로 판명되었다.[59] 한국 국민들은 미국이 민주주의를 외치는 시민들을 후원하지 않고 결국 독재권력을 지지했다고 판단해 배신감을 느꼈다. 미국에 대한 배신감은 반미주의의 토양이 되었다. 이렇

---

58 Bruce Cumings, *Korea's Place in the Sun: A Modern History* (New York: W. W. Norton, 1997); 브루스 커밍스, 김동노 외 역, 『한국현대사』(창작과 비평사, 2001), 541쪽.
59 「[역사] 세계기록유산이 될 5.18 대자보: 미 항공모함 유언비어」, http://cafe.daum.net/issue21 (검색일: 2011.7.11).

게 형성된 반미적 한국인들은 미군 파견이 대북 견제용이 아니라 광주의 신군부 작전을 엄호하려는 것이었다고 오해했으며 이는 미국이 전두환을 적극적으로 지지했고 광주학살의 배후에 미국이 있었다는 주장의 근거가 되었다.

1982년 부산 미문화원을 방화했던 문부식은 광주학살을 미국이 '묵인'하고 심지어 '교사'했다고 주장했다. 그는 법정에서 "미국은 전두환을 묵인했으며 그의 행위를 지원했고 그들에게 무기를 공급함으로써 우리 시민에 대한 폭력적 공격을 교사했다. 결국 미국은 독재권력의 후원자였다"고 주장했다. 1980년대 말과 1990년대 초반 연구물들은 광주항쟁 당시 미국의 행동 때문에 미국에 대한 국민들의 환상이 깨졌다고 주장한다. 광주항쟁은 미국의 의도를 명백하게 드러낸 상징적 사건이었다는 것이다. 이를 통해 지배자로서 미국의 존재가 드러났다고 평가된다.[60]

미군은 실제로는 북한의 오판을 막으려고 항모를 파견했다. 그러나 훗날 한국의 민주화 세력은 '북한의 오판 방지'라는 것은 미국이 독재 지지라는 숨은 의도를 호도하려는 사후 변명이라고 일축하면서, 오히려 전두환이 마음 놓고 광주를 진압할 수 있도록 배려한 일종

---

60 Samsung Lee, "Kwangju and America in Perspective," *Asian Perspective* vol. 12 no. 2 (Fall-Winter 1988), pp. 69-121 ; 이삼성, 「광주민중봉기와 미국의 역할: 광주를 통해 본 미국의 제3세계정책 그 성격의 총체적 인식」, 박영호·김광식 외, 『한미관계사』(실천문학사, 1990), 54~68쪽; 이삼성, 「미국의 12·12, 「광주」 해명에 의혹 있다」, 『신동아』(1989.8), 300~319쪽; 이삼성, 『미국의 대한정책과 한국의 민족주의』(한길사, 1993); 유낙근, 「현대 한국정치와 미국」, 장상환 외, 『제국주의와 한국사회』(한울, 1991), 163쪽.

의 '호위용 병력 파견'이었다고 평가했다.[61]

당시 미국은 북한 남침의 징후가 없음에도 불구하고 광주의 소요가 격화될 경우 남침을 야기할 수 있다고 경고하면서 조기 경보기와 항모를 급파했다. 이러한 경고는 비상 상황을 대비해야 하는 안보 파트에서는 당시나 지금이나 충분히 할 수 있다고 받아들이겠지만, 이 조치로 일반 국민이 광주사태를 불안하게 생각하도록 분위기를 조성하여 광주를 고립화시키고 소요가 확산되지 않게 유도했다. 더 나아가서 무력 진압을 정당화했다고 보았다.[62]

1980년 5월 23일 한국 조간신문에 신군부의 부대 이동을 미국이 승인한 사실이 보도되었으며, 당시 광주 지역 방송도 한국군 병력의 광주 이동에 대한 위컴의 승인을 보도했고, 미국 LA 한인교포들도 이 사실을 인지했다. 한국인들은 이렇게 미국의 승인 사실을 거의 즉각적으로 파악했지만 곧바로 반미적 인식으로 연결된 것은 아니었으며 1980년 6월 「광주 시민 의거의 진상」이라는 문건에서 아래와 같이 맹아적 형태로 처음 등장했을 뿐이다.

> 이제 우리는 미국을 보는 눈이 달라져야 한다. 우리가 미국을 참으로 오랫동안 혈맹의 우방으로 생각해 왔고 신뢰해 왔다. […] 그런데 이번 광주 사건을 비롯한 10·26 이후의 일련의 미국 태도에 대하여 우리는 종전과 같은 눈으로 더 계속 바라볼 수 없게 되었다. 한미 협의하

---

61 유시춘 지음, 정호기 해설, 『6월민주항쟁』(개정판)(민주화운동기념사업회, 2015), 113쪽.
62 김진경 지음, 정호기 해설, 『5·18민중항쟁』(개정판)(민주화운동기념사업회, 2015), 84쪽.

에 실시되는 국군의 작전이 어떻게 동족을 살육하는 데 이용되었으며, 미국은 이에 동의할 수 있었을까. [⋯] 한국의 민주화와 인권 옹호가 미국의 국가이익에 우선할 수 없다는 미국의 기본 입장이 분명하게 드러난 이상 우리는 미국을 새로운 눈으로 주시해야 한다.[63]

그렇지만 이는 맹아적 형태였을 뿐 전술한 바와 같이 반미주의가 대중들에게 본격적으로 스며들게 된 것은 1980년이 아니라 1980년대 중후반이었다. 1980년 5월과 1980년대 초반의 남한 상황은 반미적 기류에 변화를 가져왔다. 광주학살과 전두환 정권에 대한 미국의 묵인으로 인해 미국에 대한 인식이 바뀐 것이다. 미국이 남한의 민주화에 도움을 줄 것으로 기대했는데 오히려 군사독재를 지지하는 미국에 대해 배반감을 느끼기 시작한 것이다. 심리학의 '좌절-공격 이론'이 제시하듯, 박정희의 죽음이 민주화를 불러오지 못하고 새로운 군사정권이 등장함에 따라 미국의 도움을 통한 민주화에 대한 기대가 좌절로 바뀌었으며 이 좌절감은 반미 감정의 폭발이라는 공격 행위로 이어진 것이다.[64]

한편 북한에 대한 미국의 강력한 견제는 북한이 혼란 상황을 악용할 수 없게 만드는 중요한 요인이 되었다. 5월 22일경 판문점에서 만난 남북은 광주 문제에 대한 의견을 교환했는데 대화의 주도권은 북

---

63 김성보, 「80년대 반미자주화운동의 전개과정」, 박영호·김광식 외(1990), 앞의 책, 67쪽; 안병욱, 「5·18, 민족사적 인식을 넘어 세계사의 지평으로」, 학술단체협의회 편, 『5·18은 끝났는가』, (푸른숲, 1999), 18~19쪽.
64 이재봉, 「반미, 분단 직후부터 일어난 자주운동」, 〈프레시안〉(2014.8.29).

한이 가졌지만 대화가 계속되었고, 북은 개입하지 않을 것이라고 말했다.[65] 반면 신군부는 북한의 남침을 우려한다면서도 전방의 군부대를 동원해 광주민주화운동 진압에 나서는 모순적인 행태를 보였다.

일본 주재 미국대사 마이크 맨스필드는 "국민의 명백한 지지를 받고 있지 못하는 한국의 정권을 미국이 지지할 것인가?"라는 기자의 질문에 "미국은 남한의 군사 지도자들에게 어떤 압력도 가할 계획이 없다. 서울과 워싱턴의 미국 관리들은 안보가 제일이라고 느끼고 있으며 남한에 간섭하려는 시도는 이미 분단된 나라를 더욱 약화시킬 것이다. 미국은 필요하다면 언제나 한국 정부를 지지할 것이다."라고 말했다고 한다. 미국의 안보가 한국 민주주의보다 우위에 있음을 확인시켜 주는 대목이다. 1980년 6월 초에 카터 행정부는 한국 군사정부에 경제원조를 제공했으며 미국 은행가들은 전두환 장군의 권력이 공고해지면 투자 환경이 안정될 것이라고 말했다.[66]

허욱 교수는 미국이 한국 국민의 편에서 개입하려고 시도했다고 평가했다. "미국은 군사력의 사용을 승인하지 않았고 그 결과에 당혹했다"는 글라이스틴의 공식 답변서 등을 증거로 미국은 데모를 다룰 때 과잉 진압을 하지 말라고 전두환에게 경고했다고 평가했던 것이다.[67] 미국의 민주화 추구를 주목하는 이러한 이상주의적 평가는 미국

---

65 East Asia/Intelligence (Gregg), "Memorandum for Zbigniew Brzezinski: Evening Report," May 23, 1980, National Security Affairs-Brzezinski Material, Collection # 10: Staff Evening Reports File, Folder: 5/20-23/80, Box 29, Jimmy Carter Library (NLC-10-29-3-43-9).

66 정범진·허웅우, 『두 얼굴의 나라 미국 이야기』(아이세움, 2004), 175~176쪽.

67 Uk Heo and Terence Roehrig, "Democratization and the Alliance," *The evolution of the*

이 정치적 자유화보다 안보를 중시했다는 팀 셔록의 평가 등 기존의 현실주의적 정설과는 상반된다.[68] 필자는 두 평가의 정중앙에서 안보 중시 쪽에 조금 더 가까운 곳에 사실이 있지 않을까 생각한다. 안보 쪽으로 한참 나아가 현실과 타협하려고 할 때 이상주의자들의 목소리가 반영되어 조금 더 균형을 추구하는 방향으로 나아가려는 '균형 추구 노력'이 있었을 것으로 해석하고자 한다. 미국의 외교정책의 집행 과정은 이상주의와 현실주의가 일종의 경쟁자로서 서로를 견제하고 균형을 추구하는 과정으로 보인다. 이상주의적 외피를 가진 현실주의자로서 '이상적 현실주의자'인 카터는 이러한 균형, 즉 이상과 현실의 동시 추구 성향을 극명하게 드러냈다. 초기에는 이상을 표방했으나 결국 점차적으로 현실주의자로서 본질을 드러낸 것이다.

✤ ✤ ✤
참고
북한의 광주민주화운동 보도

북한의 역사서는 5·18 민주화운동을 '광주인민봉기'로 규정했다. 광주민주화운동이 최고조에 달했던 상황을 보도한 1980년 5월 27일 『로동신문』 6면에 '인민봉기'라는 표현이 처음 등장했으며,

---

South Korea-United States alliance (Cambridge: Cambridge University Press, 2018), pp. 96–99.

68 Mark E. CAPRIO, "Book Review: The Evolution of the South Korean–United States Alliance: By Uk Heo and Terence Roehrig. Cambridge: Cambridge University Press, 2018. 290 pages. ISBN: 9781107507135," *Korea Journal* vol. 59 no. 3 (2019), p. 108.

진압 직후인 5월 29일 『로동신문』은 사설을 통해 '광주인민봉기'라고 명확히 규정했다. 이러한 규정은 역사 서술에서도 계속 반복되었다.

광주항쟁 당시 북한 언론은 광주의 비극과 독재정권의 배후에 미국이 있다는 식으로 보도했다. 미국이 한국 신군부의 시위 진압을 묵인 내지는 동조했다는 차원을 넘어서 강경 진압을 배후 조종 내지는 사주해 민주화를 요구하는 국민들을 무차별 탄압했다는 억지 주장이었다. 이렇게 하여 국민들을 반미 감정으로 무장시켜 대한민국 체제를 전복시키려는 일종의 정치적 선전선동술이었다.

북한의 1980년 5월 25일자 『로동신문』은 광주 문제를 언급하면서 '인민들의 투쟁의 불길에 휩싸인 남조선', '총검으로써는 반동통치를 유지할 수 없다'라는 제목을 내걸고 "당국과 미국은 서울에서 새로운 반미 시위가 터질까 봐 우려하고 있다. 4만 명의 미국 강점군이 전투 준비 태세를 갖추고 있다." […] "미 국방부 대변인의 발표에 의하면 미국은 미《한》련합군의 지휘 밑에 있는 남조선 군대의 몇 개 구분대를 서울 괴뢰정권의 관할하에 넘겨 주었다." […] "봉기자들을 탄압하기 위하여 워캄의 지휘하에 있는 미《한》련합군부대들이 특별히 동원되었다"는 내용을 당시 소련의 신문 및 방송을 인용해 보도했다. 5·18 민주화운동이 발생하고 난 후 북한 신문에서 처음으로 '반미'라는 용어가 등장했다. 이는 반미운동을 조장해 남한 정권을 전복시키려는 북한의 희망 섞인 의도적인 왜곡 보도였다.

또한 1980년 5월 27일자 『로동신문』은 「남조선당국이 완고하게 파쑈독재〈정책〉을 견지한다면 결코 좋은 결말을 보지 못할 것이다」라는 기사를 통해 광주 시위에 대한 세계 각국 언론 매체들의 반항을 소개했다. "부폐한 괴뢰정권을 반대하여 지금 남조선 인민들이 벌리고 있는 대중적 투쟁의 중심지로 된 광주시의 정세는 계속 긴장되여 있다. 친미군사독재〈정권〉은 파쑈폭압법들의 폐기와 민주주의적 자유의 회복을 요구하는 인민들의 봉기를 피바다에 잠그려 하고 있다." […] "신문들은 또한 미국이《필요한 경우》에는 인민봉기 진압에 남조선 주둔 미군을 밀어넣을 차비를 하고 있다고 보도하고 있다"고 6면에 전했다. 이렇듯 한국군의 진압 승인을 넘어서 미군까지 동원하려 한다는 근거 없는 추측을 보도해 반미감정을 부추기려 했던 것이다.

같은 기사에서 소련 신문을 빌려 "《한》미련합군사령부 산하에 있는 군대들이 폭동자들이 점거하고 있는 광주시로 들어갔다"는 등의 내용을 소개했다. '미국은 또다시 세계의 면전에서 독재정권의 비호자, 인민들의 자유의 교살자로서의 진면모를 드러내놓았다'라는 소제목을 달아 미국과 남한의 친미 독재정권에 대한 비판적 내용을 내보냈다.

미국의 개입과 관련된 기사 내용은 다음 날인 5월 28일자 『로동신문』 6면에서도 이어졌다. '남조선당국은 그 어떤 기만과 탄압으로써도 저들의 필연적인 실패를 면할 수 없다'는 제목의 기사는 소련 신문이 그 출처이다. "카터 행정부는 남조선에서《안전과 질서를 회복》하는 것을 지지하기로 결정했다고 한다"면서 "워싱톤은 항공모함《코랄씨》호를 남조선 연해에로 급파했다. 이 지역으로 또한 초기 경보 체계로 장비된 2대의 비행기가 헌병과 같은《신속반응무력》의 행동을 보장하기 위하여 떠났다."라고 적었다. "《워싱턴 포스트》지가 보도한 데 의하면 미《한》련합군사령관 웍캄의 직접적인 명령에 따라 2개의 려단이 광주시에 투입되었다"는 등의 내용도 보도되었다.[69]

항공모함 코럴시호 파견은 북한의 남침을 막으려는 조치로 광주항쟁 주도 시민 제압을 지지하기 위한 것은 아니었으므로 전형적인 왜곡이다. 이러한 사실을 몰랐던 광주 시민군은 자신들을 지원하기 위해 왔다고 오인해 환영하거나 기대하는 해프닝이 벌어지기도 했다. 따라서 항모 파견의 의미를 당시에는 대체로 몰랐다고 할 수 있다.[70] 물론 북한은 자신들을 견제하는 조치라는 것을 알고도 시민군 제어용이라고 의도적으로 왜곡했을 것이다.

북한이 보도한 미군 개입설의 근거 다수가 소련 매체라는 사실이 특이한데 이러한 외신 인용은 역시 반미주의를 부추기려는 선전·선동적 보도라고 할 것이다. 또한 북한의 정보력에 한계가 있었음을 알 수 있으며 광주에 북한군이 개입하지 않았음을 방증하는 간접 증거라고 할 수 있다. 당시 북한군이 내려와 암약했거나 시민군의 일원으로 충원되었다면 소련 등 외신에 의지하지 않았을 것이기 때문이다. 그런데 『로동신문』 1980년 5월 27일자에는 "광주

---

69 곽병훈, 「5.18민주화운동에 대한 북한의 인식」(미발표논문), 2019.
70 그런데 당시 광주에 있었던 인요한은 '미7함대가 전두환을 도와주러 온다'는 대자보가 붙어 있었다고 적시했는데 이는 이후에 확인된 사실을 당시 대자보와 혼동한 회고담이 아닌가 한다. 인요한, 『내 고향은 전라도, 내 영혼은 한국인』(생각의 나무, 2006), 167쪽.

의 반《정부》학생 대표들이 미국은 위기 해결을 위해 남조선 당국에 영향력을 행사해야 한다고 주장"이 보도되었다. 이도 광주에서의 북한 정보원이 구득한 것이라기보다는 윤상원의 미국 중재 요청을 『뉴욕타임스』가 5월 26일자로 보도한 것을 받아 쓴 것으로 보인다.

북한은 4·19 혁명을 '4월 인민봉기'로 규정하고, "반미구국투쟁[71]에서 이룩한 첫 승리"로 보고 있다. 김일성의 저작을 인용한 북한의 역사서는 4·19 혁명을 다음과 같이 반미구국항쟁이라고 규정하고 있다. "3·15 부정선거를 반대하는 마산 시민들의 영웅적 투쟁. 4월 인민봉기의 폭발: 4월 인민봉기는 미제와 그 앞잡이들의 식민지 통치 밑에서 오래동안 쌓이고 쌓였던 남조선 인민들의 원한과 분노의 폭발이였으며 남조선 전역에서 수백만 명에 이르는 광범한 군중이 참가한 대중적인 반미구국항쟁이었다."[72]

* * *

---

[71] 과학·백과사전출판사, 『조선전사 – 현대편 33』(평양: 과학 – 백과사전출판사, 1981), 454쪽.

[72] 과학·백과사전출판사(1981), 위의 책, 450쪽; 김일성, 『김일성저작선집 제5권』(평양: 조선로동당출판사. 1982), 482쪽.

4. 중국에 북한 압박을 요청한 미국

광주민주화운동으로 한국의 정세가 악화되자 1980년 5월 22일 미국은 중국에 북한의 남침을 막기 위한 압력을 가해 달라고 부탁했다.[73] 홀브룩 차관보는 한미방위조약 의무 내용을 강조하기 위해 5월 22일 중국대사를 불러 평양이 무모한 도발을 삼가도록 도움을 요청했다.[74] 이는 1980년 3월 15일부터 20일까지 미국을 방문한 장웬진 중국 외교부 부부장에게 한국 문제와 관련하여, 중국이 북한에 남북대화 참여와 침략 자제 권고 등을 해달라고 도움을 요청한 것의 연장선상에 있는 것이다.

1980년 5월 하순 중국의 겅뱌오(Geng Biao, 耿飚) 국무원 외교·군공·민항·관광 담당 부총리[75]가 방미했을 때에도 장웬진에게 했던 도

---

73 "Memorandum of Roger W. Sullivan to Zbigniew Brzezinski: Your Meeting with Ambassador Leonard Woodcock Today at 3:30 P.M.," May 22, 1980, National Security Affairs, Collection # 26: Staff Material-Far East, Sullivan-Subject File, Folder: Sullivan Subject File Geng Biao Visit, 5/1-22/80, Box 70, Jimmy Carter Library. 그런데 이 자료는 실제 폴더에는 공개되어 있지 않고 RAC 상으로만 볼 수 있다. NLC-26-70-10-5-0에 근거해 카터 대통령 기념도서관 finding aid(그 목록 제목은 'Office of the National Security Advisor[sic.], vol. IV'이다; National Security Affairs, Collection # 26, pp. 31-32)에서 폴더명을 역으로 추적했다. RAC 상의 폴더명은 'Folder 10'이다.

74 William H. Gleysteen, Jr., *Massive Entanglement, Marginal Influence: Carter and Korea in Crisis* (Washington, DC: Brookings Institution Press, 1999), p. 137; 윌리엄 H. 글라이스틴, 황정일 역, 『알려지지 않은 역사: 전 주한미국대사 글라이스틴 회고록』(중앙 M&B, 1999), 195쪽.

75 1978년 3월부터 1982년까지 부총리를 역임했으며,(1979년 1월부터 중국공산당 중앙군사위원회 상무위원 겸 비서장) 1981년 3월부터 1982년까지 국방부 부장을 겸임했다. 1982년 6월부터 1983년까지 국무위원을 지냈다. 1983년 6월부터 1988년 4월까지 중국 전국인민대표회의 상무

움 요청이 지속적으로 검토되었다. 브라운 국방장관은 1980년 1월 초 중국을 방문했을 때 그의 카운터파트인 겅뱌오와 1월 6일과 7일에 만났다.[76] 장웬진 외교부 부부장[77]도 그 자리에 배석했다.[78] 1980년 1월 8일 브라운 장관 일행은 덩샤오핑 등도 만났다.[79] 또한 브라운 장관은 돌아오는 깅에 도쿄를 경유해 1월 14일 오히라 일본 수상과도 만났다. 브라운은 "한국과 관련해 중국 리더십은 박정희 사망으로 조성된 환경을 평양이 이용하지 않을 것이라고 확신하는 듯했다. 우리는 그들에게 절제 권고를 계속해 달라고 부탁했다"고 말했으며, 겅뱌오의 방미에 합의했던 정보도 전해주었다.[80] 장웬진은 1980년 3월에 겅뱌

위원회 부의장(외사위원회 주임위원 겸임)을 역임했다.

76 "Insert for Vice President's Lunch with the President, Tuesday, May 27, 1980," Secret, [May 23, 1980], attached in "Memorandum of Richard Moe to the Vice President: Talking Points for Luncheon with the President, Monday, May 27, 1980," Secret Attachment, May 23, 1980, Papers of Walter F. Mondale, Folder: Vice President's Lunch with the President, 1977-80, Vice President's Lunch With the President: Talking Points, [9/27/78-9/25/80], Box 3, Jimmy Carter Library.

77 이때는 영문 표기가 Zhang Wenchin이었으나 3월 방미 때는 Zhang Wenjin으로 바뀌었다.

78 Office of the Secretary of Defense, "Memorandum for the Record: Second Meeting Between Secretary of Defense Harold Brown and Vice Premier Geng Biao, People's Republic of China," Place: Guest House No. 4 Beijing, China, January 7, 1980 at 4:00 pm, National Security Affairs, Collection # 26: Staff Material-Far East, Sullivan-Subject File, Folder: Sullivan Subject File Brown (Harold) Trip Memcons, 1/80, Box 69, Jimmy Carter Library.

79 "Memorandum of Conversation with Vice Premier Deng Xiaoping," Place: Great Hall of the People, Attendees: US Side Secretary Brown, et al., Chinese side Vice Premier Deng Xiaoping, et al., 10:00 a. m., 8 January 1980, National Security Affairs, Collection # 26: Staff Material-Far East, Sullivan-Subject File, Folder: Sullivan Subject File Brown (Harold) Trip Memcons, 1/80, Box 69, Jimmy Carter Library.

80 Office of the Secretary of Defense, "Memorandum of Conversation: Meeting between Prime Minister Masayoshi Ohira and Secretary Brown," Place: Prime Minister Residence,

오는 5월에 각각 답방했다.

경뱌오의 방문에 대비해 1980년 5월 하순 미 국무부가 작성한 브리핑 북의 한국 항목 현안은 광주 문제였다. 국가안전보장회의(NSC) 중국 담당 위원인 로저 설리번은 브레진스키에게 올린 비망록에서, 경뱌오의 방미 시 북한의 남한 상황 악용 기도를 중국이 막아 달라고 부탁해야 한다고 건의했다.[81] 광주에서의 시민 항쟁(civil strife)이 5월 23일 김대중 체포[82]로 유발되었다고 분석하면서 "동북아 지역 안정에 대한 어떤 위협도 가장 심각한 결과를 초래할 수 있으며 오로지 소련만이 유리할 수 있다"고 평가했다.[83]

이는 냉전 시대 미국의 대소(對蘇) 견제가 노골적으로 표출된 대목이다. 미국이 경뱌오의 방문을 기화로 중소를 이간하려는 의도로 작성한 것일 수도 있다. 그러나 동북아 불안정이 소련에게 유리하다는 인식은 이전에도 있었고[84] 이후에도 계속되므로 실체가 있는 것이었

Monday, January 14 – 10:00-10:45, 23 May 1980, #9, p. 3, National Security Affairs, Collection # 26: Staff Material-Far East, Sullivan-Subject File, Folder: Sullivan Subject File Brown (Harold) Trip Memcons, 1/80, Box 69, Jimmy Carter Library.

81 "Memorandum of Roger W. Sullivan to Zbigniew Brzezinski: Your Meeting with Ambassador Leonard Woodcock Today at 3:30 P.M.," May 22, 1980, National Security Affairs, Collection # 26: Staff Material-Far East, Sullivan-Subject File, Folder: Sullivan Subject File Geng Biao Visit, 5/1-22/80, Box 70, Jimmy Carter Library.

82 김대중은 5월 17일 밤 11시에 연행되었고, 5월 22일 '김대중이 정부 전복을 기도했다'는 등의 기소 내용이 추가되어 중간 수사 결과를 통해 발표되었으며, 7월 9일 정식으로 구속되었다. 연행된 5월 17일부터 구금되었다고 할 수 있다.

83 "Korea," in "Visit by Chinese Vice-Premier Geng Biao," 23 May 1980, National Security Affairs, Collection # 26: Staff Material-Far East, Sullivan-Subject File, Folder: Sullivan Subject File Geng Biao Visit, 5/23-31/80, Box 70, Jimmy Carter Library.

84 브레진스키는 1978년 5월 20일 황화 외교부장과의 베이징 회담에서 한반도가 불안해지면 소

다. 미중 모두의 적 소련을 봉쇄한다는 냉전 시대 후반기 공동 이익 추구를 내세워 미국은 중국과 손잡고 대소 견제의 연대를 꾀한 것이다. 광주에서 진압군이 전남도청을 진압해 유혈 사태가 이미 종식된 후인 1980년 5월 28일(미국 시간) 홀브룩 차관보가 머스키 국무장관에게 그날로 예정된 경뱌오와의 만남에 대한 브리핑을 전달했다. 이 자료 후반부인 9~10쪽이 한국 광주 관련 부분인데 "남한 내정이 며칠 동안 극단적으로 악화되었다. 중국은 최근 몇 달 동안 수차례에 걸쳐 한반도 안정을 원한다고 말했다. 그러나 김일성에 대한 중국의 영향력은 한계가 있다"고 분석했다. 이어서 경뱌오와의 대화 시 제안할 점을 다음과 같이 적었다.

- 중국이 남한 위기 중에 북한을 자제시키는 데 모든 수단을 다해 줄 것을 촉구할 것.
- 남북 간의 어떤 공개적 갈등이라도 일단 일어나면 미국이 관여할 수밖에 없으며 그것은 필연적으로 미중 관계에 부정적 영향을 미치고

련이 이를 이용할 가능성이 있으며 이 지역 국가들에 위협이 된다고 지적했다. "Memorandum of Conversation," Subject: Summary of Dr. Brzezinski's Meeting with Foreign Minister Huang Hua, Participant: Zbigniew Brzezinski, Leonard Woodcock, Richard Holbrooke, Michael Oksenberg, William Gleysteen, Morton Abramowitz, Samuel Huntington, Michael Armacost, Benjamin Huberman, Gertrude Werner, Francine Obermiller, Huang Hua, Chai Tse-min, Lin Ping, Ting Yuan-hung, Chao Chi-hua, Ni Yao-li, Wan Hai-jung, Kao Chien-chung and Lien Hung-pao, Date, time and place: May 20, 1978; 3:30 – 6:40 p.m., Shanghai Room, Great Hall of the People, May 20, 1978, Top Secret, p. 12, Zbigniew Brzezinski Collection, Geographic File, Folder: China [People's Republic of]-Discussion with Ambassador Chai [5/21/78-10/1/80], Box 9, Jimmy Carter Library.

오로지 소련만 이롭게 할 것이라고 설득할 것.[85]

이에 머스키 국무장관은 위 자료를 기반으로 먼데일 부통령에게 1980년 5월 28일 오후 1시 30분으로 예정된 겅뱌오와의 만남에 대한 브리핑을 전달했다. 후반부인 4쪽에 "최근 한국 상황에 대해 매우 우려하며, 북한이 이러한 상황을 이용하지 못하게 중국이 압박할 것을 중국에게 강력하게 압박하라"는 예상 논점을 적고 있다.[86] 압박(urge)이라는 단어를 두 번이나 사용해 강한 압박 의지를 표출했다.

1980년 5월 28일 국무장관과의 두 번째 회담에서 겅뱌오는 한국에 관한 긴 연설을 했다. 그는 민주화가 남한 안정의 열쇠라는 중국의 바람을 강조하면서 남에서 일어난 일에 심상치 않은 관심을 표명했다. 그는 북한이 남한의 상황을 이용하려 들지 않을 것이라고 공언하며, 미국이 과거 몇 년간 이란에서 행한 일을 반복하지 말라고 조심스럽게 조언했다. 또한 소련의 대북한 영향력이 크지 않다고 평가했는데,[87] 중국의 대북 영향력이 크지 않다고 말하면서도 은연중에 소련

---

85 "Briefing Memorandum: Richard Holbrook to the Secretary Muskie: Your Meeting and Luncheon with Chinese Vice Premier GENG Biao Wednesday," May 28, 1980, #1E, pp. 9-10, National Security Affairs, Collection # 26: Staff Material-Far East, Sullivan-Subject File, Folder: Sullivan Subject File Geng Biao Visit, 5/23-31/80, Box 70, Jimmy Carter Library.

86 "Memorandum of Edmund S. Muskie to the Vice President: Your Meeting with Chinese Vice Premier Geng Biao 1:30 P.M., Wednesday, May 28, 1980," #1F, National Security Affairs, Collection # 26: Staff Material-Far East, Sullivan-Subject File, Folder: Sullivan Subject File Geng Biao Visit, 5/23-31/80, Box 70, Jimmy Carter Library.

87 1979년 1월 29일 워싱턴에서 거행된 카터와의 회담에서 중국의 실권자 덩샤오핑 상무부총리는 소련과 북한의 관계가 결코 강한 것이 아니라면서 소련이 최근 북한의 정세에 영향력을 행사

보다는 자신들의 대북 영향력이 크다는 점을 암시했다. 당시 북한을 움직일 수 있는 두 나라로 소련과 중국을 떠올렸으므로 중국은 소련과 경쟁하는 경쟁자로서 속내를 드러낸 것이다. 북한은 쿠바와도 다르다고 말했다. 친구로 충고하는 바라면서 최근 이란에서의 경험이 우리에게 교훈을 주며 만약 남한이 통제 불능이 되면 중국과 미국에 좋지 않을 것이라고 언급했다.

이에 머스키 국무장관은 겅뱌오의 솔직한 연설에 너무 감사하다고 답했다. 그는 한반도 안정은 미중 간의 공동 이익이며, 남한의 민주 발전에도 서로가 공감하고 있다고 지적했다.[88] 미국은 과거 8개월간 남한의 민주 발전을 위해 영향력을 행사했으며 최근까지 진보를 이루었다고 자평했다. 머스키가 겅뱌오의 연설이 도움이 되었다면서 동북아 불안은 소련에게만 유리하다고 끝을 맺자 겅뱌오도 이에 강하게 동의했다.[89]

하려고 했기 때문에 관계가 다시 쇠퇴하고 있다고 말했다. 따라서 중국이 북한에 대해 똑같이 압력을 주게 되면 중국 또한 영향력을 잃게 되고 만다로 설명했다. Jimmy Carter, *Keeping Faith: Memoirs of a President* (New York: Bantam Books, 1982); 지미 카터, 중앙일보 논설위원실 역, 『카터 회고록 상』(중앙일보사, 1983), 227쪽. 이는 북한에 영향력을 행사해 달라는 카터의 부탁에 대한 우회적 거절이었다. 그런데 미국 우드로윌슨센터 북한국제문서연구사업(NKIDP) 프로젝트팀이 2012년 발굴한 옛 공산권 국가의 비밀 외교 전문에 따르면 1979년 4월 김일성 주석은 인도차이나 공산혁명에 고무되어 중국의 지원을 얻어 남한에서 군사행동을 감행하고자 했다. 당시 김일성 주석을 만났던 중국의 실권자 덩샤오핑 상무부총리는 한반도에서 군사 충돌이 일어나는 것을 원치 않는다면서 김 주석의 도발의지를 만류하고, 7·4 남북공동성명 채택으로 조성된 대화 분위기를 이어갈 것을 당부했다.

88 "Memorandum of Edmund S. Muskie to the President[: Evening Report]," May 28, 1980, p. 1, Plains File, Subject File, Box 40, Folder: State Department Evening Reports, 5/80, Jimmy Carter Library(NLC-128-15-5-14-3).

89 "Cable from SecState to AmEmbassy Beijing: Vice Premier Geng Biao in Korea," O 290229 May 1980, Secret, #16, National Security Affairs, Collection # 26: Staff Material -

경뱌오와 머스키의 대화가 설리번과 홀브룩의 브리핑에서 제안한 대로 이루어졌다. 사회주의 국가 중국이 한국의 민주 발전을 원한다는 점이 특이했으며 이러한 시각이 미국과 완전히 일치하는 것도 역시 이례적인 일이었다. 단지 외교적 언사로 치부하기에는 너무 중요한 부분이다. 당시 중국도 남한의 위기 상황을 주목했기에 미중 간에 이러한 논의가 이루어진 측면도 있지만, 중국도 미국과 같이 남한의 위기 상황은 물론 정치발전 자체에도 관심이 있었음을 확인할 수 있는 대목이다.[90]

1980년 5월 29일 경뱌오는 브레진스키와 면담했다. 역시 소련 팽창주의에 대한 견제가 브레진스키의 첫 번째 화두였다. 이에 경뱌오도 아프가니스탄 문제에 대한 미국의 정책을 거론하면서 맞장구쳤다. 이어서 캄푸치아(1993년 캄보디아로 국명을 바꿈)와 베트남 문제가

Far East, Sullivan-Subject File, Folder: Sullivan Subject File Geng Biao Visit, 5/23-31/80, Box 70, Jimmy Carter Library. 중소 분열에 대한 경뱌오의 소견과 이에 대한 홀브룩의 논평 내용 등은 다음에 나와 있다. "Geng Biao on the Sino-Soviet Split," attached in "Memorandum of Edmund S. Muskie to the President[: Evening Report]," May 29, 1980, Plains File, Subject File, Box 40, Folder: State Department Evening Reports, 5/80, Jimmy Carter Library (NLC-128-15-5-15-2). 한편 『쥐트도이체 차이퉁』 게브하르트 힐서 기자의 1980년 5월 30일자 사설 「광주의 불길한 징조」에 의하면, 일본 오히라 외상과 중국 화궈펑의 대화에서 "북한이 남한을 공격하지 않을 것"이라고 화궈펑이 말했다고 전해진다. 이 발언을 통해 북한의 남한 공격 시 이를 지지하지 않을 것이라는 중국의 약속이 이루어졌다고 해석되었다. 이렇게 되면 소련만이 북한의 방패막이로 남게 될 것이라는 예측도 덧붙였다. 게브하르트 힐서, 「목가적 전원도시에서 펼쳐진 악몽」, 한국기자협회·무등일보·시민연대모임 공편, 『5·18 특파원리포트』 (풀빛, 1997), 93쪽.

90 미국과의 대화에서 타협적 태도를 보였던 경뱌오는 1982년 6월 북한을 방문해 북한의 인민무력부장 오진우와 회담하고 "어깨를 나란히 해서 (미 제국주의자들과-인용자) 싸울 것"과 경제·군사 원조를 약속했다. 中國軍事代表團團長耿飇在朝鮮訪問時的兩次談話," 1982年 6月 20日, 21日, 劉金質·楊淮生 (共編), 『中國對朝鮮和韓國政策 文件匯編』 第5卷 (北京: 中國社會科學出版社, 1994), 2,348~2,349쪽. 이러한 이중적 태도는 국익 추구라는 관점에서 보면 당연하다.

토의되었으며, 한국 문제는 시간 제약으로 논의되지 못했다.[91] 겅뱌오는 먼데일 부통령과 1980년 5월 28일 오후 1시 30분에 회동했으며, 카터도 만남 장소에 잠시 들를 예정이었는데[92] 그 면담 기록은 공개되어 있지 않다. 지금까지도 비밀에 부칠 정도로 겅뱌오가 비중 있는 인사였거나 아니면 당시 중국이 미국에게 중요한 국가였을 수도 있다. 아니면 겅뱌오와 논의한 것이 중요해 비밀에 부쳤을 수도 있다. 이도 저도 아니면 별다른 대화가 이루어지지 않아 기록으로 남기지 않았을 수도 있다.

다만 먼데일의 연설문 초안으로 여겨지는 문건은 아래와 같이 공개되어 있다. 이 문건 서두에 "나의 작년 8월 중국 방문"이라고 나오므로 먼데일 부통령이 겅뱌오를 만나서 연설한 문안으로 확인된다. 4쪽으로 이루어진 문건 후반부인 3쪽 하단부터 4쪽 초입에 걸쳐 한국

---

91 "Memorandum of Conversation," Subject: Summary of Dr. Brzezinski's Conversation With Vice Premier Geng Biao of People's Republic of China, Participant: Zbigniew Brzezinski, Leonard Woodcock, Michael Armacost, Nicholas Platt, Roger Sullivan, Geng Biao, Chai Zemin, Han Xu, Ni Yaoli and Zhou Wenzong, Date, time and place: Thursday, May 29, 1980: 10:05 - 11:15 A.M., Roosevelt Room, May 29, 1980, Top Secret, attached in "Memorandum of Roger W. Sullivan to Zbigniew Brzezinski: Memorandum of Conversation," May 30, 1980, Zbigniew Brzezinski Collection, Geographic File, Folder: China [People's Republic of]-Discussion with Ambassador Chai [5/21/78-10/1/80], Box 9, Jimmy Carter Library.

92 "Insert for Vice President's Lunch with the President, Tuesday, May 27, 1980," Secret, [May 23, 1980], attached in "Memorandum of Richard Moe to the Vice President: Talking Points for Luncheon with the President, Monday, May 27, 1980," Secret Attachment, May 23, 1980, Papers of Walter F. Mondale, Folder: Vice President's Lunch with the President, 1977-80, Vice President's Lunch With the President: Talking Points, [9/27/78-9/25/80], Box 3, Jimmy Carter Library: Papers of Walter F. Mondale, Folder: Vice President's Lunch with the President, 1977-80, [Vice President's Lunch With the President: Talking Points, 1/80-6/80], Box 4, Jimmy Carter Library.

상황에 대한 부분이 나온다.

> 우리는 남한의 난처한 상황에 접해 있다. 우리의 동맹국은 국내적으로 불확실한 상황에 직면해 있으나, 북한이 남한을 침략할 경우에 대비한 미국의 공약은 흔들리지 않는다. 우리는 한반도의 안정 유지에 대해 중국과 공동의 이익을 가지고 있음을 여러 차례 논의했다.[93]

5. 전두환의 국보위체제에 대한 미국의 묵인

1) 국보위체제 수립으로 막강해진 권력

1980년 5월 27일 새벽 군부의 광주 재진입 작전이 이루어지기 직전에 글라이스틴 대사는 최규하 대통령이 곧 국가보위비상대책위원회(약칭 국보위) 설치를 발표할 것이라는 정보를 입수했다. 전두환 보안사령관은 참모들이 검토한 '계엄 시 보안사의 역할에 관한 연구' 결과를 적절하게 활용하여 1979년 10월 18일 부산 보안부대에 계엄사 합동수사본부를 만들고, 10·26 직후 합동수사본부를 출범시켜 자신이 막강한 권력을 행사할 수 있게 했다. 그 연장선에서 1980년 5월 27일

---

93 "Presentation on World Affairs," [May 1980], pp. 3-4, #4C, National Security Affairs, Collection # 26: Staff Material-Far East, Sullivan-Subject File, Folder: Sullivan Subject File Geng Biao Visit, 5/23-31/80, Box 70, Jimmy Carter Library.

광주 도청 탈환 직후 국보위를 출범시켰다.[94]

국보위 위원장은 최규하 대통령이었지만 실제로 국보위를 이끈 것은 상임위원회 위원장인 전두환이었다. 국보위 위원 25명 중 15명이 장군이었으며, 국보위 상임위원회 구성원 30명 중 18명이 현역 장성인 데다가 13개 분과위원회 간사들이 모두 영관급 장교로 구성되어 군사평의회나 혁명위원회 같은 인상을 풍겼다. 이렇게 되면서 주요 정책 결정 과정에서 대통령과 청와대, 내각이 소외되었다.

한편 국보위 상임위원장에 취임한 전두환은 1980년 6월 2일 중앙정보부장 서리직 사표를 제출했다.[95] 그러나 후임이 늦게 결정되어 7월 18일에 중정부장 이취임식이 거행되었다.[96] 전두환은 중정부장에서 사퇴했지만 보안사령관직은 유지했으며 국보위 관할에 집중했다.

한편 머스키 국무장관은 진압군이 광주에 진격한 직후인 1980년 5월 27일 오후(한국 시간으로 5월 28일 오전) 카터에게 보낸 일일보고에서 국보위가 수일 내로 전두환 장군의 권력 공고화에 도움을 줄 것이라고 예견했다. 전두환은 개헌과 선거 등 예정된 정치 일정을 준수하지 않을 것이라고 관측되었다. 전 장군과 서울의 미 대사관, 주한미군의 관계는 기껏해야 가시 돋친 관계 정도인데 전두환은 그의 충복들과 미군 대표들의 커뮤니케이션을 의식적으로 제한시켜 놓았다

---

94 김충립, 「전두환〈보안사령관〉, '보안사령관 교체' 정보에 정승화〈계엄사령관〉전격 체포」, 〈신동아〉(2016.7.12).
95 「전두환 정보부장 서리 사표」, 『동아일보』 1980년 6월 2일, 1면.
96 「부패제거 역사적 대수술 유정보부장: 정보부장 이취임식, 숲前部長 정보부 활동이 국보위 목표 달성 좌우」, 『동아일보』 1980년 7월 18일, 1면.

는 것이다. 무엇보다도 전두환이 무력에 의지하지 않고 그의 권위를 세우기는 어려워 보인다고 평가되었다. 이에 머스키는 글라이스틴에게 어떻게 해야 할지 견해를 물었으며 홀브룩과 함께 각 부처의 의견을 수집해 PRC를 재소집하기로 했다고 카터 대통령에게 보고하고 그의 동의를 얻었다.[97]

브라운 국방장관도 1980년 5월 30일에, 국보위는 전두환이 민간정부를 통제하기 위해 만든 기구라고 카터 대통령에게 보고했다. 또한 박정희 시대로 회귀하는 것이 아니냐는 인식이 국민들 사이에 널리 퍼졌으며 불안의 잠재적 요인은 여전하다고 평가했다.[98]

광주가 조용해진 뒤인 1980년 5월 31일 신군부는 국가보위비상대책위원회 간판을 내걸었다. 최규하 정부의 막후 조종자로서가 아니라 신군부의 실제 모습으로 전면에 나서기 시작했다. 전술한 바와 같이 시위가 격화되던 1980년 5월 15일 밤 7시 50분 신현확 국무총리는 특별담화를 통해 1980년 말 안으로 개헌안을 확정하고 1981년 상반기에 대선과 총선을 실시하여 정권을 넘기겠다는 약속을 발표했다. 이에 최규하 대통령은 1980년 6월 12일 텔레비전 담화를 통해 보다 구체화된 정치 개혁 일정을 발표했지만, 신군부를 의식해서인지

---

97 "Memorandum of Edmund S. Muskie to the President[: Evening Report]," May 27, 1980, p. 1, Plains File, Subject File, Box 40, Folder: State Department Evening Reports, 5/80, Jimmy Carter Library. 이 자료는 RAC 상(NLC-128-15-5-13-4)으로 확인한 것이다.

98 "Memorandum of Harold Brown to the President[: Weekly Report]," May 30, 1980, p. 2, attached in "Memorandum of Zbigniew Brzezinski to the Secretary of Defense," June 2, 1980, National Security Affairs, Collection # 15, Brzezinski Material, Brzezinski Office File, Subject Chron File, Box 76, Folder: 6/1-4/80, Jimmy Carter Library(NLC-15-76-2-1-9).

계엄령 해제는 언급하지 않고 오히려 사회 기강을 엄격히 확립할 것이라는 강경 발언을 했다. 1980년 10월 말에 헌법 개정을 위한 국민투표를 실시하고 1981년 상반기에 대통령과 국회의원 선거를 하고 1981년 6월 30일까지 정부를 이양할 것이라는 보다 자세한 정치 일정을 설명하기는 했다.

신군부의 권력 탈취 기도에 못 이겨 최규하 대통령이 1980년 8월 대통령에서 물러난 이후, 8월 27일 통일주체국민회의에서 대통령에 선출된 전두환은 이전부터 준비되어 온 헌법안을 대폭 수정하여 정치 활동이 금지된 국회를 건너뛰고 10월 22일 국민투표를 실시한 후 10월 27일 대통령으로서 서명하여 새 헌법을 공포했다. 정치 활동이 금지되어 국회가 열릴 수 없는 상태에서 국회의원의 임기는 일찍 종료되었고 정당 또한 해산되었으며, 통일주체국민회의도 폐지되었다. 새 헌법 부칙 제6조 제1항에 따라 1980년 10월 29일 과도입법기구로서 국가보위입법회의가 구성되어 1981년 3월 31일까지 국회의 권한을 대행했다. 전두환은 1981년 2월 25일 새 헌법에 따라 대통령 선거를 실시하여 대통령에 당선되었고, 과도정부를 끝내고 제5공화국을 연다고 선포했다. 1981년 3월 25일 11대 국회의원 선거가 시행되었다.

다시 최규하 대통령의 6월 12일 담화로 돌아가면, 최 대통령은 최근의 군사행동이 노동자와 학생 소요에 대처하기 위한 불가피한 조치였으며 법과 질서가 확고하게 회복되면 정치적 자유화 조치가 진전될 것이라고 말했다. 이에 대해 머스키 미 국무장관은 1980년 6월 12일 카터 대통령에게 보내는 보고서에서 계엄령이 얼마나 존속될지와 5월에 체포된 정치인들의 석방에 대해서는 언급하지 않았다고 지적했다. 한국인들(신군부-인용자)은 미국이 이 성명을 지지해 줄 것을 바라지만 자신은 이 성명을 지지하는 대신 한국 정부의 향후 행동이 최규하 성명의 의미를 결정할 것임을 강조할 계획이라고 카터에게 보고했다. 카터는 6월 13일 이에 동의했다.[99]

이미 권력의 축이 신군부로 넘어가 있음을 의심하는 사람은 거의 없었다. 12·12 직후 이에 항의하고 사태를 바로잡기 위해 미국이 전두환을 의도적으로 멀리했던 것과는 달리 국보위 체제 아래 있던 1980년 6월부터는 글라이스틴 대사가 권력 실세와의 고위급 회담에 적극 나섰으며 워싱턴도 이에 동의했다. 한미 정부 간의 기본적인 의견 교류는 최 대통령이 아닌 전두환 장군과의 회담에서 이루어졌다.[100]

1980년 6월 4일 글라이스틴 대사는 머스키 장관의 지시로 전두환 장군을 만났다. 개헌과 향후 정치 일정에 대한 입장을 묻는 글라이스틴의 질문에 전두환은 즉답을 피했지만 정치에 관심이 지대하다는 것을 드러냈다고 보고했다. 전두환은 군으로 복귀할 가능성이 거의 없어 보이며 김대중과 김종필의 정치 활동을 계속 허용하지 않을 것으로 보인다고 했다. 전두환은 계엄령 아래서 개헌안 국민투표와 총선

---

99 "Memorandum of Edmund S. Muskie to the President[: Evening Report]," June 12, 1980, pp. 1-2, Plains File, Subject File, Box 40, Folder: State Department Evening Reports, 6/80, Jimmy Carter Library(NLC-128-15-6-9-8); "Notes on MUSKIE 6/12/80 Evening Report," Out Box, Thursday, June 13, 1980, Plains File, Subject File, Box 32, Folder: President's Comments on Memos: Foreign, 6-10/80, Jimmy Carter Library.

100 William H. Gleysteen, Jr., *Massive Entanglement, Marginal Influence: Carter and Korea in Crisis* (Washington, DC: Brookings Institution Press, 1999), pp. 144-147; 윌리엄 H. 글라이스틴, 황정일 역, 『알려지지 않은 역사: 전 주한미국대사 글라이스틴 회고록』(중앙 M&B, 1999), 204~207쪽. 그러나 글라이스틴 대사는 의도적으로 청와대(최광수 비서실장)와 외무장관(박동진 외무장관)과의 접촉은 지속하면서 정보를 교환했다.

까지 치르는 방안을 선호하는 것으로 관측되었다. 이렇게 정치에 개입할 것으로 예상되는 군부를 견제하기 위한 머스키의 방안은 전두환과 그의 동료들에게 대중들의 참여 유도 방안을 강구하도록 압력을 가하는 것과 군과 정치 사이에 거리를 확보하게 하는 것이었다. 또한 주요 정치 지도자들에 대한 '전시성 재판'을 막는 것도 추가했다.[101]

2) '전두환 제거'를 포기하고 실질적인 거래에 나선 미국
한편 글라이스틴은 1980년 5월 28일경 전두환 제거 계획에 대해 워싱턴에 다음과 같이 보고했다.

> 전두환 제거 기도의 위험성은 재삼 강조할 필요가 없다. 우리가 조금씩 움직일 경우 전두환은 우리에게 대항하기 위해 군을 굳건히 단결시키고 국민 사이에 강력한 반미 감정을 일으켜 미국의 국내 정치 문제로 만들 수도 있다. 우리는 그가 한국에서 가장 평판이 나쁜 인물이라는 점을 알고 있지만 그가 정말로 한국 내 여러 이익집단의 이해와 상충하는 위치에 있는지는 알지 못한다. 또한 우리가 염두에 두어야 할 점은 우리가 손들어 줄 진정한 이상적 지도자들이 없다는 사실이다.[102]

---

101 "Memorandum of Edmund S. Muskie to the President[: Evening Report]," June 6, 1980, p. 1, Plains File, Subject File, Box 40, Folder: State Department Evening Reports, 6/80, Jimmy Carter Library. 이 자료는 RAC 상(NLC-128-15-6-4-3)으로 확인한 것이다. NLC-15-76-3-37-9[National Security Affairs, Collection # 15: Brzezinski Material, Brzezinski Office File, Subject Chron File, Folder: Brzezinski, Chron: 6/5-12/80, Box 76, Jimmy Carter Library]도 파일링되어 있다.
102 William H. Gleysteen, Jr.(1999), 앞의 책, 148쪽; 윌리엄 H. 글라이스틴, 황정일 역(1999), 앞의 책, 209쪽.

'전두환 제거 기도'라는 말이 서울의 현지 미국 대표부와 워싱턴 차원에서 일반적인 용어가 되었음을 알 수 있는 대목이다. 이란 인질 사태가 장기화되고 있는 상황에서 카터는 한국이 제2의 이란이 되지 않도록 고민할 수밖에 없었다. 한국 군부 강경파는 물론 국민들 사이에 조성될지도 모르는 반미 감정을 효과적으로 제어하면서도 안보를 확보해야 하는 난처한 입장에 놓였다. 또한 전두환보다 더 나은 인물을 찾는 데 실패했다는 점도 전두환 제거 계획을 실행하지 못하게 만드는 커다란 요인이었다. 그러나 위 글라이스틴의 보고에서 미국이 대안 모색을 꾸준히 하고 있었다는 사실은 주목할 만하다.

글라이스틴은 회고록에서 1980년 5월 31일 카터가 CNN 다니엘 숄, 조지 왓슨과의 대담에서 발언한 내용을 부분적으로 인용했다.

> 우리는 한국군과 민간 지도자들에게 가능한 한 빠른 시일 안에 완전한 민주정부를 수립하도록 촉구하고 있다. 그런 한편 우리가 주력하는 것은 한국의 안보다. […] 나는 지구상의 모든 나라가 민주화되기를 바란다. […] 그러나 우리는 우방과 친구, 교역 상대방(이 단지 우리의 인권 기준에 맞지 않는다고 해서 그들)[103]과의 관계를 단절해 그들을 소련의 영향권에 넘길 수는 없다. 그리고 그들 정권이 우리의 인권 기준에 부합되지 않는다는 이유만으로 전복시킬 수도 없다.[104]

---

103 워싱턴 AFP 통신의 1980년 6월 1일자 보도를 참조하여 ( ) 안 내용을 첨가했다. 글라이스틴은 이 부분을 누락했다.
104 William H. Gleysteen, Jr.(1999), 앞의 책, 148쪽; 윌리엄 H. 글라이스틴, 황정일 역(1999), 앞의 책, 209~210쪽.

그런데 위 대담을 부분 인용한 다른 버전에 의하면 카터가 "두 가지 원칙 즉 한국의 안보와 인권 문제에 대한 미국의 입장에는 변화가 없" 으며 "민주화가 좌절되었으므로" 미국은 한국 관리들에게 "완전한 민주 정책을 지향해 가급적 빨리 나아가도록" 촉구했다고[105] 사뭇 다르게 인용되어 있다. 전문(全文) 인용이 아니라 그 의미가 상이하게 해석될 수 있으며, 지도자의 말은 상황과 맥락에 따라 달라지므로 일관성을 갖기 힘들다. 카터의 기자회견에 동석한 미 국무부의 한 고위 관리는 "오늘날 한국 사태는 인권 문제가 아니고 동북아시아의 안정 유지를 바라는 미국의 국가이익에 관한 문제"라고 덧붙였다.[106]

카터의 발언은 민주정부 수립도 중요하지만 안보도 생각하지 않을 수 없으며 때로는 동맹국(한국과 미국)의 안보가 인권에 우선한다는 의미였다. 전두환의 권력 찬탈에 분노한 의회가 4억 5천만 달러에 달하는 수출입은행의 대한 차관을 연기시키려 할 때 "안보가 인권에 앞선다"는 밴스 국무장관의 발언을 카터가 지지한 것으로 해석되었다.[107] 미국은 냉전 시대 내내 소련을 의식할 수밖에 없었다. 1980년은 1979년 12월 소련의 아프가니스탄 침공 이후 카터가 소련을 극도

---

[105] "United States Government Statement on the Event in Kwangju, Republic of Korea, in May 1980," June 19, 1989, Vertical File, Box 71, Presidential Papers of Jimmy Carter, Jimmy Carter Library; John Adams Wickham, Jr., *Korea on the Brink, 1979-1980: From the '12/12' Incident to the Kwangju Uprising* (Washington, DC: National Defense University Press, 1999), p. 210; 존 위컴, 김영희 감수, 유은영 외 공역, 『12·12와 미국의 딜레마: 전 한미연합사령관 위컴 회고록』(중앙 M&B, 1999), 317쪽.

[106] 김준태(2006), 앞의 글.

[107] Claude A. Buss, *The United States and the Republic of Korea: Background for Policy* (Stanford: Hoover Institute Press, 1982), p. 136.

로 의식해 신냉전 시대가 시작되었다는 평가를 받는 해이므로 이러한 안보 우선의 현실주의적 인식을 하는 것도 당연했다. 여기에다가 1979년 11월 발생한 이란 문제도 미국이 한국 문제에서 인권보다 안보를 우선하게 된 배경을 형성했다.

이 회견에 대해 1980년 6월 2일자 『경향신문』에서는 "한국이 공산주의 위협에 대처할 능력이 한국 국민을 위한 민주주의에 우선한다고 시사했다"고 로이터 통신발로 보도했다.[108] 역시 안보가 인권보다 중요하다고 말했다는 해석이다. 불과 일 년 전만 해도 박정희와 만나 인권을 강조했던 카터가 선거가 임박하자 이번에는 인권 대신 안보를 들고 나와 보수파들을 자신의 지지 기반으로 만들려는 선거 전략을 추구한 것이다. 카터는 전두환 정부 전복을 위해 관계 단절을 고려하기도 했지만, 안보가 악화되면 북한을 이롭게 할 수 있으며 무엇보다도 한반도가 소련의 세력권으로 넘어가는 것은 최악이라고 생각한 것이다.

이렇듯 미국은 한국의 인권 개선을 위해 전두환 정부의 전복을 기도할 뜻이 없음을 명백히 했다. 전두환 제거의 한 방편이 될 수 있는, 한국에서 미국의 군사적 협력을 약화시키겠다는 위협을 하지 않겠다는 의미도 함축했다. 이에 전두환은 며칠 후 글라이스틴을 만나 카터의 인터뷰를 지지한다고 화답했다.[109] 6월 4일 전두환은 글라이스틴

---

108 「카터, TV방송서 강조」, 『경향신문』 1980년 6월 2일, 1면. 위 보도와 AFP를 인용한 『동아일보』 보도「한국 민주정부로 신속 진전 희망」는 전두환 중정부장 서리의 사표 제출 소식 보도에 톱뉴스의 자리를 양보해야 했는데, 이날 복간한 『전남매일신문』은 로이터를 인용해 톱으로 보도했다.
109 William H. Gleysteen, Jr.(1999), 앞의 책, 149쪽; 윌리엄 H. 글라이스틴, 황정일 역(1999), 앞

대사에게 특전사 투입은 유감스럽게 생각하나 사태를 수습하기 위한 마지막 수단이었다고 변명했다.[110]

  1980년 5월 31일 홀브룩 국무차관보는 미국의 대한 정책 검토를 위한 부처 간 비공식회의를 주재했는데, "전두환 장군의 제거를 기도하지 않는다. 그러나 군부 내에 그에 대항할 조직적인 세력이 조성될 가능성은 아직 예의 주시한다"고 결론 내렸다. 미국의 안보 공약, 주한미군, 명령 체계 등 양국의 기본적 안보 관계에는 손을 대지 않는다는 것이 전제였다.[111] 이는 전두환을 제거하기 위해 주한 미군 철수 등을 고려하지는 않겠다는 의미였으며, 그렇지만 대안 세력을 육성해 전두환을 대체할 수 있다는 점을 명백히 한 것이다. 또한 '아직 예의 주시한다'는 표현에서, 미국이 대체 세력 육성을 통한 전두환 체제 전복의 기회를 포착하려고 예의 주시하고 있었음을 확인할 수 있다. 전두환을 인정하고 싶지 않았던 미국 정책 결정자들의 분위기를 알 수 있는 부분이다. 이러한 전두환 제거 공작은 큰 틀에서 보면 12·12 이후부터 1981년 1월 23일 김대중에 대한 무기징역 감형 결정에 이르기까지 미국이 간헐적이지만 여러 차례 검토했던 비교적 일관된 계획이었다.

의 책, 210쪽.
110 "United States Government Statement on the Event in Kwangju, Republic of Korea, in May 1980," June 19, 1989, Vertical File, Box 71, Presidential Papers of Jimmy Carter, Jimmy Carter Library; John Adams Wickham, Jr.(1999), 앞의 책, 210쪽; 존 위컴, 김영희 감수, 유은영 외 공역(1999), 앞의 책, 317쪽.
111 William H. Gleysteen, Jr.(1999), 앞의 책, 149쪽; 윌리엄 H. 글라이스틴, 황정일 역(1999), 앞의 책, 210쪽.

글라이스틴은 1980년 6월 14일 홀브룩에게 회신하면서 미국의 신군부 승인을 지렛대로 삼으면서 관망할 것을 건의했다. 당시에는 전두환에 대한 불인정이 기본 정책이었다. 또한 장기적으로 군부 지도자들이 민주적인 행태를 갖추어 자신들을 합법화하고 국내의 단합을 유지하면서 심각한 경제 문제들에 성공적으로 대처하고 국정을 터득할 능력을 과시하는 상황이 오게 만들어 현재 체념 상태에 있는 국민들이 마지못해 순응하게 만들자는 것이었다.[112]

한편 1980년 6월 16일 글라이스틴은 미 국무부로 보낸 전문에서 전두환의 언론 왜곡을 집중 규탄했다.

> 한국 국민과 이곳의 미국인들은 한국에서 전개되고 있는 핵심 사안에 대한 우리 정부의 입장이 무엇인지 거의 알지 못하거나 왜곡되게 알고 있으며, 그 때문에 우리가 곤욕을 치르고 있다는 점을 국무부도 알아야 한다고 봄. 이런 상황이 빚어진 것은 언론에 대한 심한 검열 탓도 있지만, 한편으로는 미국 여론을 포함해 모든 것을 조작하기로 작정한 전두환 그룹의 집요한 노력 때문임.
> 카터 대통령의 5월 31일 유선 방송 인터뷰는 한국의 민주 발전이 후퇴했다는 점을 강조한 대목은 빠지고 우리의 안보 이익의 지속성을 강조한 대목만 강조된 채 한국 국민들에게 전달되었으며, 머스키 장관의 발언은 (미국이 한국을) 대체적으로 지지한다는 뜻으로 전달되었음.

---

[112] William H. Gleysteen, Jr.(1999), 앞의 책, 149~150쪽: 윌리엄 H. 글라이스틴, 황정일 역 (1999), 앞의 책, 211~212쪽.

게다가 신군부 일부에서는 위컴 장군과 본인을 우리 정부의 정책과는 궤를 달리하는 인물로 비치도록 일을 도모하고 있으며, 한 명 이상의 서울 주재 미 특파원이 이 게임에 관여하고 있음.[113]

결국 글라이스틴이 1980년 6월 26일 아침[114] 전두환을 만나 아래와 같은 논지로 말하기로 결정되었다.

우리는 대한민국에 대한 안보 공약에 충실할 것으로 그것은 논란의 여지가 없다. 그러나 전에도 밝혔듯이 우리는 1981년 추가 철군 문제를 재검토할 것이다. 향후 한국 정부가 어떤 조치를 취하느냐에 따라 한국에 대한 미국 의회의 태도와 여론은 불가피하게 영향을 받을 것이다. 한국 국민들의 폭넓은 지지가 가시화되지 않을 경우 주한 미군의 주둔에 필요한 미국 여론과 의회의 지원은 약화될 가능성이 있다.[115]

---

113 이홍환, 「전두환 집권과 미국의 '거리두기'」, 〈신동아〉(2004.9.22).
114 "Memorandum of Warren Christopher to the President[: Evening Report]," June 24, 1980, pp. 2-3, Plains File, Subject File, Box 40, Folder: State Department Evening Reports, 6/80, Jimmy Carter Library. 이 문서에는 6월 26일에 만날 예정이라고 나온다. 현지에 있는 글라이스틴 대사가 전두환을 만나는 것이 카터 대통령에게 보고되었을 정도로 전두환은 관심의 초점이 되었다. 이 자료는 RAC 상(NLC-128-15-6-16-0)으로 확인한 것이다. 또한 이 자료에 의하면 글라이스틴은 1980년 6월 23일 박동진 외무장관을 만나 투옥 중인 김대중에게 가혹행위를 하거나 사형을 집행하게 되면 심각한 문제가 발생할 것이라고 경고했다는 것이다. 크리스토퍼 부장관이 6월 24일 미국에서 인권운동 주요 조직 지도자들을 만났는데 이들이 투옥 중인 김대중의 안위에 대해 우려했다고도 한다.
115 William H. Gleysteen, Jr.(1999), 앞의 책, 150~151쪽: 윌리엄 H. 글라이스틴, 황정일 역(1999), 앞의 책, 212~213쪽.

이처럼 미국은 철군 문제를 동원해 전두환을 제어했던 것이다. 위의 내용은 미 국방부와 NSC의 결정 사항을 크리스토퍼 국무부 부장관이 글라이스틴에게 전달한 1980년 6월 21일자 전문에 나온다.[116] 이 전문은 아래와 같이 한국의 정치발전과 민주화 등 기존에도 강조했던 내용 외에 현실(신군부의 정권 장악)을 인정하는 부분이 곳곳에 들어 있다는 점에서 이전의 '신군부 정권 장악 저지' 지시 문건과는 성격이 판이했다.

3. 우리 목표와 전략: 전두환 장군과 그의 동료들이 군을 동원해 한국 정부의 군부 통치를 성공적으로 수립하고 군도 현재 일사불란하게 통제돼 있다는 결론에 따라 우리는 현 단계에서 이 정권이 용인할 수 없는 조치의 완화와 정치·행정 분야의 군부 개입 축소, 현명한 경제정책의 시행, 정적들에 대한 관대한 처분을 통해 그들이 합헌정부를 지향하도록 우리의 영향력을 집중해야 한다. 동시에 현재의 한국 정권과 그들의 과격 조치를 우리가 지나치게 영합해 동일시화하지 않도록 해야 하며, 그들의 향후 행동이 정상적인 한미 관계를 보장할 수 있을지 지켜보겠다는 것을 알려야 한다.

4. 즉각적인 요구사항 시나리오: (A) 수감되어 있는 정치 지도자들에 대한 언급을 포함해 아래 적시된 모든 지시 사항을 전두환 장군에

---

116 "Telegram from SecState (Christopher) to AmEmbassy (Gleysteen): Instruction to Convey U.S. Policy Concerns to Korean Leaders," June 21, 1980: 「국무장관대리(크리스토퍼 부장관)로부터 주한 미대사에게: 한국 문제 쟁점 – 한국 지도자들에게 미 정책 전달 지시」 (1980.6.21) in William H. Gleysteen, Jr.(1999), 앞의 책, 219쪽; 윌리엄 H. 글라이스틴, 황정일 역(1999), 앞의 책, 303쪽.

게 전달해야 한다. 우리는 6월 4일 전두환 장군과의 회동 때 전 장군이 언급한 내용이 이행되는지를 주시해 왔으며, 최근의 일들이 양국 간의 중요한 관계에 어떤 영향을 끼쳤는지에 대해서도 검토해 왔다.

(B) 전두환 장군을 만나기 전 6월 23일 월요일에 박동진 외무장관을 만날 필요가 있다. 화요일 마닐라의 아시아개발은행이 실시할 대한국 차관 제공 여부 투표에서 우리가 기권하리라는 점을 월요일 한국 정부에 통보해야 하며, 통보할 내용은 추후 지시할 것이다.

5. 전두환 장군과의 회동: (A) 전 장군과 만나는 이번 회동의 구체적인 목적은 실질적인 차원에서 우리가 그와 거래해야 한다는 점을 우리가 암묵적으로 인정했음을 그에게 전달하는 것이며, 아울러 그의 행동 여하에 따라 우리의 관계가 규정된다는 점을 그에게 이해시키는 것이다.[117]

이 지시 전문에서 크리스토퍼는 전두환의 신군부가 권력 장악에 성공했음을 인정하면서, 미국이 전두환과 '실질적인 차원에서 거래'를 원하고 있다는 점을 분명히 밝히는 등 기존의 '불인정' 입장과는 변화된 모습을 보이고 있다. 미국은 신군부의 권력 장악을 묵인하는 방향으로 계속 변화되고 있었다. 신군부가 등장한 12·12 직후에는 전두환과의 접촉 자체를 꺼리는 등 그의 정치 참여를 제지하려 했고, 해를 넘기면서 전두환의 정치 간여가 가시화되자 진두환 제거를 김

---

117 위의 자료; William H. Gleysteen, Jr.(1999), 위의 책, 217~218쪽; 윌리엄 H. 글라이스틴, 황정일 역(1999), 위의 책, 301~302쪽.

토했다. 1980년 4월 14일 전두환의 중앙정보부장 겸직에 대해 항의했지만 힘의 한계를 절감해야 했다. 5월 광주민주화운동에서 정치적 모험을 감행했던 신군부는 미국에 대항해 주도권을 가질 수 있을 정도로 성장했다. 결국 5월 31일 국보위가 수립된 직후인 6월에는 최규하 대신 전두환과 교섭해야 할 정도로 신군부의 권력 장악을 묵인하는 쪽으로 선회했다고 할 수 있다. 그럼에도 불구하고 당시까지는 전두환에 대한 '불인정'이 기본 정책이었으며 워싱턴 일각에서는 김대중 감형(1981년 1월 23일) 직전 카터가 물러날 때까지 전두환 퇴진 방안을 계속 검토했다.

크리스토퍼는 또 머지않아 가시화될 신정권의 조건을 구체적으로 제시했다. 새로운 정권을 세우는 것에 반대하지는 않겠으나 다섯 가지 조건을 충족시켜야 한다는 미국의 희망사항 목록이다. 위에서 언급한 '우리 목표와 전략' 부분에 미국의 '영향력'이라는 관점에서 보다 구체적으로 열거되어 있는데 이를 다시 한 번 살펴보고자 한다.

첫째는 '수용하기 힘든 행동의 완화'이다. 제멋대로 하는 행동은 이제 자제하기를 바란다는 말이다. 둘째는 '헌법에 기초한 합법적인 정부'이다. 새로 출범시킬 정부는 최소한 합법적인 절차를 밟아야 한다는 것인데, 미국이 신정권 출범을 인정한 이상 법의 테두리를 벗어남으로써 미국을 곤혹스럽게 만들어서는 안 된다는 말이다. 셋째, '정치와 행정에 대한 군의 개입 감소'이다. 군이 정치와 행정에 손을 대서는 안 된다는 말은 이미 물 건너갔으므로 차선책으로 군이 최소한으로만 관여했으면 한다는 것이다. 넷째는 '분별 있는 경제 정책 시행'이다. 신정권이 자유시장 체제에서 벗어나는 경제체제를 선택할 경우 한국이라는 시장에서 미국의 입지는 좁아질 수밖에 없다. 다섯째로 제시된 것이 '야당 지도자들에 대한 탄압 억제'이다. 정치권에서의 권력투쟁마저 막을 수는 없으나 정치 자체는 안정시켜야 한다는 것이다.

이제 미국은 한국에 군부 통치가 성공적으로 수립되었다고 평가했다. 또한 미국은 군부 통치가 안정화된다면 전두환 정부를 합헌정부로 만드는 것을 고려하기 시작했다. 만약 전두환 정부가 군을 안정시키지 못하고 정국의 안정을 달성하지 못했다면 미국은 이 정부를 합헌정부로 만들려는 노력을 하지 않았을 것이다. 그런 점에서 미국의 대한 정책의 미래는 전두환의 안정화 성공 여부에 달려 있었다.

아시아개발은행의 차관 승인 투표 시 미국의 기권 건과 관련해 글라이스틴은 워싱턴의 훈령대로 1980년 6월 박동진 외무장관을 만났다. 글라이스틴은 "박 장관은 언짢아하는 기색이었지만 놀라지는 않았다"고 회고했다.[118] 아시아개발은행의 한국 차관은 인천항의 제2부두 개발에 쓰일 5,400만 달러짜리였다. 미국의 기권에도 불구하고 이 차관은 집행되었다.[119]

광주민주화운동이 진압된 이후 미국은 '냉담하고 초연한' 공적 자

---

118 William H. Gleysteen, Jr.(1999), 위의 책, 154쪽 각주 5; 윌리엄 H. 글라이스틴, 황정일 역 (1999), 위의 책, 218쪽. 1979년 10월 16일 SCM에 참석하고 박정희 대통령을 면담했던 브라운 장관은 한국의 정치 사태(부마사태-인용자)와 관련됨이 없이 미군의 전투력 증강을 다짐했다. 그러나 ABD의 대한 차관 승인 요청은 보류할지 모른다는 사실을 한국에 통보했다고 『워싱턴포스트』가 보도했다. 「WP지 보도: 대한개발차관 공여 미, 승인 보류할 지도」, 『경향신문』 1979년 10월 20일, 1면.

119 「부두하역 능력 확충 인천항 개발 ADB차관 5천4백만 불 도입 체결」, 『경향신문』 1980년 7월 25일, 3면.

세를 통해 신군부의 정치 개입에 대한 불쾌감을 표시하려 했다. 한국에서의 독재와 불안정은 한미 안보 관계에 대한 미국의 일반 국민과 의회의 지지를 약화시킬 것이므로 군부독재 체제의 출현을 막고 민간정부의 헌법 개정 노력 계속과 선거 실시를 권장하는 방향을 고수하려 했다.[120] 그렇지만 이는 이상이었고 현실적으로 미국은 전두환을 계속 인정하지 않을 수 없다. 민주화·자유화가 가시적으로 진전되면 언제라도 전두환 정권을 승인할 것이었으며, 성과가 드러나지 않더라도 다른 대안이 없으면 묵인할 수밖에 없었던 것이다.

카터가 주관하고 먼데일 부통령 등이 참석하는 주례 외교 정책 조찬 만남[121](6월 20일 금요일)을 위해 1980년 6월 19일경 작성되어 부통령에게 보고된 자료에 의하면 불안한 평온이 한국에 감돌고 있으며 군부 세력이 국보위 체제를 통해 권력을 공고화하려 하고 있다면서 미국은 핵심적인 안보 이익을 해치지 않는 한에서 지배 세력을 설득해 민주적인 방향으로 어떻게 움직이게 하느냐를 결정해야 한다고

---

120 "United States Government Statement on the Event in Kwangju, Republic of Korea, in May 1980," June 19, 1989, Vertical File, Box 71, Presidential Papers of Jimmy Carter, Jimmy Carter Library; John Adams Wickham, Jr.(1999), 앞의 책, 209~210쪽; 존 위컴, 김영희 감수, 유은영 외 공역(1999), 앞의 책, 316~317쪽.

121 통상 매주 금요일 아침 7시 30분에 개최했으나 대통령의 일정을 고려해 목요일에 열리기도 했다. "Memorandum of Denis Clift to the Vice President: Foreign Policy Breakfast, Thursday, July 21, 1977," Top Secret, July 20, 1977, Papers of Walter F. Mondale, Folder: Foreign Policy Breakfast, 1977-80 Foreign Policy/National Security Development, 1980, Talking Points for Foreign Policy Breakfast, 1977, Box 2, Jimmy Carter Library. 처음에는 카터, 먼데일, 밴스, 브레진스키만 참석했다가 브라운 국방장관을 추가하고 사안에 따라 참석자를 늘렸다. Jimmy Carter, Keeping Faith: Memoirs of a President (New York: Bantam Books, 1982); 지미 카터, 중앙일보 논설위원실 역, 『카터 회고록 상』(중앙일보사, 1983), 64쪽.

나와 있다.[122] 미국은 한국 민주화보다 안보 이익 수호가 우선적인 목표였던 것이다.

---

[122] "Notes for Meeting with the Vice President," June [19], 1980, Papers of Walter F. Mondale, Folder: Foreign Policy Breakfasts [1/80-6/80], Box 1, Jimmy Carter Library(NLC-133-1-2-22-6). 실제 박스에서는 7쪽 마지막 줄 마지막 문장을 2006년 8월 25일 지웠는데 2007년 5월 17일 미 국무부의 리뷰로 전체가 공개되어 NLC에서 볼 수 있다. 지워졌던 부분은 "Diego-Trident package now in place"라는 문장이다.

November 25, 1980

THE SECRETARY OF STATE
WASHINGTON

5부

쿠데타를 완성한 전두환

SECRET

MEMORANDUM FOR: THE PRESIDENT
FROM: Edmund S. Muskie

DECLASSIFIED
E.O. 12958, Sec. 3.6

◀
통일주체국민회의 사무처 대통령 당선인 공고(1980.8.27).
문화체육관광부 정부기록사진집, 공공누리 제4유형

1장

5·18 이후 미국의 전두환 제거 구상

1. 광주항쟁 이후 미국의 고민

1980년 7월 1일 도널드 그레그 위원은 브레진스키 보좌관에게, 전두환의 권력 장악에 대해 미국이 심각하게 우려하고 있다는 사실을 그에게 강조해야 한다고 말했다. 그러나 전두환이 권력을 장악할 경우 "미국의 지렛대로서의 역할이 제한되며 전두환은 그것을 알고 있다"[1]면서 미국의 힘의 한계를 인식해 전두환을 인정하는 방향으로 가는 것 외에 대안이 없음을 암시했다. 그러나 아직 대통령은 최규하였고, 1980년 여름, 전두환이 대통령직을 장악하기 전에 그를 권좌에서 물

---

[1] "Memorandum of Donald Gregg to Zbigniew Brzezinski: US-Korean Relations: Instructions to Ambassador Gleysteen," July 1, 1980, National Security Affairs, Collection # 6, Brzezinski Material, Country File, Folder: Korea, Republic of, 6-8/80, Box 44, Jimmy Carter Library.

러나게 하는 것이 전두환 제거의 마지막 기회일 수도 있었다. 이 당시 신군부는 아직 미국을 의식해 자제하고 있었으며, 정치 일정에 관해 미국의 승인을 받고 일을 처리할 수밖에 없는 상황이었다.

1980년 6월 25일 최광수 대통령 비서실장은 글라이스틴 대사와의 면담에서(6월 26일 글라이스틴의 전두환 면담에 앞서 이루어짐) 전두환 보안사령관은 계엄령하에서 개헌 국민투표를 실시할 것과 올해 여름 새로운 정치 질서를 수립하기 위해 그 전까지 대대적인 '정치적 숙정(political surgery, 예를 들면 정치 규제 등 - 인용자)'을 단행할 것을 마음에 두고 있다고 전했다. 이날 면담 내용을 국무부(특히 홀브룩)에 당일자로 보고한 글라이스틴 대사의 외교 전문에 따르면 "최 실장은 정부 내 정치인과 야당 정치인에 대한 '정치적 숙정'을 단행해야 한다고 밝히고, 군부는 아직 정치권이 충분히 정화됐다고 생각하지 않는다고 말했다"고 한다. 최 실장은 또 "숙정 작업은 극단적인 방식이 아니라 헌법 테두리 내에서 이뤄질 것이며, 7월께 숙정이 마무리된 후 정치 일정이 재개될 것"이라고 확인했다.[2] 글라이스틴 대사가 최 실장이 전한 정치권 숙정 계획과 일정에 대해 아무런 입장을 밝히지 않아 신군부의 정치 일정을 사실상 묵인한 것이 되었다는 결과론적 해석도 있다.[3]

---

2   "Cable from AmEmbassy Seoul (Gleysteen) to SecState: Korea Focus: June 25 Talk with Blue House SYG," O 250935Z Jun 80, US National Archives, http://timshorrock.com/wp-content/uploads/korea-foia-_9-gleysteen-chun-june-1980.pdf (검색일: 2011.7.24).

3   성기홍, 「80년초 美국무부.군장성, 신군부 정책 이견」, 〈연합뉴스〉(2010.5.18).

그러나 미국은 내정간섭 논란과 반미주의의 등장 등으로 행동을 취할 수 없는 상황에서 힘의 한계를 느끼고 개탄했으며, 결과적으로 도상작전으로 끝나기는 했지만 전두환 퇴진 공작을 별도로 검토했으므로 방관만 했던 것은 아니다. 글라이스틴은 6월 25일 전문에서 여권 내부의 반미 움직임에 대해 많은 지면을 할애하면서 대책을 촉구했다. 그는 최 비서실장에게 "미국은 새 권력자가 한국인들 사이에서 어떻게 지지를 얻는지 주의 깊게 관찰할 것이다. 야당과 반대 진영(재야 세력)은 물론 집권 세력 내 일부에 퍼진 반미적 언사들로 인해 당혹스럽고, 전 장군과 그 동료들이 미국과의 기본적인 안보 관계와 경제 관계마저 침식될 위험에 처해 있다는 사실을 충분히 헤아리지 못하고 있다"고 강조했다. "미국은 야권과 반대 진영의 반미 비판주의는 차치하더라도 체제 내부의 반미 책략에 대해 특별히 우려하고 있다"고 밝힌 것이다.

최광수 실장은 이에 대해 아시아개발은행의 차관 건 투표 기권"과 같은 공개적인 행동으로 적대시하지 말고 사적으로 직접 만나 솔직하게 말할 것을 촉구했다. 미국은 1978년에도 국제 금융기관의 대한 차관 2건의 공여 여부 투표에서 기권했던 적이 있고, 박정희는 일부 구금 인사를 석방하는 등 전술적 변화를 모색하여 이에 대응했다.[5] 글

---

4 "Cable from to SecState (Christopher) to AmEmbassy Seoul (Gleysteen): ADB Abstention," June 20, 1980, US National Archives, 이흥환, 「전두환, 정권 승인 대가로 美에 핵포기, 전투기 구매 약속」, 『신동아』(2004.8), 488~501쪽.
5 William H. Gleysteen, Jr.(1999), 앞의 책, 34쪽; 윌리엄 H. 글라이스틴, 황정일 역(1999), 앞의 책, 65쪽.

라이스틴은 미국이 한국에 대한 조언을 비밀리에 하려고 노력하고 있다고 전제하면서도 미국은 미국과 한국의 많은 사람들을 의식해서 일정한 행동을 해야 하며 명확한 입장을 표명해야 한다고 변호했다. 또한 의회에서 통과되어야 정책이 집행되므로 의회를 의식해야 하며 이러한 공개적 방법이 미국 정부의 운용 방법임을 대한민국 정부는 명심해야 한다고 첨언했다.

한편 최광수 실장은 소수 급진주의자들은 진정 도움이 안 되는 반미주의자들이고, 소수의 우익 젊은 군 장교들은 미국의 내정간섭에 반대하는 과도한 민족주의자(국수주의자 – 인용자)들이며 때로는 유감스러운 행태를 나타내기도 한다며 글라이스틴의 지적을 수긍했다. 그러나 최 실장은 "청와대와 고위 군부 장군들은 반미 감정의 증가를 막고, 불행한 결과를 초래하는 것을 차단하기를 원하고 있다"면서 나이브한 "군 장교들은 단순하기 때문에 교육을 시켜 현실을 깨닫게 할 수 있다"며 대책을 마련하겠다고 밝혔다. 글라이스틴 대사는 반미 문제는 앞으로 잘 해결될 것으로 믿는다면서도 "유감스럽게도 현 행정부 내 몇몇 인물은 이런 관점에서 협력하지 않고, 불장난을 하고 있다"고 지적했다. 이어서 그는 "우리가 반미 감정을 조종하고 이용하는 사람들을 찾아낸다면 그들에 대해 매우 부정적인 태도를 취할 수밖에 없을 것"이라고 경고하면서, "최 실장이 이러한 메시지가 전파되도록 해주기 바란다"고 촉구했다.

이 같은 글라이스틴 대사의 입장은 신군부를 중심으로 한 권력 집단 내부의 잠재적인 반미 경향을 조기에 차단하기 위한 것으로 해석된다.⁶ 만약 이들의 반미적이고 국수주의적인 경향을 교정하여 반미주의자들을 체제 내부에서 확실하게 차단한다면 미국이 신군부에 대한 입장을 지금보다 명확히 할 것이라는 암시가 들어 있다. 최 실장은 미국 정부가 중도적이고 자유주의적인 발전을 계속 선호하고 있음을 잘 알고 있고, 미국 정부가 그렇게 하는 것에 동의하는 입장이었다고 글라이스틴은 평가했다.⁷

이에 앞서 1980년 5월 31일에 글라이스틴 대사는 '한국 관련, 미 입장 직접 공개 표명 위한 계속적인 투쟁'이라는 이례적인 제목의 전문을 미 국무부에 보냈다. 리처드 홀브룩, 국무부 동아시아·태평양국 마이클 아머코스트 부차관보, 로버트 리치 한국과장 등 세 사람 앞으로 보낸 이 전문에서 글라이스틴은 먼저 광주 이후의 한국 분위기를 이렇게 전하고 있다.

> 너무 많은 한국인과 (광주) 지역의 미국인들이, 광주에서 보인 한국 정부의 거친 행동을 미국이 너그럽게 봐줬으며 심지어 부추겼다고 믿고 있다. 이런 오해는 광주사태를 진압하기 위한 병력 이동을 우리가 묵인했다는 바로 그 사실 때문에 증폭되었다.

6   성기홍, 「美, 80년 신군부 장악후 체제내 반미 조짐 경고」, 〈연합뉴스〉(2010.5.18).
7   "Cable from AmEmbassy Seoul (Gleysteen) to SecState: Korea Focus: June 25 Talk with Blue House SYG," O 250935Z Jun 80, US National Archives, http://timshorrock.com/wp-content/uploads/korea-foia-_9-gleysteen-chun-june-1980.pdf (검색일: 2011.7.24).

글라이스틴은 이런 상황을 개선하기 위한 방책으로 워싱턴에 두 가지 제안을 했다.

> 이런 상황은 본인이 한국에 부임한 이후 처음 겪는 일로, 한국 국민들과 실제로 소통할 수 있는 길이 막혀 있는 상황에서 우리가 할 수 있는 일은 그리 많지 않다. 그러나 상황을 호전시킬 수 있을 두 가지 방법을 염두에 두고 있다. 하나는 카터 대통령과 머스키 장관, 국무부 대변인이 최근 발표한 공식 성명서들을 한데 묶어 (서울에서) 한국어와 영어로 언론에 배포하는 것이다. 실제로 전달이 될지는 의문이지만 가능한 한 많은 한국 국민들에게 그 성명서들을 배포할 것이다. 또한 주한 미 대사관 명의의 표지를 붙여 지방의 미국인들에게도 발송할 것이며, 홍보 효과를 더욱 확실히 하기 위해 주한 미군 방송(AFKN)을 통해서도 성명서를 발표할 것이다. 전두환 장군이 불쾌해 하긴 하겠지만, 불쾌해 하면 할수록 더 좋다. 또 하나는 의회를 활용하는 것으로, 이 전문 수신인 3인 가운데 한 사람이 처음으로 상·하 양원 동아태 소위에 출석해 증언하는 것을 워싱턴이 고려할 것을 제안하는 바이다. 의회 출석 증언은 우리의 공식 입장을 제도적으로 전달하는 방법이 될 수 있을 것이며, 적어도 광주사태와 우리의 관계를 우리 국민에게 직접 전달하는 수단이 될 것이다. 빠른 시간 안에 의회 증언을 하기에는 많은 어려움이 있겠지만, 적극 고려해 볼 것을 요청한다.[8]

---

8   이흥환(2004), 앞의 글, 488~501쪽.

실제로 6월 22일 주한 미 대사관은 미국 관리들이 한국 문제에 대해 행한 성명을 모아 한국인 3,000명에게 우송하는 매우 이례적인 조치를 통해 언론 왜곡 등에 대처했다.[9] 미국이 전두환 등 신군부의 정치 간여를 결코 지지하지 않았음을 알리고자 한 것이다. 또한 미 국무부는 글라이스틴의 의회 출석 증언 제안을 받아들였고, 의회를 상대로 소위원회 개최를 협의했다. 아머코스트 부차관보는 6월 25일 미 하원 외교위원회 아시아 소위원회에 출석해 한국에서 일어난 사건들과 미국의 대한 정책을 증언했다.[10] 글라이스틴의 위와 같은 제안 전문을 받은 25일째 되던 날이었다. 현지 공관인 주한 미 대사관과 국무부, 미 의회가 자국의 국가이익 보호를 위해 일사불란하게 움직인 결과였다. 위 전문은 미국의 '광주 이후 고민'이 무엇인지 보여 주고 있으며, 광주와 관련해 '왜곡'되어 있는 미국의 입장을 바로잡는 데에 초점을 맞추고 있다.

한편 이흥환은 미국이 전두환에 대해 불쾌감을 가지고 있었을 뿐 "신군부라는 새로운 정치 세력의 존재 자체를 부인하거나 전두환의 집권 야망을 꺾으려는 의도는 드러나 있지 않다고 했다. 이 점은

---

9   "United States Government Statement on the Event in Kwangju, Republic of Korea, in May 1980," June 19, 1989, Vertical File, Box 71, Presidential Papers of Jimmy Carter, Jimmy Carter Library; John Adams Wickham, Jr., *Korea on the Brink, 1979-1980: From the '12/12' Incident to the Kwangju Uprising* (Washington, DC: National Defense University Press, 1999), p. 211; 존 위컴, 김영희 감수, 유은영 외 공역, 『12·12와 미국의 딜레마: 전 한미연합사령관 위컴 회고록』(중앙 M&B, 1999), 319쪽.

10 "United States Government Statement on the Event in Kwangju, Republic of Korea, in May 1980," June 19, 1989, Vertical File, Box 71, Presidential Papers of Jimmy Carter, Jimmy Carter Library; John Adams Wickham, Jr.(1999), 위의 책, 211쪽; 존 위컴, 김영희 감수, 유은영 외 공역(1999), 위의 책, 319쪽.

12·12 이후 워싱턴의 일관된 태도이기도 했다. 적어도 신군부가 미국의 국익에 결정적인 영향을 끼치는 집단은 아니라는 판단이 서 있었던 것이다."라고 평가했다.[11] 그러나 이는 미국이 전두환을 제거하려 했다는 것을 간과한 해석이다. 미국은 할 수만 있다면 전두환의 집권을 막아 보려고 노력했으나 내정간섭 우려 때문에 못했다고 보는 것이 더 타당하다. 전두환 제거는 김대중 감형(1981년 1월 23일) 직전 카터가 물러날 때까지 적어도 워싱턴 차원에서는 계속 검토되었다. 다만 광주민주화운동 이전에는 현지에서도 전두환 제거가 검토되었으나 전두환이 시민들을 살상하고 권력 기반을 비교적 확고히 한 광주민주화운동 진압 이후에는 워싱턴에서만 그에 대한 제거 계획이 검토되었다는 점이 다르다.

2. CIA의 전두환 제거 계획에 반대한 NSC

1980년 6월 말 한국 특전사 내부에서 육사 출신의 장성들을 포함한 소장파 장교 그룹이 역쿠데타를 모의했다. 주모자 그룹은 광주 진압에 특전사 병력이 동원되어 국민의 지탄의 대상이 된 상황을 문제 삼았다. 그런 상황에서 신군부가 특전사를 옹호하지 않고 북한 공산 집단이 배후에서 조종했다는 정보가 유포되는 등 오히려 자신들을 희

---

11 이흥환(2004), 앞의 글, 488~501쪽.

생양으로 만들려 하자 역쿠데타를 기도한 것으로 알려졌다.[12] 특전사 부대들이 신군부에 이용만 당했다고 개탄하면서 역쿠데타를 모의하게 된 것이다. 그러나 역쿠데타는 곧 신군부에 의해 무마되었고 주모자가 전역하는 선에서 내부적으로 해결되었다.

미국 CIA의 브루스터가 이 정보를 가지고 있었지만 1980년 1월의 역쿠데타 기도 때와는 달리 6월의 두 번째 역쿠데타 움직임에 대해서는 아무런 역할을 하지 않았다.[13] 이러한 기도를 미국이 후원하거나 지지했을 때 민족주의적 역풍이 불 것을 우려하기도 했겠지만, 광주를 무력 진압하여 억압적인 상황을 조성하는 데 성공한 전두환 세력이 군을 거의 확실하게 장악한 뒤였고, 전두환 세력이 역쿠데타 기도를 내부적으로 해결하기도 했으므로 미국이 나설 계제가 아니었다. 서울의 미국 당국자들은 전두환의 권력 장악을 묵인하는 것 외에 다른 대안의 가능성이 희박해진 상황이 도래했음을 절박하게 인식했으나 워싱턴은 여전히 다른 대안에 집착했다.

워싱턴 휴가를 끝내고 서울로 복귀한 글라이스틴 대사가 1980년 7월 2일에 작성하여 보고한 문서에는 위컴 장군이 마련한 저녁 식사 자리에서 주영복 국방장관, 이희성 육군참모총장, 문형태 국회 국방위원장 등과 나눈 대화 내용이 담겨 있다. 이 자리에서 미국과 신군부의 신경전이 극명하게 드러났는데, 다음은 문서 내용을 바탕으로 재

---

12 김준태, 「"신군부, 5·18 때 광주 폭격 계획했다"」, 〈프레시안〉(2006.5.18)에는 PRC 결정 사항이라고 나온다.

13 James V. Young, *Eye on Korea: An Insider Account of Korean-American Relations* (College Station, TX: Texas A&M University Press, 2003), pp. 110–111.

구성한 대화록이다.

1980년 6월 30일 저녁, 위컴 장군이 마련한 식사 자리에서 한국 상황에 대한 머스키 국무장관의 입장을 전하자 주영복 국방장관은 민감한 반응을 보였다. 이희성 육군참모총장과 문형태 국회 국방위원장, 마이어 장군과 위컴 장군이 나중에 우리 대화 자리에 합석했다. 머스키 장관은 만약 한국의 새 정권이 대중의 지지를 받지 못할 경우 한미관계가 위태로워질 것으로 보고 있으며, 현재 진행되고 있는 한국 내 정치 일정을 신뢰할 수 없는 입장이라는 말을 전했다. 이에 주영복 장관이 질문했다.

주영복: 미국이 원하는 것이 무엇인가?

글라이스틴: 우리가 원하는 것이 무엇이냐를 말하는 것이 아니다. 한국 국민이 받아들일 수 있는 것이 무엇이냐에 대해 말하고 있는 것이다. 합당한 정치체제를 만드는 것은 오직 한국 국민만 할 수 있는 것이다.(이는 1977년 7월 8일 기안된 PRM 28[14]의 분위기와 비슷하다.-인용자)

주영복: 미국은 한국이 어떤 쪽으로 나아가기를 원하고 있느냐는 질

---

[14] "Presidential Review Memorandum/NSC 28: Human Rights," Draft 7/7/77, https://www.jimmycarterlibrary.gov/assets/documents/memorandums/prm28.pdf (검색일: 2019.7.16). 카터 행정부는 이 대통령 검토 각서에서 '사회·구조가 아닌 개인에 국한되는 제한적 관여' 정책, 불가능한 혁명적 변동보다는 가능한 점진적 개선의 추구를 인권 정책의 교범으로 내걸었다. 보다 구체적으로 "우리의 목표는 다양한 사회들에서의 기본적 인권 증진이다. 우리는 정부의 변화(정치 변화-인용자)나 사회를 바꾸는 것을 추구하지 않는다. 베트남 등의 경험에서 우리는 외국의 내정에 영향을 미치는 힘의 한계를 배웠다."라고 나와 있다. 따라서 전임 정권들이 추구했던 과도한 내정 개입을 지양하고 외국의 국내 정치는 자국인들에게 맡기는 방향으로 (적어도 교범상으로는) 전환하려 했다.

문을 드렸다.

글라이스틴: 한국 국민은 장기적으로 새 정부가 경제를 성공적으로 이끌 수 있는 정부인지, 지금보다 정치적으로 더 융통성이 있는 정부인지에 관심을 갖고 있는 것 같다.

주영복: 최규하 대통령이 약속한 정치 일정에 무슨 문제가 있다고 보는가?

글라이스틴: 정치 일정에는 별문제가 없다고 본다. 그러나 어떤 헌법이 채택될 것인지, 어떤 조건에서 그 헌법을 통과시킬 것인지, 그 헌법하에서 어떤 형태의 정부가 출범할 것인지 등에 많은 의문이 남아 있다. 계엄령하에서 국민투표를 진행하는 것도 문제가 있다.[15]

글라이스틴 대사는 이와 같이 워싱턴의 입장을 신군부 측에 충실히 전달해야 했고, 신군부가 무슨 생각을 하고 있는지를 워싱턴에 보고했다. 또한 그는 7월 3일 박동진 외무장관의 개인 면담 요청에 따라 사석에서 단둘이 나눈 대화 내용도 워싱턴에 타전했다. 그런데 글라이스틴의 전두환에 대한 견제는 점차 약해져 8월에 들어서면서 결정적으로 약해졌다. 최규하 대통령 하야로 전두환 집권이 기정사실화되었기 때문이다.[16]

한편 1980년 7월 4일 계엄사령부는 김대중을 비롯한 37명을 내란

---

15 이흥환, 「전두환, 정권 승인 대가로 美에 핵포기, 전투기 구매 약속」, 『신동아』(2004.8), 488~501쪽.
16 이흥환(2004), 위의 글.

음모 혐의로 계엄보통군법회의 검찰부에 구속 송치할 방침을 정했다. 이에 글라이스틴은 머스키 신임 국무장관과 상의한 결과를 반영한 훈령을 지침으로 삼아 1980년 7월 8일 전두환을 만났다. 글라이스틴은 7월 7일 워싱턴에서 발표된 강력한 성명서를 보여 주었다. 그것은 김대중을 확인된 공산주의자로 낙인찍고 그가 광주사태에 직접 책임이 있으며 한국 정부를 전복하려 했다는 7월 4일자 계엄사의 수사보고서를 비난하는 내용이었다. 전두환은 약간 격앙된 어조로 김대중은 국법을 어긴 혐의로 재판을 받고 있으며 정치적 의도나 동기는 없다는 점을 워싱턴에 전달해 달라고 말했다. 그는 미국이 '김대중이 한국 대통령이 되어야 한다'고 믿는 듯 행동해서는 안 된다고 역공했다. 회담 마지막에 글라이스틴은 "김대중을 처형하기 전 그를 내게 인도하면 이 나라에서 출국시키겠다"고 단도직입적으로 솔직하게 말했다. 이에 전두환은 김대중이 처형되리라는 성급한 판단은 하지 말라면서 "김대중의 응원단이 되지 않게 한두 명 정도라면" 국제기구의 외국 참관인이 재판에 입회하는 것을 허용하겠다는 뜻밖의 말을 했다. 전두환이 김대중 문제를 놓고 미국과 협상하기 시작한 것이다.[17]

 1980년 7월 9일 글라이스틴은 워싱턴에 전문을 보내 김대중이 사형당할 것이라는 소문이 널리 퍼져 있다면서, 그러나 그가 공산당원

---

17 William H. Gleysteen, Jr., *Massive Entanglement, Marginal Influence: Carter and Korea in Crisis* (Washington, DC: Brookings Institution Press, 1999), pp. 157–158; 윌리엄 H. 글라이스틴, 황정일 역, 『알려지지 않은 역사: 전 주한미국대사 글라이스틴 회고록』(중앙 M&B, 1999), 222~223쪽.

이었다는 혐의[18]는 일반적으로 난센스로 받아들여지고 있다고 평가했다. 만약 그런 혐의가 사실이었다면 박 대통령이 이미 그에게 종신형을 내리거나 총살했을 것이라는 게 일반적인 여론이라는 것이다.[19]

서울 현지에서는 전두환을 묵인하는 분위기가 점점 확산되었지만 워싱턴에서는 현장감이 떨어진 탓이었는지 아니면 김대중 구속에 대한 반발이었는지 전두환 제거를 여전히 대안으로 검토하고 있었다. 현지 당국자들은 현실에 적응해 보수화되어 안정을 선호했음에 비해 워싱턴은 여전히 한국 민주화를 선호하는 이상론을 추구해 전두환 제거 작전을 구체적으로 검토했다고 할 수 있다. CIA의 터너(Stansfield Turner) 국장은 전두환 퇴진 계획과 북한 동원안을 1980년 7월 초에 작성해 자신들이 더 확실하게 준비할 수 있다며 상부(대통령) 검토를 위해 브레진스키 백악관 국가안보보좌관에게 7월 3일경에 보냈다. 브레진스키는 이를 7월 3일 그레그에게 검토하게 했다.

터너의 대안은 아래와 같이 매우 솔직했다.

가능한 정책 대안들: 남한

---

18 김대중은 1973년 납치된 이후 최초의 대중 연설이었던 1980년 3월 26일 YWCA 강연에서 "나는 반공주의자입니다. 그러나 국민에게 넘치는 자유와 정의와 안정을 줌으로써 국민들이 이 땅에 정을 붙이고 대한민국에 사는 것을 기쁨으로 생각하고, 자발적으로 이 나라를 지키려 하는 그러한 공산당 침투의 여지가 없는 반공과 안보를 주장하는 것이 나의 정책이요, 박정희 씨와 다른 점인 것입니다."라고 말했다. 김대중, 「민족혼과 더불어」, YWCA 수요강좌 김대중 연설문(1980.3.26), 김대중, 『후광김대중대전집 9』(중심서원, 1993), 1028~1054쪽.

19 "Cable from Gleysteen to SecState," Seoul 08769, July 9, 1980; 「〈實錄: 광주관련 美비밀문서〉(18)80.6.27-7.23」, 〈연합뉴스〉(1996.4.8).

Ⅰ. 민간인들[20]에게 정권을 넘기라는 공개적인(대중적인) 압력을 더해 전두환을 모든 지위로부터 퇴진시키는 것.

여론에 호소하는 것이었으므로 직접적이며 물리적인 제거, 예를 들면 암살 작전이나 역쿠데타 사주는 아니었으나 목표를 역시 퇴진(실질적으로는 제거, 퇴진은 일종의 제거이다)에 두었다는 것은 움직일 수 없는 사실이었다.

Ⅱ. 주한 미군 감축: 이것은 미국의 불만을 표시하거나 전두환에게 퇴진을 수용하게끔 하는 직접적인 압력을 가하는 방안임.

Ⅲ. 전두환에게 퇴진을 요구하는 개인적(은밀한) 압력을 계속 가하는 것.

Ⅰ의 대안이 간접적인 여론 조성이었다면 Ⅱ와 Ⅲ은 좀 더 직접적이다. Ⅲ에 '계속' 가한다는 표현이 있으므로 미국은 광주민주화운동 이후에도 사적인 경로를 통해 전두환에게 압력을 가하고 있었음을 추정할 수 있다. 또한 CIA를 비롯한 워싱턴의 일부 그룹이 전두환이 이

---

20 하윤해 기자는 「美정부 기밀해제 문서 단독 입수 〈1〉 CIA '숲 축출' 방법 제시…백악관 '亞 정세 영향' 검토」, 〈국민일보〉(2016.5.3)에서 민간인들이라고 복수형으로 되어 있는 것에서 미국이 최규하 대통령 중심의 집단지도체제를 구상한 것이 아닌가 하는 추정을 하고 있다. 당시 미국이 최규하, 신현확 등을 민간 정권 구성의 중요한 대안으로 고려했던 것은 맞다. 그러나 복수형을 사용한 것은 이들 외에 3김을 포함하든가 아니면 불특정 다수를 지칭한 것이 아닌가 한다. 미국 정부 내에서 안보를 중시하는 보수주의자들은 군부가 용인할 수 있는 최규하-신현확을 대안으로 고려했지만 리버럴들은 3김이 배제되지 않고 전면에 나설 수 있어야 한국 정치가 안정될 수 있다고 판단했다.

5B

MEMORANDUM

404 6

THE WHITE HOUSE
WASHINGTON

~~SECRET~~ July 3, 1980

MEMORANDUM FOR: DONALD GREGG

FROM: ZBIGNIEW BRZEZINSKI

SUBJECT: Possible Policy Options: South Korea

Stan Turner has given me the attached list of options which the Agency would be prepared to develop more fully. In your judgment would such an enterprise be worthwhile?

DECLASSIFIED
E.O.12958, Sec.3.6
PER 5/6/97 NSC Hr RE MR-NLC-96-66
BY ___ NARS, DATE 6/18/97

~~SECRET~~
Review July 3, 1986

그림 6. 브레진스키가 그레그에게 보낸 메모랜덤: 「가능한 정책 대안들: 남한」(1980.7.3), 카터 대통령 기념도서관 소장

SECRET
NOFORN

Possible Policy Options: South Korea

I. Step up public pressure on Chun Doo Hwan to hand authority to civilians and step down from all positions of authority.

II. Reduce US forces in South Korea to show displeasure or to pressure Chun to accede to demands on Option I.

III. Continue to exert pressure privately on Chun to follow the demands in Option I.

* * * * * * * * *

Examine all of the above in terms of :

1. Long term stability of Korea
2. Progress toward more democratic system
3. US-ROK relations -- diplomatic, economic and military
4. North Korean reactions
5. PRC reactions
6. US-Japanese relations
7. US-Soviet relations
8. ASEAN reactions

SECRET
NOFORN

끄는 군사정권 탄생에 강한 거부감을 지니고 있었던 것도 확인할 수 있다.

또한 아래와 같은 여덟 가지 항목의 관점에서 위의 모든 대안을 검토하라는 것이었다.

1. 한국의 장기적 안정, 2. 더 민주적인 체제로의 이행, 3. 미국과 대한민국 간의 외교, 경제, 군사 관계, 4. 북한의 반응들, 5. 중화인민공화국의 반응들, 6. 미일 관계, 7. 미소 관계, 8. 아세안(ASEAN)의 반응들.

이 문건은 여러 군데 파일링되어 있으므로[21] 다각도로 검토되었거나 최소한 중요 문건으로 취급되었다고 할 수 있다.

위 문서에서 보는 바와 같이 안정이 제1의 과제였으므로 이를 가장 중시했음을 확인할 수 있다. 그러나 그다음 과제인 민주화도 무시할 수는 없었다는 것을 역시 확인할 수 있다. 민주화와 안정의 동시 달성이 가장 바람직했다. 그러나 민주화와 안정 둘 중에서 하나만 선택하라 하면 미국은 어쩔 수 없이 안정과 안보를 선택했을 것이다.

---

21 [CIA], "Possible Policy Options: South Korea," #5C, an attached document in "Memorandum of Zbigniew Brzezinski to Donald Gregg: Possible Policy Options: South Korea," July 3, 1980, #5B, National Security Affairs, Collection # 6, Brzezinski Material, Country File, Folder: Korea, Republic of, 6-8/80, Box 44, Jimmy Carter Library; National Security Affairs, Collection # 15, Brzezinski Material, Brzezinski Office File, Country Chron File, Box 27, Folder: 1-7/80, Jimmy Carter Library(NLC-15-27-1-16-8에서만 볼 수 있음); National Security Affairs, Collection # 15, Brzezinski Material, Brzezinski Office File, Subject Chron File, Box 76, Folder: 7/1-18/80, Jimmy Carter Library(NLC-15-76-5-4-3에서만 볼 수 있음).

브레진스키는 NSC의 그레그(CIA 출신)에게 7월 3일에 이 안을 검토하게 했다.[22] 브레진스키는 전두환 축출 수단들을 CIA가 '더욱 충분히 발전시킬 준비가 되어 있는 옵션들'이라고 표현했다면서 그레그에게 이 공작들이 의미 있는지 물었다.[23] 만약 계획이 승인됐다면 CIA가 중남미 국가에서 체제 전복을 시도했던 것처럼 한국에서도 전두환 축출 공작을 본격 추진했을 가능성도 배제할 수 없다. 이는 '대중적 압력 강화'라는 첫째 옵션과도 맞물린다. CIA가 시위나 파업 등 반(反)전두환 움직임을 배후에서 조직하고 선동할 의도가 있었음을 시사하는 것이다. 전두환 국보위 상임위원장이 아직 대통령직에 오르기 전이었기 때문에 미국은 상대적으로 자유롭게 축출 계획을 마련할 수 있었던 것이 아닌가 한다.[24] 1980년 7월 초순 미 CIA의 전두환 제거 계획은 실제 제거 작전으로 실행될 수 있을 정도로 구체화되었다고 할 수 있다.

그런데 도널드 그레그는 1980년 7월 7일 CIA의 전두환 퇴진 계획이 그렇게 생산적이지 않을 것이라며 반대하는 한 쪽짜리 검토 답변서를 브레진스키에게 보냈다.[25]

---

22 그레그는 하윤해 국민일보 기자와의 이메일 인터뷰에서 1980년 7월 3일자로 브레진스키가 자신에게 보낸 문서가 기억나지 않는다고 답변했다. 하윤해, 「[美정부 기밀해제 문서 단독 입수 〈1〉] 美, 1980년 7월 '전두환 축출' 검토했었다」, 〈국민일보〉(2016.5.3). 실제로 기억이 안 날 수도 있지만 정보를 누설하지 않겠다는 판단으로 추정된다.
23 하윤해, 「[美정부 기밀해제 문서 단독 입수 〈1〉] CIA '全 축출' 방법 제시…백악관 '亞 정세 영향' 검토」, 〈국민일보〉(2016.5.3).
24 하윤해, 「[美정부 기밀해제 문서 단독 입수 〈1〉] 美, 1980년 7월 '전두환 축출' 검토했었다」, 〈국민일보〉(2016.5.3).
25 "Memorandum of Donald Gregg to Zbigniew Brzezinski: Possible Korean Policy

본인은 이번에 CIA가 정책 대안 설정에 참여하는 것이 다음 네 가지 이유에서 바람직하지 않다고 판단함.

① 고위정책조정회의(PRC)를 포함해 지금까지 열렸던 일련의 한국 관련 회의에서도 이런 정책 및 다른 대안들이 이미 검토된 바 있음.

② 우리는 현재 취하고 있는 정책을 이제 막 수행하기 시작했으며, 정책 수행의 초기 결과가 아주 고무적인 것은 아니지만 정책의 주요 부분을 재검토하기에는 때가 이른 것 같음.

③ 만약 우리의 정책이 재검토되더라도 CIA는 이 과정에 깊숙이 관여하는 기관이 되어서는 안 된다고 봄.

④ 본인 견해로는 터너의 목록은 철저하게 준비된 것도 아니며 특별히 생산적인 것도 아님.

터너는 CIA 고객의 관심사에 부응하기 위해 CIA가 더 많은 분석 작업을 해야 한다고 함. 이는 바람직한 현상임. 본인의 판단으로는 CIA가 전두환의 부상(rise)에 대한 북한의 반응을 분석하는 것이 더 유용할 것으로 봄. 그런 분석은 앞으로 또 열릴 수밖에 없는 한국 관련 회의에서도 유익하게 쓰일 수 있을 것임.

도널드 그레그의 답변 가운데 CIA가 깊이 관여하지 말아야 하며 이는 철저하게 준비된 문서가 아니라고 언급하는 세 번째와 네 번째 항

Options," July 7, 1980, #5A, National Security Affairs, Collection # 6, Brzezinski Material, Country File, Folder: Korea, Republic of, 6-8/80, Box 44, Jimmy Carter Library.

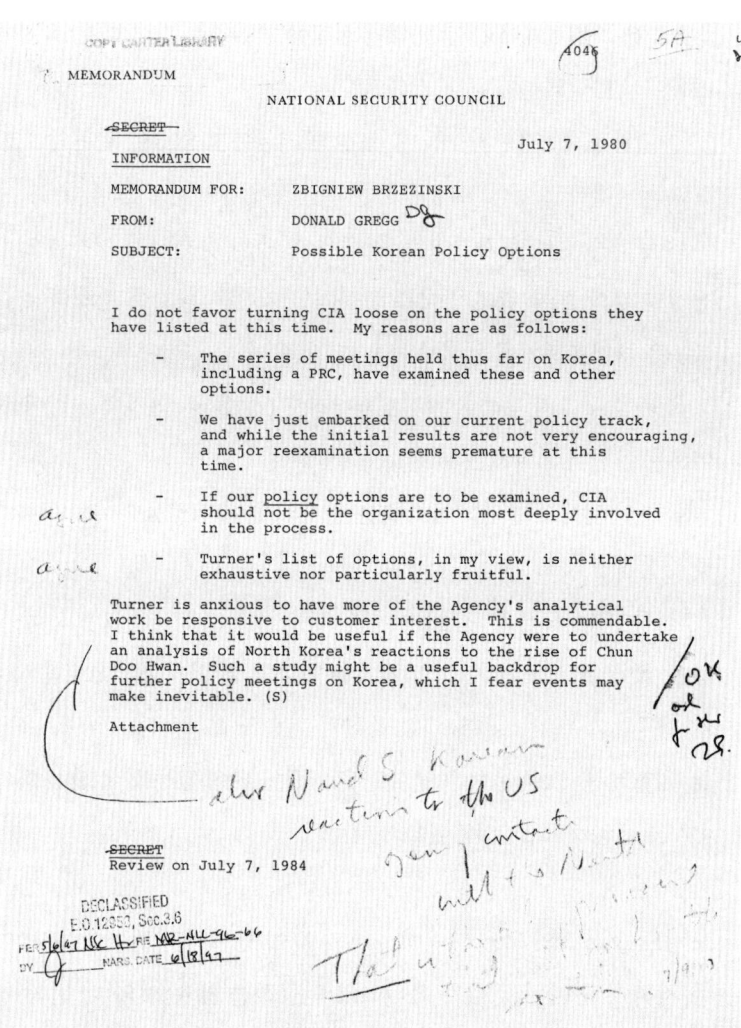

그림 7. 그레그가 브레진스키에게 보낸 메모랜덤: 「가능한 한국 정책 대안들」(1980.7.7), 카터 대통령 기념도서관 소장

목 옆에 NSC 부보좌관 데이비드 아론[26]이 동의한다는 메모를 7월 9일 적었다. 또한 브레진스키는 전두환 부상에 대한 북한의 반응 연구에 동의했고, 아론도 "(미국이 – 인용자) 북한과 접촉을 시작하는 것에 대한 북한과 남한의 반응도 주목해야 한다. 그것이 남한을 움직일 수 있는 유일한 압력이다."라고 7월 9일 평가했다. 7월 9일 브레진스키는 이러한 견해를 그레그에게 보여 주라고 지시하는 등 북한 카드[27]를 검토했다.[28]

글라이스틴 대사 등 실무자들과 그레그 등 백악관 실무자들이 전두환을 이미 묵인하려고 준비하는 등 전두환 제거에서 너무 멀어져 있는 점이 그레그가 전두환 제거를 반대한 중요한 이유였을 것이다. 이렇듯 1980년 7월 당시 CIA의 주한 미군 감축 등과 연계된 전두환 제거 공작은 NSC의 반대로 더 이상 힘을 얻지 못했다. 그렇지만 이

26　이흥환, 「한미연합사 작전통제권(OPCOM)과 5·18 이후」, 『신동아』(2004.7), 418~431쪽에서는 브레진스키의 필적이라고 주장되나 필체나 필기도구, 진하기 등으로 보면 아론의 것으로 추정된다.

27　글라이스틴은 1999년 12월 16일 미국 워싱턴 D.C. 브루킹스 연구소에서 회고록 출판기념회를 개최하고, 그 자리에서 1980년 초 신군부 견제를 위해 미국은 ① 주한 미군 철수 ② 북한 카드 활용 등 대(對)한반도 정책 변경 ③ 헌법체제 옹호 등 세 가지 대안을 검토했으나 안보상의 우려와 최규하 대통령의 소극적 태도 때문에 모두 효과를 거두지 못했다고 말했다. 이도선, 「글라이스틴 전 주한대사 회고록 출간」, 〈연합뉴스〉(1999.12.17). 미국은 일찍부터 북한 카드를 검토했던 것이다. 헌법체제 옹호는 헌법 개정 등 정치 일정 준수를 지칭하는 것으로 여겨진다. 또한 글라이스틴은 1980년 "신군부 때에는 계엄이 삼엄해 정보가 매우 빈약했고 모든 것이 불투명해 미국의 역할이 제대로 먹혀들지 않았다"고 말했다.

28　"Memorandum of Zbigniew Brzezinski to Donald Gregg," 7/9/80, #5, National Security Affairs, Collection # 6, Brzezinski Material, Country File, Folder: Korea, Republic of, 6–8/80, Box 44, Jimmy Carter Library; National Security Affairs, Collection # 15: Brzezinski Material, Brzezinski Office File, Folder: Country Chron, Korea: 1–7/80, Box 27, Jimmy Carter Library.

구상은 미국 조야 내에서 실현 가능성을 심각하게 고려했던 그 어떤 구상보다도 강력한 것이었다.

3. 카터의 대안 모색을 인지했던 한국 정부

미국은 신군부가 권력을 장악한 후 권력 집단 내부의 반미 조짐을 우려했다. 만약 미국이 전두환 제거 작전을 실행했을 때 이들이 내정간섭이라며 강하게 저항하고, 민족주의적 역풍에 직면해 북한의 개입을 초래하게 된다면 최악의 시나리오가 될 것이라고 보았다. 따라서 제거 작전 실행에 신중했을 것으로 추정된다.

1980년 6월 26일 글라이스틴은 전두환을 만나 광주에서 미국의 역할에 대한 잘못된 정보가 방송되는 것에 대해 항의했다.[29] 또한 "반미 감정 선동은 매우 위험한 행위이고, 특히 김대중 재판을 예의 주시할 것이며 그를 고문하거나 처형하면 양국 관계에 '심각하고도 충격적인 영향'을 미칠 것"이라고 강조했다. 전두환은 반미주의에 대해 아무 문제도 없을 것이라고 단호하게 말했다. 반미 감정이 있었던 것은

---

29 "United States Government Statement on the Event in Kwangju, Republic of Korea, in May 1980," June 19, 1989, Vertical File, Box 71, Presidential Papers of Jimmy Carter, Jimmy Carter Library; John Adams Wickham, Jr., *Korea on the Brink, 1979-1980: From the '12/12' Incident to the Kwangju Uprising* (Washington, DC: National Defense University Press, 1999), p. 211; 존 위컴, 김영희 감수, 유은영 외 공역, 『12·12와 미국의 딜레마: 전 한미연합사령관 위컴 회고록』(중앙 M&B, 1999), 319쪽.

사실이지만 진보적인 인사들 사이에서는 과장돼 있었고, 군을 포함한 보수 세력들 사이에서는 심각한 문제가 되지 않았다고 했다. 전두환은 김대중이 합헌정부를 전복하려 한 혐의로 곧 공개재판에 회부될 것이라면서 김대중의 죄과가 얼마나 심각한지, 한국인 대부분이 그를 얼마나 불신하고 있는지 미국은 모른다고 주장했다.[30]

당시부터 보수 세력들은 김대중의 배후에 좌익(다소 극단적으로는 북한)이 있다고 주장했다. 그러나 글라이스틴은 당시 서울(과 광주)의 사회 혼란에 북한의 개입은 없었다고 판단했다. 또한 전두환을 중심으로 하는 신군부가 반정부 시위를 배후에서 조종해 군이 개입할 수 있게 만들었다는 주장에 대해서도 믿지 않았다. 다만 신군부가 그런 사태를 예견하고 기회로 활용했음은 확실하다고 말했다.[31] 순진한 학생들이 신군부 개입의 빌미를 제공했으며 북한은 개입하지 않았다. 다만 신군부가 김대중 재판을 이용해 반공주의·반북주의 캠페인을 의도적으로 강화했다. 김대중을 용공주의자로 내몰아 시위 주동 세력을 약화시키고 사회를 안정시키려는 '음모'는 존재했다고 할 수 있다. 또한 글라이스틴은 김대중과 김영삼이 사회 불안을 사주하지는 않았다고 평가했다. 이들 두 사람은 지지자들에게 폭력을 자제할 것을 강조했다. 그러나 냉정을 지킬 것을 호소해 학생과 노동자들의 지

30　William H. Gleysteen, Jr., *Massive Entanglement, Marginal Influence: Carter and Korea in Crisis* (Washington, DC: Brookings Institution Press, 1999), p. 155; 윌리엄 H. 글라이스틴, 황정일 역,『알려지지 않은 역사: 전 주한미국대사 글라이스틴 회고록』(중앙 M&B, 1999), 218~219쪽.

31　William H. Gleysteen, Jr.(1999), 위의 책, 106쪽; 윌리엄 H. 글라이스틴, 황정일 역(1999), 위의 책, 155~156쪽.

지를 잃게 되지는 않을지 몹시 염려했다.[32]

크리스토퍼 미 국무부 부장관은 1980년 7월 14일 서독 외무장관 귄터 반 웰(Günther van Well)과 서독 본에서 회담을 가질 예정이었다. 회담을 위한 자료에 의하면, 1980년 10월 말 이전에 헌법 개정안 국민투표를 시행하고 1981년 6월 이전에 신정부를 구성하는 정치 일정이 아직은 유효하지만, 전두환 장군이 계엄령을 조기에 해제할지에 대해서는 약속하지 않았다고 했다.[33]

미 국무부 정보조사국(INR, Bureau of Intelligence and Research)의 1980년 7월 10일자 보고서에 의하면 대한민국 정부는 232명에 달하는 정부 고위 관료에 대한 숙청을 단행했으며 하위직 숙청까지 계속될 것이라고 했다. 1981년 초로 예정된 선거에 대비한 조치였다고 평가되었다. 즉 군부 실권자 전두환이 관료들을 자신에게 충성하게 만들고, 자신의 리더십을 강화하려는 시도였다는 것이다.[34]

그레그는 한국을 방문하고 막 돌아온 국무부 부차관보 에블린 콜버트(Evelyn Colbert)와 1980년 6월 13일 대화를 나누었다. 콜버트는 유신으로 회귀하고 있는 인상을 받았다고 말했다. 미국의 힘은 제한

---

32 William H. Gleysteen, Jr.(1999), 위의 책, 108쪽; 윌리엄 H. 글라이스틴, 황정일 역(1999), 위의 책, 157쪽.

33 Department of State, "Briefing Paper: Korea," attached in "Memorandum of George S. Vest to the Deputy Secretary: Your Meeting with FRG State Secretary Guenther van Well in Bonn, July 14," NSC Institutional Files, 1977–81, Box 132, 3rd Folder, Jimmy Carter Library. 이 자료는 RAC NLC-132-142-3-1-3에서 찾았다.

34 Executive Secretary, Bureau of Intelligence and Research, "Current Reports," July 10, 1980, p. 1, National Security Affairs-Brzezinski Material, Collection # 4: Trip File, Folder: Cables and Memos, 7/9–25/80, Box 29, Jimmy Carter Library (NLC-4-29-4-5-7).

적이므로 영향력을 행사하려면 한목소리를 내야 한다고 주장했다.[35]

그런데 미 CIA는 왜 이 시점에 전두환 제거를 다시 거론했을까? 그것은 당시 광주에서 소요 사태가 확산되던 상황과 무관하지 않다. 1980년 5월 하순 민중의 동요가 광주민주화운동 등으로 비화되어 북에 이용당할 가능성을 우려하게 된 미국은 전두환 정부에 대한 지지 철회를 구체적으로 검토했다. 그러나 광주에서의 무력 충돌이 서울 등 전국적으로 확산되지 않고 신군부가 정치 안정을 기할 수 있는 능력이 있다고 확인되자 미국의 전두환 제거는 다시 대안 차원에 머무르게 되었다. 신군부는 김대중을 광주 시위의 제1원인으로 몰아서 광주 문제를 고립화한 후 다른 지역의 시위를 효과적으로 차단할 수 있었다.

국민일보 하윤해 정치부 차장은 2015년 8월부터 미국 인디애나대학 동아시아연구센터에서 객원연구원으로 근무하면서 조지워싱턴대학 디지털 국가안보 기록보관소(Digital National Security Archive) 등의 자료 등을 활용해 전두환 축출설 등을 연구했다.[36] 하윤해 차장은 기존 전두환 축출설의 중심에는 윌리엄 글라이스틴이 있었으나 문서 발굴 결과 CIA가 중심에 있음을 알게 되었다고 주장했다.[37] 그러나 필

---

35 East Asia/Intelligence (Gregg), "Memorandum for Zbigniew Brzezinski: Evening Report," June 13, 1980, National Security Affairs, Collection # 10: Brzezinski Material, Staff Evening Reports File, Folder: 5/20-23/80, Box 29, Jimmy Carter Library (NLC-10-29-3-43-9).
36 정승훈·전진이, 「[손끝뉴스] 美 CIA는 전두환을 제거하려 했다」, 〈국민일보〉(2016.5.5) 등이 보도되었다.
37 하윤해, 「[美정부 기밀해제 문서 단독 입수 ⟨1⟩] "전두환에 불만 군부 세력, 美에 '逆쿠데타' 지원 요청"」, 〈국민일보〉(2016.5.3).

자는 당초 글라이스틴과 위컴이 한국 군부의 전두환에 대한 역쿠데타 작전을 후원하는 등 전두환 축출 작전을 주도하다가 CIA가 전두환 암살 등 제거 작전을 검토했으며, 카터가 김대중 구명과 관련해 이 과업을 이어받았고, 김대중 사형 확정판결 즈음에는 카터가 거의 전적으로 주도했다고 주장하고자 한다. 즉 전두환 축출·제거 작전은 서울 현지 공관, CIA, 워싱턴 백악관 3자가 때로는 개별 진행하고, 때로는 같이 협의한 합작품이라고 본다. 1980년 7월 CIA의 전두환 제거 구상은 제거 작전이라고 칭할 만큼 비교적 진전된 것이었다.

1980년 7월 10일 국가보위비상대책위원회의 지시로 한국 외무부가 기안한 대외용 해설 문답집은, 카터가 1980년 5월 31일 기자회견에서 "일국의 민주적 제도나 절차에는 그 국가의 안보가 선행조건"이라는 점을 밝혔다면서, 이는 국가안보를 먼저 확립해야 한다는 한국 정부의 의견에 미국이 동조한 것이라고 주장했다. 미국 정부가 한국 내정에 대한 불만의 표시로 각종 압력을 행사하고 있다는 소문이 근거 없는 낭설이라고 주장하는 답변의 일부 인용이었다.[38] 이 대목에서 미국이 전두환 세력의 정치 개입을 부정적으로 보고 있으며 이를 막으려고 대안을 검토하고 있다는 소문이 국제사회에 광범위하게 퍼져 있음을 확인할 수 있으며 한국 정부가 이를 의식하고 있음도 확인된다.

또한 위 문답집에는 "김대중 등 구속자 처리 문제를 둘러싸고 한미 간에 이견이 있는 것으로 아는데 이 문제에 관한 한국 정부의 입장

---

38 『국내 사태와 관련한 안보문답집, 1980』(행정법무, 1980), 대한민국 외교부 공개 외교문서 (2011), 15~16쪽.

은?"이라는 질문에 대해 "7월 4일 계엄사령부가 밝힌 바와 같이 김대중은 폭력에 의한 정권 장악을 목적으로 학생 데모를 선동, 배후 조종했으며 광주사태 등을 유발한 장본인이다. 그는 또한 북괴의 노선에 동조했을 뿐만 아니라 자금 지원까지 받는 등 반국가적 행위를 자행했다는 점에 비추어 국가보안법, 반공법 등 관계법에 따라 의법 처리될 것이다. 주권국가가 국내법에 따라 처리하는 문제는 외국의 어떤 간섭도 받지 않음이 국제법의 확립된 원칙이다."라는 답이 나와 있다.[39] 김대중 구속에 대한 미국의 비판적 시각[40]과 압력 행사를 내정간섭으로 간주하는 민족주의적 주장을 보여 준다.

뒤이어 "미 의회 솔러즈(Solarz) 의원이 북한을 방문, 북한 지도자와 회담을 가질 예정인바 이는 미국 정부의 한국 내정에 대한 불만 표시 및 앞으로 미·북괴 간 관계 개선의 신호는 아닌지?"라는 질문에 대해서는 아래와 같은 대응책이 적시되어 있다.

> 솔러즈 의원이 북한을 방문하는 것은 순전히 자신의 소신에 따라 정해진 신조이지, 미국 정부의 대표 자격으로 가는 것은 아니며, 미국 정

---

39 『국내 사태와 관련한 안보문답집, 1980』(행정법무, 1980), 대한민국 외교부 공개 외교문서 (2011), 16~17쪽.

40 반정부 인사를 북한에 우호적인 인사로 몰아 국가보안법을 적용하려는 한국 정부의 행태에 대해 미국 정부 일각에서는 매카시즘이라며 비판했다. Choe Sang-hun, "South Koreans Divided on Reactions to Knife Attack on U.S. Ambassador Mark Lippert," *The New York Times*, March 9, 2015. http://www.nytimes.com/2015/03/10/world/asia/south-korea-split-over-how-to-react-to-attack-on-us-ambassador-mark-lippert.html?_r=0 (검색일: 2015.3.10); 「뉴욕타임스, 리퍼트 미 대사 공격에 양분된 한국 반응 보도」, 〈뉴스프로〉(2015.3.9); 황상철, 「'석고대죄'했더니…뉴욕 타임스 "한미동맹 외려 훼손"」, 〈한겨레〉(2015.3.10).

부의 어떠한 메시지도 휴대치 않은 개인 자격의 방문이다. 이와 관련하여 미국 정부가 이미 1977년 3월 미국민의 북한 방문 제한을 해제 조치한 바 있음을 상기시키고자 한다.

동 의원의 북한 방문과 관련하여 미국 정부는 미국 정부의 기존 대북한 정책에 아무런 변화도 없음을 밝히고 있다. 미국 정부의 북한에 대한 정책은 한국의 전적인 참여 없이는 북한과 어떠한 접촉도 개시하지 않는다는 것이다. 또한 한미 양국은 이미 1979년 7월 1일 양국 대통령 간의 공동 성명을 통하여 북한에게 한국 문제를 토의하기 위한 남북한 및 미국의 3당국 회의를 제의한 바 있으며, 이에 대해 북한은 이를 전적으로 거부하는 태도를 취하고 있다. 북한은 한국 문제의 조속한 해결을 위해 미국과 직접 접촉을 위한 대미 평화협정 체결 등 위장 평화 공세와 한국 고립화 책동을 버리고 먼저 남북대화에 응해야 할 것이다.[41]

미국이 북한과의 관계 개선을 지렛대로 삼아 김대중 문제 등을 포함한 한국 민주화에 압력을 가하려는 것을 외무부를 중심으로 한 정부 당국자들이 의식하고 있었음을 역시 확인할 수 있는 대목이다. 미국의 전두환 제거 구상에 대해서 그 타격 대상인 신군부도 잘 알고 있었다고 해석할 수 있다. 또한 위 대응책은 김대중을 적법한 절차에 따라 처형할 것이라고 암시하고 있다. 대내적으로는 민족주의적인 감

---

41 『국내 사태와 관련한 안보문답집, 1980』(행정법무, 1980), 대한민국 외교부 공개 외교문서 (2011), 17~18쪽.

정을 조성해 내부 결속을 기하고 카터를 비롯한 미국 정부를 긴장시켜 미국과 줄다리기를 함으로써 미국으로부터 양보를 얻어내려는 포석이었다고 할 수 있다.

4. 전두환 외에 대안이 없는 현실

주한 미국대사관의 1980년 7월 28일 보고에 의하면, 대한민국 정부는 간선제-강력한 대통령제 개헌안을 마련했으며, 많은 국민들이 전두환 장군이 대통령에 나서지 않을 것을 우려했다. 유신정우회 지도자 최영희 의장은 전두환 장군이 직접 대통령 선거에 나선다고 하지는 않겠지만 1963년의 박정희 장군과 같이 그를 추대하려고 하면 저항하지는 않을 것으로 내다봤다.[42] 전두환의 대통령 출마는 거의 기정사실화되었다고 할 수 있었다.

1980년 7월 23일 머스키 국무장관의 대통령 보고에 의하면 국제변호사위원회 미국협회 회장이 김대중 재판에 참관할 수 있게 해달라고 요청했다는 것이다. 미 대사관 공사는 머스키의 지시에 따라 7월 23일 박동진 장관을 다시 만나 김대중 등에 대한 가족 면회를 즉각 허용하

---

42 "Memorandum of the Situation Room to Zbigniew Brzezinski: Noon Notes," July 28, 1980, p. 2, National Security Affairs, Collection # 1: President Daily Report File, Box 16, Folder: 7/21/80-7/31/80, Jimmy Carter Library (NLC-1-16-4-21-6).

라고 요구했다. 이에 박 장관은 강력하게 건의하겠다고 응대했다.[43]

그러나 1980년 8월 5일 머스키 미 국무장관이 카터 대통령에게 보낸 오후 일일보고에 의하면 국제기구 참관단의 김대중 재판 방청 요구는 받아들여지지 않았다. 한국의 고위 관리들이 국제 앰네스티(국제법률가연맹 등 국제 인권단체[44])와 같은 적대적인 기구들은 "재판을 편향된 시각으로 바라볼 가능성이 크다"[45]며 초청할 이유가 없다고 주한 미국대사관 대표[46]에게 말했다는 것이다. 그들은 미국, 일본, 서유럽 국가 외교관과 외신기자들로 구성된 참관단의 존재가 미국 측 요구를 만족시켜 줄 것이라고 첨언했다. 글라이스틴은 참관단 구성에 대한 최종 결정이 아직 나오지 않았는데 김대중이 받게 될 판결에 대해 미국이 지금 시점에서 관심을 표명하는 것은 한국 정부의 행동을 조정할 수 있는 기회를 심각하게 손상시키는 것이라고 주장했다.[47]

미국대사관은 "수감자들에 대한 가족 접견이 제한되고 있다"며 "박

---

43 "Memorandum of Edmund S. Muskie to the President[: Evening Report]," July 23, 1980, Plains File, Subject File, Box 40, Folder: State Department Evening Reports, 7/80, Jimmy Carter Library (NLC-128-15-7-9-7).
44 권오혁, 「美, 5·18 비밀문건 추가 공개…"최규하는 무력한 대통령"」, 〈동아일보〉(2021.6.2).
45 권오혁(2021), 위의 글.
46 글라이스틴은 1980년 7월 15일부터 8월 28일까지 미국에 있었으므로 몬조 부대사임. William H. Gleysteen, Jr., *Massive Entanglement, Marginal Influence: Carter and Korea in Crisis* (Washington, DC: Brookings Institution Press, 1999), p. 160; 윌리엄 H. 글라이스틴, 황정일 역, 『알려지지 않은 역사: 전 주한미국대사 글라이스틴 회고록』(중앙M&B, 1999), 226, 231쪽.
47 "Memorandum of Edmund S. Muskie to the President[: Evening Report]," August 5, 1980, Secret, p. 3, National Security Affairs, Collection #7: Brzezinski Material, Subject File, Folder: Evening Reports (State): 8/80, Box 23, Jimmy Carter Library; Plains File, Subject File, Box 40, Folder: State Department Evening Reports, 8/80, Jimmy Carter Library(NLC-128-15-8-2-3).

동진 외무부 장관은 '김대중을 위해 변호하겠다고 나서는 변호사들이 없다'는 말만 반복했다"고 보고했다.[48]

1980년 8월 8일 카터 대통령은 해럴드 브라운 국방장관에게, 데이비드 존스(David C. Jones) 합참의장을 파견해 김대중 재판과 관련해 한국의 새 독재자 전두환을 만나게 하라고 지시했다. 사형을 집행한다면 주한 미군 일부를 철수할 것이라고 말하라고 했다.[49] 한국과 미국 언론이나 문서 어디에도 이 만남에 대해 나오지 않으므로 비공개로 만난 것으로 추정된다. 위에서 논의된 개인적 압력을 실제로 가했던 사례이다. '독재자'라는 규정에서 카터가 전두환을 혐오했음을 알 수 있다. 그레그도 회고록을 통해 "백악관 쪽에서는 솔직히 잔혹한 독재자 전두환을 형편없이 낮게 평가하고 있었다"면서 "김대중의 생명을 손아귀에 쥐고 있지만 않았다면 백악관에 초대받지 못했을 것"이라고 언급했다.[50] 여기서 말하는 백악관은 레이건 집권 시작 직후의 백악관으로 전두환은 1981년 1월 28일부터 2월 7일까지 미국을 방문했다. 카터 행정부는 전두환을 더 낮게 평가했을 것이 분명하며, 미국 정부의 전두환에 대한 전반적 정서를 엿볼 수 있는 대목이다. 동시에 김대중 사형 집행을 활용한 전두환의 미국 승인 확보 책략이 성공했음도 알 수 있다.

---

48   권오혁(2021), 앞의 글.
49   Jimmy Carter, *White House Diary* (New York: Farrar, Straus and Giroux, 2010), p. 455.
50   Donald P. Gregg, *Pot Shards: Fragments of a Life Lived in CIA, the White House, and the Two Koreas* (Washington, DC: New Academia, 2014); 도널드 그레그, 『역사의 파편들』(창비, 2015).

또한 1980년 8월 8일 카터는 크리스토퍼 등과 함께 김대중 구명 문제를 검토해 대안을 만들도록 해럴드 브라운에게 지시했다.[51] 크리스토퍼는 이날 회의 후 오후 일일보고서를 작성했다. 이에 의하면 위컴이 전두환을 만나 김대중 재판에 대해 2시간 동안 논의했는데, 전두환은 재판이 공개적이고 공정하게 이루어질 것이라는 이전의 약속을 반복했다. 김대중은 자신을 변호하기 위해 충분한 시간을 가질 것이며 그의 가족과 내일 만날 수 있을 것이라고도 했다. 외신기자들도 참관할 것이며 주한 외국 사절단 대표의 입장도 허락될 것이라고 했다. 크리스토퍼는 8월 8일 아침에 토론했던 것을 토대로 해럴드 국방장관이 대안들을 발전시키는 것이 중요하다고 마지막에 적었다.[52]

한편 1980년 8월 말경 1주일 정도 남한에 체재했던 제임스 레이니(James T. Laney) 에모리대학 총장은 9월 4일 카터 대통령에게 보내는 메모랜덤에서 한국인들이 전두환 정부에 대해 좌절과 분노로 가득 차 있다고 평가했다. 이러한 좌절과 분노를 넘어 "전두환의 새 정부가

---

51 "Memorandum of Warren Christopher, Acting to the President[: Evening Report]," August 8, 1980, p. 3, Plains File, Subject File, Box 40, Folder: State Department Evening Reports, 8/80, Jimmy Carter Library (NLC-128-15-8-6-9에서만 볼 수 있음); National Security Affairs, Collection # 15, Brzezinski Material, Brzezinski Office File, Subject Chron File, Box 76, Folder: 8/1-19/80, Jimmy Carter Library(NLC-15-76-7-25-8에서만 볼 수 있음). 또한 "Cable from the Situation Room to Southampton Commcen: Memorandum of Warren Christopher, Acting to the President," August 8, 1980, National Security Affairs, Collection # 16: Brzezinski Material, Cables File, Folder: White House In/Out, 8/1-15/80, Box 124, Jimmy Carter Library (NLC-16-124-3-4-0)는 크리스토퍼의 오후 보고를 먼데일 부통령에게 보낸 것이다.

52 "Memorandum of Warren Christopher, Acting to the President[: Evening Report]," August 8, 1980, pp. 2-3, Plains File, Subject File, Box 40, Folder: State Department Evening Reports, 8/80, Jimmy Carter Library (NLC-128-15-8-6-9에서만 볼 수 있음).

과연 한국을 통치할 수 있을지" 근본적인 질문에 당면해 있다고 말했다. 위컴 사령관이 광주 시위 진압용으로 병력의 이용을 허가해 주는 바람에 미국이 군사 쿠데타를 묵인했다고 한국인들이 해석한다고 지적했으며, 위컴의 8월 8일자 인터뷰가 정권 장악에 대한 전두환의 일말의 주저함마저 없애 버렸다고 한국인들이 평가한다고도 했다. 심지어 미국이 전두환의 권력 장악을 선동한 후 이를 추인할 것이라고 한국인들이 전망한다는 것이다.

언론에 대한 완전한 통제 때문에 미국의 정책이 한국인들에게 전해지지 않으며, 대변인이 전달하는 원칙은 너무 일반적인 차원에 머물러 있다는 평가를 부기하면서 레이니는 전두환이 자신의 정부에 대한 미국의 승인과 지원을 원하고 있으므로 이것과 김대중 석방(가능하다면 서독으로의 망명까지)을 교환하는 방안을 제시했다. 레이니는 전두환 정권을 와해시키기보다는 지지해야 한다고 주장했다. 전두환을 대신할 마땅한 대안이 존재하지 않으므로 전두환을 교체해야 한다는 환상을 누구도 가지고 있지 않다고 평가했다. 이러한 레이니의 평가와 대안 제시에 대해 카터는 자신이 가지고 있는 정보와 일치하지는 않지만 도움이 되었다고 답신했다.[53]

이렇듯 미국인들은 전두환을 대신해서 내세울 다른 인물도 없을뿐

---

53 "Memorandum of James T. Laney to President Jimmy Carter," with Carter's comment and signature[9/11/80], September 4, 1980, Staff Offices, Office of Staff Secretary, Handwriting File, Folder: 9/11/80, Box 204, Jimmy Carter Library. 그런데 Susan Clough Flie, Folder: L [Laney – Lukash], Box 46, Jimmy Carter Library에서는 이 메모랜덤이 2011년 당시 [미국] 국가안보를 이유로 비밀로 묶여 있다.

더러 전두환 제거는 이미 어렵다고 판단했으며, 단지 김대중의 석방을 위한 압력 행사를 진지하게 고려하는 분위기가 형성되고 있었다. 카터 자신도 재선을 앞두고 있어서 국내 정치 문제 해결에 바쁜 나날을 보냈으므로[54] 한국이 제2의 이란이 되어 재선 가도에 또 다른 암운을 펼치는 사태는 방지해야 했다.

---

54 예를 들면 카터의 책상 위에 놓였던 결재 서류들을 모아 놓은 Staff Offices, Office of Staff Secretary, Handwriting File, Folder: 9/12/80 [1]; Folder: 9/12/80 [2], Box 205, Jimmy Carter Library에는 외교 정책 면에서 이란, 폴란드, 니카라과 문제 등이 제기되었으나 역시 카터 정치의 초점은 국내 선거운동이었음을 알 수 있다.

2장

전두환의 대통령직 탈취를
인정한 미국

1. 위컴의 인터뷰 기사
　　보도 파문

주한 미국대사관 무관보 제임스 영에게 전달된 1979년 12·12 이후 전두환에 대한 대응 방안은 아래와 같은 세 가지였다.

첫째, 대한 군사 지원을 축소 또는 중단하거나 재조정하는 방안이다. 미국 정부는 주한 미군의 일부 철수에서부터 전면적인 철수에 이르는 다양한 세부 조건도 함께 논의했다. 주한 미군 철수 공약으로 탄생한 카터 행정부에게 12·12 사건은 주한 미군 철수 문제를 재론하는 자연스러운 기회였다.

둘째, 한미 안보 공약의 상징적 모임인 연례안보협의회(SCM)를 연기하거나 취소하는 방안이다. 그런데 미 국방부가 안보협의회 연기나 취소를 강력하게 반대했다. 정치와 안보를 연계하면 안 된다는 것이었다.

셋째, 경제 제재이다. 이 대안은 큰 호응을 얻지 못했다. 그렇지 않아도 한국의 경제 사정이 좋지 않은데, 경제 제재까지 취하면 상황이 더 나빠져 사회 불안이 가중되고 시위가 더 늘어나게 되어 결과적으로 군부가 더 강경한 조치를 취할 빌미를 제공할 수 있다는 판단 때문이었다.

군사 지원 축소와 주한 미군 철수, 안보협의회 연기 또는 취소 등은 워싱턴에서도 논란거리였다. 실제 이러한 조치를 취했을 때 어떤 결과를 초래하게 될지 워싱턴으로서도 예측하기 힘든 사안이었다. 결국 위 대안들은 가능성으로만 거론됐을 뿐이고, 카터 대통령이 최규하 대통령에게 가능한 한 강력한 내용의 메시지를 전달한다는 선에서 결론이 내려졌다. 제임스 영도 "한국에서 전개되는 상황과 관련해 미국이 영향력을 행사하는 데 제약이 아주 많다는 것이 분명해지고 있었다"고 지적했다.

결국 워싱턴은 한국에 민간인 지도자가 이끄는 민주정부가 들어설 수 있도록 현 상황을 유지시키며 북한의 공격을 저지하고 한국의 신군부가 국방이라는 본래 역할에만 충실할 수 있도록 유도한다는 세 가지 기본 지침을 만들었다. 미 정부의 성명서에도 언급되어 있는 이 세 가지 기본 지침을 제임스 영은 '행군 명령'이라고 표현했다.[1] 12·12 직후 최규하 과도정부를 통한 민주정부 수립은 미국에게 가장

---

[1] James V. Young, *Eye on Korea: An Insider Account of Korean-American Relations* (College Station, TX: Texas A&M University Press, 2003), p. 86.

중요한 과제였음을 알 수 있는 부분이다. 또한 현지에 전달된 대안 중에 북한 변수는 빠져 있다. 북한과의 직접 대화를 통한 관계 증진은 김대중이 처형될 경우 고려할 수 있는 가장 최종적이며 비밀스러운 대안이었던 것이다.

이러한 논의들이 비밀리에 토론될 즈음인 1980년 9월 초 전 국무부 부대변인(1980년 6월 말까지 복무) 토머스 레스틴이 한미우호협회 회원들과 함께 평양을 방문하고 있다는 보도가 흘러나왔다. 『동아일보』 워싱턴 특파원 강인섭 기자는 9월 4일자 기사 「서서히 넓히는 미-북한교류」에서 주한 미군 철수, 경제 제재 등과 같은 압력 수단이 실현될 수 없는 상태에서 미국이 노릴 수 있는 지렛대는 대북한 관계, 남북한 관계밖에 없을 것이라는 한 외교 전문가의 분석을 실었는데 전문가다운 정확한 분석이라고 할 수 있다.

1980년 8월에 접어들면서 4개월 전과는 다른 방향으로 정책 전환이 모색되었다. 1980년 7월 17~28일까지 본국 출장 중이었던 위컴 장군은 노스캐롤라이나주 소재 포트 브랙 육군협회 지부에서 한국 정세에 관해, "12·12 사태 당시 연합사 작전통제권하의 부대가 나의 승인 없이 운영되었으나 지난 5월 광주사태 진압 시는 합법적인 절차로 부대가 운용되었다. […] 한국은 현재 경제난을 슬기롭게 극복하고 있다. 한미 안보 공약은 확고하며 우리는 북의 위협에 직면한 한국을 인내와 관용으로 보호해 주어야 한다"고 언급해 변화를 예고했다.[2]

이와 같은 언급의 연장선상에서 위컴 장군은 미국이 전두환을 지

---

2 「『5共 前史』 독점공개」, 『월간조선』(1996.5), 632~633쪽.

지하는 것으로 오해받을 소지가 있는 발언을 했다. 위컴은 1980년 8월 8일 전두환과 아침 식사를 곁들인 만남을 함께하고, 오후에 AP통신의 테리 앤더슨, 로스앤젤레스타임스의 샘 제임슨(Sam Jameson) 기자와 보도 안 하는 조건으로, '배경의 이해를 위해서만'이라는 조건[3]으로 인터뷰했다. 1시간여의 인터뷰를 마치고 헤어질 즈음 출입구 근처에서 앤더슨 기자는 미국 정부가 전두환을 지지할 것인지 물었다. 위컴은 "전두환이 합법적인 방법으로 정권을 잡고 한국 국민의 폭넓은 지지를 받고 있다는 점을 시간을 두고 증명하며, 이곳의 안전을 위태롭게 하지 않는다면 우리는 그를 지지할 것입니다."라고 다소 원론적으로 대답했다.

미 정부의 내부 방침과 크게 다르지 않은 내용이었지만 언론을 상대로 한 인터뷰치고는 표현이 거칠었다. 미국 정부는 전두환을 멀리할 것이라는 입장을 확고하게 유지했지만, 글라이스틴과 위컴은 만일 전두환이 대통령이 된다면 미국이 그를 지지할 수밖에 없을 것이라는 결론을 얻었기에 이렇게 말한 것이라고 위컴은 사후에 회고했다.[5] 현지 파견관과 워싱턴의 전두환에 대한 의견 차이를 알 수 있는 대목이다. 현지 주둔관 중에서도 글라이스틴은 좀 더 현실적이었으

---

3   김준태, 「"신군부, 5·18 때 광주 폭격 계획했다"」, 〈프레시안〉(2006.5.18))에는 PRC 결정 사항이라고 나온다.

4   John Adams Wickham, Jr., *Korea on the Brink, 1979-1980: From the '12/12' Incident to the Kwangju Uprising* (Washington, DC: National Defense University Press, 1999), p. 156; 존 위컴, 김영희 감수, 유은영 외 공역, 『12·12와 미국의 딜레마: 전 한미연합사령관 위컴 회고록』(중앙 M&B, 1999), 237쪽.

5   John Adams Wickham, Jr.(1999), 위의 책, 156쪽; 존 위컴, 김영희 감수, 유은영 외 공역(1999), 위의 책, 237쪽.

며, 위컴은 전두환을 인정하지 않으려는 정도가 글라이스틴보다는 심했다. 카터는 전두환을 매우 싫어해 끝까지 인정하지 않으려 했음에 비해 위컴과 글라이스틴은 전두환이 부상하고 있는 현실을 인정한 것이다. 1980년 8월 7일자 『로스앤젤레스타임스』는 이를 익명으로 보도했다.

보안사의 검열과 조종을 받았던 한국 언론은 『로스앤젤레스타임스』를 인용하면서 '미국이 전두환 장군을 지지한다'는 성명을 발표했다고 보도했다. 1980년 8월 9일자 모든 신문 1면에 "이름을 밝히기를 거부한 미군 고위 당국자에 의하면 미국은 전두환 위원장을 지지한다"는 식으로 보도된 것이다.[6] 비교적 야당색이 짙은 『동아일보』까지도 1980년 8월 9일자 석간 1면 강인섭 특파원이 작성한 기사에서 "미, 전두환 장군을 지지: 안보가 정치자유를 우선, 미지(美紙) 보도"라는 제목을 달았다. 또한 대한민국 국방부 공보실은 이를 '국방관계 보도속보'에 정리했는데 이에 의하면 위컴이 "전두환 장군이 합법적으로 권력을 잡고 한국 국민들로부터의 광범한 지지를 보여 준다면, 그리고 한국의 안보를 해치지 않는다면 우리는 그를 지지할 것이며 우리는 그것이 한국민이 원하는 바라고 생각한다"고 회견했다는 것이다.[7]

이 회견은 익명을 조건으로 했으며 한국과 미국 신문에서는 그것이 준수되었으나 이후 발언자가 위컴이라고 전두환이 확인해 주었

---

6 「『5共 前史』 독점공개」, 『월간조선』(1996.5), 633쪽.
7 대한민국 국방부 공보실, 「국방관계 보도속보」(서울 미국 공보원, 1980.8.8), 『월간조선발굴 한국현대사 비자료 125건』(조선일보사, 1996), 389쪽.

다. 그 과정을 위컴은 사후 조사를 통해 다음과 같이 추정했다. 앤더스 등이 소유한 인터뷰 녹음 내용은 『뉴욕타임스』 헨리 스콧 스톡스 기자에게 24시간 이내에 공유되었다. 스콧 스톡스 기자는 8월 9일 전두환과의 인터뷰에서 이 녹음을 들려주면서 목소리의 주인공이 누군지 물어보았다. 전두환은 웃으면서 "친구인 위컴 장군의 지지를 환영한다"고 말했다고 한다.[8] 스콧 스톡스 기자는 익명성을 제거할 수 있었으며, 서울발 기사는 미국 언론에 보도된 후[9] 다시 한국 언론으로 전송되면서 "미국 정부가 전두환을 무조건 지지한다"는 식으로 둔갑했다.[10] 이는 후일 '미국이 전두환을 대통령으로 만들어 주었다'고 오해받을 소지를 제공했다. 이러한 오해가 반미주의를 자극해 전두환이 실제로 대통령이 될 때 '미국은 전두환을 대통령으로 만들려 하지 않았다'는 인식을 심어 주려고 노력해야 했다. 위컴 발언 파문 당시 미 국무부는 위컴 사령관의 발언을 부인하기까지 했다.

이는 발언의 진의를 훼손한 오보였다. 백악관의 그레그도 이 회견을 기사화한 것이 위컴(과 미국 정부 정책)의 진의를 왜곡해 마치 미국

---

[8] John Adams Wickham, Jr.(1999), 앞의 책, 156~157쪽; 존 위컴, 김영희 감수, 유은영 외 공역 (1999), 앞의 책, 238쪽.

[9] 심재훈, 「광주사건은 폭동이 아니라 봉기였다」, 한국기자협회·무등일보·시민연대모임 공편, 『5·18 특파원리포트』(풀빛, 1997), 62~63쪽. 그런데 이 자료에는 위컴의 AP, 『로스앤젤레스타임스』 인터뷰가 1980년 4월 초에 이루어졌다고 나온다. 이때 전두환이 그렇게까지 부상하지 않았으므로 기억 오류로 판단된다.

[10] William H. Gleysteen, Jr., *Massive Entanglement, Marginal Influence: Carter and Korea in Crisis* (Washington, DC: Brookings Institution Press, 1999), p. 162; 윌리엄 H. 글라이스틴, 황정일 역, 『알려지지 않은 역사: 전 주한미국대사 글라이스틴 회고록』(중앙 M&B, 1999), 228쪽.

정부가 전두환을 전폭적으로 지지한 것처럼 곡해하고 있다고 인정했다.[11] 그러면서도 위컴의 언론 인터뷰가 정치적 해석을 경계해야 하는 그의 임무를 일정 부분 훼손했다고 미국 정부 당국자들은 생각했다. 워싱턴의 각료들은 위컴의 교체까지 논의했으며 미국 내 인권단체들도 거세게 항의했다. 홀브룩과 데이비드 존스 합참의장은 한국으로 귀임 중이던 위컴을 하와이로 소환해 전두환에 대한 미국의 지지 보도는 조작임을 명백히 하라고 지시했다.[12] 결국 일정 기간(최소한 최규하 대통령 사임 시까지) 그를 하와이 등 미국에 억류해 미국 정부가 (위컴 장군 회견 내용 왜곡과 최규하 대통령 사임 등—인용자) 최근 사태에 대해 몹시 언짢아하고 있다는 사실을 한국 당국이 깨닫게 하려 했다.[13] 만약 파문 당시 호놀룰루 태평양 사령부를 거쳐 워싱턴에 체재 중인 위컴 장군을 지금 한국에 귀임시키면 한국인들이 이를 한국 정부에 대한 미 정부의 지지로 받아들여 써먹게 될 것이며, 위컴이 언론과의

11　"Memorandum of Donald Gregg to Zbigniew Brzezinski: United States Government Reactions to Events in Korea," August 14, 1980, National Security Affairs, Collection # 6, Brzezinski Material, Country File, Folder: Korea, Republic of, 6–8/80, Box 44, Jimmy Carter Library. 한편 『동아일보』 1980년 8월 11일자 2면에 실린 사설 「한국을 보는 미국의 눈: 한국의 현실과 전두환장군지지의 배경」에서는 "주한 미군 고위 당국자의 그와 같은 반응이 미국 정부의 기본 입장을 밝힌 것으로 보기는 아직 이르다"면서도 "그러나 주한 미군 고위 당국자가 미국의 전 장군 지지 발언을 본국과의 협의 없이 말했을 것 같지 않"다고 확대 해석해서 추정했다. "미국의 유력지와 통신이 크게 다루었다는 것은 한국의 정치 현실에 대한 미국의 일반적인 반응을 보여 준 것으로 보아 무방하다"는 해석도 부기했다. 신군부의 압력에 직면한 한국 언론의 복잡한 심경을 표출한 것이다.
12　John Adams Wickham, Jr.(1999), 앞의 책, xii–xiii쪽; 존 위컴, 김영희 감수, 유은영 외 공역(1999), 앞의 책, 7~8쪽의 리처드 홀브룩의 소개의 글.
13　John Adams Wickham, Jr.(1999), 위의 책, 150~160쪽; 존 위컴, 김영희 감수, 유은영 외 공역(1999), 위의 책, 242쪽.

관계에서 난처한 입장에 처하게 될 것이라는 이유도 고려 사항이었다.[14] (글라이스틴도 7월 15일에 휴가차 귀국해 뉴욕 등에 머물다가 전두환이 대통령에 취임하기 사흘 전인 8월 28일에 서울로 귀임했다.)

2. 미국은 전두환을 지지하지 않았다

1980년 8월 9일 『동아일보』 석간 1면에 실린 강인섭 워싱턴 특파원의 기사에는 전두환이 반미주의자라는 항간의 소문에 대해 주한 미군 고위 당국자가 낭설이라며 부정하고, 미국과 전두환 장군 및 다른 한국 장성들의 관계는 현재도 이전과 마찬가지로 좋다고 말했다는 부분이 있다.[15] 그런데 당시 여론은 미국이 독재자 전두환과 그의 광주 유혈 진압을 지지했으므로 미국에 대해 반감을 가지는 반미적 분위기였지 전두환을 미국에 맞서는 자주적 인물로 보지는 않았다. 물론 카터가 전두환을 좋지 않게 보아서 그를 제거하려고 했기 때문에 이

---

14 "Memorandum of Donald Gregg to Zbigniew Brzezinski: United States Government Reactions to Events in Korea," August 14, 1980, National Security Affairs, Collection # 6, Brzezinski Material, Country File, Folder: Korea, Republic of, 6-8/80, Box 44, Jimmy Carter Library.

15 전술한 바와 같이 5월 13일 위컴과의 회동에서 전두환은 자신이 반미적 감정을 가지고 있다는 소문은 유언비어라고 말했는데 반미주의자라는 위컴의 전언과 평가에 기반한 것으로 추정된다. John Adams Wickham, Jr., *Korea on the Brink, 1979-1980: From the '12/12' Incident to the Kwangju Uprising* (Washington, DC: National Defense University Press, 1999), p. 122; 존 위컴, 김영희 감수, 유은영 외 공역, 『12·12와 미국의 딜레마: 전 한미연합사령관 위컴 회고록』 (중앙 M&B, 1999), 189쪽.

러한 사정을 아는 측근들은 미국에 반감을 가졌을 수 있으며 전두환 자신도 미국을 좋지 않게 보았을 수 있다. 따라서 군부 지도급 인사들 사이에서는 미국 특히 카터 행정부에 반감을 가졌을 수도 있으며 레이건 행정부로 정권이 교체된 후 한미 간의 미묘한 갈등이 해소되면서 이러한 감정이 사라졌을 것이다. 그러나 당시 반미 감정은 미국의 내정간섭을 비판했던 측근 청년 장교들 일각에 형성된 분위기였지 전두환 자신과는 원래부터 무관했다.

1980년 8월 18일자 『동아일보』 기사 「미지(美紙) 보도 미정부 지지키로, 전장군 대통령 추대」에서는 카터 행정부가 전두환의 대통령 선출에 결코 반대하지 않기로 결정했다는 『워싱턴포스트』 8월 17일자 보도를 전했다. 이어서 8월 19일 『동아일보』는, 1980년 8월 18일 미 국무부 데이비드 페시지 대변인이 "헌법 개정과 새 지도자 선출을 포함한 한국의 모든 문제는 어느 외국도 간섭할 수 없는 순전한 한국민만의 내정 문제"라는 공식 입장을 명백히 했다고 전했다.[16] 이 대목에서 미국이 야권의 진보적 반미주의뿐만 아니라 여권에까지 침투했던 보수주의적인 민족주의적 반미주의를 의식했음을 알 수 있다.

정권 내부에 형성된 미국에 대한 반대 기류가 전두환 정부의 자주적인 측면이라고 여기는 견해도 있을 수 있지만 사적인 감정을 해당 정부의 반미적 속성이라고 평가하는 것은 지나친 확대 해석이다. 거시적, 장기적, 구조적으로 보면 미국에 매우 의존적이었던 박정희 정부의 대통령 박정희가 미국인을 '미국놈'이라고 표현하는 등 미국에

---

16 「미국무성 논평: 한국 지도자 선출 한국민만의 문제」, 『동아일보』 1980년 8월 19일 석간, 1면.

반감을 가졌다고 해서 박정희 정부를 반미적·자주적 정부라고 볼 수 없는 것과 같은 이치이다. 이승만 정부 당시에도 이승만 자신은 미 국무부 내 용공분자들과 갈등했으며 1952년 이래 미국은 이승만을 제거하려고 검토했다. 또한 이승만의 양자 이인수 박사의 증언에 의하면 퇴임 후 이승만은 자신을 물러나게 한 미국에 반감을 가졌는데,[17] 그렇다고 이승만 정부 시절 대미 의존적 체제의 구조적 성격을 자주적인 체제로 바꾸어 볼 수는 없다. 개인적인 차원과 구조적인 차원은 다르기 때문이다.

미국은 친미적 지도자로 평가받고 있는 이승만, 장면, 박정희, 전두환 등의 제거를 검토했으며, 미국의 이승만 제거 공작은 실제로 4월 27일의 하야로 실현되었고, 박정희 제거는 10·26으로 우회적인 결실을 보는 등 한미 간의 갈등을 노정했다. 이는 민주주의를 침해한 독재자들을 혐오하는 미국 정부 내 리버럴과 보수적인 한국 대통령의 이념적 차이 때문에 생기는 갈등의 측면도 있다. 또한 안정을 최우선적으로 추구하는 미국 정부 내의 보수파는 리버럴들의 민주화 요구를 견제하면서 결국 독재자 이승만과 박정희, 전두환을 지지할 수밖에 없었으나 리버럴들은 계속 이들에 대한 제거를 검토한 것이다. 그런데 1960년의 4·19와 1979년의 부마항쟁으로 표출된 민중의 힘이 안정을 위협하여 북이 체제 전복을 기할지도 모른다는 우려를 불러일으키자 보수파들도 리버럴들이 구상했던 제거 계획 실행에 동의했다고 볼 수 있다. 결국 안정을 위해 부분적인 민주화를 개량적으로 발산

---

17 이완범, 「이인수 교수 인터뷰」(프레스센터 19층, 2010.4.14).

시킨 것이다. 어떤 맥락에서도 심지어 미국 리버럴들에게도 안정이 민주주의보다 우선시된다고 할 수 있다.

만약 광주에서의 민주화 요구가 거세져서 북의 개입이 확실시되었다고 판단했다면 미국은 전두환을 제거하고 개혁을 추진해 북풍에 맞설 수 있는 좀 더 개량적인 지도자를 선택했을 가능성이 있다. 당시 카터 대통령은 여타의 미국 대통령에 비해 상대적으로 제3세계의 민주주의를 강조하는 리버럴한 인물이었다. 리버럴한 카터는 전두환을 탐탁지 않게 여겨 제거를 염두에 두었지만, 1980년 봄과 여름 전두환 체제가 북의 위협에 누구보다도 효과적으로 맞설 수 있는 카드라 판단했던 보수적인 참모의 의견을 좇아 전두환을 묵인하는 방향으로 결론 맺었던 것이다. 한국 정부 관리들의 조작이었든 미국의 실수였든 아니면 그 두 가지 요인이 합해진 탓이었든 간에 미국은 전두환을 지지하는 것으로 비쳐졌다.[18]

한편 1980년 8월 9일자 『뉴욕타임스』는 "전두환 장군이 남한은 새로운 지도자를 필요로 하며 자신은 대통령직을 승계할 의사가 있다"고 말했다는 기사를 실었다. 이에 그레그는 1980년 8월 14일(미국 시간) 브레진스키에게, 최규하 대통령의 사임이 임박했고 수일 내로 전두환 장군이 대통령에 당선될 것이라는 내용의 보고서를 제출했다. 여기서 그레그는 두 주일 정도 뒤에 글라이스틴 대사가 카터 대통령

---

18 Mark Peterson, "Americans and the Kwangju Incident: Problems in the Writing of History," Donald N. Clark, ed., *The Kwangju Uprising: Shadows over the Regime in South Korea* (Boulder, CO: Westview, 1988), p. 63; 마크 피터슨, 「「光州」는 全斗煥집권의 단계적 쿠데타였다: 특별기획 외국인이 證言하는 80년 5월 光州」, 『신동아』(1989.5), 316쪽.

)RANDUM

~~CONFIDENTIAL~~   NATIONAL SECURITY COUNCIL   4653

August 14, 1980

INFORMATION

MEMORANDUM FOR: ZBIGNIEW BRZEZINSKI

FROM: DONALD GREGG

SUBJECT: United States Government Reactions to Events in Korea   (U)

DA HAS SEEN 8·19·80

On August 14 Mike Armacost convened a lengthy meeting to discuss events in Korea and how we should react to them. Ambassador Gleysteen was present, having been recalled from leave. (C)

The two major items discussed were

- President Choe's impending resignation and the expectation that General Chun will be elected President in the next few days. (U)

- The Sam Jameson interview with General Wickham in the Los Angeles Times, which the Koreans have distorted to make it appear that the US Government has thrown its full support behind General Chun. (U)

After lengthy discussion it was agreed to proposed the following actions to higher authority.

1. To hold Wickham in Hawaii for a few days, at least until Choe resigns. (To send him back now would be used by the Koreans as a further indication of US Government support and would also place Wickham in a difficult position vis-a-vis the press.) (C)

2. To prepare talking points for Charge Monjo to use in Seoul once President Choe's resignation is announced. (U)

3. Prepare a public statement to be issued in Washington, reiterating the US position that the ultimate validation Chun must achieve is from his own people, not from Washington. (U)

4. Ambassador Gleysteen said he would like very much to carry a letter from President Carter back with him to Korea in about two weeks. (Gleysteen told me that in Korea the Wickham interview has somewhat tangled the lines of authority and that a Presidential letter to Chun would be very helpful in reordering the command structure.) (C)

~~CONFIDENTIAL~~
Review on August 14, 1984

그림 8. 그레그가 브레진스키에게 보낸 메모랜덤: 「한국 상황에 대한 미 정부의 대응」(1980.8.14), 카터 대통령 기념도서관 소장

CONFIDENTIAL

5. ROK Chief of the Joint Chiefs, General Lew, will be invited to come to the US but at a somewhat later time. It was felt that the presidential letter mentioned above could be used to transmit how our President views the matter of clemency in the Kim Dae Jung case. (C)

The participants in this meeting are aware that I will be on leave for the next two weeks. This memo is to bring you up to date and to also prepare Roger Sullivan for actions that will be underway next week. (C)

cc: Roger Sullivan

CONFIDENTIAL

이 전두환에게 보내는 친서를 가지고 귀국하는 것이 좋을 것 같다고 건의했다. 또한 장기간의 내부 토의(아머코스트, 그레그, 글라이스틴 등 참석)를 거쳐 전두환이 궁극적으로는 정권의 적법성을 워싱턴이 아닌 한국 국민에게서 얻어내야 한다는 것이 미국의 입장임을 재천명하는 공개 성명서가 워싱턴에서 발표될 수 있도록 준비한다는 결정을 이끌어냈다.[19] 이미 1980년 7월 7일 CIA의 전두환 제거 계획 입안에 맞서 전두환을 묵인하려는 태도를 취했던 그레그의 입장을 반영한 문서라고 할 수 있다.

한편 서울의 몬조 대사대리는 국제표준시 8월 14일(그레그의 위 보고서 이전에) 워싱턴으로 아래와 같은 전문을 보냈다.

여러 통로를 통해 보고한 바 있듯이 최 대통령이 8월 16일에 하야하고 전두환이 통일주체국민회의를 통해 8월 21일에 새 대통령에 선출되리라는 것은 확실시되고 있다.(마이크 킴이나 다른 사람을 임시 대리인으로 활용하는 것은 더 이상 의미가 없는 듯이 보임.) 현재 활용되고 있는 방법론은 헌법에 기초한 것이며 사태의 성격을 '쿠데타'로 규정할 수는 없다. 진전된 사태는 전혀 돌이킬 수 없는 것으로 사료된다.

헌법 개정 작업은 계획대로 진행될 것으로 보이며, 9월 말이나 10월 초에 새 헌법에 대한 국민투표가 이루어질 것이고, 새 헌법하의 대통

---

19 "Memorandum of Donald Gregg to Zbigniew Brzezinski: United States Government Reactions to Events in Korea," August 14, 1980, #10, National Security Affairs, Collection # 6, Brzezinski Material, Country File, Folder: Korea, Republic of, 6-8/80, Box 44, Jimmy Carter Library.

령 선출은 1981년 1월 초 또는 2월쯤에 시행될 것이다.

몬조는 전두환 정부의 탄생이 '쿠데타'가 아니라고 지적하고 있다. 워싱턴이 촉구했던 대로 합법적인 절차를 밟고 있다는 것이다. 당시의 정치 상황에서 전두환이 곧바로 대통령이 되는 길은 쿠데타 외에 최규하 대통령이 하야한 뒤 통일주체국민회의를 통하는 것만 가능했고, 이는 가장 손쉽고 무리수를 두지 않아도 되는 방법이었다. 미국은 아마 이 절차를 알고 있었을 것이다. 광주민주화운동 진압 이후 국보위가 출범한 직후인 1980년 6월부터 미국은 전두환을 교섭 대상으로 인정할 수밖에 없었다. 미국이 요구했던 '합법적인 절차를 통한 정부 구성'이라는 조건은 체면치레용 형식이었다. 그러나 미국은 한국 대통령의 이름이 바뀌는 순간까지도 전두환에 대한 견제의 끈을 놓지 않았다. 같은 보고서에 이어지는 몬조 부대사의 분석은 현실을 중시하는 시각에 무게가 실려 있다.

두 가지 사항을 지켜보아야 한다. 한국 국민의 반응과 미 정부의 적절한 대응이 그것이다. 본인의 판단으로는 대다수의 한국 국민이 이 변화를 수동적인 자세에서 숙명적으로 받아들이고 있다. 전두환의 대통령직 탈취를 현실로 인정하는 것이다.

전두환과 화해를 추구해 온 세력은 보다 현실적인 정부 구조가 갖춰지게 된 것을 환영할 수도 있으며, 전두환을 계속해서 반대하는 세력은 '마지막으로 바랐던 요행'이 사라지는 것으로 볼 것이다. 정치권과 언론, 대학 등 전통적으로 군부 정권을 반대해 온 세력은 내부적으로 심한 갈등을 겪고 있으며 위축된 채 낙담하는 모습이다. 이번에는 이들이 조직화되어 움직일 것 같지는 않다. 그렇다고 해서 앞으로도(예를 들면 대학이 다시 문을 열었을 때) 힘을 과시하지 않으리라는 것은 아니다. 특히 예기치 않은 사태가 터지면(예를 들어 학생 희생 등) 힘을 과시할 수도 있을 것이다.

위와 같이 "대다수의 한국 국민들은 이 변화를 수동적인 자세에서 숙명적으로 받아들이고 있다"고 몬조는 파악했다. 그렇지만 미국은 만일의 사태가 발생할 경우에도 대비해야 했다. 전두환이 아직 대통령에 취임하지 않았고 비록 대통령 취임은 조만간 이루어질 것이지만 학생들이 이를 거부해 거리로 나서서 '제2의 광주'와 같은 비극이 재연되면 미국은 전두환 퇴진 요구 등 다른 공작을 수행해야 할지 검토해야 했다.

한국의 정치군인들이 군부라는 이름으로 12·12를 일으켜 정치 전면에 나섰을 때까지도 미국은 한국의 공식적인 대표자인 최규하를 놓지 않았다. 이에 병행해 신군부라는 신흥 세력을 제거하려고 검토했다. 그러나 제거 구상을 검토만 했을 뿐 대외적으로 미국은 관망하는 것처럼 보였다. 단, 우려 섞인 관망이었다. 최규하의 지도력을 안심할 수준으로 보지도 않았고 신군부를 믿을 수도 없었다. 그러나 또 한편으로는 최규하에게 등을 돌리지도 않았고 전두환을 아주 외면하지도 않았다. 박정희 정권의 공백을 메우려는 최규하와 전두환으로 대표되는 두 신흥 정치 세력에게 미국은 각각 한 손을 내밀 준비만 하고 있었던 셈이다. 경쟁에서 이기는 세력을 선택한다는 현실주의는 미국 외교 정책만의 특징도 아니고, 미국의 대한국 외교에만 적용되는 것도 아니다. 현실주의 자체가 외교의 기본이다. 카터 행정부가 인권과 민주화의 가치를 부르짖긴 했어도 이상주의를 현실주의와 동시에 병행 추구해야 했으므로 현실주의 외교의 기본 틀에서 벗어나지 않았다. 이런 관점에서 카터는 '이상주의적 외피를 쓴 현실주의자'라고 볼 수 있다.

1979년 10·26 이후 1980년 6월 초까지의 7개월이 미국이 최규하의 지도력을 시험해 보는 기간이었다면, 6월 초부터 전두환이 대통령 자리에 오르는 9월 초까지의 90일간은 전두환의 정치력을 지켜보는 기간이었다. 이 10개월 동안 여러 통로를 통해 미국은 신군부의 성격을 파악했고, 미국의 국익에 도움이 될 세력인지 아닌지 검토했다. 당시로서는 신군부를 지지하는 것 외에 확실한 대안이 없으며 신군부가 최소한의 자격 요건은 갖추었다는 것이 미국의 최종 판단이었다. 전두환의 손을 들어줌과 동시에 미국은 향후 대응책을 이미 머릿속에 그리고 있었다. 몬조의 보고서에도 그 대응책이 드러나 있다.

우리의 대응책은 크게 세 가지로 나눌 수 있다.

(A) 이제는 전두환과 같이 살아야 하며, 아마도 오랫동안 그래야 할 것이다.

(B) 미 정부는 광범위한 지지를 받는 정부 수립을 향해 한국 정치가 질서 있게 발전해 나가는 것을 지지한다는 점을 한국 정치권 전체에 분명히 해두는 것이 우리의 장기적인 이익에 도움이 될 것이다.

(C) 전두환의 정권 장악 과정에서 우리가 도구로 활용되지 않았다는

것, 특히 대통령 자리에 오른 것이 미 정부의 승인하에 이루어진 것은 아니라는 것을 인식시키는 것이 중요하다.

많은 한국인들은 위컴 장군의 발언을 믿고 있으며,(전두환이 위컴 장군의 발언을 『뉴욕타임스』와의 회견에서 기술적으로 잘 활용했다.) 우리가 기꺼이 전두환을 선택했고 그가 대통령직에 오르기 전 우리와 최종적으로 상의를 마쳤다는 입증 자료로 간주되고 있다. 일부에서는 이 사안을 과거 박정희가 처음 등장했을 때 미 정부가 마지못해 그의 정권을 묵인했다는 시각과 대비시켜 보고 있다. 우리가 제대로 된 기록을 남기지 않는 한 이런 잘못된 인식은 한국인들 사이에서 미국에 대한 분노로 확산될 우려가 있다.

위컴에게 한국 귀임 날짜를 연기하도록 요청하는 것이 현명한 판단이라는 것을 본부에서도 잘 인식하고 있으리라 본다. (한국 전두환 그룹의) 시나리오가 막을 내리기 전까지는 위컴이 한국에 귀임하지 않는 것이 좋겠다는 게 본인의 제안이다. 만약 위컴이 최 대통령의 사임 발표 직전에 한국에 돌아오게 되면 그가 전두환에 대한 워싱턴의 최종 축하 메시지를 가지고 온 것으로 읽힐 수 있기 때문이다.

위컴이 귀임을 연기하면 전두환의 행동을 우리가 좋아하지 않고 있다는 마지막 경고를 전달할 기회를 놓치게 된다는 점을 본인도 잘 알고 있으나, 최근의 언론 보도를 감안하면 이쨌든 우리의 그런 메시지를 전달할 사람으로 위컴이 적임자인지는 우려가 된다.[20]

---

20 "Cable from AmEmbassy Seoul (Monjo) to SecState: Change in the Presidency," in 4 pages, 14 August 1980, US National Archives, in 이흥환, 「전두환 집권과 미국의 '거리두기'」, 『신동아』(2004.10), 350~362쪽.

이렇게 미국이 전두환을 대통령으로 만든 것이 아니라는 사실을 강조함으로써 전두환에 대해 비판적 감정이 있었던 한국 내에서 반미주의가 등장하는 것을 막으려 했다. 또한 전두환 정부 창출의 책임을 사후적으로라도 회피하려는 의도가 있었다고 할 수 있다.

3. 이미 예견되었던 최규하의 사임

1980년 8월 15일 최광수 청와대 비서실장은 존 몬조 주한 미국 대사 대리에게 최 대통령의 사임을 알려왔으며, 몬조는 전두환 장군을 만나려 했다.[21] 또한 미국 워싱턴 시각 8월 14일 밤 10시 30분 크리스토퍼 국무부 부장관은 '최 대통령 하야'라는 제목의 다음과 같은 전문을 주한 미 대사관, 주일 미 대사관, 호놀룰루 태평양 사령부 등에 타전했다.

전두환 장군이 한국 대통령직에 오르기 위해 신속하게 움직일 것이라는 여러 조짐이 지난 몇 주 사이에 감지되었다. 대통령 권한을 이미 많이 탈취했고, 4성 장군으로 진급할 것이며, 최 대통령을 비난하는 소

---

21 "Cable from AmEmbassy Seoul (Monjo) to SecState: Change in the Presidency," 15 August 1980, National Security Affairs, Collection # 6, Brzezinski Material, Country File, Folder: Korea, Republic of, 6-8/80, Box 44, Jimmy Carter Library (NLC-6-44-7-4-6에서도 볼 수 있다).

문을 퍼뜨리는 등 한국 언론을 통해 귀가 따갑도록 그런 조짐들이 많이 들렸다.

어제 입수된 정보에 따르면 최 대통령은 8월 16일에 하야할 예정이며, 통일주체국민회의가 8월 18일 서울에서 소집되어 전두환을 새 대통령으로 선출하게 될 것이다.[22]

주미 일본대사관에도 통보했으며 추가 정보가 입수되는 대로 전달할 것이다. 이 긴급한 사태 진전에 미국이 어떻게 적절하게 대처할 것인지 적극적인 검토를 수행 중이다.

서울은 태평양 사령관과 태평양 사령부 정치국에도 한국의 정치 진척 상황에 대한 보고와 분석 자료를 전달하라.[23]

또한 크리스토퍼 부장관은 1980년 8월 15일에 몬조 부대사에게 전문을 보내 미국이 전두환 대통령 만들기에 관련되어 있다는 한국 내의 인식을 씻어내야 한다고 지시했다.

1. 서울에서 제출된 아주 훌륭한 분석 보고를 바탕으로 오늘 아침 현 상황과 향후 조치들에 대한 부처 간 장시간 회의가 있었음. 우리의 결론은 다음과 같음.

— 서울에서 지적했듯이 전두환 장군이 곧 대통령직에 오르리라는

---

22 전두환은 이렇듯 급하게 대통령이 되려 했지만 비판적 여론이 있어 여의치 않았으며 다소 시간이 걸렸다.
23 이흥환, 「전두환 집권과 미국의 '거리두기'」, 『신동아』(2004.10), 350~362쪽.

것은 돌이킬 수 없는 기정사실로 보인다.

　- 그러나 전두환이 대통령이 되도록 우리가 뒤를 밀어주었다는 그 어떤 의구심도 우리는 배척해야 한다.(이와 같은 맥락에서 위컴 장군의 한국 귀임은 연기될 것이지만 공개적으로 밝히지는 않을 것임.)

　- 향후 보다 자유스러운 정권으로 발전하기를 바라는 우리의 희망을 강조해야 한다. 또한 헌법 개정 및 국민투표 일정이 차질 없이 이행되길 바란다는 입장도 강조해야 한다.

　2. 최광수 비서실장이나 박동진 외무장관과 면담 시 아래 사항들을 우리와 상의해야 한다는 점을 분명히 인식시켜야 하며, 국무장관의 지시를 그대로 이행하고 있다는 사실을 강조해야 함.

　- 한국 지도부는 지난주 위컴 장군의 발언에 미국 정부가 전두환 장군을 승인하거나 지지한다는 뜻이 담겨 있다고 오해해서는 안 되며, 한국 언론 보도나 성명 형태로 위컴 장군의 발언 내용을 곡해시키려는 그 어떤 조작에도 우리는 단호히 대처할 것이다.

　3. 전두환 장군과의 회동 약속을 가능한 한 빠른 시일에 잡아야 하며, 미 정부 정책과 관련된 최근의 언론 보도에서 야기된 그 어떤 잘못된 인식도 불식시켜야 한다는 점을 위에 언급한 정책 지침을 기준 삼아 명심하길 바람.[24]

크리스토퍼 미 국무부 부장관은 1980년 8월 15일 카터 대통령에게 오후 일일보고서를 보내 최규하 대통령이 오늘 밤 사임할 것이며

24　이흥환(2004), 위의 글, 350~362쪽.

전두환이 다음 주 소집되는 통일주체국민회의에서 대통령으로 선출될 것이라고 예측했다. 당시에는 10월로 예정된 개헌안 국민투표와 1981년 봄 선거 실시라는 정치 일정이 아직 폐기되지 않았었다. 다가올 지도부 구성에 미국이 영향을 주려 한다는 인식 조성을 방지하기 위해 거리를 두어야 한다고도 주문했다. 크리스토퍼는 8월 14일 워싱턴에 협의차 온 글라이스틴 대사가 귀임하는 28일경에, 전두환의 대통령 승계를 축하하면서 미국의 기본적 우려를 담은 대통령의 메시지를 전두환에게 전달하자고 카터에게 건의했다. 전두환의 친구(노태우로 추정됨-인용자)가 김대중은 처형되지 않을 것이라고 알려주었다는 사실도 적시했다.[25] 결국 전두환 대통령 만들기에 연루되어 있지 않다는 것을 공개적으로 증명해야 한다고 생각했던 미 국무부는 최규하 하야에 깊은 우려를 표명했다.[26]

또한 그레그는 8월 15일(미국 시간) 브레진스키에게 메모랜덤을 보내 미국이 김대중의 사형 선고에 얼마나 강하게 반응해야 하는지 논의하며, 카터 대통령의 메시지를 전두환에게 직접 전달할 채널에 대

---

25 "Memorandum of Warren Christopher, Acting to the President[: Evening Report]," August 15, 1980, p. 1, Plains File, Subject File, Box 40, Folder: State Department Evening Reports, 8/80, Jimmy Carter Library. 이 자료는 RAC 상 (NLC-128-15-8-9-6)으로 확인한 것이다. 한편 이 자료는 8월 16일 먼데일 부통령에게도 전달되었다. "Cable from the Situation Room to Southampton: Memorandum of Warren Christopher, Acting to the President," August 16, 1980, National Security Affairs-Brzezinski Material, Collection # 16: Cables File, Folder: White House In/Out, 8/16-31/80, Box 124, Jimmy Carter Library (NLC-16-124-4-10-2).

26 "Resignation Worries U.S.," *The New York Times*, August 17, 1980.

해 언급했다.[27] 위컴의 8월 8일 기자회견 왜곡 때문에 원래 명령 계통에 있던 미 군부의 위컴 대신 귀임하는 글라이스틴 대사가 메시지 전달의 주된 채널이 되어야 한다고 적었다. 이는 미국 관리들의 서열 회복을 위해서도 도움이 되는 조치였다.[28] 글라이스틴이 서열상 위컴보다 상급자였다. 이제 백악관에서도 최규하 대신 전두환과 직접 접촉해야 할 것을 고려해야 하는 상황이 되었다.

1980년 8월 18일 크리스토퍼 부장관은 대통령에게 오후 일일보고서를 보내 대통령직에 오르려는 전두환이 이번 주에 예편할 것이라고 보고했다.(실제로는 8월 5일 진급된 대장 계급으로 8월 22일 전역) 위컴은 정치적 오해를 방지하기 위해 전두환의 대통령 출마가 어느 정도 진전되고 난 후에 귀임시키는 것으로 건의했다. 또한 크리스토퍼는 이번 주말 미국으로 오는 최광수 실장과 만나 온건한 정부로의 진전과 김대중 판결에 대한 미국의 관심을 전달할 예정이라고 했다.[29]

27 "Memorandum of Donald Gregg to Zbigniew Brzezinski: Presidential Interest in the Trial of Kim Dae Jung," August 15, 1980, National Security Affairs, Collection # 6, Brzezinski Material, Country File, Folder: Korea, Republic of, 6-8/80, Box 44, Jimmy Carter Library.
28 William H. Gleysteen, Jr., *Massive Entanglement, Marginal Influence: Carter and Korea in Crisis* (Washington, DC: Brookings Institution Press, 1999), p. 163; 윌리엄 H. 글라이스틴, 황정일 역, 『알려지지 않은 역사: 전 주한미국대사 글라이스틴 회고록』(중앙 M&B, 1999), 229쪽.
29 "Memorandum of Warren Christopher, Acting to the President[: Evening Report]," August 18, 1980, pp. 1-2, Plains File, Subject File, Box 40, Folder: State Department Evening Reports, 8/80, Jimmy Carter Library (NLC-128-15-8-11-3에서만 볼 수 있음); National Security Affairs, Collection # 15, Brzezinski Material, Brzezinski Office File, Subject Chron File, Box 76, Folder: 8/1-19/80, Jimmy Carter Library (NLC-15-76-7-26-7에서만 볼 수 있음).

1980년 8월 21일 전두환 장군의 명을 받고 미국에 온 최광수 실장을 만난 크리스토퍼는 같은 날짜에 보고서를 작성해 대통령에게 보냈다. 크리스토퍼는 한국인 사이에 조성된 미국에 대한 심각한 오해, 현재 정치 과정이 한국인들의 충분한 지지와 참여를 유도할 수 있을지에 대한 미국의 의구심, 김대중으로 상징되는 정치범에 대한 처리 등 세 가지 주요한 영역에 대해 강조했다. 김대중에 대한 사형 선고는 미국 등지에서 매우 심상치 않은 반향을 불러일으킬 것임을 명백히 했다. 이에 최 실장은 전두환이 김대중 재판에 대한 국제적 의미를 충분히 이해하고 있다고 말했다. 따라서 만약 정치적으로 안정된다면 이번 가을 중형이 내려진 후에 아마도 감형이 가능할 것이라고 최 실장은 예측했다. 군법회의는 법정 최고형을 선고하겠지만 정치적 차원에서 조정이 이루어질 것이라고 했다. 이에 크리스토퍼는 비록 시차를 두고 감형이 이루어진다고 하더라도 중형 선고는 국제적 항의를 야기할 것이며 조용히 넘어가지 않을 것이라고 경고했다. 주한 미 대사관의 참관인들이 보고서를 작성하고 있지만 끝까지 도움을 주기 위해 국무부 법률고문의 직원을 보낼 것이라고도 했다.[30] 김대중에 대한 판결이 확정될 때까지 주시하겠다는 의지를 표명한 것이다.

최규하 대통령은 1980년 8월 16일 오전 10시 특별성명 발표 후 공식 하야했다. 결과론일지 몰라도 최규하 대통령은 1979년 12·12 이

---

30 "Memorandum of Warren Christopher, Acting to the President[: Evening Report]," August 21, 1980, pp. 2-3, Plains File, Subject File, Box 40, Folder: State Department Evening Reports, 8/80, Jimmy Carter Library. 이 자료는 RAC 상(NLC-128-15-8-13-1)으로 확인한 것이다.

후부터 다음 해 8월 하야 시까지 계속 사임이 예견되던 상황이었다. 실권은 신군부가 가지고 있었던 이중 권력의 시기가 오래갈 수 있다고 생각하는 것은 지나친 낙관론이다. 그러나 위컴 같은 미군 관리들의 눈에는 '뜻밖의 사임'으로 비추어지기도 했다.[31] 최규하 대통령은 전두환 장군이 정국을 확실히 주도했던 7월 중순 대통령직에서 물러나기로 결심하고 전두환 보안사령관에게 사의를 표한 뒤 8월 16일 하야했다고 한다. 이미 현직에서 물러나 있던 신현확은 신군부의 요청을 받은 김정렬 전 국방장관과 또 다른 인물이 최규하 대통령에게 권유해 사임이 성사되었다고 회고했다.[32] 정치권에서는 전두환의 압박으로 최 대통령이 물러났다는 여론이 대두되었다.[33]

4. 전두환 대통령 선출자에게 보낸 카터의 메시지

최규하 대통령 하야 이후 박충훈 국무총리 서리의 대통령 대행 체제였던 1980년 8월 27일, 전두환은 통일주체국민회의에서 총투표자

---

31 John Adams Wickham, Jr., *Korea on the Brink, 1979-1980: From the '12/12' Incident to the Kwangju Uprising* (Washington, DC: National Defense University Press, 1999), p. 159; 존 위컴, 김영희 감수, 유은영 외 공역, 『12·12와 미국의 딜레마: 전 한미연합사령관 위컴 회고록』(중앙M&B, 1999), 242쪽.
32 신현확·신철식, 『신현확의 증언: 아버지가 말하고 아들이 기록한 현대사의 결정적 순간들』(메디치미디어, 2017), 342쪽.
33 김충립, 「'노태우 의리 테스트' 술상 뒤엎은 김복동」, 〈신동아〉(2016.8.23).

2,525명 중 2,524표를 얻어 제11대 대통령으로 선출되었다. 취임식은 9월 1일 거행 예정이었지만 이미 청와대가 비어 있었으므로 전두환은 1980년 8월 28일 청와대에 등청했으며,[34] 8월 31일에는 취임식 참석차 내한한 기시 노부스케 전 일본 수상을 접견하기도 했다. 전두환도 급했지만 기시도 기민했다. 1980년 8월 20일 미 대사관의 보고에 의하면 전두환은 미국 대통령 선거 결과가 나오기 전에 대통령직을 맡으려고 서두른다는 것이었다. 자신의 대통령 취임을 기정사실화하여 미국 대통령 선거 결과에 영향을 받지 않기 위해서였다. 전두환은 미국 신임 대통령보다 빨리 자리에 올라 대통령 자격을 둘러싼 논란을 사전에 차단하려고 했을 것이다.[35] 미 대사관은 10월에 선출될 것으로 예측했는데,[36] 미국이 예상했던 것보다 더 신속하게 전두환은 대통령직을 차지했다.

전두환이 대통령에 선출된 이틀 후인 1980년 8월 29일 오전 2시 14분, 주한 미 대사관은 워싱턴의 국무장관실에서 타전한 세 장의 비밀 전문을 접수했다.(그림 10) 카터가 8월 27일자로 서명해 전두환 대통령 선출자에게 보낸 메시지였다. 글라이스틴은 서울에 도착한 이후 전두환 대통령 당선자와의 첫 단독 만남 일인 9월 3일에 카터의 메시지를 전달했다.(그림 11) 9월 1일에 거행된 대통령 취임식에는

---

34 김이택, 「전대통령 청와대서 첫 집무」, 『동아일보』 1980년 8월 28일, 1면.

35 하윤해, 「[美정부 기밀해제 문서 단독 입수 〈1〉] 전두환, '자격 논란' 차단 위해 취임 서둘러」, 〈국민일보〉(2016.5.3).

36 "Memorandum of the Situation Room to David Aaron: Noon Notes," August 20, 1980, p. 2, National Security Affairs, Collection # 1: President Daily Report File, Box 16, Folder: 8/11/80–8/20/80, Jimmy Carter Library (NLC-1-16-6-17-9).

별도의 특사를 파견하지 않고 정부를 대표해 글라이스틴 대사가 참석하여 냉담하면서도 유보적인 태도를 보였다.[37]

그런데 글라이스틴은 전두환을 만나기 전에 1980년 8월 29일 박동진 외무장관을 만났다. 당시 만남을 기록한 한국 외무부의 외교문서에는 "미국 행정부는 이번 전 장군께서 대통령에 취임하시게 됨은 한국의 국내 정세 흐름으로 보아 불가피한 것이며, 다른 대안이 없는 것으로 간주하고 있으므로…."라고 적혀 있다.[38] 이는 글라이스틴의 대화를 직접 기록한 대화록은 아니고 일종의 요약본이지만, 글라이스틴이 '대안이 없다'는 뉘앙스의 말을 했을 가능성은 있다. '대안이 없다'는 말은 전두환 외에 대안을 고려하고 있었다는, 즉 전두환 제거를 고려하고 있었다는 말로 직결될 수 있으므로 그가 '대안'이라는 표현을 직접 썼을 가능성은 크지 않다. 내정간섭이라는 느낌을 주기에 충분하므로 직접적으로 말하기보다는 에둘러 말했을 가능성이 높다. 이 대목에서 미국이 전두환의 대안을 고려하고 있지 않은지 한국 정부가 의구심을 가지고 있었음을 간접적으로 확인할 수 있다.

1980년 8월 27일로 예상되는 전두환 대통령의 당선을 축하하기 위해 8월 26일(미국 시간)에 마련된 미 국무부가 작성한 카터 대통령의 메시지 원안(브레진스키의 승인본)은 달랑 한 단락 두 문장짜리였

37　William H. Gleysteen, Jr., *Massive Entanglement, Marginal Influence: Carter and Korea in Crisis* (Washington, DC: Brookings Institution Press, 1999), p. 164; 윌리엄 H. 글라이스틴, 황정일 역, 『알려지지 않은 역사: 전 주한미국대사 글라이스틴 회고록』(중앙 M&B, 1999), 231쪽.
38　「전두환, 美에 '護憲지지' 요구하다 퇴짜…25만쪽 외교문서 공개」, 〈연합뉴스〉(2016.4.17).

다.³⁹(그림 9) 그런데 이 두 문장짜리 편지가 너무 실무적이라고 생각했는지 실제 발송본은 일곱 단락으로 늘렸다. 그러나 이번에도 당선 축하 편지의 통상적 형식을 무시한 채 서두에 써야 할 축하 문구나 축하 인사, 의례적 경구, 외교 수사를 생략하고 용건부터 언급하고 있다. 어느 서신에서나 끝에 형식적으로 쓰는 sincerely와 수신자명 위에 쓰는 his excellency⁴⁰가 경구의 전부였다.(그림 11) 카터의 직설적인 성격을 반영한 것이라고 할 수도 있지만 일국의 대통령 당선자에 대한 결례였다고 할 수 있다. 그만큼 카터가 전두환을 좋게 보지 않았음을 드러낸 대목이기도 하다. 또한 메시지 전체의 분위기가 고압적인 훈계조였으며 '해야 할 일의 목록' 같은 지시 형식이었다. 카터가 전두환을 대통령으로 인정하지 않았음을 알 수 있다.

이 친서의 전달 방법에 대해 지시한 문서의 제목에 메시지라고 나와 있으므로 이는 공식 대통령 서한(letter)이 아닌 일곱 문단으로 이루어

---

39 Jimmy Carter, "Dear Mr. President-elect," in "Memorandum of Peter Tarnhoff (Executive Secretary, Department of State) to Zbigniew Brzezinski: Congratulatory Message Upon the Election of the New President of the Republic of Korea," August 26, 1980, National Security Affairs-Brzezinski Material, President's Correspondence with Foreign Leaders File, compiled 1977-1981, Folder: Korea, Republic of: President Chun Doo Hwan, 8-12/80, Box 12, Jimmy Carter Library.

40 1980년 4월 30일 백악관이 글라이스틴 대사에게 전달하라고 지시했던 최규하에게 보내는 카터의 7줄 분량의 간략한 답장에는 각하라는 호칭은 물론 수신자명 위의 his excellency도 생략되어 있다. 한편 최규하는 하야 당일인 1980년 8월 16일에 카터에게 2장짜리 사임 인사 편지를 보냈다. 이에 대해 카터가 1980년 8월 28일자로 보낸 1장짜리 의례적 위로 답신은 처음부터 각하로 호칭하며, 수신자 항에 'his excellency'도 들어 있다. 따라서 각하 호칭에 일정한 원칙이 있는 것은 아니었다. 대개 격식 없는 짧은 편지에는 각하를 생략하기도 했다. 카터는 일반적으로 처음에 쓰는 수신자 이름을 'Excellency:'로 하기보다는 'Dear Mr. President:'로 호칭했다. 의례적인 각하보다 Dear로 시작하는 것이 더 친근한 감이 있다.

8018224

DEPARTMENT OF STATE
Washington, D.C. 20520

CONFIDENTIAL

August 26, 1980

MEMORANDUM FOR DR. ZBIGNIEW BRZEZINSKI
　　　　　　　　THE WHITE HOUSE

SUBJECT: Congratulatory Message Upon the Election of the
　　　　　　New President of the Republic of Korea

　　　　There is attached for your approval a message congratulating Chun Doo Hwan on his election, expected Wednesday, August 27 as President of the Republic of Korea. The message is purposefully brief. A substantive message is to be delivered privately by Ambassador Gleysteen when he returns to Seoul on August 28.

　　　　　　　　　　　　　　　Peter Tarnoff
　　　　　　　　　　　　　　Executive Secretary

Attachment:

　　Message to President-elect Chun

CONFIDENTIAL

RDS-3, 8/25/00

그림 9. 미 국무부가 브레진스키에게 보낸 메모랜덤: 「대한민국 새 대통령 당선 축하 메시지」(1980.8.26)의 일부, 카터 대통령 기념도서관 소장

NSC/S PROFILE — CONFIDENTIAL

RECEIVED 26 AUG 80 09

BRZEZINSKI   FROM TARNOFF   DOCDATE 26 AUG 80

KEYWORDS: KOREA SOUTH   PS   CHUN DOO HWAN

SUBJECT: CONGRATULATORY MSG TO NEW PRESIDENT OF SOUTH KOREA

ACTION: PREPARE MEMO CD TO TARNOFF   DUE: 27 AUG 80   STATUS S   FILES

FOR ACTION	FOR COMMENT	FOR INFO
GREGG		DODSON

Cross reference
#4862

COMMENTS

REF# 8018224   LOG 8004862   NSCIFID   (L /)

ACTION OFFICER(S)   ASSIGNED   ACTION REQUIRED   DUE   COPIES TO

Sullivan   8/27   CD for Action
NSC/SC   8/27   Close and x-ref w/
#4862

DISPATCH _____   W/ATTCH FILE PA (C)

DECLASSIFIED
E.O. 12356, SEC. 3.4(b)
WHITE HOUSE GUIDELINES, FEB. 24, 1983
BY ___ NARA, DATE ___

Dear Mr. President-elect

As you prepare to take up your responsibilities as President of the Republic of Korea, I want to wish you every success in promoting the security and prosperity of the Korean people and in establishing a broadly based government. The American people join me in looking forward to a continuation of the friendly and cooperative relations between our two nations.

                        Sincerely,

                        Jimmy Carter

His Excellency
Chun Doo Hwan
President-elect of the
Republic of Korea

첨부된 카터 대통령 메시지 초안

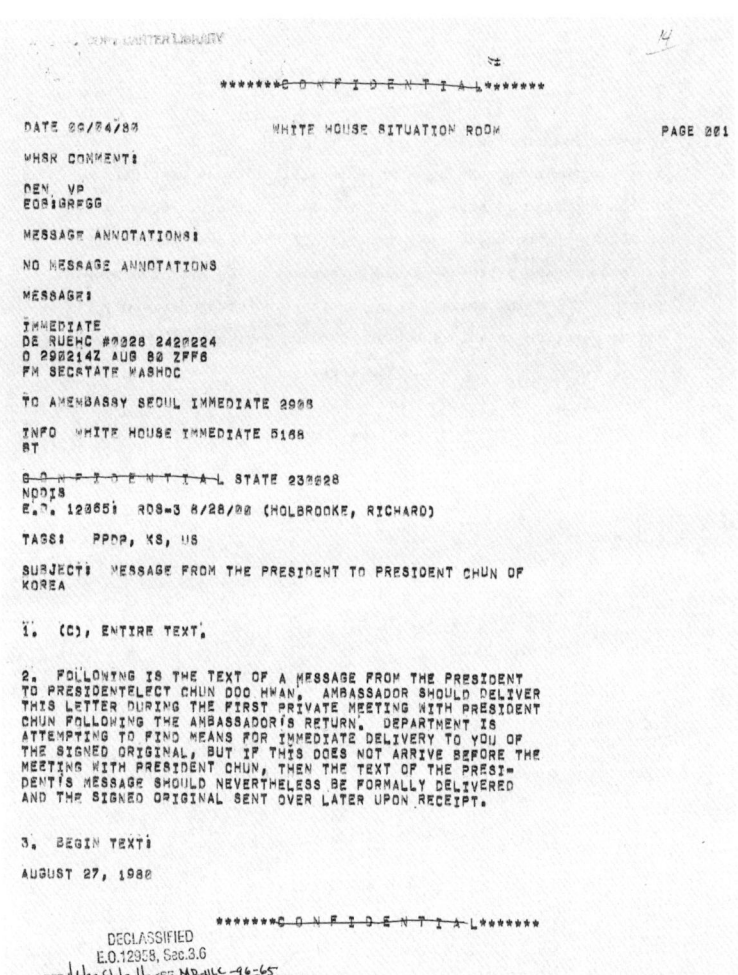

그림 10. 미국 국무부에서 서울 미 대사관으로 보내는 전문: 「대통령이 한국 전 대통령에게 보내는 메시지」(1980.8.29), 카터 대통령 기념도서관 소장

```
*******C O N F I D E N T I A L*******
```

DATE 09/04/80   WHITE HOUSE SITUATION ROOM   PAGE 001

MESSAGE (CONTINUED):

DEAR PRESIDENT ELECT CHUN:

-- AS YOU ASSUME YOUR RESPONSIBILITIES AS PRESIDENT OF THE REPUBLIC OF KOREA, I WANT PERSONALLY TO ASSURE YOU OF OUR DESIRE TO MAINTAIN THE BASIC ECONOMIC AND SECURITY RELATIONSHIPS THAT ARE SO IMPORTANT TO THE INTERESTS OF BOTH OF OUR NATIONS.

-- AT THIS TIME, I WANT YOU TO KNOW THAT RECENT EVENTS IN KOREA HAVE TROUBLED US GREATLY. WE HAVE NOTED YOUR REAFFIRMATION OF THE COMMITMENT BY FORMER PRESIDENT CHOI TO SUBMIT A NEW CONSTITUTION SOON TO A PUBLIC REFERENDUM AND TO HOLD POPULAR ELECTIONS UNDER THAT CONSTITUTION BY EARLY NEXT YEAR. BUT THE CONDITIONS UNDER WHICH THESE DEVELOPMENTS TAKE PLACE WILL BE CRITICAL IN DETERMINING THE FUTURE OF YOUR COUNTRY AND ITS INTERNATIONAL STANDING. WE REGARD FREE POLITICAL INSTITUTIONS AS ESSENTIAL TO SUSTAINING A SOUND RELATIONSHIP BETWEEN OUR TWO COUNTRIES.

-- THE TRIAL OF MR. KIM DAE-JUNG HAS ATTRACTED WIDE INTERNATIONAL ATTENTION. I DO NOT RAISE THIS DELICATE MATTER WITH ANY WISH TO INTERFERE IN YOUR INTERNAL JUDICIAL PROCESSES. NEVERTHELESS, I URGE YOU PRIVATELY TO TAKE WHATEVER STEPS ARE NECESSARY TO AVOID HAVING THE ISSUE OF FAIR TREATMENT ERODE YOUR NATION'S RELATIONS WITH THE UNITED STATES AND OTHER COUNTRIES. MR. KIM'S EXECUTION, OR EVEN A SENTENCE OF DEATH, COULD HAVE SERIOUS REPERCUSSIONS. I HAVE AUTHORIZED AMBASSADOR GLEYSTEEN TO DISCUSS THIS MATTER FURTHER WITH YOU UNDER CONDITIONS OF TOTAL CONFIDENTIALITY.

-- AMBASSADOR GLEYSTEEN WILL ALSO MAINTAIN CLOSE CONTACT WITH YOU AND YOUR NEW CABINET IN THE MONTHS AHEAD AS YOU SEEK TO RESOLVE THE OTHER PRESSING ISSUES FACING YOUR NATION.

-- WE REMAIN FIRM IN OUR DETERMINATION TO HONOR OUR SECURITY COMMITMENT TO THE REPUBLIC OF KOREA AGAINST EXTERNAL AGGRESSION. GENERAL WICKHAM HAS MY FULL CONFIDENCE IN THIS COMMITMENT.

-- I RECOGNIZE THE DIFFICULTY OF THE ISSUES YOU FACE. NEVERTHELESS, I URGE YOU TO TAKE THE EARLIEST POSSIBLE ACTION TO ENSURE THE STABILITY OF THE GOVERNMENT

```
*******C O N F I D E N T I A L*******
```

```
********C O N F I D E N T I A L********
```

DATE 29/04/80   WHITE HOUSE SITUATION ROOM   PAGE 003

MESSAGE (CONTINUED):

THROUGH THE DEVELOPMENT OF POPULARLY-SUPPORTED POLITICAL
INSTITUTIONS AND GREATER PERSONAL FREEDOM FOR YOUR
CITIZENS.

-- IN CLOSING, MR. PRESIDENT, LET ME REPEAT THAT I
LOOK FORWARD TO ENHANCING THE COOPERATION BETWEEN OUR
TWO NATIONS IN SUPPORT OF OUR COMMON INTERESTS IN THE
MONTHS AHEAD.

SINCERELY, JIMMY CARTER

HIS EXCELLENCY
CHUN DOO HWAN
PRESIDENT-ELECT OF THE
REPUBLIC OF KOREA,
SEOUL

END TEXT. MUSKIE

PSN: 000663   TOR: 242/02127Z   DTG: 290214Z AUG 80

```
********C O N F I D E N T I A L********
```

THE WHITE HOUSE
WASHINGTON

August 27, 1980

Dear President Elect Chun:

As you assume your responsibilities as President of the Republic of Korea, I want personally to assure you of our desire to maintain the basic economic and security relationships that are so important to the interests of both of our nations.

At this time, I want you to know that recent events in Korea have troubled us greatly. We have noted your reaffirmation of the commitment by former President Choi to submit a new constitution soon to a public referendum and to hold popular elections under that constitution by early next year. But the conditions under which these developments take place will be critical in determining the future of your country and its international standing. We regard free political institutions as essential to sustaining a sound relationship between our two countries.

The trial of Mr. Kim Dae-jung has attracted wide international attention. I do not raise this delicate matter with any wish to interfere in your internal judicial processes. Nevertheless, I urge you privately to take whatever steps are necessary to avoid having the issue of fair treatment erode your nation's relations with the United States and other countries. Mr. Kim's execution, or even a sentence of death, could have serious repercussions. I have authorized Ambassador Gleysteen to discuss this matter further with you under conditions of total confidentiality.

그림 11. 〈그림 10〉에 첨부된 카터 대통령이 전두환 대통령 당선자에게 보내는 메시지(1980. 8.27)와 같은 내용의 원본 메시지

-2-

Ambassador Gleysteen will also maintain close contact with you and your new cabinet in the months ahead as you seek to resolve the other pressing issues facing your nation.

We remain firm in our determination to honor our security commitment to the Republic of Korea against external aggression. General Wickham has my full confidence in this commitment.

I recognize the difficulty of the issues you face. Nevertheless, I urge you to take the earliest possible action to ensure the stability of the government through the development of popularly-supported political institutions and greater personal freedom for your citizens.

In closing, Mr. President, let me repeat that I look forward to enhancing the cooperation between our two nations in support of our common interests in the months ahead.

Sincerely,

Jimmy Carter

His Excellency
Chun Doo Hwan
President-elect of the
  Republic of Korea
Seoul

진 비교적 장문의 메시지(message)였다. 물론 이 문서에 '첫 만남에서 서신을 전달하라'는 지시가 있으므로 미국도 서신과 메시지를 혼용했지만 형식은 서신보다 급이 낮은 메시지였다.[41] 그러나 이런 카터의 공식 메시지를 전두환이 직접 받았으므로 일단 박정희 피살 이후 10개월 동안 워싱턴과 신군부 사이에 빚어졌던 분노와 갈등, 기 싸움과 감정 대립의 팽팽했던 긴장관계가 매듭지어졌다고 할 수도 있었다.

이 메시지는 '한국의 대통령으로서 책임을 맡게 된 귀하에게 본인은 개인적으로…'라는 단도직입적인 어조로 시작된다.

- 한국의 대통령으로서 책임을 맡게 된 귀하에게 본인은 개인적으로 양국 간 이해에 아주 중요한 경제 및 안보 관계가 유지되기를 원한다는 우리의 열망을 확고히 하는 바입니다.

우선 기본적인 경제·안보 유지가 중요하다는 것을 전제한 것이다. 이어서 곧바로 불편한 마음부터 표시했다.

---

41 "[Message of Jimmy Carter to President Elect Chun:] Dear President Elect Chun," August 27, 1980, in "Cable from SecState (Muskie) to AmEmbassy Seoul [Monjo]: Message from the President to President Chun of Korea," O 290214Z Aug 80[29 August 1980], #14, National Security Affairs, Collection # 6, Brzezinski Material, Country File, Folder: Korea, Republic of, 6-8/80, Box 44, Jimmy Carter Library. 첨부된 카터의 편지를 보내기 위해 기안된 원문서에 의하면 만약 글라이스틴과 전두환의 만남 전에 메시지가 도착하지 않으면 이 전문(cable)에 동봉하는 메시지를 먼저 주고 나중에 사인된 원본 메시지를 전달하라고 지시되었다. 한편 8월 27일자 메시지가 9월 3일 전달되는 것으로 봐서는 원본이 도착한 후 만남이 이루어진 것으로 추정되는데 총 2장짜리 원본은 내용만 보면 메시지보다는 완벽한 편지(letter)에 가까웠다. "Dear President Elect Chun," August 27, 1980, National Security Affairs-Brzezinski Material, President's Correspondence with Foreign Leaders File, compiled 1977-1981, Folder: Korea, Republic of: President Chun Doo Hwan, 8-12/80, Box 12.

- 이번에 본인은 최근의 한국 사태가 우리를 매우 혼란스럽게 했다는 점을 귀하께서 인지하셨으면 합니다.

이어서 전임 최 대통령이 새 헌법을 금명간 제출한 후 국민투표를 거쳐 새 헌법으로 1981년 초 총선을 실시하는 정치 일정을 공약했는데(1980년 5월 15일 서울역 대규모 시위를 진정시키기 위한 신현확의 공약 – 인용자) 이에 대한 귀하의 재확인에 주목하고 있다고 했다. 이 정치발전이 어떤 조건에서 일어나느냐가 대한민국의 미래와 국제적 위상을 결정하는 데 중요할 것이라고 첨언했다. 또한 미국은 양국이 건전한 관계를 유지하는 데 자유로운 정치 제도들이 핵심적이라고 간주한다는 것을 강조했다.

또한 김대중 구명에 상당 부분을 할애해 카터가 이에 대해 심각하게 우려하고 있음을 드러냈다. '당신의 사법 절차에 간섭하고 싶지 않지만 그럼에도 불구하고 공정하게 처리하지 않으면 미국 등 다른 나라와 당신 나라의 관계에 금이 갈 수 있다.'며 김대중의 형 집행 혹은 사형 선고는 심각한 반향을 초래할 것이라고 경고했다. 카터는 외교적 언사로 에둘러 표현하지 않고 '사형 선고'라는 말까지 직접적으로 언급했다. 이 문제는 글라이스틴에게 전권을 부여해 모든 논의 과정을 완전 비밀에 부칠 수 있도록 조치했다. 전두환과 한국 정부의 체면을 유지시켜 주기 위해 공개적으로 압력을 가하지 않고 비밀리에 논의할 것이니 김대중을 죽이지 말라고 강권했던 것이다. 이는 김대중 구명 공작을 비밀리에 해야 한다는 참모들의 의견을 반영한 것이었다. 대표적으로 글라이스틴은 전두환을 공개적으로 비난하거나 명시적 압력을 가한다면 파멸적인 역효과만 가져올 것이라고 조언했다.

글라이스틴은 과도한 제재에 대해서도 단호히 반대했다. 전두환과 직접 접촉했던 경험에 비추어 볼 때 미국이 공개적으로 비난하는 것을 자제하는 것만이 전두환이 자신의 진영 내 반대파들을 설득하고 전두환 자신에게도 여유를 주어 오히려 미국이 원하는 방향으로 자율적인 결정을 할 수 있게 할 것이라고 확신했다. 글라이스틴은 9월 3일 전두환과의 면담 직후 올린 보고서에서 전두환을 공개적으로 비난하는 것은 한국의 사법 절차에 간섭할 의도가 없다고 한 카터의 8월 27일 메시지와도 배치되는 것이라고 주장했다.[42]

이러한 글라이스틴의 온건하고 신중한 태도 때문에 워싱턴 일각에서는 그를 '전두환의 대리인'이라고 부르며 애를 먹이기도 했지만 대체적으로 결국 그를 지원했다. 하윤해 기자는 CIA와 백악관이 '전두환의 대리인'으로도 비췄던 글라이스틴에게 전두환 축출이라는 엄청난 정보를 제공하지 않았으므로 그가 CIA의 전두환 제거 작전을 몰랐을 수도 있다고 주장한다. 글라이스틴이 회고록에서 미국 주도의 전두환 제거 작전의 주체가 CIA라는 사실을 밝히지 않은 것에 대해 하윤해 기자는 글라이스틴이 몰랐을 가능성과 알면서도 업무상 비밀이므로 누설하지 않았을 가능성을 동시에 거론한다.[43] 필자는 글라이스틴이 당시에 이미 그 주체를 알고 있었지만 비밀을 지키기 위해 회고

---

42 William H. Gleysteen, Jr.(1999), 앞의 책, 172~173쪽; 윌리엄 H. 글라이스틴, 황정일 역 (1999), 앞의 책, 242~243, 248쪽.

43 하윤해, 「[美정부 기밀해제 문서 단독 입수 〈1〉] "전두환에 불만 군부 세력, 美에 '逆쿠데타' 지원 요청"」, 〈국민일보〉(2016.5.3).

록에 명시하지 않았을 것이라고 판단한다.

글라이스틴은 김대중에 대한 중형 선고에 직면해 지각 있는 보수주의자들을 포함한 많은 미국인이 혼란스럽게 생각하며, 남한이 북한과 크게 다른 점이 없다고 평가했다고 9월 3일 전두환에게 강조했다.[44] 또한 글라이스틴은 9월 5일 홀브룩 차관보에게 김대중에 대한 한국 정부와의 공개적 논의는 아무런 이득이 없으며 김대중을 처형하지 않도록 설득해야 할 한국군 장교들을 자극할 뿐이라고 주장했다.[45] 글라이스틴은 자신의 회고록에서, 사건 초기부터 공개적 성명을 자제하고 전두환에게, "만약 김대중을 처형시키면 우호 관계의 기초가 파괴되고 우리는 그 처사를 공개적으로 비난할 것이며 우리 대사를 무기한 소환할 것이라고 조용히 경고했다면 더 좋았을 것"이라고 주장했다.[46] 비밀리에 압력을 가했다면 훨씬 효과적으로 다른 카드를 구사하면서 내정간섭이라는 반발도 피해 가고 상대방의 체면도 살릴 수 있었을 것이라는 반사실적 가정이다. 글라이스틴은 미국이 김대중 문제에 과도하게 집착해 정책 역량을 집중하면 신군부에 이용당할 수 있다면서

---

44 "Incoming Telegram from Gleysteen to SecState: Korea Focus: September 3 Meeting with President Chun Doo Hwan," O 031004Z Sep 80, p. 1, National Security Affairs, Brzezinski Material, Staff Evening Report File, Box 31, Folder: 9/1-5/80, Jimmy Carter Library.

45 "Telegram from AmEmbassy Seoul (Gleysteen) to SecState: U.S. Public Comment on Kim Dae Jung Verdict," September 5, 1980; William H. Gleysteen, Jr.(1999), 앞의 책, 222쪽; 윌리엄 H. 글라이스틴, 황정일 역(1999), 앞의 책, 307쪽.

46 William H. Gleysteen, Jr.(1999), 위의 책, 189쪽; 윌리엄 H. 글라이스틴, 황정일 역(1999), 위의 책, 265쪽. 물론 미국 내 인권단체 등의 여론을 의식해야 했으며 흥분한 카터가 직접 성명을 공개적으로 발표하라고 지시 내리는 것을 거역하기는 어려웠을 것이다.

1980년 8월부터 이에 '올인'하는 것에 반대했는데,⁴⁷ 미국 정부가 자신의 반대 의견에는 귀를 기울이지 않고 김대중 구명 문제로 전두환과 줄다리기를 계속함으로써 전두환의 저항력만 키웠다고 비판했다.⁴⁸

1980년 8월 27일 전두환에게 보낸 편지에서 카터는 "글라이스틴 대사가 당신과 당신의 신임 내각과 대한민국이 당면한 과제들을 몇 달간에 해결하는 데 긴밀한 접촉을 유지할 것"이라고 말해 몇 달간의 정치 일정 준수가 중요한 과제임을 다시 한 번 암시했다. 또한 외부적 침략에 맞서는 우리의 안보 공약은 여전히 확고하다면서 위컴 사령관이 이 공약에 대해 카터의 전권을 가지고 있다고 명시했다. 이는 8월 8일자 회견으로 실추된 위컴의 미국 정부 내 신뢰와 명령 체계를 회복·재설정하기 위한 조치였다.⁴⁹ 외교적인 문제는 글라이스틴이, 방위 문제는 위컴이 담당한다는 명확한 역할 분담이었다.

그러면서 다음과 같이 강권했다.

- 본인은 귀하가 직면한 문제의 어려움을 알고 있습니다만, 그럼에도 불구하고 대중의 지지를 받는 정치 제도들을 발전시키고 한국 국민에게 더 큰 개인적 자유를 부여함으로써 정부의 안정을 찾을 수 있도

47　William H. Gleysteen, Jr.(1999), 위의 책, 171~172쪽; 윌리엄 H. 글라이스틴, 황정일 역(1999), 위의 책, 240~241쪽.
48　이흥환, 「전두환 집권과 미국의 '거리두기'」, 『신동아』(2004.10), 350~362쪽.
49　"Memorandum of Donald Gregg to Zbigniew Brzezinski: United States Government Reactions to Events in Korea," August 14, 1980, National Security Affairs, Collection # 6, Brzezinski Material, Country File, Folder: Korea, Republic of, 6-8/80, Box 44, Jimmy Carter Library.

록 가능한 조치를 조속히 취할 것을 촉구하는 바입니다.

- 마지막으로 대통령님, 앞으로 몇 개월 이내에 우리 공동의 이해 관계를 위해 양국 간 협력이 증진되기를 기대한다는 점을 다시 한 번 말하고자 합니다.⁵⁰

역시 향후 몇 달간 정치 일정 준수가 중요하다고 강조한 것이었다. 이 메시지를 읽은 전두환 대통령은 워싱턴에서 논의한 사항을 들려 달라고 글라이스틴에게 요청했다. 극히 보수적인 인물들까지 포함한 많은 미국의 정치인들이 한국의 최근 사태에 염려하고 있으며 특히 자신들의 결정에 영향을 미칠 김대중 재판을 주시하고 있다고 글라이스틴은 알려 주었다. 그들의 우려를 불식하기 위해서는 한국 정부가 국민적 지지를 도출할 수 있는 방법에 따라 정치 일정을 추진해야 한다고 충고했다. 그러면서 미국 정부가 전두환 정부를 정치적 현실로 받아들이고 함께 일할 준비가 되어 있다고 했다. 전두환 대통령은 카터 대통령이 자신의 사적인 관심사를 그렇게 빨리 전해 준 것과 글라이스틴이 솔직히 견해를 밝혀 준 것에 감사했다.⁵¹

---

50 "[Message of Jimmy Carter to President Elect Chun:] Dear President Elect Chun," August 27, 1980, in "Cable from SecState (Muskie) to AmEmbassy Seoul [Monjo]: Message from the President to President Chun of Korea," O 290214Z Aug 80[29 August 1980], National Security Affairs, Collection # 6, Brzezinski Material, Country File, Folder: Korea, Republic of, 6-8/80, Box 44, Jimmy Carter Library; William H. Gleysteen, Jr.(1999), 앞의 책, 165~166쪽; 윌리엄 H. 글라이스틴, 황정일 역(1999), 앞의 책, 233~234쪽. 한편 카터 대통령 기념도서관의 Plains File, President's Personal Foreign Affairs File, Folder: Korea, Republic of Korea, 5/78-11/80, Box 2, Jimmy Carter Library에서는 이 편지 전문과 그 초안문이 안보상의 이유로 모두 비밀로 묶여 있다.

51 "Incoming Telegram from Gleysteen to SecState: Korea Focus: September 3 Meeting

5. 한국의 언론 보도와 전두환의 비공개 답장

전두환 대통령 취임식에 참석한 글라이스틴은 억압을 완화하라고 강권하는 카터의 강경한 메시지를 전달했다고 워싱턴 소식통이 전했다. 이는 미국 『월스트리트저널』 1980년 9월 4일자에 보도되었다. 취임식을 기해 5월항쟁(May protests) 때 휴교되었던 23개 대학이 문을 열었다는 소식도 함께 전했다.[52]

1980년 8월 27일자 『경향신문』은 「미 전 대통령 지지: 글라이스틴 내일 귀임, 취임식 참석」이라는 제목의 기사에서 "미 정부는 글라이스틴 대사 및 위컴 사령관과 장기간에 걸친 정무 협의 끝에 통일주체국민회의에서 대통령으로 선출된 전두환 장군을 지지하기로 결정한 것으로 알려지고 있다"고 자의적으로 보도했다. 8월 28일자 『경향신문』 1면에는 「머스키 미, 전 대통령 당선 축하 메시지」라는 기사도 실렸다. 28일자 『동아일보』 1면 「미 새 정부 공식 지지」라는 기사에는 "28일 외무부에 따르면, 리치 미 국무성 한국과장은 김용식 주미대사를 방문하고 이같이 한국 정부를 지지하는 축하 메시지를 전했다.

---

with President Chun Doo Hwan," O 031004Z Sep 80, National Security Affairs, Brzezinski Material, Staff Evening Report File, Box 31, Folder: 9/1-5/80, Jimmy Carter Library; William H. Gleysteen, Jr.(1999), 위의 책, 164~165쪽; 윌리엄 H. 글라이스틴, 황정일 역(1999), 위의 책, 232, 234쪽.

52 "World-Wide," *The Wall Street Journal*, September 4, 1980, in Current News, Part II - Main Edition - 1130, Thursday, September 4. 1980, National Security Affairs, Collection # 21: Staff Material: FOI/Legal, Box 65, Jimmy Carter Library (NLC-21-65-6-4-7).

[…] 미국 정부가 한국 정부를 지지한다는 입장을 공식적으로 분명히 한 것은 이번이 처음이다."라고 했다. 이는 한국 외무부에 의지한 전문(傳聞)으로 2차 자료인 셈이다.

이 기사 바로 옆에는 강인섭 특파원의 취재 기사를 실어 외무부 전문과 대비시켰다. 존 트래트너 미 국무성 대변인은 전두환 장군이 대통령에 선출된 것이 예기치 않았던 일은 아니라고 말하고, "한미 양국 관계는 계속될 것이며 미국의 대한 협력도 종전과 마찬가지로 계속 유지될 것"이라고 발언했으며, 곧 이어서 "전임 대통령이 천명한 새 헌법의 제정과 국민투표 실시 등의 정치 스케줄은 전두환 장군에 의해 계속 지켜질 것"이라는 견해를 추가했다고 보도해 이 기사의 강조점이 대한 협력 유지가 아닌 정치 스케줄 준수임을 암시했다.

외무부 전문은 큰 글자 제목의 4단이었고, 특파원 취재 기사는 작은 글자 제목의 2단이었으나 기사의 양은 오히려 특파원 취재 기사가 1.4배 정도 더 많았다. 『동아일보』가 쓰고자 하는 내용은 특파원 취재 기사였으나 신군부의 보도 통제 때문에 조그맣게 쓸 수밖에 없었던 상황을 반영하고 있다. 당시 신군부에 의해 장악되었던 『경향신문』은 이와 같은 객관적 사실 보도조차 꺼렸다. 미 정부의 호칭 중에 대통령보다 장군이 더 많이 사용되었다는 것이 흥미로운데, 아직 전두환을 대통령으로 인정하지 않으려는 미국의 의중을 읽을 수 있다.

카터의 강경 메시지가 전달된 1980년 9월 3일자 『경향신문』 1면 기사 「글라이스틴 전달 전 대통령 카터 친서 받아: 한미협력 우호 재확인」에는 "친서 내용은 알려지지 않았으나 이 친서에서 카터 대통령은 전두환 대통령의 취임을 충심으로 축하하고 전 대통령이 이끄는 새 정부의 성공을 기원하는 한편 한미 우호 관계에 변함이 없음을 확인하고 있는 것으로 전해졌다"고 나온다.

한편 1980년 8월 29일자 『동아일보』 1면 기사 「글라이스틴 통해 전 대통령에게 카터 서한: '새정부 출범 환영'」에서는 "카터 대통령은 장문의 이 서한에서 전 대통령의 당선을 축하하고 전 대통령 정부의 성공을 기원하며 양국 간의 변함없는 협력과 우의 증진을 희망한 것으로 전해졌다."라고 하여 앞에서 살펴본 편지의 논조와는 분위기가 딴판이다. 다음 날인 8월 30일 『동아일보』 강인섭 특파원의 기사 「전 대통령에게 보낸 카터 서한: '알맹이 있는 문제 있다' 미 국무성 대변인」은 존 트래트너 대변인의 발언을 인용하며, 카터 대통령이 전두환 대통령에게 보낸 친서에 "알맹이 있는 문제가 다루어져 있으며 사적인 교신 내용도 들어 있다"고 보도했다. 단순한 축하 서신이 아님을 암시한 이 기사는 3단 크기에 비교적 작은 글자의 제목으로 1면 우측 하단에 큰 비중 없이 실렸다. 또한 9월 3일자 『동아일보』는 1면 상단 중간에 4단 크기로 「전 대통령 카터 친서 받아: 글라이스틴 청와대 방문 요담」이라는 기사를 싣고 내용 공개는 하지 않는 것이 원칙이라는 이웅희 청와대 대변인의 말을 실었다. 『경향신문』의 같은 일자 기사 내용과 큰 차이가 없었다.

그런데 "친서 내용은 알려지지 않았으나 이 친서에서 카터 대통령은 전두환 대통령의 취임을 중심으로 축하하고 전 대통령이 이끄는 새 정부의 성공을 기원하는 한편 한미 우호관계에 변함이 없음을 확인하고 있는 것으로 전해졌다"는 부분이 『동아일보』에서는 "친서의 내용과 관련 이 대변인은 '관례상 국가 원수 간에 교환되는 서한은 지

극히 특수한 경우를 제외하고는 공개하지 않는 것이 원칙'이라고 말했다"는 내용으로 실려 카터가 전두환의 대통령 취임을 축하하지 않았던 사실을 정확히 파악하고 있음을 암시하고 있다. 『동아일보』 취재 보도의 숨겨진 의중을 확인할 수 있는 부분이다.

그 기사 좌측으로 「미 대한안보공약 재확인: 카터–국무성 한국 민주 발전 이룩 희망」이라는 기사를 6단 크기로 배치했다. 이는 카터가 9월 2일 재선을 위한 유세 중에 "전두환 대통령이 한국의 민주화 발전을 이룩하길 바란다"고 말했다는 보도였다.[53] 이 기사는 전형적인 거두절미의 한 예로서 원래 로이터 통신의 보도는 아래와 같았다.(아래 괄호 안 밑줄 부분은 한국 합동통신 등이 삭제한 부분이다.)

카터 대통령은 오늘 한국의 신임 대통령 전두환 씨가 민주주의(그리고 완전한 표현의 자유)를 회복시키기 위한 조치를 신속히 취해야 할 것이라고 말했다. 카터는 11월 재선을 위한 선거운동을 하면서 가진 모임에서 질문에 답하면서 한국의 정치 활동 자유화를 촉구했다. (그는 한국 정부가 표현과 보도 매체의 완전 자유를 향해 보다 빨리 나아가야 하며, 정치적 반대자들의 감금을 해제해야 할 것으로 믿는다고 말했다.) 카터는 자기의 견해는 명확하며 전 대통령에게 잘 알려져 있다고 말했다. (그는

---

53 같은 기사 말미에 미 행정부 고위 관리가 카터 대통령은 한국이 민주적인 방향으로 가기를 희망한다는 뜻을 친서에 표시했다고 말한 부분을 첨가해 카터 메시지에 나타난 본뜻이 민주화 진전 압력에 있었음을 암시했다. 같은 일자 『경향신문』의 「카터 대한 안보공약 불변: 민주화실현 희망, 한국정부 잘 알아」라는 제하의 보도도 미국의 민주화 압력을 암시한 면에서는 비슷하다. 이렇게 세부적으로 보면 한국의 기자들이 전두환의 언론 탄압에 맞서 제한된 공간에서 사실 보도를 위해 노력했던 흔적을 다소나마 확인할 수 있다.

한국이 민주주의를 지향해 나가도록 설득하기 위해 계속 영향력을 행사하겠다고 말했다.) 그와 동시에 한국에 대한 미국의 안보 공약을 재확인하면서 카터 대통령은…[54].

글라이스틴은 전두환을 만나 카터의 편지를 전달한 당일에 김경원 비서실장에게 카터 대통령 편지 등을 왜곡 보도하는 것에 대해 경고했다. 그러자 김 실장은 글라이스틴이 전두환 대통령을 만나 카터의 편지를 전달했다는 사실만을 언론에 공개할 것이라고 응답했으나[55] 글라이스틴의 경고는 결과적으로 별 효과를 보지 못했다. 후일 미국은 카터 미 대통령이 한국에서 정치 자유화가 다시 계속되어야 한다는 강경한 어조의 메시지를 9월 3일에 전달했으나『중앙일보』와『동아일보』등 한국 언론들은 각각 '한반도 안정, 미국에 중요'라든가 '카터의 서한: 새 정부 출범 환영' 등의 헤드라인을 사용해 왜곡 보도했다고 평가했다.[56]

54 "United States Government Statement on the Event in Kwangju, Republic of Korea, in May 1980," June 19, 1989, Vertical File, Box 71, Presidential Papers of Jimmy Carter, Jimmy Carter Library; John Adams Wickham, Jr., *Korea on the Brink, 1979-1980: From the '12/12' Incident to the Kwangju Uprising* (Washington, DC: National Defense University Press, 1999), p. 211; 존 위컴, 김영희 감수, 유은영 외 공역,『12·12와 미국의 딜레마: 전 한미연합사령관 위컴 회고록』(중앙 M&B, 1999), 320쪽.

55 "Incoming Telegram from Gleysteen to SecState: Korea Focus: September 3 Meeting with President Chun Doo Hwan," O 031004Z Sep 80, p. 2-3, National Security Affairs, Collection # 10: Brzezinski Material, Staff Evening Report File, Folder: 9/1-5/80, Box 31, Jimmy Carter Library(NLC-10-31-5-1-0).

56 "United States Government Statement on the Event in Kwangju, Republic of Korea, in May 1980," June 19, 1989, Vertical File, Box 71, Presidential Papers of Jimmy Carter, Jimmy Carter Library; John Adams Wickham, Jr.,(1999), 앞의 책, 211쪽; 존 위컴, 김영희

한편 전두환 대통령은 카터의 1980년 8월 27일자 편지에 대한 답장 편지를 9월 8일에 보냈다. 김용식 주미대사가 홀브룩 국무차관보에게 원본을 전달했고, 노신영 외무장관이 글라이스틴 대사에게 복사본을 전달했다. 카터는 1980년 9월 8일자 전두환의 답장 편지에 대해 "It's a good letter"라고 호평하면서 여기에 제시된 전두환의 공약을 공개해야 한다고 주장했다.(그림 12)[57] 전두환이 총선 전에 계엄령 해제를 처음으로 약속한 점과 김대중 문제에 대해 긍정적으로 반응한 점을 좋게 평가한 것으로 추정되며 카터는 이를 공개해 전두환에게 족쇄를 채우려는 의중이었을 것이다.(그런데 헌법 개정 국민투표 5일 전 계엄령이 비상에서 보통으로 낮추어졌을 뿐 해제되지는 않았고 전두환의 백악관 도착 9일 전인 1981년 1월 24일 계엄령이 해제되었으며 1981년 2월 25일 제12대 대통령 선거가 행해졌다.) 카터는 전두환이 빠른 선거를 약속하는 부분에 대한 공개를 한국 정부로부터 얻어내라고 9월 10일 지시했다.[58] 그러나 양국 원수의 서한 일부를 공개하자는 미국의 제안에

감수, 유은영 외 공역(1999), 앞의 책, 319~320쪽.

57 "Memorandum of Zbigniew Brzezinski to the President: Letter from President Chun of Korea," September 9, 1980, National Security Affairs-Brzezinski Material, President's Correspondence with Foreign Leaders File, compiled 1977-1981, Folder: Korea, Republic of: President Chun Doo Hwan, 8-12/80, Box 12, Jimmy Carter Library에 카터가 위와 같이 친필로 석고 서명했다. 그런데 위 폴더에 "Letter from Yong Shik Kim to Edmund S. Muskie," September 8, 1980와 같은 전달 경로 확인 편지만 있을 뿐 실제 전두환의 답장 편지는 비공개이다.

58 "Memorandum of Zbigniew Brzezinski to the President: Weekly Report #154," September 19, 1980, p. 1, Plains File, Box 33, Folder: President's Comments on Memos Incomplete, 6/78-10/80, Jimmy Carter Library. 이 자료는 RAC상(NLC-128-11-4-3-0)으로만 볼 수 있다.

CONFIDENTIAL   5048   CONFIDENTIAL

MEMORANDUM
INFORMATION   THE WHITE HOUSE
                         WASHINGTON
                      September 9, 1980

MEMORANDUM FOR: THE PRESIDENT
FROM: ZBIGNIEW BRZEZINSKI
SUBJECT: Letter from President Chun of Korea (U)

Attached at Tab A is a letter to you from President Chun of
Korea. Chun's letter acknowledges receipt of your message
and, in a positive tone, states Chun's desire to further
consolidate ROK/US relations. The letter for the first time
commits Chun to lifting martial law before the presidential
election, which will be held early in 1981. (C)

The letter also acknowledges American concern re Kim Dae
Jung and gives assurances that all legal procedures are
being observed. No commitments as to Kim's ultimate fate
are given but we know that Chun and the other top Korean
leaders are all fully aware of our views on the sensitivity
of the Kim case. (C)

The tone of Chun's letter is positive and I believe it can
be taken as another indication of Chun's desire to work
closely and productively with the US. (C)

Attachment

Zbig
It's a good letter.
We should get
clearance to release
marked paragraph —
To make public his
Commitment
J

그림 12. 브레진스키가 카터 대통령에게 보낸 메모랜덤: 「한국 전두환 대통령의 편지」(1980.9.9), 카터 대통령 기념도서관 소장

EMBASSY OF THE REPUBLIC OF KOREA
WASHINGTON, D. C.

KAM 80-166

September 8, 1980

Excellency,

    I have the honor to transmit the enclosed cable advance copy of a letter from His Excellency Chun Doo Hwan, President of the Republic of Korea, addressed to His Excellency Jimmy Carter, President of the United States of America.

    I would be grateful, Excellency, if you would be kind enough to forward the aforementioned letter to its high destination. The original signed letter will be forthcoming.

    Please accept, Excellency, the assurances of my highest consideration.

Yong Shik Kim
Ambassador

His Excellency
  Edmund S. Muskie
    Secretary of State
      Washington, D.C.

첨부된 김용식 주미대사가 머스키 장관에게 보내는 편지(1980.9.8)

대해 전두환과 그의 보좌관들은 일부라도 공개하면 전문(全文) 공개 요구에 직면할 수 있다며[59] 거부했다.[60] 대신 전두환은 빠른 시일 내에 선거들을 실시하겠다는 공약을 공개하는 것에 동의했다.[61] 한국 언론은 이 편지 교환과 관련해 위에서 언급한 바와 같이 미국의 안보 공약 재확인에 초점을 두었지만 미국 언론은 정치 자유화에 역점을 두어 보도했다.[62]

머스키 국무장관이 글라이스틴 대사에게 1980년 9월 10일 보낸 전문(그림 13)에 의하면 전두환의 답장에서 파악한 유일하게 새로운 특이사항은 새 헌법에 따라 진행될 선거운동 개시 전에 계엄령이 해제될 것이라고 약속한 점이다. 김대중과 관련해서는 군법회의가 끝나기 전에 어떤 특별한 조치가 취해질 것 같지 않았다. 김대중에게 중형이 내려질 것으로 예측되나 상급심에서 감형될 것으로 전망되었다.

---

59 위의 자료.
60 William H. Gleysteen, Jr., *Massive Entanglement, Marginal Influence: Carter and Korea in Crisis* (Washington, DC: Brookings Institution Press, 1999), pp. 166–167; 윌리엄 H. 글라이스틴, 황정일 역, 『알려지지 않은 역사: 전 주한미국대사 글라이스틴 회고록』(중앙 M&B, 1999), 235쪽.
61 "Memorandum of Zbigniew Brzezinski to the President: Weekly Report #154," September 19, 1980, p. 1, Plains File, 1973–1982, Folder: President's Comments on Memos: Incomplete, 6/78–10/80, Box 33, Jimmy Carter Library. 이에 카터는 고맙다는 뜻을 전두환 대통령에게 전달하라고 글라이스틴 대사에게 지시했다. "Cable from Warren Christopher to AmEmbassy Seoul: Korea Focus – – Dialogue with President Chun on Kim Dae Jung Verdict," 9/14/80, National Security Affairs, Collection # 15: Brzezinski Material, Brzezinski Office File, Subject Chron File, Folder: Denend (Les) Chron File: 7–10/80, Box 89, Jimmy Carter Library (NLC–15–89–2–14–1에서 보았으며 실제 박스는 모두 비밀로 묶여 있다.)
62 William H. Gleysteen, Jr.(1999), 앞의 책, 166~167쪽; 윌리엄 H. 글라이스틴, 황정일 역(1999), 앞의 책, 235쪽.

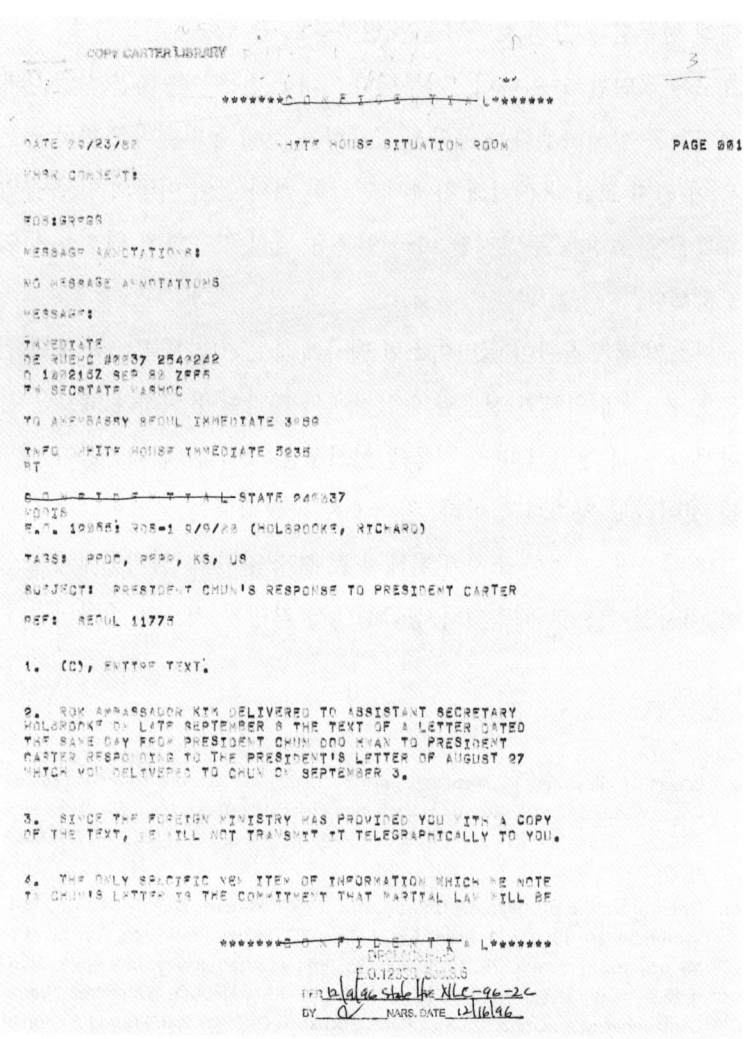

그림 13. 머스키 국무장관이 글라이스틴 대사에게 보낸 전문: 「카터 대통령에게 보낸 전두환 대통령의 답장」(1980.9.10), 카터 대통령 기념도서관 소장

*******C O N F I D E N T I A L*******

DATE 09/23/80   WHITE HOUSE SITUATION ROOM   PAGE 002

MESSAGE (CONTINUED):

LIFTED PRIOR TO THE ELECTION CAMPAIGN HELD UNDER THE NEW
CONSTITUTION. ON KIM DAE-JUNG, WE HAD NOT REALLY
ANTICIPATED ANY SPECIFICS PRIOR TO THE COMPLETION OF THE
COURT MARTIAL, BUT SOME HERE INTERPRET CHUN'S LETTER AS
FURTHER INDICATION THAT A STIFF SENTENCE IS TO BE EXPECTED
FROM THE COURT BUT THAT IT WILL BE COMMUTED AT A LATER
STAGE.

5. WE ARE NOT RECOMMENDING ANY FURTHER RESPONSE NOW, BUT
MAY WISH TO SUGGEST THAT THE PRESIDENT WRITE FURTHER RE-
GARDING COMMUTATION OR AMNESTY IF KIM IS GIVEN A MAXIMUM
SENTENCE. MUSKIE

PSN: 715188   TOR: 264/22:43Z   DTG: 100216Z SEP 80

*******C O N F I D E N T I A L*******

이에 지금 당장 반응하지 말고 김대중이 법정최고형(사형 – 인용자)을 선고받으면 대통령이 감형이나 사면을 요청할 것을 권했다.[63]

6. 전두환 정부를 부정하지 못한 카터의 기자회견

카터는 1980년 8월 21일 기자회견을 통해 최규하 대통령 사임에 대한 실망감과 전두환을 제어하려는 마음을 아래와 같이 표현했다.

> 우리는 전두환과 그가 제시한 일부 정책에 대해 크게 우려하고 있다. 나는 그가 대통령이 되기 위해 전역할 것이라는 사실을 알고 있다. 우리는 또한 다가올 김대중 재판에 대해 우려하고 있으며 이러한 우려를 한국인들에게 매우 명백히 전달했다. 새 지도자를 맞는 한국에서 우리는 비록 크지는 않지만 한계가 있는 영향력을 가지고 있다. […] 우리는 우리의 극단적인 불쾌감을 표시할 수도 있고 그러지 않을 수도 있다. 전자는 우리의 군대를 철수시키는 방법인데, 이러한 조치는 전 아시아 지역을 동요시킬 것이다. 후자는 우리가 탐탁하지 않게 여기는 정치 상황을 어느 정도 받아들이는 것이다. 우리는 충분하고 개방적인

---

[63] "Cable from SecState (Muskie) to AmEmbassy Seoul: President Chun's Response to President Carter," O 100216Z Sep 80[10 September 1980], #3, National Security Affairs, Collection # 6, Brzezinski Material, Country File, Folder: Korea, Republic of, 9/80–1/81, Box 44, Jimmy Carter Library.

토론과 자유언론이 있으며 국민에 의해 지도자를 선출할 수 있는 완전한 민주주의를 원한다. 그런데 한국인들은 스스로 완전한 민주주의에 준비되어 있지 않다고 판단된다. 나는 이것보다 더 이상 잘 설명할 수 있는 방법을 알지 못한다.[64]

그런데 1980년 8월 20일, 21일, 22일자 등 한국 신문에서는 이 내용을 보도하지 않았다. 『동아일보』는 1980년 8월 21일자를 통해 "소(蘇)방송 '미(美)서 전 장군 무조건 지지'"라는 간접 보도를 했다. "최근에 있은 일련의 한미 고위급 회담에서 미국이 앞으로 한국의 새 정부를 무조건 지지할 것이라고 지적하고 있는 데서 뚜렷이 실증되고 있다"는 모스크바 방송의 보도 내용을 내외통신이 전재한 것으로 "미국의 최근 각종 대한 관계 강화로 미루어 보아 주한 미군 철수 계획은 이미 잊은 지 오래이며 미국의 전략가들은 주한 미군을 무한정 오랜 기간 남겨둘 예정이라며 새로운 한미 간의 유대 강화 추세에 신경질적인 비난을 늘어놓았다"는 근거 없는 사실을 나열했다. 간접 보도를 통한 희망사항 표출이라고 할 수 있다. 그러나 카터는 새 정부를 무조건 지지한다고 하지 않았고 '마지못해 묵인하는 대안'으로 고려하는 정도였으며 주한 미군의 무한정 주둔이 아니라 철수를 고려하고 있었으므

---

64 Curtis Wilkie, "Carter Interview Excerpts," *The Boston Globe*, August 22, 1980, in Don Richardson, ed., *Conversation with Carter* (Boulder, Colorado: Lynne Rienner, 1998), p. 211; John Adams Wickham, Jr., *Korea on the Brink, 1979-1980: From the '12/12' Incident to the Kwangju Uprising* (Washington, DC: National Defense University Press, 1999), p. 163; 존 위컴, 김영희 감수, 유은영 외 공역, 『12·12와 미국의 딜레마: 전 한미연합사령관 위컴 회고록』(중앙 M&B, 1999), 246쪽.

로 사실과 완전히 배치되는 보도였다. 1980년 9월 18일 『뉴욕타임스』에 보도된 카터의 인터뷰에서도 "한국인들은 완전한 민주주의를 할 준비가 되어 있지 않다"는 내용이 나온다.

1982년 부산미문화원방화사건을 배후 주동했던 문부식은 카터가 인권의 관점이 아니라 안보의 관점에서 한국 문제에 접근했다고 비판적으로 평가했다. 그는 카터가 위 기자회견에서 "현재 한국 사태는 인권 문제가 아니고 동북아시아의 안전 유지를 바라는 미국의 국가이익에 관한 문제"라고 말했다고 해석했다. 당시 미국이 한국인들을 "어떠한 지도자가 되든 추종하는 '들쥐새끼들'로 본다는 평가(위컴의 표현)를 첨가했다.[65] 전두환이 최규하를 끌어내리고 대통령 자리에 오르려 할 때, 위컴은 미국 기자들과 만난 자리에서 "한국민의 국민성은 들쥐와 같아서(lemming-like) 누가 지도자가 되든 그 지도자를 따라갈 것이며 한국민에게는 민주주의가 적합하지 않다"는 망언을 했던 것이다. 그런데 한국에서는 '들쥐'라는 표현이 매우 비하적인 것으로 인식되지만 미국인은 '이동하는 쥐'를 지칭하는 레밍을 비하하는 표현으로 사용하지는 않는다. 당시 위컴은 쥐 떼가 이동할 때 리더의 움직임에 따라 전체가 일정한 방향으로 움직인다는 뉘앙스로 사용했다고 한다.[66] 그러나 완전히 비하적 표현은 아니라도 한국인을 들쥐에 비유한 것은 한국인이 시류에 휩쓸린다고 비판한 것으로 주한 미군

---

65 문부식, 『잃어버린 기억을 찾아서: 광기의 시대를 생각함』(삼인, 2002), 62쪽.
66 심재훈, 「광주사건은 폭동이 아니라 봉기였다」, 한국기자협회·무등일보·시민연대모임 공편, 『5·18 특파원리포트』(풀빛, 1997), 62쪽.

사령관이 쓸 적절한 표현은 아니었다.

카터는 기본적으로 민주주의를 향유할 준비가 안 되어 있는 한국인들이 어쩔 수 없이 새롭게 출범할 전두환 정부를 받아들일 수밖에 없다고 판단했다. 그런데 카터는 곧 수립될 것이 확실한 전두환 정부가 대다수 한국인이 자발적으로 선택한 정부가 아니라 폭력을 동원한 억압적인 방법에 의해 강요된 정부라는 사실을 간과하고 있었다. 물론 광주항쟁을 전국적으로 확산시키지 못하고 광주·전남인을 고립시켜 전두환에게 길을 터 준 한국인들에게도 일단의 책임이 있다. 그러나 대중들이 완벽하게 저항하여 독재를 물리친 경우가 많지 않다는 점에서 당시 한국인의 한계는 일반적인 인간의 한계라고 합리화할 수 있을 것이다. 그렉 브라진스키 교수는 미국이 아니라 한국 국민 자신들이 최종적인 결과를 결정했다고 주장하지만[67] 당시 전두환의 부상은 억압 속에 출현한 어쩔 수 없는 결과로서 잠정적인 것이었으며 최종적으로 한국인이 선택하여 결정한 것은 1987년 체제였다고 할 수 있다.

위 기자회견에서 카터가 그동안 미 정보당국과 최고 수뇌부에서 전두환을 제어하기 위한 카드로 비밀리에 논의되던 주한 미군 철수를 공개적으로 언급한 것은 다소 파격적이었다. 그러나 카터는 원래 이를 공약으로 내걸고 대통령에 당선되었으므로 그렇게 부자연스러

---

67 Gregg Brazinsky, *Nation Building in South Korea: Koreans, Americans, and the Making of a Democracy* (Chapel Hill, NC: University of North Carolina Press, 2007); 그렉 브라진스키, 나종남 역, 『대한민국 만들기 1945-1987(경제성장과 민주화, 그리고 미국)』(책과함께, 2011), 400쪽.

운 것도 아니었다. 이 회견을 통해 카터가 '철군으로 전두환 퇴진 실행' 등 위에서 논의된 대안들을 충실하게 파악했음을 확인할 수 있다. '퇴진 시도'와 묵인이라는 두 대안 사이에서 이러지도 저러지도 못하는 카터의 심정이 잘 반영되어 있다. 홀브룩 차관보는 두 극단 모두 매력 없다고 표현했다.[68] 개입할 수 있는 힘의 한계도 있고 내정간섭이라는 비판도 비켜 가야 했기 때문에 대안 선택도 제한될 수밖에 없었다. 첫 번째 대안인 제거 작전은 카터의 지적처럼 전 아시아 지역을 동요시킬 수 있어서, 보다 구체적으로는 북의 도발을 불러온다는 위험 때문에 버릴 수밖에 없었다. 게다가 전두환을 대체할 더 좋은 대안을 발견하지 못한 것도 대안 유보 이유 중 하나였다. 결국 두 번째 대안인 묵인을 마지못해 선택했다.

1980년 8월 15일 크리스토퍼 국무부 부장관은 주한 미국대사관에 보낸 전문(State 215404)에서 '전두환의 집권은 되돌릴 수 없다'는 몬조 주한 미 대사관 부대사의 판단(8월 14일 국무장관에게 보낸 급전)에 즉각 동의했다.[69] 몬조 부대사는 '한국 대통령직 교체(Korea Focus: Change in the Presidency)'라는 제목의 전문에서 "전두환이 집권하는 데 우리가 도움을 주지 않았"으며 "구체적으로 전두환이 대통령이 되기 전 사전 승인을 받지 않았다"는 점을 지적해 전두환에 대한 불편한 심기를 드러내면서도 "전(전두환)은 '합헌적'으로 선출될 것이므

---

68 John Adams Wickham, Jr.(1999), 앞의 책, 162쪽; 존 위컴, 김영희 감수, 유은영 외 공역(1999), 앞의 책, 245쪽.

69 조동준, 「1979~80년 미 국무부 비밀 외교문서 4천 페이지 철저 분석: 전두환 카터를 농락하다, 미국은 신군부에게 상황의 주도권을 빼앗기고 끌려다녔다」, 『월간조선』(1996.8), 385~386쪽.

로 우리는 그를 대통령으로 받아들여야 하며, 최소한의 정상적인 예우를 해야 할 것이다."라고 보고했다.[70] 한편 "폭넓은 지지를 받는 정부 수립으로 귀결될 질서정연한 정치발전을 미국이 지지한다는 사실을 한국 정치권에 알리는 것이 우리의 장기적 이익"이라고 전제해 단기적으로는 전두환 정권을 인정하지만 장기적 목표는 국민들의 지지를 받는 민주주의 정부의 수립임을 명시했다. 그러나 이러한 민주화도 '질서'의 틀에서 벗어나서는 안 된다고 명시되어 있다. 따라서 이 대목에서도 안정과 질서를 강조하는 미국의 입장을 읽을 수 있다. 결국 최규하는 사임했고 전두환 장군이 통일주체국민회의를 통해 대통령에 선출되었다.

---

70 이흥환, 「전두환, 정권 승인 대가로 美에 핵포기, 전투기 구매 약속」, 『신동아』(2004.8), 488~501쪽.

전두환 제거 구상 편 6부 이하는
미국의 한국 정치 개입사 연구 6권에서 계속됩니다.